山东师范大学中国语言文学山东省高水平学科·优势特色学科建设经费资助

《公羊传》译注评析

孙良明 译注

中国社会科学出版社

图书在版编目（CIP）数据

《公羊传》译注评析／孙良明译注． －－ 北京：中国社会科学出版社，2024．9． －－ ISBN 978－7－5227－3720－1

Ⅰ.K225.04

中国国家版本馆 CIP 数据核字第 2024904T6C 号

出 版 人	赵剑英	
责任编辑	王小溪	
责任校对	师敏革	
责任印制	戴 宽	
出　　版	中国社会科学出版社	
社　　址	北京鼓楼西大街甲 158 号	
邮　　编	100720	
网　　址	http：//www.csspw.cn	
发 行 部	010－84083685	
门 市 部	010－84029450	
经　　销	新华书店及其他书店	
印　　刷	北京君升印刷有限公司	
装　　订	廊坊市广阳区广增装订厂	
版　　次	2024 年 9 月第 1 版	
印　　次	2024 年 9 月第 1 次印刷	
开　　本	710×1000　1/16	
印　　张	36	
插　　页	2	
字　　数	573 千字	
定　　价	149.00 元	

凡购买中国社会科学出版社图书，如有质量问题请与本社营销中心联系调换
电话：010－84083683
版权所有　侵权必究

目 录

前 言 …………………………………………………………（1）

第一章　鲁隐公 ……………………………………………（1）
1. 隐公元年 …………………………………………………（1）
2. 隐公二年 …………………………………………………（14）
3. 隐公三年 …………………………………………………（19）
4. 隐公四年 …………………………………………………（26）
5. 隐公五年 …………………………………………………（30）
6. 隐公六年 …………………………………………………（36）
7. 隐公七年 …………………………………………………（37）
8. 隐公八年 …………………………………………………（40）
9. 隐公九年 …………………………………………………（43）
10. 隐公十年 ………………………………………………（45）
11. 隐公十一年 ……………………………………………（47）

第二章　鲁桓公 ……………………………………………（51）
1. 桓公元年 …………………………………………………（51）
2. 桓公二年 …………………………………………………（53）
3. 桓公三年 …………………………………………………（59）
4. 桓公四年 …………………………………………………（62）
5. 桓公五年 …………………………………………………（63）
6. 桓公六年 …………………………………………………（67）
7. 桓公七年 …………………………………………………（69）

8. 桓公八年 …………………………………………………（71）
9. 桓公九年 …………………………………………………（74）
10. 桓公十年 ………………………………………………（75）
11. 桓公十一年 ……………………………………………（77）
12. 桓公十二年 ……………………………………………（81）
13. 桓公十三年 ……………………………………………（83）
14. 桓公十四年 ……………………………………………（84）
15. 桓公十五年 ……………………………………………（86）
16. 桓公十六年 ……………………………………………（90）
17. 桓公十七年 ……………………………………………（91）
18. 桓公十八年 ……………………………………………（93）

第三章　鲁庄公 …………………………………………（95）

1. 庄公元年 …………………………………………………（95）
2. 庄公二年 …………………………………………………（100）
3. 庄公三年 …………………………………………………（101）
4. 庄公四年 …………………………………………………（104）
5. 庄公五年 …………………………………………………（108）
6. 庄公六年 …………………………………………………（110）
7. 庄公七年 …………………………………………………（112）
8. 庄公八年 …………………………………………………（114）
9. 庄公九年 …………………………………………………（116）
10. 庄公十年 ………………………………………………（120）
11. 庄公十一年 ……………………………………………（124）
12. 庄公十二年 ……………………………………………（124）
13. 庄公十三年 ……………………………………………（127）
14. 庄公十四年 ……………………………………………（129）
15. 庄公十五年 ……………………………………………（130）
16. 庄公十六年 ……………………………………………（130）
17. 庄公十七年 ……………………………………………（131）
18. 庄公十八年 ……………………………………………（132）

目 录

19. 庄公十九年 …………………………………………… (134)
20. 庄公二十年 …………………………………………… (135)
21. 庄公二十一年 ………………………………………… (136)
22. 庄公二十二年 ………………………………………… (136)
23. 庄公二十三年 ………………………………………… (138)
24. 庄公二十四年 ………………………………………… (141)
25. 庄公二十五年 ………………………………………… (144)
26. 庄公二十六年 ………………………………………… (145)
27. 庄公二十七年 ………………………………………… (146)
28. 庄公二十八年 ………………………………………… (149)
29. 庄公二十九年 ………………………………………… (151)
30. 庄公三十年 …………………………………………… (153)
31. 庄公三十一年 ………………………………………… (155)
32. 庄公三十二年 ………………………………………… (157)

第四章　鲁闵公 …………………………………………… (162)
1. 闵公元年 ……………………………………………… (162)
2. 闵公二年 ……………………………………………… (165)

第五章　鲁僖公 …………………………………………… (170)
1. 僖公元年 ……………………………………………… (170)
2. 僖公二年 ……………………………………………… (176)
3. 僖公三年 ……………………………………………… (180)
4. 僖公四年 ……………………………………………… (182)
5. 僖公五年 ……………………………………………… (186)
6. 僖公六年 ……………………………………………… (189)
7. 僖公七年 ……………………………………………… (190)
8. 僖公八年 ……………………………………………… (191)
9. 僖公九年 ……………………………………………… (193)
10. 僖公十年 ……………………………………………… (195)
11. 僖公十一年 …………………………………………… (198)

12. 僖公十二年…………………………………………（199）
13. 僖公十三年…………………………………………（199）
14. 僖公十四年…………………………………………（200）
15. 僖公十五年…………………………………………（202）
16. 僖公十六年…………………………………………（205）
17. 僖公十七年…………………………………………（207）
18. 僖公十八年…………………………………………（208）
19. 僖公十九年…………………………………………（210）
20. 僖公二十年…………………………………………（211）
21. 僖公二十一年………………………………………（213）
22. 僖公二十二年………………………………………（215）
23. 僖公二十三年………………………………………（217）
24. 僖公二十四年………………………………………（218）
25. 僖公二十五年………………………………………（219）
26. 僖公二十六年………………………………………（221）
27. 僖公二十七年………………………………………（224）
28. 僖公二十八年………………………………………（225）
29. 僖公二十九年………………………………………（231）
30. 僖公三十年…………………………………………（232）
31. 僖公三十一年………………………………………（234）
32. 僖公三十二年………………………………………（237）
33. 僖公三十三年………………………………………（238）

第六章　鲁文公 …………………………………………（242）

1. 文公元年……………………………………………（242）
2. 文公二年……………………………………………（243）
3. 文公三年……………………………………………（247）
4. 文公四年……………………………………………（249）
5. 文公五年……………………………………………（250）
6. 文公六年……………………………………………（252）
7. 文公七年……………………………………………（253）

8. 文公八年 …………………………………………………………… (255)
9. 文公九年 …………………………………………………………… (257)
10. 文公十年 ………………………………………………………… (261)
11. 文公十一年 ……………………………………………………… (262)
12. 文公十二年 ……………………………………………………… (263)
13. 文公十三年 ……………………………………………………… (266)
14. 文公十四年 ……………………………………………………… (269)
15. 文公十五年 ……………………………………………………… (274)
16. 文公十六年 ……………………………………………………… (277)
17. 文公十七年 ……………………………………………………… (279)
18. 文公十八年 ……………………………………………………… (280)

第七章　鲁宣公 ………………………………………………………… (283)

1. 宣公元年 …………………………………………………………… (283)
2. 宣公二年 …………………………………………………………… (287)
3. 宣公三年 …………………………………………………………… (288)
4. 宣公四年 …………………………………………………………… (290)
5. 宣公五年 …………………………………………………………… (291)
6. 宣公六年 …………………………………………………………… (292)
7. 宣公七年 …………………………………………………………… (296)
8. 宣公八年 …………………………………………………………… (297)
9. 宣公九年 …………………………………………………………… (301)
10. 宣公十年 ………………………………………………………… (303)
11. 宣公十一年 ……………………………………………………… (305)
12. 宣公十二年 ……………………………………………………… (307)
13. 宣公十三年 ……………………………………………………… (311)
14. 宣公十四年 ……………………………………………………… (312)
15. 宣公十五年 ……………………………………………………… (312)
16. 宣公十六年 ……………………………………………………… (317)
17. 宣公十七年 ……………………………………………………… (319)
18. 宣公十八年 ……………………………………………………… (320)

第八章　鲁成公 (322)

1. 成公元年 (322)
2. 成公二年 (323)
3. 成公三年 (328)
4. 成公四年 (330)
5. 成公五年 (331)
6. 成公六年 (332)
7. 成公七年 (334)
8. 成公八年 (336)
9. 成公九年 (338)
10. 成公十年 (340)
11. 成公十一年 (342)
12. 成公十二年 (342)
13. 成公十三年 (343)
14. 成公十四年 (344)
15. 成公十五年 (345)
16. 成公十六年 (349)
17. 成公十七年 (353)
18. 成公十八年 (356)

第九章　鲁襄公 (359)

1. 襄公元年 (359)
2. 襄公二年 (360)
3. 襄公三年 (362)
4. 襄公四年 (363)
5. 襄公五年 (364)
6. 襄公六年 (367)
7. 襄公七年 (369)
8. 襄公八年 (371)
9. 襄公九年 (372)
10. 襄公十年 (374)

11. 襄公十一年 …………………………………………………… (375)
12. 襄公十二年 …………………………………………………… (377)
13. 襄公十三年 …………………………………………………… (379)
14. 襄公十四年 …………………………………………………… (379)
15. 襄公十五年 …………………………………………………… (380)
16. 襄公十六年 …………………………………………………… (382)
17. 襄公十七年 …………………………………………………… (383)
18. 襄公十八年 …………………………………………………… (384)
19. 襄公十九年 …………………………………………………… (385)
20. 襄公二十年 …………………………………………………… (388)
21. 襄公二十一年 ………………………………………………… (389)
22. 襄公二十二年 ………………………………………………… (390)
23. 襄公二十三年 ………………………………………………… (391)
24. 襄公二十四年 ………………………………………………… (393)
25. 襄公二十五年 ………………………………………………… (395)
26. 襄公二十六年 ………………………………………………… (397)
27. 襄公二十七年 ………………………………………………… (399)
28. 襄公二十八年 ………………………………………………… (401)
29. 襄公二十九年 ………………………………………………… (402)
30. 襄公三十年 …………………………………………………… (406)
31. 襄公三十一年 ………………………………………………… (409)

第十章　鲁昭公 ………………………………………………… (410)

1. 昭公元年 ……………………………………………………… (410)
2. 昭公二年 ……………………………………………………… (414)
3. 昭公三年 ……………………………………………………… (415)
4. 昭公四年 ……………………………………………………… (415)
5. 昭公五年 ……………………………………………………… (417)
6. 昭公六年 ……………………………………………………… (420)
7. 昭公七年 ……………………………………………………… (421)
8. 昭公八年 ……………………………………………………… (422)

9. 昭公九年 ……………………………………………………… (423)
10. 昭公十年 ……………………………………………………… (425)
11. 昭公十一年 …………………………………………………… (426)
12. 昭公十二年 …………………………………………………… (429)
13. 昭公十三年 …………………………………………………… (431)
14. 昭公十四年 …………………………………………………… (435)
15. 昭公十五年 …………………………………………………… (436)
16. 昭公十六年 …………………………………………………… (437)
17. 昭公十七年 …………………………………………………… (438)
18. 昭公十八年 …………………………………………………… (439)
19. 昭公十九年 …………………………………………………… (440)
20. 昭公二十年 …………………………………………………… (442)
21. 昭公二十一年 ………………………………………………… (443)
22. 昭公二十二年 ………………………………………………… (445)
23. 昭公二十三年 ………………………………………………… (447)
24. 昭公二十四年 ………………………………………………… (451)
25. 昭公二十五年 ………………………………………………… (452)
26. 昭公二十六年 ………………………………………………… (458)
27. 昭公二十七年 ………………………………………………… (459)
28. 昭公二十八年 ………………………………………………… (460)
29. 昭公二十九年 ………………………………………………… (461)
30. 昭公三十年 …………………………………………………… (463)
31. 昭公三十一年 ………………………………………………… (463)
32. 昭公三十二年 ………………………………………………… (467)

第十一章　鲁定公 ……………………………………………… (469)
　1. 定公元年 ……………………………………………………… (469)
　2. 定公二年 ……………………………………………………… (473)
　3. 定公三年 ……………………………………………………… (474)
　4. 定公四年 ……………………………………………………… (474)
　5. 定公五年 ……………………………………………………… (479)

目　录

6. 定公六年 …………………………………………（480）

7. 定公七年 …………………………………………（481）

8. 定公八年 …………………………………………（482）

9. 定公九年 …………………………………………（486）

10. 定公十年 …………………………………………（487）

11. 定公十一年 ………………………………………（489）

12. 定公十二年 ………………………………………（490）

13. 定公十三年 ………………………………………（491）

14. 定公十四年 ………………………………………（493）

15. 定公十五年 ………………………………………（495）

第十二章　鲁哀公 …………………………………（499）

1. 哀公元年 …………………………………………（499）

2. 哀公二年 …………………………………………（500）

3. 哀公三年 …………………………………………（501）

4. 哀公四年 …………………………………………（504）

5. 哀公五年 …………………………………………（506）

6. 哀公六年 …………………………………………（508）

7. 哀公七年 …………………………………………（511）

8. 哀公八年 …………………………………………（512）

9. 哀公九年 …………………………………………（513）

10. 哀公十年 …………………………………………（514）

11. 哀公十一年 ………………………………………（515）

12. 哀公十二年 ………………………………………（515）

13. 哀公十三年 ………………………………………（517）

14. 哀公十四年 ………………………………………（520）

附　录 ………………………………………………（524）

前　言

一　《公羊传》介绍、评析

《春秋公羊传》是一部传解《春秋》的著作，又称《公羊春秋》，简称《公羊传》。它是今文经学的重要典籍，早在汉代就有了很高的地位，深受人们的重视。从唐代起，被列为儒家经典之一。

（一）《公羊传》的作者和成书年代

关于《公羊传》的作者，正史上没有详细的记载。目前我们所能看到的正史上的最早记载是东汉班固所撰《汉书》。《汉书·艺文志》载："《公羊传》十一卷。"班固注："公羊子，齐人。"唐代颜师古注："名'高'。"仅此而已。清代洪颐煊在《经义丛钞》中提出，"明"字古音读若"芒"，与"羊"同韵。"《春秋》家公羊高，亦即《孟子》所谓公明高也"；至于元代程端学，竟在《春秋本义》中臆断公羊高为汉初人。如此等等，都缺乏有说服力的材料。

唐代徐彦（一说为南北朝时人徐遵明），在何休自序"传《春秋》者非一"一句下解释说："孔子至圣，却观无穷。知秦无道，将必燔书，故《春秋》之说口授子夏。度秦至汉，乃著竹帛，故《说题辞》云：'传我书者，公羊高也。'"接着，他又引东汉戴宏《公羊传》序云："子夏传与公羊高，高传与其子平，平传与其子地，地传与其子敢，敢传与其子寿，至汉景帝时，寿乃共弟子齐人胡毋子都著于竹帛。"可是，这类说法也存在很多疑问。就《公羊传》传自子夏一说而言，杨伯峻先生在《经书浅谈》中指出：旧说《公羊》《穀梁》俱出自子夏，既然如此，那么按理两书只应大同小异，互有详略，但不能自相矛盾，更不能自相攻击。而事实上，"不但两传矛盾之处很多，而且有《穀梁》攻击《公羊》处"。他还指出："'大一统'这个观念，要在秦、汉以后才能有，这就足以证明《公羊传》不出于子夏。"近人崔适也在《春秋复始》中指出：《公羊传》之名与公羊氏之籍始见于西汉刘歆所撰写的《七略》，而公羊氏之世系及人名始见于戴宏的序，"何以前人不知，而后人知之也？"他又指出从有关史料来看，子夏生于鲁定公二年，到汉景帝初已历三百四十余年，而公羊氏仅传五代，这样，每代相距六十余年。除非"父享耄年。子皆凤慧。乃能及之"。由此，崔适对戴宏所说的传承线索提出了疑问。此外，就《公羊传》本身看，书中多处出现"子沈子曰""子司马子曰""子女子曰""子北宫子曰""高子曰""鲁子曰"等字样，已能说明书中见解不尽出自公羊氏。非惟如此，即使有些观点没注明来源，也未必尽出自公羊氏。比如《春秋》定公元年"戊辰，公即位"一句，《公羊传》自问自答曰："癸亥，公之丧至自乾侯，则曷为以戊辰之日，然后即位？正棺于两楹之间，然后即位。"但从《穀梁传》来看，最后一句话却是沈子的原话。至于《公羊传》两次出现的"子公羊子曰"，则更明显是公羊氏以外的弟子后学称引先师的说法。由此可见，非但《公羊传》源自子夏说不确，即使是《公羊传》仅仅由公羊氏五世传承的说法也是不妥的。

那么，究竟应如何看待沈子等人与公羊子，以及他们与《公羊传》的关系呢？余嘉锡先生在《四库提要辨证》中的一段话似乎可对此作一解答。他说："父传之子，师传之弟，则谓之家法。……学不足以名家，则言必称师，述而不作。虽笔之于书，仍为先师之说而已。原不必于一家之中分别其孰为手撰，孰为记述也。……故有名为某家之学，而其书并非某人自著者。"所以，就现有材料来看，我们可以认为，《公羊传》的作者当是由先秦到西汉初的公羊氏子孙及沈子等一批儒生。由于《春秋》微言大义，"七十子之徒口受其传指，为有所刺讥褒讳挹损之文辞不可以书见"（《史记·十二诸侯年表》），所以，当时只是口耳相传，直到汉景帝初年才写定成书。

（二）《公羊传》的流传过程

《公羊传》成书后，结束了口耳相传的局面。汉景帝时它得立学官，到了武帝时，春秋公羊学说开始受到重视，于是有更多的人钻研它。据《汉书·儒林传》载："公孙弘以治《春秋》（按即《春秋公羊传》）为丞相封侯，天下学士靡然乡（向）风矣。"

前　言

西汉初，研究、讲授《公羊传》的学者以胡毋生和董仲舒最著名。胡毋生字子都，汉景帝时博士，相传他曾协助公羊寿用今文隶书写定《公羊传》。何休在《春秋公羊经传解诂》序中说："往者略依胡毋生条例，多得其正。"可知在胡毋生就有著述，只是未流传下来。董仲舒也是汉景帝时博士，专治《公羊春秋》。他曾勤学苦读，"三年不窥园"。著作有《春秋繁露》《春秋决事》等。董仲舒发挥《公羊》之旨，阐发了"大一统""天人感应""德行并治""三纲五常""三统""三正"等思想观点，对后代政治统治有着深远影响。胡毋生与董仲舒一生研读《公羊春秋》，教授弟子甚多。据《汉书·儒林传》载，胡毋生传公羊学于弟子褚大、段仲、吕步舒（以上三人《史记》谓为董仲舒弟子）、嬴公。嬴公传孟卿、眭孟、贡禹。孟卿传疏广，疏广传筦路，筦路传孙宝；贡禹传堂谿惠，堂谿惠传冥都；眭孟传严彭祖、颜安乐。严彭祖传王中，王中传公孙文、东门云；颜安乐传泠丰、任公。据《后汉书》载，东汉时公羊学说以严彭祖派观点为盛行，公羊学者中著名的有丁恭、甄宇、周泽、楼望、钟兴等。

在汉代，传《春秋》的著作有多种，其中有影响而流传后世者有三：《公羊传》《穀梁传》《左传》。三传虽同传《春秋》，而内容观点却各异。所以，谁得《春秋》之真谛，自然会有激烈的论战。据《汉书·儒林传》载，在汉代《公》《穀》的论辩早在武帝时就开始了。《公羊》强调法治而《穀梁》强调礼治。由于汉初社会矛盾尖锐复杂，统治尚不稳定，所以，公羊学派的以法治国、加强中央集权、对乱臣贼子无情镇压的政治主张受到了武帝的重视，公羊之说因此得以兴盛。到了汉宣帝时期，社会相对稳定。一方面，武帝以法治国虽达到了强化统治的目的，但另一方面，却加剧了统治集团内部的矛盾斗争。为此，强调礼治，重视宗法情谊的《穀梁传》开始受到上层统治者的重视。这一转变突出地反映在宣帝三年召开的石渠阁会议上。这次会议，《公》《穀》之争"穀梁"派占了上风。如果说"穀梁"派的挑战只是使"公羊"派所保持的政治上的独尊地位受到了削弱，那么，《左传》对《公羊》的冲击，则属于根本上的否定。《左传》是西汉末年刘歆发现的一部用战国时代文字（古文）写的史书，它不同于《春秋》那种大事年表性质的记载，而是用简洁生动的文笔，比较系统详细地记述了春秋时代各国的政治、经济、军事、

· 3 ·

文化等方面的一些事件，记载的历史年代大致和《春秋》相当（后来，晋代的杜预把它分年附在《春秋》后面）。刘歆认为这部书的作者左氏（左丘明）"新见夫子。而公羊、穀梁在七十子后，传闻之与亲见之。其详略不同"（《汉书·楚元王传》），价值自然远在《公》《穀》之上。为此，他上书皇帝，请将《左传》等几部新发现的古文经立于学官。此举立刻遭到以《公》《穀》为代表的今文经学博士们的反对。理由是：《左传》不传《春秋》，不祖孔子。这样，绵延不断的今古文经学之争从此开始了。东汉时期，郑众、贾逵分别作《长义》十九条、四十条，论《公羊》之短；李育则写出《难左氏义》四十一事进行反驳。何休与其师博士羊弼追述李育之意，写了《公羊墨守》《左氏膏肓》《穀梁废疾》以贬《左传》《穀梁》，何休的学生郑玄则"入室操戈"，写了《发墨守》《箴膏肓》《起废疾》一一发难。如此等等，不一而足。以《公》《穀》为代表的今文学派与以《左传》为代表的古文学派的这场旷日持久的争论，最终造成了两败俱伤的结果。

东汉时期，研究《公羊》卓有成就的当数何休。何休字邵公，为人质朴，讷口而雅有心思，精研六经而尤专《公羊》之学。据《后汉书》记载，他曾花了十七年时间，"覃思不窥门"，写成《春秋公羊经传解诂》一书，这是现存最古也是最精的注本。清代阮元主持刊刻的《十三经注疏》中《公羊传》采用的就是这一注本。当何休作《解诂》之时，正是今古文经学派论争最激烈的时候。然而，此时的"公羊"学者对于《公羊》学说往往一知半解，却又多逞臆说，任意阐发。何休在《解诂》序中说："是以讲诵师言至于百万犹有不解，时加酿嘲辞，援引他经，失其句读，以无为有，甚可闵笑者，不可胜记也。"正因为当时多数"公羊"学者自己尚未明了《公羊》，所以面对古文经学派的发难，辩驳软弱无力，"致使贾逵缘隙奋笔，以为《公羊》可夺，《左氏》可兴"。在这种情势下，何休博采胡毋生、董仲舒、严彭祖、颜安乐以及李育、羊弼等公羊学者的理论精华，兼述己意，著成《解诂》一书，其于公羊学派的重振，贡献是显而易见的。此外，他还著有《春秋公羊文谥例》一书（已佚，部分内容见于徐彦疏）。他总结了《公羊》义例，如"三科、九旨、五始、七等、六辅、二类、七缺"等，并系统阐发了《春秋》一书的"微言大义"，深得《公羊》本意，成为今文经学家议政的主要依据。

前言

东汉末年，宦官专权，党锢之祸兴起，今古文经学者皆不能幸免，这在一定程度上削弱了《左传》与"公""穀"学派之间的矛盾斗争。同时，郑玄遍注群经，内容以古文为主，兼涉今文。由是郑学兴盛。虽然此后今古文学派争论仍在持续，比如三国时期，隗禧贬《左传》为"相斫书""不足学"；而钟繇则称"左氏为大官厨，公羊为卖饼家"；等等。然而，以《公羊》为代表的今文经学最终开始走向衰落。

在晋代，玄学盛行，学者之于《春秋》，往往兼学三传，如刘兆、氾毓、范隆等，潜心研习《公羊》的学者寥寥无几，著作也大都散佚。如李轨撰《春秋公羊传音》，已佚；孔衍（字舒元，孔子二十二世孙）撰《春秋公羊传集解》十四卷，已佚，现仅存后人所辑《春秋公羊孔氏传》一卷。

在唐代，明经取士，《公羊》虽被列为"九经"之一，但因其难习，故往往无人问津。除徐彦曾为《春秋公羊经传解诂》作疏外，几乎没有什么与《公羊传》有关的书了。然而，即使是徐彦的疏，也内容平平，缺乏创见。梁启超批评它"空言敷衍，毫无发明"，于此也可见当时公羊学研究水平之低了。

宋、明两代，有关《公羊》的专著也极少，今存仅有叶梦得撰《春秋公羊传谳》六卷，周拱辰撰《公羊墨史》二卷等。

到了清代，由于乾嘉学派考据学风的影响，《公羊传》又重新受到人们重视，无论正文的辑订、传注还是主旨、文字音义的专项研究，都有了新的发展。在《公羊传》正文方面，除宋代《十三经》中收录的经文外，又有孙琼辑《公羊传选》一卷，王仁俊辑《公羊传佚文》一卷。在《公羊传》传注方面，有丁宝桢等撰《春秋公羊传》十一卷（附校勘记一卷）和阮元等校勘《监本附释音春秋公羊注疏》二十八卷（附校勘记），前者仅有何休解诂，后者又加徐彦疏，因此，后者更为通行，有南昌府学本、四部备要本等多种版本流传。此外，又有马国翰《玉函山房辑佚书》辑录《春秋公羊颜氏记》一卷和《公羊严氏春秋》一卷（颜氏为颜安乐，严氏为严彭祖，二人都是当时著名的公羊学家。汉代樊儵曾删定《公羊严氏春秋章句》，世称"樊侯学"。他教授门徒，前后达三千余人。可见颜、严二氏的学说也曾盛极一时）。姚鼐撰《公羊传补注》一卷。孔广森撰《春秋公羊经传通义》十一卷，叙一卷（孔广森曾受学于戴震、姚鼐，经、史、小学，沉览妙解，治《春秋》主《公羊》，兼采诸家之长，《通义》中凡诸经籍义有可通于《公羊传》者，悉行著录。然因其不通公羊家法，多违传旨，此书后人评价不高）。凌曙撰《公羊问答》二卷。陈立撰《公羊义疏》七十六卷（陈立先后从师凌曙、刘文淇，于《公羊》用力尤深。深得后人称赞，梁启超称他为"董何以后本传第一功臣"，蒋伯潜称赞他的作品"足以发扬何氏文学"）。张宪和撰《读公羊注记疑》三卷，《公羊臆》三卷。俞樾撰《春秋公羊传平议》一卷，刘曾騄撰《公羊约解》五卷。在《公羊传》的专著方面，有凌曙撰《春秋公羊礼疏》十一卷、《公羊礼说》一卷（凌曙家贫好学，作杂佣以助学资。后入学为阮元校书，得见群书。他认为《春秋》之义存于《公羊》，而公羊之学传自董仲舒。著作广泛，搜采旧说并吸取了清代学者研究成果）。陈奂撰《公羊逸礼考征》一卷。包慎言撰《春秋公羊传历谱》十一卷，刘逢禄撰《公羊春秋何氏解诂笺》一卷、《公羊何氏释例》（又称《春秋公羊经传释例》）十卷（刘逢禄少从外祖庄存与、舅父庄述祖，精研《公羊春秋》，以何氏《公羊解诂》为主，创通条例，贯串群经，成为清代著名的今文经学家和常州学派的奠基人）。在文字音义方面，有李富孙撰《春秋公羊异文释》一卷。杨国桢撰《春秋公羊传音训》（不分卷，排在《十一经音训》中，有道光本、光绪本）。以上书目仅据《中国丛书综录·春秋公羊传类》简略罗列，已可见清代《公羊》学者之多，著作之丰了。

　　（三）《公羊传》的特点和主要内容

　　《公羊传》《穀梁传》《左传》虽同是传《春秋》之作，但又有着各自特点。从表面形式看，《公》《穀》十分相似，都采用问答式的解释体；起止年代也都与《春秋》同（从隐公元年—哀公十四年）。《左传》则似乎并非为经而发，直接解释经文的话比较少，甚至有"无经之传"；经文止于哀公十六年（比《春秋》多两年），传文到哀公二十七年（比《春秋》多十三年），《公》有"经后之传"。从总体内容看，《公》《穀》重在释经，《左传》详于记事；《公》《穀》虽都重在释经，但前者强调诛乱贼、大一统，拨乱反正、尊王行法，后者着重宣扬儒家的宗法伦理，重视礼治，提倡礼教。例如隐公三年，《春秋》载："夏四月辛卯，尹氏（古文春秋为君氏）卒。"《公羊》的解释是"'尹氏'者何？天子之大夫也？其称尹氏何？贬。曷贬？讥世卿。世卿，非礼也。"而《左传》则从记事的角度解释说："君氏卒，声子也。"又如隐公元年"夏五月，郑伯克段于鄢。"《公羊》《穀梁》虽都提出了何以不称段为弟的问题，但《公羊》的解释是"当国也"，意思是段企图当国君，当杀。而《穀梁》从伦理的角度解释："贬之也。段失子弟之道矣。"

上述差异之所以产生，是由三传作者对《春秋》的态度或认识存在分歧而造成的。《公羊》的作者认为孔子作《春秋》是为万世作经，不是为一代写史，因而并不把《春秋》所载的诸条大事看作史料，而是当成经文。既是经文而非史料，自然也就无须考虑内容是否翔实，只需专注于经文字义的研讨，只求从曲隐的"春秋笔法"中阐释经文义理、探求圣人的心法所寓了。这也正是《公羊》重在释经的原因。

下面，以《公羊》第一条为例，试析《公羊》的释经特点。《公羊》传文总是由《春秋》经而发，有目的地提出各种问题，再运用自己的儒家思想方法进行解答。《春秋》经文第一条仅"元年春，王正月"六个字，而《公羊》紧接其后连续提出①"元年者何？"②"春者何？"③"王者孰谓？"④"曷为先言王而后言正月？"⑤"何言乎王正月？"⑥"公何以不言即位？"⑦"何成乎公之意？"⑧"曷为反之桓？"⑨"隐长又贤，何以不宜立？"⑩"桓何以贵？"⑪"母贵则子何以贵？"等十一个问题。前三个问题的回答，分别解释了《春秋》记时中诸词含义；④⑤两个问题的回答则从词序的角度阐明把文王放在"正月"前面，说成"王正月"的原因，即为表示周王朝大一统；问题⑥是根据《春秋》的书法条例提出的（按《春秋》记事体例，每个国君的元年都应该写上"公即位"。但隐公元年没写），通过对这个问题和问题⑦⑧的回答，既讲明了不书隐公即位的原因，又充满了对隐公准备让位于桓公的褒扬；⑨至⑪三个问题的回答则进一步说明隐公的确是不宜立的。揭示出"立嫡以长不以贤，立子以贵不以长"和"子以母贵，母以子贵"两条法则。在这里，我们可以看到：前五个问题尚有《春秋》经文可以针对，而后六个问题则脱离了六字经文。当然，说脱离其实又并非完全脱离，因为它是在整部《春秋》书法之"例"的基础上引申提出的。孔子作《春秋》，寄大义于书法之中，寓微言于书法之外，《公羊》传《春秋》，兼传《春秋》之"微言""大义"，这是《公羊传》的鲜明特点。

《公羊》对整个《春秋》书法进行了寻绎，探求其中的异同，又根据异同原因，归纳总结出"正月、闰月、朔晦、即位、卒葬"等众多《春秋》书法"凡例"，从而又进一步揭示出更深层的《春秋》义理。

　　《公羊传》以"大一统"为宗旨，以"尊王攘夷"为着眼点来阐释《春秋》义理。所谓"尊王"，就是尊崇周王；所谓"攘夷"，就是排斥夷狄异邦。在诸侯争霸、周王室衰微的春秋时代，倡导"尊王攘夷"，目的就是维护周王朝的"大一统"。它强调天下的土地都为天子所有，所以对《春秋·隐公元年》"祭伯来"解释说："祭伯者何？天子之大夫也。何以不称使？奔也。奔则曷为不言奔？王者无外，言奔则有外之辞也。"它强调天子有至高无上的地位，所以对《春秋·桓公九年》"纪季姜归于京师"解释说："'京师'者何？天子之居也。'京'者何？大也。'师'者何？众也。天子之居，必以'众''大'之辞言之。"它强调没有谁能与天子匹敌，所以对《春秋·成公元年》"王师败绩于贸戎"解释说："曷为不言晋败之？王者无敌，莫敢当也。"它对于诸侯僭越诸公、僭越天子的行为感到格外沉痛，所以在解释《春秋·隐公五年》"初献六羽"时写道："'初献六羽'何以书？讥。"又叹惜道："僭诸公犹可言也，僭天子不可言也。"《公羊传》中"攘夷"的观点十分鲜明。除有"吴越之君不书葬"的义理外，"不与夷狄之执中国也""不与夷狄之获中国也"的言辞也随处可见。《公羊传》正是从"大一统""尊王攘夷"的思想体系出发，正名分、寓褒贬、异内外、存三统、张三世、诛乱贼、讥世卿……虽不免强经义以就己意，但终归阐发出不少《春秋》大义。

　　《公羊》在阐释春秋义理时，有时也难免处于不可解脱的矛盾之中，比如对齐桓公的态度。齐桓公曾把被狄国灭掉的楚丘城重新修建起来，恢复了卫国（《僖公二年》）。《僖公四年》载："南夷与北狄交，中国不绝若线。桓公救中国；而攘夷狄，卒怗荆……"无疑是立了大功的，从攘夷的角度讲，对齐桓公是不能不赞扬的。然而，这些举动又明显的是代王行事，明显地违背"诸侯之义，不得专封"，从尊王的角度讲，又是不能"与（准许）"的。这个矛盾该怎样解决呢？《公羊》的解释是："实与而文不与"，这就等于公开承认：文章中阐明的义理是一套，而实际事情可以是另一套。《公羊》赞扬鲁隐公能让国，实际他还没来得及让国就被鲁桓公、公子翚合谋害死，并非真能让国（《隐公元年》）；《公羊》赞扬齐襄公能复仇，实际是他把同等的纪国灭掉了，并非真能复仇（《庄公四年》）；《公羊》赞扬宋襄公能以仁义行师，实际是他愚蠢地被楚国打得大败，并非真能以仁义行师（《僖公二十二年》）；《公羊》赞扬祭仲能知权，实际非真知权（《桓公十一年》）。这些都不过是借事明义而已。皮锡瑞在《经学通论》中说："特欲借之以明其作《春秋》之义，使后之读《春秋》者晓然知其大义""三传惟公羊家能明此旨"。可见"借事明义"，也是《公羊》一大特点。

此外，《公羊传》还宣扬了灾异思想。比如宣公十五年秋，鲁国"初税亩"。"冬，蝝生。"《公羊》说："上变古易常，应是而有天灾，其诸则宜于此焉变矣。"把灾异现象与人君的行为做了初步的联系。

（四）《公羊传》的历史地位及其对后世的影响

《诗》《书》《礼》《乐》《易》《春秋》是儒家六经。无论是在"六经"流传于民间的东周、秦两代，还是在它们登上政治舞台的汉代，《春秋》都有着高于其他五经的地位。究其原因，在于人们视《春秋》为一部寓孔子"微言大义"于其中的政治著作。司马迁在《史记·太史公自序》中说："夫《春秋》，上明三王之道，下辨人事之纪，别嫌疑。明是非，定犹豫，善善恶恶，贤贤贱不肖，存亡国，继绝世，补敝起废，王道之大者也……故有国者不可以不知《春秋》……为人臣者不可以不知《春秋》。"唯其如此，如何正确理解《春秋》，就成为一个颇为重要的学术乃至政治问题了。总的来说，在相当长的一段时间内，在三传中，"公羊"学派对《春秋》的理解占据了正统地位，并因此而对战国以来的思想文化以及汉代的社会政治产生了极为深远的影响。

虽然《公羊传》成书于汉景帝初年，然而它对中国社会思想的影响却并非自著于竹帛之日起。据《史记·十二诸侯年表》记载："荀卿、孟子、公孙固、韩非之徒，各往往捃摭《春秋》之文以著书，不可胜纪。"据近人崔适考证，这里的《春秋》即指《春秋公羊传》（《春秋复始》卷一）。除公孙固的书无考外，其余如《荀子》《孟子》《韩非子》中确有与《公羊》相同的字句或观点。比如《孟子·梁惠王上》有齐宣王问"齐桓晋文之事"一节，其中阐明《春秋》大义在诛乱讨贼，微言在改立法制，正与《公羊传》昭公十二年的内容相合；而《孟子》之"其义则丘窃取之矣"（《离娄下》）一句，亦同于《公羊》之"其词则丘有罪焉尔"。皮锡瑞据此断言："足见孟子春秋之学，与公羊同师一承。"（《经学通论》第四册）其他如《荀子·大略》篇："《春秋》贤穆公，以为能变也"，与《公羊传》文公十二年之"秦无大夫，此何以书？贤穆公也。何贤乎穆公，以为能变也"观点一致；而《韩非子·难三》之"死君后生，臣不愧而复为贞"与《公羊传》僖公十年之"使死者反生，生者不愧乎其言，则可谓信矣"文字大体相合。可见，即使在百家争鸣的战国时期，在《公羊传》口耳相传的过程中，其对当时社会思想的影响仍是明显可见的。

汉初，公羊思想得到了董仲舒广泛而系统的阐发。董仲舒通过"天人三策"说服汉武帝"罢黜百家，独尊儒术"，从此，儒家思想开始走上政治舞台，而公羊学说更为大行。并且，在汉代，《公羊》所阐述的《春秋》之义，曾几乎与当时社会的法律制度、行为规范取得同等地位。据《汉书·五行志》载，董仲舒曾向汉武帝建议，加强中央集权，打击豪强贵族。后淮南王刘安等人谋反失败，"上思仲舒前言，使仲舒弟子吕步舒持斧钺治淮南狱，以《春秋》谊（按即《春秋公羊》阐释的义理）颛断于外，不请。既还奏事，上皆是之"。淮南王刘安一案株连甚广，据《史记·淮南衡山列传》载："上下公卿治，所连引与淮南王谋反列侯二千石豪杰数千人，皆以罪轻重受诛。"说明此案事关重大。又据《汉书·董仲舒传》载："仲舒在家，朝廷如有大议，使使者及廷尉张汤就其家而问之。"可见当时公羊学说与公羊学者受到统治者何等的重视。非惟如此，即使是一般问题，《公羊》之说也成了裁断评判的最高权威。董仲舒曾著《春秋决事》一书（已佚，清人马国翰《玉函山房辑佚书》有辑本），兹引其中一例："妻甲。夫乙殴母。甲见乙殴母而杀乙。《公羊》说甲为姑（婆婆）讨夫，犹武王为天诛纣。"

从有关史料来看，从西汉初到三国时期，人们对《公羊传》达到了相当熟悉的程度，每遇大事并需发表意见时，往往引用《公羊》以加强说服力。特别值得提出的是，人们在引《公羊》之说时，一般只称"《春秋》之义"。于此，我们可以看出，当时通常是把《公羊》观点视为《春秋》之真谛的。比如，据《史记·淮南衡山列传》载，胶西王刘端就淮南王谋反一事，向武帝建议说："淮南王安废法行邪，怀诈伪心，以乱天

前　言

下……《春秋》曰：'臣无将，将而诛。'安罪重于将，谋反形已定。……当伏其法。"这是套引《公羊传》庄公三十二年"君亲无将，将而诛焉"一语。又如《汉书·景十三王传》载，大鸿胪王禹奏武帝："《春秋》之义，诛君之子不宜立。"这是《公羊传》昭公十一年的传文。《后汉书·光武帝纪》载，光武帝诏立太子："《春秋》之义，立子以贵"；《三国志·公孙瓒传》注引《典略》所载公孙瓒上表汉献帝指责袁绍曰："《春秋》之义，子以母贵。绍母亲为婢使，绍实微贱，不可以为人后……"其中"立子以贵""子以母贵"，正是《公羊传》隐公元年的传文。

《公羊传》对社会政治的影响，在清朝中后期也有着极为突出的体现。发端于庄存与、刘逢禄的清代公羊学研究，到了龚自珍、魏源这一代，成了他们评论时政、倡议变革现实的武器。他们继承、发展了公羊三世理论，并指出社会历史将发生巨变。魏源作有《海国图志》一书，提出"师夷长技以制夷"，倡导学习西方文化，变革社会现状。到戊戌变法时期，近代资产阶级改良派代表人物康有为将清代公羊学理论发展到了高峰。康有为著有《新学伪经考》《孔子改制考》《大同书》《春秋董氏学》等，把东汉何休的"张三世"发展成为新的"公羊三世说"，提出了"据乱世、升平世、太平世"观点，并把它们与三种国家政体——君主专制、君主立宪、民主共和联系在一起，指出人类社会是向前发展的，是由"君主专制"通过"君主立宪"而最终实现"民主共和"的国家政体，这与孔子作《春秋》的政治理想即从据乱世经升平世，发展到太平世是一致的。

《公羊传》除对中国古代社会思想政治产生过巨大影响外，对古代文化也产生过影响。以训诂学而论，由于《公羊传》成书较早，又是专门训释《春秋》的著作，于《春秋》的文法、词性也极注意，故而后世研究训诂学的学者往往到这里选取材料甚至是寻找源头。

汉代，在相当长的一个时期内，《公羊传》对《春秋》的说解居于正统地位，这是自不待言的。即使是在现代，《公羊传》对于我们研究我国上古时期的思想文化，也是一部极为重要的历史文献，同时，作为一家之言，《公羊传》对于我们阅读理解《春秋》，也还是有帮助的。当然，《公羊传》一书所存在的缺点也是比较多的。它在思想倾向方面的历史局限性是毋庸赘述的。仅就它对史实与礼俗方面的训释而言，该书也多有不合事实之处。比如宣公六年,《公羊传》记述的晋灵公派勇士杀赵盾一段文字,以赵盾食鱼飧为节俭。其实,远在内地的晋国不比齐地临海而多鱼。又如僖公三十一年,《公羊传》释"三望"为望祭泰山、黄河、东海,事实上这是齐国的望祭习惯,鲁国则祭淮水而黄河。如此等等,这些都是我们在阅读《公羊传》时需要加以注意的(引自王宁主编《评析本白话十三经》,北京广播学院出版社1992年版,马志伟、金欣欣评析、译,赵克勤审校)。

二 关于本书的说明

本书名为《〈公羊传〉译注评析》,是为一般读者读懂《公羊传》服务的,一条《春秋》"经"文,《公羊传》"传"文下,分别作出"译""注"(少数有"评析")。

(一)区分《公羊传》与公羊学

《公羊传》一书可以说是公羊学的主要部分或者说核心内容,但不等同于公羊学。《公羊传》成书之前有公羊学、成书时代有公羊学、成书之后更有公羊学(详见本书"前言"及蒋庆《公羊学引论》,辽宁教育出版社1995年版)。本书仅是译、注《公羊传》本身,而不是全面研究公羊学。因此对董仲舒《春秋繁露》所述内容和《春秋公羊经传解诂·隐公第一》徐彦《疏》中所说的三科(一张三世、二存三统、三异外内)九旨(一时、二月、三日、四王、五天王、六天子、七讥、八贬、九绝之旨)、五始、七等、六辅、二类、七缺等以及其他离开《公羊传》的发挥如何休《解诂》中的"王鲁说""天人感应论",本书概不涉及。当然,对《公羊传》所阐发《春秋》之"义",如尊王、攘夷之"大一统"思想,因是"传"文所明说,当如实反映。

(二)关于孔子与《春秋》的关系

这是儒学和经学研究中长期争论、分歧较大的一个问题。杨伯峻《春秋左传注·前言》既否定孔子作《春秋》,又否定孔子修《春秋》,认为孔子只是"曾经用《鲁春秋》作过教本,传授弟子"。而张汉东在《孔子作〈春秋〉考》(《齐鲁学刊》1988年第4期)一文中否定孔子未作《春秋》的种种论证,肯定《孟子·离娄/滕文公》和《史记·孔子世家》的说法,认为《春秋》为孔子所作。本书据《公羊传·庄公七年》"不修《春秋》""君子修之"(此"君子"王充《论衡·艺增/说日》及何休《解诂》均明说是孔子),确定孔子修《春秋》,即现存《春秋》是由孔子在原《鲁春秋》基础上修订而成。至于襄公二十一年书"孔子生"(穀梁"经"同,左氏"经"无),张汉东的文章认为是孔子弟子所补,但并不影响《春秋》为孔子所作的论断。因此,对三次出现的"所见异辞、所闻异辞、所传闻异辞"(隐公元年、桓公二年、哀公十四年),本书均看作孔子所见、所闻、所传闻。

(三)关于本书的"译"

按照译文"信、达、雅"的要求,"雅"是做不到的,但努力做到"信""达"。译文以"注"为据,努力做到准确、可靠。考虑到原文简洁、跳跃,为使译文连贯、通畅,有时需要补充一些词句。参照杨伯峻《论语译注》《孟子译注》的做法,补充的词句放在[ ]内。对全书出现的同一词句,译文尽量做到前后一致。如"记异也"计有31见,"内辞也"计14见,"绝也"计8见,"兄弟辞也"计3见,"不与诸侯专封""实与,而文不与"等,全书采取统一译法。但由于词的多义性以及具体语境的不同,对同一词句,译文也稍有不同。如"大之也"共9见,对"大"就或译为"重视"(如1.7.6、3.1.8),或译为"称赞"(如3.18.2),或译为"尊大"(如5.15.10)。再如"不时也"共5见,四处译为"不合时令"(1.9.2、2.8.5、5.33.12、12.12.6),一处译为"不合时宜"(6.2.2)。

(四)关于本书的"注"

"注"的内容大致分两个方面:一是语词释义,二是"问据""书法"说明。语词释义做到"言必有据",充分利用前人和时人成果以及现有辞书。如隐公元年"郑伯克段于鄢"之"鄢",传统说法在今河南省鄢陵县,1995年《中国语文》第2期有文章说当在今河南省柘城县。利用前人、时人成果,如何休《解诂》、清人考据、杨伯峻《春秋左传注》等,凡可注明"出处"的尽量注出。至于未注明"出处"的语词注释,也均是查阅字典、词典而来。《公羊传》是问答式体例的书,弟子问、公羊师答。弟子问均有所据(据他处别于此处的书法),若不注明其问所据,就难以理解其所问。因此,充分利用何休《解诂》和徐彦《疏》注出弟子的问所据,如隐公十一年"冬十有一月壬辰,公薨"、闵公二年

"秋八月辛丑，公薨"，"传"均说"公薨何以不地"，据《解诂》《疏》注出是据庄公三十二年"公薨于路寝"而问。再如闵公二年"冬，齐高子来盟"，"传"说"何以不称使"，据《解诂》《疏》注出是据桓公十四年"郑伯使其弟语来盟"而问。还有不是发问提出而是于解说中讲的"书法"，也据《解诂》《疏》注出。如前面提到的"所见异辞""所闻异辞""所传闻异辞"，注出"异辞"的具体书例。再如庄公三十二年"公子牙卒"，"传"说"杀世子、母弟直称君者，甚之也"，注出僖公五年"晋侯杀其世子申生"，襄公二十六年"宋公杀其世子痤"是直称君杀世子之例，隐公元年"郑伯克段于鄢"，襄公三十年"天王杀其弟年夫"是直称君杀母弟之例。

（五）关于本书的"评析"

少数条目在"译""注"之后，有"评析"一项，这是依据《公羊传》的特点而增加的。据蒋伯潜《十三经概论》说，《公羊传》《榖梁传》为解"义"之"传"，《左传》为解"事"之"传"。为了指明或评论公羊所说明之"义"，或为了理解公羊所说明之"义"需要介绍一下左氏，榖梁所述之"事""义"，或需要特别解说某些语句的释义（如隐公元年的"郑伯"、文公十五年的"简"，设"评析"一项。

（六）关于有"经"无"传"

《公羊传》有有"经"无"传"的情况，即仅有《春秋》"经"文而未作解释（此情况榖梁较之公羊更多，左氏此情况虽少于公羊，但有无"经"之"传"），不但一年之中有无"传"之"经"，而且有的全年诸"经"无"传"；甚者一"公"的年代里，多年全年无"传"。如昭公三年七"经"、六年九"经"、七年八"经"、十四年六"经"、二十四年七"经"、二十八年六"经"、三十年四"经"，都是全年无"传"。对有"经"无"传"的条目，"经"文语词需要解释的立"注释"一项。本书体例，对"经"文不译，因而对有"经"无"传"的条目，也就无"译文"一项。

本书是山东省古籍整理"八五"规划项目，承蒙山东省古籍领导机构资助；山西大学陈霞村教授对本书的编写给予多方鼓励、支持，并校阅了部分书稿；又承蒙《评析本白话十三经》（北京广播学院出版社1992年版）主编王宁及"评析本"中《公羊传》评析者和译者马志伟、

前 言

金欣欣以及审校赵克勤诸先生的允诺,转载"评析本"中的《公羊传》"评析";山东省著名书法家李继曾先生为本书题写书名。这里一并致以诚挚的感谢。

作者

一九九七年二月定稿

二〇〇〇年元月校订

于山东师范大学古籍整理研究所

第一章 鲁隐公

隐公，名息姑，鲁之始祖伯禽七世孙，鲁国第十四代国君，惠公弗湟（弗生）之子，声子所生。伯禽为周公（武王弟）姬旦之子，封于鲁。鲁初都曲阜，第三代君炀公迁奄城，入春秋后盖在僖公时又迁曲阜（两城相距三里，奄城在曲阜的西南）。

1. 隐公元年

元年，己未，公元前722年，周平王四十九年。

1.1 "元年春，王正月。"①

"元年"者何②？君之始年也。"春"者何？岁之始也。"王"者孰谓？谓文王③也。曷④为先言"王"而后言"正月"？王正月⑤也。何言乎"王正月"⑥？大⑦一统⑧也。公⑨何以不言"即位"⑩？成公意⑪也。何成乎公之意？公将平⑫国而反之桓。曷为反之桓？桓幼而贵，隐长而卑，其为尊卑也微⑬，国人莫知⑭。隐长而贤，诸大夫扳⑮隐而立之。隐于是焉而辞立，则未知桓之将必得立也；且如⑯桓立，则恐诸大夫之不能相幼君也。故凡隐之立，为桓立也。隐长又贤，何以不宜立？立適⑰以长，不以贤；立子以贵，不以长⑱。桓何以贵？母贵⑲也。母贵则子何以贵？子以母贵⑳，母以子贵㉑。

[译文] "元年"是什么意思？是国君即位开始的一年。"春"是什么意思？是一年四季的开始。"文王"指谁？是指周文王。为什么先说"王"后说"正月"？表示是周王的正月。为什么说"王正月"？表示大一统的意思。隐公为什么不书"即位"？表示成全隐公的意愿。如何是成全隐公的意愿呢？隐公表示将来把鲁国治理好后，还君位于桓公。隐

为什么要还君位于桓公呢？桓公年幼而尊贵，隐公年长而卑微。二公的名分尊卑相差微乎其微，以至国内一般人没有能知道的。隐公年长而又贤明，众大夫簇拥隐公而立了。假使隐公辞让立自己，又不知道桓公将来是否一定能够即位；况且如果桓真的能即位，又恐怕众大夫不能辅佐年幼的君主。所以隐公的即位，就是为了将来桓公可以即位。隐公年长而又贤明，为什么不宜立为国君呢？立嫡子，是论长幼，不论贤否；立［嫡子以外的其他］公子，是论尊贵，不论长幼。桓公凭什么尊贵呢？是他母亲尊贵，母亲尊贵那儿子为什么也就尊贵呢？子以母贵，母以子贵。

［注释］

①"……"表示《春秋》经文，下同。

②者何——《公羊传》全书为问答式，这种体例何以产生，陈立《公羊义疏》（以下简称《义疏》）有所说明："按《春秋》本公羊子口授说于子夏，以传其子平，平传地，地传敢，敢传寿；凡五世至汉景帝时乃与齐人胡毋子都著于竹帛。以先师口相授受解释其义，故传皆为弟子疑问之词。诸疑或直问所不知，即曰'者何'、曰'孰谓'，或据彼难此，则如'曷为''何以''其言某何''此何以书'等。"

③文王——周文王。古者天子建国，必改正朔，易服邑，以示一新；周之建国始于武王，文王以西伯侯名义而终，生前并未改正朔。公羊子说"王"是周文王，显然不对；所以这样说，是为了突出周王朝的地位。

④曷——音合 hé，疑问代词，大致与"何"义相当；"曷为"写"曷"不写"何"，是《公羊传》用词的一个显著特色。

⑤王正月——指周王朝的正月。夏、商、周三代，正朔历法不同，夏正建寅，以寅月（相当现今通行的农历正月）为正月，商正建丑，以丑月（相当现今正月前一年的十二月）为正月，周正建子，以子月（相当现今正月前一年的十一月）为正月。春秋时代，各诸侯国正朔历法混乱不一。如夏禹的后裔杞国就建寅，商汤的后裔宋国就建丑。书"王正月"，说明鲁国是用周的正朔，同时也表示鲁国跟周王室的关系最亲密，鲁的始祖伯禽是周文王之子、周武王之弟周公姬旦的儿子。

⑥何言乎"王正月"——何休《春秋公羊经传解诂》（以下简称《解诂》）及徐彦《春秋公羊经传疏》（以下简称《疏》）说明，这是弟子据定公元年只书"元年春王"，不书"正月"而发问。春秋十二公，十一

公开头写"元年春王正月",只有定公开头是"元年春王",为什么不写"正月",见后定公注释。这就是所谓"春秋书法"或"春秋之例"。所谓"书法"或"书例"是指《春秋》记述、评论事件以及褒贬人物的体例,或者说是措辞造句规则格式。但是,所谓"春秋书法"或"春秋之例"诚如蒋伯潜《十三经概论》所说:"盖所谓'例',为治《春秋》者就《春秋》经传比较归纳而得,非《春秋》经中明著其例,亦非孔子于作《春秋》之前,先定若干书法之凡例,而后据之为标准,以作《春秋》;更非周公定有若干之例,孔子依之作《春秋》也。"朱彝尊《经义考》明确指出:"以例说《春秋》,自汉儒始。"可见,"春秋书法""春秋之例"实由汉代开始研究《春秋》的学者从《春秋》的措词造句中归纳而出,如杜预撰《春秋释例》、何休撰《春秋公羊文谥例》、刘逢禄撰《公羊何氏释例》。《公羊传》中弟子的发问,不少就是问的"书法"。

⑦大——形容词动用,表示"以……为大"义,可解为尊崇、推崇。

⑧一统——统一天下、统一全国,与割据地方相对;说"大一统"是突出、强调天子一统天下的地位,弘扬天子对全国的管辖、统治权以及作为天下共主的身份。

⑨公——指鲁隐公,《春秋公羊传》中"公"均是指鲁君,因为《春秋》是鲁史。

⑩何以不言"即位"——何休《解诂》及徐彦《疏》说明,这是弟子据文公元年书"即位"而发问。依"春秋书法",鲁国十二君,于其元年,应书"元年春王正月,公即位",唯有隐公、庄公、闵公、僖公不书"即位",定公元年也无"正月",所以不书,公羊、左氏、穀梁三家各有解释。桓公以下,文公开始写"即位"。

⑪成公意——成全隐公还君位于桓公的意愿。《左传》(本"经"前)及《史记·鲁国公世家》记载,鲁惠公嫡夫人孟子无子,孟子卒,"继室"(续妻)声子,生子息,即隐公;后又娶宋女仲子,生子允,即桓公。惠公死时,桓公年幼,隐争摄位。至于隐公为什么让位,这牵涉仲子与桓公地位与身份,说法有所不同。从《左传》看,仲子已是惠公的嫡妻,桓公是嫡子;隐公只是行国君之政,实奉桓公为君。杜预《春秋左传集解》(以下简称《集解》)说,"隐公……追成父志,为桓尚少,是以立为太子,帅国人奉之"。《鲁周公世家》则明确说,惠公生前已立

仲子为夫人，立桓公为太子。公羊与何休又有说法，见下注⑬。

⑫平——治理。

⑬其为尊卑也微——何休《解诂》"母俱媵也"（媵，音映 yìng，妾），是说隐公、桓公母亲均为妾，尊卑相差甚小。孔广森《春秋公羊经传通义》（以下简称《通义》说："声子以继室称夫人，仲子再娶亦称夫人；并妃二嫡，故国人疑于其尊卑矣。"这是说，声子、仲子都是正妻。徐彦《疏》谈到《春秋》有七"缺"，之一是"惠公妃匹不正，隐桓之祸生，是为夫之道缺也"。这是说，惠公就没有分清声子、仲子的尊卑。

⑭国人莫知——《解诂》："国人，谓国中凡人。"《疏》："古者……一嫡二媵，分为左右，尊卑权宠灼然，则朝廷之上理应悉知；今知传云国人不知，明是国内凡人也。"

⑮扳——音潘 pān，通"攀"。挽引。

⑯且如——复合连词，而且如果。

⑰適——音敌 dí，通"嫡"，指正妻，名嫡妻；又指正妻生的儿子，名嫡子。

⑱立適以长……不以长——《解诂》："適谓適夫人之子，尊无与敌，故以齿；子谓左右媵及侄娣之子，位有贵贱，又妨其同时而生，故以贵也。礼，適夫人无子立右媵，右媵无子立左媵，左媵无子立適侄娣，適侄娣无子立右媵侄娣，右媵侄娣无子立左媵侄娣。"

⑲母贵——《解诂》："桓母，右媵。"

⑳子以母贵——《解诂》："以母秩次立也"，即子按母的名分次序而立。

㉑母以子贵——《解诂》："礼，妾子立，则母得为夫人。"

[评析] 此条"传"文是《公羊传》对《春秋》第一条的解说，在这第一条的解说中开宗明义即表现出公羊学的主导思想和主张。这一点集中体现在对"王正月"的解说上。"王正月"三字，《左传》仅说是"王周正月"，杜预《集解》说"言周以别夏殷"，书"王正月"只是说明是周之正月（非夏、殷）而已。近年晁岳佩特别撰文指出："所谓'春王正月'，意即春季周历正月，毫无深义而言。'王'字实际上是周历的代名词，是鲁国史家们的用字规范。"（《"春王正月"王字浅说》，《山东师大学报》1996 年第 2 期）《春秋》公认是鲁国的编年史体例的史书，

编年史最显著的特点是要标清楚时间，即所谓"以事系日，以日系月，以月系时，以时系年"（杜预《春秋左氏传序》）。书"王"仅是表明鲁与周王室的血缘亲近关系，用的是周历而已。而《公羊传》说书"王"是表示"大一统"，这样公羊家借以表现自己的尊王思想，赋予《春秋》"经"文之"义"，故所谓解"义"之"传"，实是公羊家据自己的政治思想、理想、主张对《春秋》文字的发挥。至于公羊家所发挥之"义"，能否成立、有无进步意义，是经学、哲学、历史学研究的范畴，本书只是指出其所阐述之"义"，即说明其从《春秋》的"微言"中发挥出怎样的"大义"（下对不书"即位"的解说，也是公羊家的认识）。

1.2 "三月，公及邾娄①仪父②盟③于眛④。"

"及"者何？与也。"会""及""暨"，皆与也⑤。曷为或言"会"⑥、或言"及"、或言"暨"⑦？"会"犹最⑧也，"及"犹汲汲⑨也，"暨"犹暨暨⑩也。"及"，我欲之⑪，"暨"，不得已也。仪父者何？邾娄之君也。何以名⑫？字也。曷为称字？褒之⑬也。曷为褒之？为其与公盟也⑭。与公盟者众矣⑮，曷为独褒乎此？因其可褒而褒之。此其为可褒奈何⑯？渐进⑰也。"眛"者何？地⑱期⑲也。

[译文]"及"字是什么意思？是与的意思。"会""及""暨"三字都是与的意思。为什么或者用"会"，或者用"及"，或者用"暨"？"会"的意思同最，表示一般聚会；"及"的意思同汲汲，表示紧急聚会；"暨"的意思同暨暨，表示被迫聚会。用"及"，表示我方是主动；用"暨"，表示我方是被动，迫不得已。仪父是什么人？是邾娄的国君。为什么要称呼他的名？（不是名）是字。为什么要称呼他的字？是褒扬他。为什么要褒扬他？因为他最早与隐公盟会？与隐公盟会的人多了，为什么单独褒扬这一次？因为他值得褒扬而就褒扬。这次他值得褒是怎么回事呢？是表示逐渐提高对邾娄国君称谓的等级。"眛"是什么？是书出约定盟会的地点。

[注释]

①邾娄——国名，曹姓，初都今山东曲阜东南，后都今山东邹县东南。左氏、穀梁均作"邾"，盖因速读而音变。

②仪父——邾娄君之字，名克。庄公十六年，"经"文有"邾娄子

克卒"。

③盟——盟会。杨伯峻《春秋左传注》(下简称《注》):"盟法,先凿地为坎(穴、洞),以牛、羊或马为牲,杀于其上,割牲左耳,以盘盛之,取其血,以敦(音对,容器)盛之,读盟约(古谓之载书,亦省称载或书)以告神,然后参加盟会者一一微饮血,古人谓之歃血。歃血毕,加盟约正本于牲上埋之,副本则与盟者各持归藏之。"

④眛——鲁地,在今山东省泗水县东;穀梁同,左氏作"蔑",盖同音假借。

⑤"会""及""暨",皆与也——会、及、暨均有相与的意思,词义有相同之处;从语法词性看,会是动词,及、暨均可作连词、介词,二者相同。

⑥言"会"——如隐公六年"夏五月辛酉,公会齐侯盟于艾"。

⑦言"暨"——如昭公七年"春王正月,暨齐平"。

⑧最——《解诂》:"最,聚也。……最之为言聚,若今聚民为投最。"王引之《经义述闻》:"正文及注,最字皆当作冣[才句切]。冣与聚,声义皆同,故曰'冣之为言聚'也。《说文》'冣,积也,从冖、取,取亦声。'……世人多见最,少见冣,故书、传冣字皆讹作最。""最"当是"冣"之讹。

⑨⑩汲汲、暨暨——孔广森《通义》:"汲汲者,急辞;暨暨者,重难之辞。"

⑪"及",我欲之——用"及"表示我方主动,从这次盟会来看是成立的,左氏"公摄位而欲求好于邾",是这次盟会隐公主动;从全书来看,不全如此。"我",鲁人自称,《春秋》为鲁史,称自己一方,故曰"我"。

⑫名——作动词用,指书名字。

⑬褒之——称字比称名高一等,故曰褒之。见下⑰注。

⑭为其与公盟也——《解诂》:"为其始与公盟。"《疏》:"此传应言为其始与公盟。"

⑮与公盟者众矣——《解诂》《疏》说明,这是弟子据二年秋八月"公及戎盟于唐"、六年夏"公会齐侯盟于艾"、八年秋"公及莒人盟于包来"而发问。

⑯此其为可褒奈何——"此其可褒"是主语,为"奈何"的表述对象。

⑰渐进——俞樾《群经平议》:"公羊家有七等之说:州不若国、国不若氏、氏不若人、人不若名、名不若字、字不若子。邾娄仪父本当在书名之等,进而书字,所谓渐进也。若邾娄本当书字,进而书子,则其进也大骤矣,非渐进之义矣。"(七等之说见庄公十年"传")这是针对庄公十六年"邾娄子克卒"书"子"而言的。意思是名—字—子是三级称谓;对邾娄君本当书名,因"可褒"而不书,但若不书字就直接书"邾娄子","其进也大骤",现本"经"书字是表示"渐进"。"子"为五等诸侯爵位之一,参看1.3"评析"。

⑱地——作动词用,指书出地点。

⑲期——约定,约会。

1.3 "夏五月,郑伯①克段②于鄢③。"

"克之"者何④?杀之⑤也。杀之则曷为谓之"克"?大郑伯之恶也⑥。曷为大郑伯之恶?母欲立之⑦,己杀之,如⑧勿与⑨而已矣。"段"者何?郑伯之弟也。何以不称弟⑩?当国⑪也。其地何⑫?当国也。齐人杀无知⑬何以不地?在内⑭也。在内,虽当国不地也;不当国,虽在外,亦不地也。

[译文] "克之"是什么意思?是杀死。杀死为什么称为"克"?是扩大郑伯的恶毒。为什么要扩大郑伯的恶毒?母亲想立段,自己要杀他;不过是亲自动手不如自己不动手而让下面人去杀罢了。"段"是什么人?郑伯的胞弟。为什么不书明是"弟"?因为他想篡夺君位。书出鄢地是什么意思呢?因为他想篡夺君位。齐人杀死公子无知为什么不书出地点?因为在国都之内。在国都之内,虽与国君相当,不书地点;不与国君相当,虽在国都之外,也不书地点。

[注释]

①郑伯——郑庄公;郑,国名,姬姓,周宣王同母弟弟、郑桓公之后,都城初在今陕西华县东北,后迁至今河南郑州市南、新郑县北。

②段——郑庄公同母弟。

③鄢——本是妘姓之国,为郑武公所灭,旧注在今河南省鄢陵县,近考"鄢"即"傿",在今河南省柘城县(见荆贵生《"郑伯克段于鄢"

的"鄢"》,《中国语文》1995 年第 2 期)。

④克之者何——《解诂》:"加'之'者,问训诂并问施于之为。"意思是本当问"克者何",加"之"字是问"克"字的意思并问"施于之为"——《疏》"施于鄢之所为",也就是并问"克段于鄢","之"字代"段于鄢"。弟子所以问"克"字的词义,孔广森《通义》说:"经有'不克''弗克'诸文,嫌通为'克'字诂训,故问'克之者何'。"这是弟子不明白此处"克"字跟"不克""弗克"之"克"(定公十五年"葬我君定公,雨不克葬"、文公十四年"晋人纳接菑于邾娄,弗克纳",两处"克"字,表示能够义)的词义有别,故问。

⑤杀之——"克"训"杀",见《尔雅·释诂》"胜、肩、勘、刘、杀、克也",《疏》说:"不答'于鄢'之意者,欲下乃解为'当国',故此处未劳解之。"这样"杀之"只是解释"克","段",不包括"于鄢"。

⑥大郑伯之恶也——穀梁:"何甚乎郑伯?甚郑伯之处心积虑成于杀也。"说明郑庄公是处心积虑要杀段。

⑦母欲立之——左氏记载,郑武公夫人武姜生二子寤生(即庄公)和共叔段(共,出奔地;叔,排行第二),武姜爱共叔段欲立之,多次请于武公,武公不许。

⑧如——《解诂》:"如即不如,齐人语也。"王引之《经义述闻》:"'如'上当有'不'字,而写者脱之。"

⑨勿与——俞樾《群经平议》:"勿与者,即不亲杀之谓也。"左氏记载,庄公即位,武姜为共叔段请京地,大夫反对,庄公许之;段扩大地盘、扩充势力,大夫劝庄公警惕,庄公故意坐视。待段武装反叛,庄公命大夫子封率车二百乘伐之。段先逃入鄢地,后奔共地。

⑩何以不称弟——《解诂》《疏》说明,这是弟子据襄公三十年"天王杀其弟年夫"书"弟"而发问。

⑪当国——与国君相当,指篡位。孔广森《通义》:"当,敌也;著其强御与国为敌。《左传》所谓如二君是也"(敌,相当,对等)。

⑫其地何——《解诂》《疏》说明,这是弟子据庄公九年春"齐人杀无知"不书地点而发问。

⑬无知——齐公子。

⑭在内——孔广森《通义》:"在内谓国都之内,统于国故可无更地

· 8 ·

也;知在外非谓出境者,鄢亦郑地。"

[评析]

(一)从对本"经"的解释可看出解"事"之"传"的左氏与解"义"之"传"的公羊的明显区别。公羊对本"经"书法大加发挥,而左氏对"郑伯克段于鄢"是详细记叙其过程。从《古文观止》直到现在的一般古文选本,都将《左传》对此"经"的解说作为古文名篇选入。

(二)"郑伯"之"伯"是春秋时代诸侯国君通称之一。现在不少选本对"郑伯克段于鄢"的"郑伯"的解释,按公、侯、伯、子、男五等爵位说,认为郑是伯爵,故称"伯"。这恐怕是误解。五等爵位之别,据现有文献,乃是战国时代学者所提出。此说始见于《孟子·万章下》:"周室班爵禄也,……天子一位,公一位,伯一位,子、男同一位,凡五等也。"《礼记·王制》(据考证,成书于西汉初)说:"王者之制禄爵,公、侯、伯、子、男,凡五等。"郭沫若说:"公、侯、伯、子、男,皆古国君之通称,五等爵禄之说,乃周末儒者因旧有之名称赋之以等级者。"(《金文丛考·金文所无考》)杨树达指出:"余遍览彝器铭文,知铭文国君之名称不但与《春秋》歧异而已,即在彝器本身,虽同一国君,彼此互殊者仍至夥。"杨氏列例说明同一国之君有"侯公兼称""侯伯兼称""侯子兼称""侯公伯兼称""公伯兼称""公子兼称""伯子兼称"等(《积微居小学述林·古爵名无定称说》)。可见,公、侯、伯、子、男皆古时国君之称号,并无高低等级之别,郭、杨二氏之说,验之《春秋》亦合,这突出表现在对杞君的书法上,桓公二年称"杞侯",庄公二十七年称"杞伯",僖公二十三年又称"杞子";再如对滕君,隐公七年、十一年称"滕侯",桓公二年开始、终《春秋》称"滕子"。杨树达又说:"《春秋》书法有前后异称者,又设为进爵降爵之说。由今观之,彼皆弥缝牵附之说,非当时实录也。"所谓中"进爵降爵之说"盖指杜预《集解》、孔颖达《疏》。庄公二十七年"杞伯来朝",《集解》说"杞称'伯'者。盖为时王所黜";孔《疏》说:"于时周王当桓、庄、僖、惠,不知何王黜之。"杜氏说"盖",表明仅是估计,更未写出原因;孔氏也说:"不知何王黜之"。这十足说明乃"弥缝牵附"之论。杞君称"侯"、称"伯"、称"子"均可,故知公、侯、伯、子、男,皆春秋时代诸侯国君之通称也(参看孙良明《"郑伯"之"伯"非伯爵》,《中国语文》

2000年第1期)。

1.4"秋七月,天王①使宰咺②来归③惠公、仲子④之赗⑤。"

"宰"⑥者何?官也。"咺"者何?名也。曷为以官氏⑦?宰,士⑧也。"惠公"者何?隐之考⑨也。"仲子"者何?桓之母也。何以不称"夫人"⑩?桓未君也。"赗"者何?丧事有赗;赗者盖以马,以乘马束帛⑪。车马曰赗⑫,货财曰赙⑬,衣被曰襚⑭。桓未君,则诸侯曷为来赗之⑮?隐为桓立,故以桓母之丧告于诸侯⑯。然则何言尔⑰?成公意也。其言"来"何⑱?不及事⑲也。其言"惠公、仲子"何⑳?兼"之"㉑;兼"之",非礼也㉒。何以不言"及仲子"㉓?仲子微也㉔。

[译文]"宰"是什么?是官号。"咺"是什么?是人名。为什么以官号作为姓氏?因为是周天子宰府的士。"惠公"是什么人?是隐公的先父。"仲子"是什么人?是桓公的母亲。对仲子为什么不称"夫人"?因为桓公尚未立为君。"赗"是什么?办丧事有赗;赗是用马,或用车马束帛。用车马叫赗,用财物叫赙,用衣被叫襚。桓尚未立为君,那诸侯为什么来馈赠赗?隐公为桓公即位而立,所以就将桓公母亲之丧事讣告给诸侯。那这有什么说法吗?是成全隐公的意愿。"经"文说"来"为什么?是因为没有赶上惠公的丧事。"经"文说:"惠公、仲子"为什么?是因为一个使臣送来二人赗;一个使臣送来二人赗,是不合乎礼仪的。为什么不说"及仲子",是因为仲子的地位卑微。

[注释]

①天王——周平王。周王,"经"文或称"天子",如成公八年"天子使召伯来锡公命";或称"王",如文公五年"王使荣叔归含且赗";或称"天王"。

②咺——音宣 xuān。

③归——同"馈",赠送。

④惠公、仲子——惠公,鲁惠公,隐公、桓公父亲,此时已死;仲子,桓公生母,此时尚在(杨伯峻《注》:"未死而助其丧,尤不合理。")。

⑤赗——音奉 fèng,助葬用的车马束帛等。

⑥宰——官名,太宰的简称,周时六卿之一、天官之长,助王治理国政。

⑦氏——姓氏，作动词用；《春秋》书法，人名前字为姓氏。

⑧士——太宰属下的基层官吏；《周礼·天官序》："治官之属，太宰卿一人，小宰中大夫二人，宰夫下大夫四人，上士八人，中士十有六人，旅下士三十有二人。"

⑨考——《解诂》："生称父，死称考。"

⑩何以不称"夫人"——《解诂》《疏》说明，这是弟子据文公九年"秦人来归僖公、成风之襚"、文公四年"夫人风氏薨"书"夫人"而发问。

⑪以马，以乘马束帛——孔广森《通义》："两言之者，赗者或特以马、或加以束帛。"

⑫车马曰赗——孔广森《通义》："复道此者，取与下'赙''襚'对文。"

⑬赙——音富 fù，助丧事用的财物。

⑭襚——音遂 suì，送给死者的衣被。

⑮诸侯曷为来赗之——陈立《义疏》："此天王也，而传言诸侯者，明天子、诸侯皆不得也；又《春秋》假王于鲁，故等以诸侯诔之。"这是以鲁隐公为受命王，站在受命王的立场，周天子包括在"诸侯"之内。赗之，赗作动词用。

⑯以桓母之丧告于诸侯——春秋时代，一国有大丧，则讣告周天子与各国诸侯。

⑰尔——王引之《经传释词》："犹'焉'也。隐元年《公羊传》曰：'然则何言尔？'二年《传》曰：'何讥尔。'三年《传》曰：'何危尔。'"

⑱其言"来"何——《解诂》《疏》说明，这是弟子据文公五年"王使荣叔归含且赗"不写"来"而发问。

⑲不及事——没有赶上惠公的丧事。春秋时，旧君死，新君即位逾年始称元年。惠公前一年已死，此时已是隐公元年七月，故左氏说"缓"。按"经"文"及事"也说"来"，如文公元年"天王使叔服来会葬"。此处所以发传，孔广森《通义》说："盖仲子之卒，经既不见，刺不及事之义……特为异辞以起之。"

⑳其言"惠公、仲子"何——《解诂》《疏》说明，这是弟子据"王使荣叔归含且赗"、不书所馈给之人而发问；还由于"兼'之'"。

㉑兼"之"——《解诂》:"言'之赗'者,起两'赗'也",意思是共用一个"之",表示是惠公、仲子两人之赗。

㉒兼"之",非礼也——《解诂》:"礼不赗妾,既善而赗之,当各使一使,所以异尊卑也。"

㉓何以不言"及仲子"——《解诂》:"据'及'者别公、夫人尊卑文也。"《疏》:"即僖十一年夏'公及夫人姜氏会齐侯于阳谷'。"

㉔仲子微也——孔广森《通义》:"'及'者分别尊卑之辞,夫人与公一体,嫌竟可敌公,故加'及'绝之;仲子不称夫人,不嫌得敌公,故不假绝也。"

1.5 "九月,及①宋人②盟于宿③。"

孰及之?内④之微者⑤也。

[译文] 谁跟宋人[在宿地盟会]呢?是鲁国的卑微的低级官员。

[注释]

①及——"及"前无主名,按"书法"是省鲁人。

②宋人——隐、桓时代,外大夫盟会、征伐概不书名;庄公二十二年"及高傒盟于防",是盟会书外大夫开始;文公八年"公子遂会晋赵盾盟于衡雍",是盟会写内外大夫开始。宋,宋国,详见下3.5注①。

③宿——国名,风姓,在今山东省东平县,后归齐。

④内——《解诂》:"内者,谓鲁也。"成公十五年公羊说:"《春秋》内其国而外诸夏",即以鲁国为内,以诸中原国为外。

⑤微者——《解诂》:"微者,谓士也;不名者,略微也。"(略,省略,减去)

1.6 "冬十有①二月,祭伯②来。"

"祭伯"者何?天子之大夫也③。何以不称"使"④?奔也。奔则曷为不言"奔"⑤?王者无外⑥,言"奔"则有外之辞也。

[译文] "祭伯"是什么人?是周天子的大夫。[既是周天子的大夫]为什么不书"天王使祭伯来"?因为他是私自逃奔来的。既然是私自逃奔来的,为什么不书"奔"[而书"来"]?因为周天子一统天下没有国外,[四海之内,莫非王土];书"奔"则是有国外的用词。

第一章　鲁隐公

[注释]

①有——连词,用在数目词组中,连接整数与零数;《春秋》记年、月用"有",《左传》不用。

②祭伯——祭音债 zhài;祭伯,王朝卿士,祭是其食邑;伯是排行,非诸侯之称,见孔广森《通义》。

③天子之大夫也——《疏》:"若外诸侯之臣来奔,当系国言'来奔',即文十四年秋'宋子哀来奔'、襄二十八冬,'齐庆封来奔'之属是也。今无所系,直言'来'故知宜是天子之大夫也。"

④何以不称"使"——《解诂》《疏》说明,这是弟子据隐公七年"天王使凡伯来聘"而发问。

⑤曷为不言"奔"——《解诂》《疏》说明,这是弟子据襄公二十八年冬"齐庆封来奔"书"奔"而发问。

⑥王者无外——指周天子无国外,天下全归其所有;参看下"评析"。

[评析] 左氏说"十二月,祭伯来,非王命也",认为祭伯非受王命而自己来鲁。公羊发挥其尊王的"大一统"思想。所谓"王者无外",即《诗经·小雅·北山》所云"溥天之下,莫非王土;率土之滨,莫非王臣";故虽认为祭伯是奔来,但不能书"奔"。

1.7 "公子益师①卒②。"

何以不日③?远④也。所见异辞,所闻异辞,所传闻异辞⑤。

[译文] "经"文为什么不写出日期?是因为[距孔子时代]太远了。[孔子修《春秋》,]对自己亲眼所见之事[跟所闻、所传闻之事]为不同措辞;对自己亲耳所听到之事[跟所见、所传闻之事]不同措词;对从传说所听到之事[跟所见、所闻之事]不同措辞。

[注释]

①公子益师——益师,鲁孝公(惠公之父,隐、桓之祖)之子,字众父,后人为众氏。

②卒——大夫死名,参看下3.2"传"。《礼记·曲礼下》:"天子死曰崩,诸侯曰薨,大夫曰卒,士曰不禄,庶人曰死。"

③日——作动词用,指书日期。

④远——《解诂》:"孔子所不见",指孔子距此时久远;孔子生于襄

公二十一年（前552年），距此时还有二百年。

⑤所见异辞，所闻异辞，所传闻异辞——《解诂》："所见者谓昭、定、哀，己与父时事也；所闻者谓文、宣、成、襄（王），父时事也；所传闻者谓隐、桓、庄、闵、僖，高祖、曾祖时事也。"关于三世"异辞"，《解诂》举例说，于所见之世，"大夫卒，有罪无罪皆日录之，'丙申，季孙隐如卒'（在定公五年）是也"；于所闻之，"大夫卒，无罪者日录，有罪者不日，略之，'叔孙得臣卒'（在宣公五年）是也"；于所传闻之世，"大夫卒，有罪无罪皆不日，略之也，'公子益师、无骇卒'（'无骇卒'在隐公八年）是也"。此三句又见于桓公二年（2.2.3）和哀公十四年；参看哀公十四年"评析"。

2. 隐公二年

二年，庚申，公元前721年，周平王五十年。

2.1① "二年春②，公会戎③于潜④。"

[注释]

①2.1——本"经"无"传"，公羊、左氏、穀梁三《传》均有有"经"无"传"的情况。

②春——《解诂》："朝聘会盟，例皆时。"即朝聘会盟，按"春秋书法"之"例"写出春、夏、秋、冬季节。

③戎——当时文化落后的少数民族名。《解诂》："东方曰夷，南方曰蛮，西方曰戎。北方曰狄。"陈立《义疏》："按此统举四夷名尔，非谓此为西方戎也。"春秋时代，华戎杂处，左氏哀公十七年"公登城以望，见戎州"（公，卫庄公；戎州，戎人城邑），可证。

④潜——鲁地名，在今山东省济宁市。

2.2 "夏五月，莒①人②入向③。"

"入"者何？得而不居④也。

[译文] "入"是什么意思？是夺得该地但不在那里驻守。

[注释]

①莒——国名，己姓，原都介根，在今山东省胶县；后迁莒，在今

山东省莒县。

②人——孔广森《通义》:"将卑师少称'人'。将尊师众称某'帅师'。"(引下5.3"传")杨伯峻《注》:"春秋之初,外国大夫侵伐,称某国人而不书名氏""外国大夫独率师书名,自文三年晋阳处父始;外国大夫连兵书名,自宣六年晋赵盾、卫孙免始"。

③向——国名,姜姓,在今山东省莒县南,今年归莒;宣公四年"公伐莒,取向",为鲁所有。

④"入……不居也"——指师入其国而不灭亡其国。

2.3 "无骇[①]率师入极[②]。"

"无骇"者何?展无骇也。何以不氏[③]?贬。曷为贬[④]?疾始灭[⑤]也。始灭昉[⑥]于此乎[⑦]?前此[⑧]矣。前此,则曷为始乎此?托始焉尔[⑨]。曷为托始焉耳[⑩]?《春秋》之始[⑪]也。此灭也,其言"入"何?[⑫]内大恶,讳[⑬]也。

[译文] 无骇是什么人?是公子展无骇。为什么不称他"公子",是贬低他。为什么要贬低他?痛恨开始灭亡别国。灭国是否确实开始于这一次?从前就有过。从前就有过,为什么说开始于这一次?是托言开始于这一次。为什么要托言开始于这一次?是《春秋》记灭国的开始。这是灭国,那说"入"是为什么?是鲁国自己的大恶事,忌讳言之的。

[注释]

①无骇——鲁卿,公子展之孙,展禽(柳下惠)之父;骇,左氏同,穀梁作"侅"。

②极——国名,在今山东省金乡县,原为鲁国附庸,为鲁灭。

③何以不氏——指何以不书姓氏"展";《解诂》《疏》说明,这是弟子据僖公二十七年"公子遂率师入杞"书"公子"而发问,公子即可表示是氏(与公同)。

④曷为贬——《解诂》说明,"弟子据公子遂率师入杞"不书则为"贬"而发问。

⑤疾始灭——《解诂》说明是"终其身不氏,贬疾始灭",指隐公八年"经"文"冬十有二月,无骇卒"、"传"文"此展无骇也,何以不氏?疾始灭也,故终其身不氏"。疾:痛恨。

⑥昉——阮元《校勘记》说明当是"放"字。俞樾《群经平议》

说:"放之言极也……'始灭放于此乎'。乃推极其前而言之也,若前此无灭国者,则推求灭国之事,极于此矣。"

⑦始灭昉(放)于此乎——《解诂》《疏》说明,这是弟子据哀公十四年"传"文"君子曷为为《春秋》,拨乱世,反诸正"因而肯定灭国非一而发问。

⑧前此——《解诂》,"前此者,在春秋前,谓宋灭郳是也。"

⑨焉尔——《解诂》:"焉尔,犹于是也。"

⑩曷为托始焉尔——《解诂》《疏》说明,这是弟子据隐公二年"郑人伐卫"、桓公十年"齐侯、卫侯、郑伯来战于郎"不书"始伐""始战"而发问。

⑪《春秋》之始——孔广森《通义》:"君子所修《春秋》,记灭国于是始。"

⑫其言"入"何——《解诂》《疏》说明,这是弟子据庄公十年"齐师灭谭"不写"入"而发问。

⑬讳——《解诂》:"明鲁臣子为君父讳。"

2.4 "秋八月庚辰①,公及戎盟于唐②。"

[注释]

①庚辰——杨伯峻《注》:"以《长历》及今法推之,八月不应有庚辰之日,疑《经》有误字。"

②唐——春秋时代以"唐"为地名的有多处,此是鲁国之唐,在今山东省鱼台县。

2.5 "九月,纪①履緰②来逆女③。"

"纪履緰"者何?纪大夫也。何以不称"使"④?昏礼不称主人⑤。然则曷称?称诸父兄师友。"宋公使公孙寿来纳币⑥",则其称主人何?辞穷⑦也。辞穷者何?无母也⑧。然则纪有母乎?曰"有"。有则何以不称母?母不通也⑨。外逆女不书,此何以书⑩?讥⑪。何讥尔⑫?讥始不亲迎也⑬。始不亲迎昉⑭于此乎?前此⑮矣。前此,则曷为始乎此?托始焉尔⑯。曷为托始焉尔⑰?《春秋》之始⑱也。女曷为或称"女"、或称"妇"、或称"夫人"?女在其国称"女"⑲,在途称"妇"⑳,入国称"夫人"㉑。

[译文]"纪履緰"是什么人?是纪国的大夫。为什么不书"纪伯使履緰来逆女"?因为按礼娶亲不能用当事人的名义。那么用什么人的名义呢?用他父兄师友的名义。"宋公使公孙寿来纳币",就用当事人的名义,为什么?因为他无别人名义可用。无别人名义可用怎么回事呢?他无母亲。那么纪伯有母亲吗?回答说:"有。"既然有母亲为什么不用母亲的名义?因为女人不能参与外事活动,母命不得通于外国。外国来鲁国迎女不书写,此处为什么要书写?为了谴责。谴责什么呢?谴责开始不亲自迎亲。不亲自迎亲是否确实开始于这一次?从前就有过。从前就有为什么说开始于这一次?是托言开始于这一次。为什么要托言开始于这一次?是《春秋》正夫妇的开始。女子为什么或称为女、或称为妇、或称为夫人呢?女子未出嫁在家称"女",出嫁在路上称"妇",到了所嫁之国称"夫人"。

[注释]

①纪——国名,姜姓,在今山东省寿光县,鲁庄公四年(前690年)为齐所灭。

②履緰——穀梁同;左氏作"裂繻",裂、履音近,緰、繻同音须 xū。

③逆女——纪君娶鲁惠公之女,履緰为之来迎;逆,迎娶。

④何以不称"使"——《解诂》《疏》说明,这是弟子据成公八年"宋公使公孙寿来纳币"而发问。

⑤昏礼不称主人——《解诂》:"为养廉远耻也。"《白虎通·嫁娶》:"男不自专娶,女不自专嫁。必由父母须媒妁何?远耻防淫泆也。"

⑥纳币——送聘礼;原句在成公八年。

⑦辞穷——用词穷困,指无名义可使。

⑧辞穷者何?无母也——《解诂》:"礼,有母,母当命诸父兄师友,称诸父兄师友以行。宋公无母,莫使命之;辞穷故自命之,自命之则不得不称使。"

⑨母不通也——《解诂》:"礼,妇人无外事,但得命诸父兄师友。"

⑩此何以书——《解诂》《疏》说明,这是弟子据成公九年"伯姬归于宋"而发问;伯姬,鲁女,嫁于宋而"经"文不书"宋来逆女"。

⑪讥——《解诂》:"讥犹谴也。"陈立《义疏》:"旧疏引宋氏注,春秋说九旨者:一曰时,二曰月,三曰日,四曰王,五曰天王,六曰天

子,七曰讥,八曰贬,九曰绝。讥较贬、绝为轻,所谓较重之旨也。"

⑫何讥尔——"何讥"即讥什么,"何"是"讥"的宾语;尔,语气助词。另,孔广森《通义》说,"尔犹是也,言何所讥于是也。问贬曰曷为贬,问讥则曰何讥尔者,贬不必为本事,多罪在彼而文见于此者,故主问其所为;讥则皆为本事,故不问曷为矣"。

⑬讥始不亲迎也——《解诂》:"礼所以必亲迎者,所以示男先女也。"

⑭昉——同"放",见上2.3注⑥。

⑮前此——《解诂》:"以惠公妃匹不正。"见上1.1注⑬。

⑯尔——《解诂》:"尔犹于是也。"

⑰曷为托始焉尔——《解诂》说明是据"纳币不托始"而问,指庄公二十二年"公如齐纳币"不言"托始"。

⑱《春秋》之始——《解诂》:"《春秋》正夫妇之始也。夫妇正则父子亲,父子亲则君臣和,君臣和则天下治。故夫妇者,人道之始,王教之端。内逆女常书,外逆女则疾始不常书者,明当先自详正,躬自厚而薄责于人,故略外也。"

⑲女在其国称女——如本条"经"文。

⑳在途称妇——如庄公十九年"公子结媵陈人之妇于鄄"。

㉑入国称夫人——如庄公二十四年"夫人姜氏入"。

2.6 "冬十月,伯姬①归于纪。"

"伯姬"者何?内女也。其言"归"何?妇人谓嫁曰归②。

[译文]"伯姬"是什么人?是鲁国自己的女儿。说"归"是什么意思?称妇人出嫁为归。

[注释]

①伯姬——鲁惠公长女,即纪履緰来迎之女。伯,行长;古时以伯、仲、叔、季为主序。

②归——《解诂》:"妇人生以父母为家,嫁以夫为家,故谓嫁曰归。"

2.7 "纪子伯①、莒子盟于密②。"

"纪子伯"者何?无闻焉尔③。

[译文]"纪子伯"是什么人?没有听说过[不知是什么人]。

[注释]

①伯——左氏作"帛"。穀梁以"伯"为动词。

②密——莒地,在今山东省昌邑县。

③无闻焉尔——《解诂》:"言无闻者,《春秋》……口授相传,至汉公羊氏及弟子胡毋生等,乃始记于竹帛,故有所失也。"

2.8 "十有二月乙卯,夫人子氏①薨②。"

"夫人子氏"者何?隐公子之母也。何以不书"葬"③?成公意也。子将不终为君,故母亦不终为夫人也。

[译文] "夫人子氏"是什么人?是隐公的母亲。为什么不书"葬子氏"?成全隐公的意愿。怎么是成全隐公的意愿?子将不终身为君,母亲也不终身称夫人,[故不书"葬]。

[注释]

①子氏——即上1.4仲子。

②薨——音轰hōng,指诸侯死,见下3.2"传";《礼记·曲礼下》:"天子死曰崩,诸侯曰薨,大夫曰卒,士曰不禄。"诸侯死曰薨,诸侯夫人死亦曰薨。

③何以不书葬——《解诂》《疏》说明,这是弟子据定公十五年"辛巳葬定姒"而发问;定姒是哀公母亲,哀公尚未立改元却书"葬";葬,指举行葬礼。

2.9 "郑人伐卫。"

[注释]

卫——国名,姬姓,都现在今河南省淇县,又迁滑县,再迁濮阳。

[评析] 公羊、穀梁无"传"。左氏说:"郑人伐卫,讨公孙滑之乱也。"(公孙滑,太叔段之子;左氏隐公元年说:叔段失败,滑奔卫,卫为之伐郑。今郑又伐卫)

3. 隐公三年

三年,辛酉,公元前720年,周平王五十一年。

3.1 "三年春，王二月，己巳，日有食之①。"

何以书？记异②也。日食则曷为或日或不日③？或言"朔"④或不言"朔"⑤？曰"某月某日朔，日有食之"者，食正朔⑥也。其⑦或日或不日，或失之⑧前，或失之后。失之前者，朔在前⑨也；失之后者，朔在后⑩也。

[译文] 为什么要书写？是记载奇异现象的。日食为什么或书日期或不书日期，或书出"朔"或不书"朔"？说"某月某日朔，日有食之"，是日食正当朔日。《春秋》记载日食或书日期或不书日期；（书日期）或失误在前，或失误在后。失误在前是指朔日在日食之前；失误在后是指朔日在日食（晦日食）之后。

[注释]

①日有食之——即日食，"有"字，语助词无义。杨伯峻《注》："日食而作'日有食之'，乃当时习惯。此种习惯语本自西周。《诗·小雅·十月之交》云，'十月之交，朔日辛卯，日有食之'，可以为证。"

②异——指非常现象；《解诂》《疏》说是怪异，预兆凶事。

③或日或不日——《解诂》《疏》说明，书日例如本"经"，不书日例如庄公十八年"三月，日有食之"。

④朔——农历（夏正）正月初一。

⑤或言"朔"或不言"朔"——《解诂》《疏》说明，言"朔"例如桓公三年"秋七月壬辰朔，日有食之"；不言"朔"例如本"经"。

⑥正朔——正当朔日；王引之《经义述闻》："正，当也；食正朔也者，日之食当月之朔也。"

⑦其——指代词，代《春秋》。

⑧失之——指书日失误。

⑨朔在前——《解诂》："谓二日食，'己巳日有食之'是也。"这是说日食发生两天，己巳朔日当天未食尽；因而说朔日在日食之前。杨伯峻《注》说，"己巳为初一，日食必在初一，《经》不书'朔'，后人以为史官失之，至于《公羊》以为'食二日'……不可信。此是建丑之二月，建子应为正月，以今法推算，此公元前七二〇年二月二十二日之日全食"。

⑩朔在后——《解诂》："谓晦日食。"晦日，农历每月末一天；指朔

日在上月晦日日食之后。

[评析] 公羊说日食为"异",表现出远古时代人们对这一正常天文现象的认识。但《解诂》说它预兆下四年卫州吁弑君及六年述隐公被俘等事,这是西汉治公羊大师董仲舒"天人感应论"的观点,认为天象关系人事。此纯系无稽之谈;况且隐公被俘是在此次日食之前(见下六年6.1"传"),怎能说是预兆呢?

3.2 "三月庚戌,天王①崩。"

何以不书"葬"②?天子记"崩"不记"葬",必得其时也③。诸侯记"卒"记"葬",有天子存,不得必其时也④。曷为或言"崩",或言"薨"?天子曰"崩"⑤,诸侯曰"薨"⑥,大夫曰"卒"⑦,士曰"不禄"⑧。

[译文] "经"文为什么不书写"葬天王"?对天子只记载何时"崩",不记载何时"葬",因为天子死后,安葬必有定期。诸侯记载"卒"又记载"葬"因为有天子在(为了参加天子葬礼),自家的安葬不得有定时。为什么或说"崩",或说"薨"?天子死称"崩",诸侯死称"薨",大夫死称"卒",士人死称"不禄"。

[注释]

①天王——周平王。

②何以不书"葬"——《解诂》《疏》说明,这是弟子据庄公三年"葬桓王"而发问。

③必得其时——指天子死后入殓到埋葬有规定的期限。左氏隐公一年说"天子七月而葬""诸侯五月""大夫三月"。《说苑·修文》篇:"天子七日而殡,七月而葬;诸侯五日而殡,五月而葬;大夫三日而殡,三月而葬;士庶人二日而殡,二月而葬。"

④不得必其时也——《解诂》:"设有王、后崩,当越绋而奔丧,不得必其时。"(绋,音浮 fú,牵引灵柩的绳子;越绋,指诸侯丢开自家丧事)《尚书·顾命》记成王之丧,"太保率西方诸侯入应门左,毕公率东方诸侯入应门右";可证周时诸侯有为王奔丧之礼。

⑤⑥⑦⑧崩、薨、卒、不禄——《解诂》:"大毁坏之辞""小毁坏之辞""卒犹终也""不禄,无禄也"。

3.3 "夏四月辛卯，尹氏卒。"

"尹氏"者何？天子之大夫也。其称尹氏何①？贬。曷为贬②？讥世卿③。世卿，非礼也④。外大夫不"卒"⑤，此何以"卒"？天王⑥崩，诸侯之主⑦也。

[译文]"尹氏"是谁？是周天子的大夫。[周天子的大夫写名字，不书名字]称"尹氏"为什么？是贬低他。为什么要贬低他？是谴责世卿。认为世卿制度，是不符合礼的。鲁国以外的大夫不书其"卒"，此处为什么书"尹氏卒"？因为周天子死了，尹氏成了接待诸侯吊丧的主人。

[注释]

①其称尹氏何——《解诂》《疏》说明，这是弟子据桓公四年"夏，天王使宰渠伯纠来聘"。渠伯纠是天子大夫不书"氏"而发问。

②《解诂》《疏》说明，这是弟子据定公四年"刘卷卒"，刘卷是天子大夫书"卒"非贬而发问。

③世卿——世袭国卿，《解诂》："世卿者，父死子继也。"

④世卿，非礼也——《解诂》："礼，公卿大夫士，皆选贤而用之，卿大夫任重职大……必夺君之威权。"

⑤大夫不"卒"——《解诂》《疏》说明，这是弟子据庄公二十七年"秋，公子友如陈，葬原仲"，未记原仲"卒"而发问。

⑥天王——周平王。

⑦诸侯之主——《解诂》："时天王崩，鲁隐往奔丧，尹氏主傧。"

[评析]本条左氏"经"文是"夏四月辛卯，君氏卒"，左氏说尹氏是声子，即隐公的母亲；这样，君氏当然是女人；穀梁大致同于公羊，说："尹氏者何也，天子之大夫也。外大夫不'卒'，此何以'卒'之也？天子之崩为鲁主，故隐而'卒'之。"（指平王崩时，尹氏是接待鲁去吊丧的主人，故书"卒"）公羊、穀梁均作"尹氏"并均解为周之大夫，这是公羊、穀梁跟左氏的区别以表现公羊思想特点的重要一条"经""传"。据后人研究，"尹"字是"君"字的残误，由于刻在竹简上的"君"磨损而产生。公羊、穀梁为今文学家，未看到《春秋》原本就认可了"尹"字，将"君氏"误作"尹氏"；公羊又将昭公二十三年《春秋》所记载世卿尹氏逐周敬王、立王子朝的史实，放在这个由残字讹来的

"尹氏"身上而讲"讥世卿"。春秋时代，世卿贵族权重，弑君者有之，废君者有之，彻底破坏了孔子所主张的"君君、臣臣"的纲纪大道。公羊"讥时卿"是孔子"正名""尊王"思想的表现，为公羊宣讲的"大一统"之"义"的重要内容。

3.4 "秋，武氏子来求赙①。"

"武氏子"者何？天子之大夫也。其称"武氏子"何②？讥。何讥尔？父卒，子未命也。何以不称"使"③，当丧，未君也④。"武氏子来求赙"，何以书⑤？讥。何讥尔？丧事无求，求赙，非礼也，盖⑥通于下⑦。

[译文]"武氏子"是什么人？是周天子的大夫。那称"武氏子"为什么？为了谴责。谴责什么？谴责父亲死了，子未受命封爵就出使。为什么不书"天王使武氏子来"？天王正当大丧，尚未即君位。武氏子来求赙这件事为什么要书写？为了谴责。谴责什么？丧事不应该求财物，求赙，是不合乎礼的，这种谴责大概也通用于诸侯不应对臣下有所求吧。

[注释]

①赙——音付 fù，助丧的财物。

②其称"武氏子"何——《解诂》《疏》说明，这是弟子据桓公四年"夏，天王使宰渠伯纠来聘"写"宰"、桓公五年"天王使仍叔之子来聘"写"之"而发问。

③何以不称"使"——《解诂》《疏》说明，这是弟子据隐公九年"春，天王使南季来聘"而发问。

④当丧，未君也——周平王刚死，周桓王当丧尚未继位。按惯例，旧君死后，新君次年即位改元。

⑤"武氏子来求赙"，何以书——《解诂》《疏》说明，重复"经"文是为了避免"何以书"是指父卒子未命、当丧未君二事。这是章法结构的分析。

⑥盖——句首语气词，相当于大约、大概。

⑦通于下——孔广森《通义》："言为臣下者亦通有讥也。"《解诂》："天子财多不当求，下财少不可求；故明皆不当求之。"

3.5 "八月庚辰，宋公和①卒②。"

[注释]

①宋公和——宋缪（穆）公；宋，国名，成汤之后，都商丘，今河南省商丘市。

②卒——《解诂》："不言'薨'者，《春秋》王鲁，死当有王文，圣人之为文，辞逊顺不可言'崩'；故贬外言'卒'，所以褒内也。"这是针对上二"传"和上1.7注②引《礼记·曲礼下》"天子死曰崩，诸侯曰薨，大夫曰卒"而言的。公羊家认为《春秋》"王鲁"，鲁侯死应书"崩"，周圣人为文谦逊故书"薨"（如下十一年"冬，十有一月壬辰，公薨"），外诸侯死应书"薨"，为贬外而褒内故书"卒"。按：卒另有广义，尊卑死全可说"卒"，如《孟子·离娄下》"舜生于诸冯……卒于鸣条""文王生于岐周……卒于毕郢"。

3.6 "冬，十有二月，齐①侯、郑伯②盟于石门。"

[注释]

①齐——国名，姜姓，太公之后；齐僖公九年（隐公元年）入春秋，后为田氏夺国，称田齐。

②齐侯、郑伯——齐僖公、郑庄公。

③石门——齐地，在今山东省淄博市临淄。

3.7 "癸未，葬宋缪公①。"

葬者曷为或日或不日？不及时而日，渴葬也②。不及时而不日，慢葬也③。过时而日，隐之也④。过时而不日，谓之不能葬也⑤。当时而不日，正也⑥。当时而日，危不得葬也。此当时⑦，何危尔？宣公谓缪公曰："以吾爱与夷⑧，则不若爱女⑨；以为社稷宗庙⑩主，则与夷不若女，盍⑪终为君矣？"宣公死，缪公立。缪公逐其二子庄公冯与左师勃⑫，曰："尔为吾子，生毋相见，死毋相哭。"与夷复⑬曰："先君⑭之所为不与臣国而纳国乎⑮君者，以君可为社稷宗庙主也。今君逐君之二子，而将致国乎与夷，此非先君之意也。且使子而可逐，则先君其⑯逐臣矣。"缪公曰："先君之不尔逐⑰，可知矣⑱；吾立乎此摄⑲也。"终致国乎与夷。庄公冯弑与夷⑳。故君子㉑大居正㉒，宋之祸，宣公为之也。

[译文] 安葬为什么或书日期或不书日期？不到时间安葬而书日期，是急于安葬。不到时间安葬而不书日期，是失礼安葬。超过时间安葬而书日期，是哀痛贤君不能按时安葬。超过时间安葬而不书日期，是因故不能安葬。当该时间安葬而不书日期，是正常安葬。当该时间安葬而书日期，是出现危难不是正常安葬。这次安葬宋缪公是当该时间而书日期，那出现什么危难呢？宣公对缪公说："按我爱你来说，则不如爱与夷；但按立为社稷宗庙之主来说，则与夷不如你。你何不竟为君主呢？"宣公死，缪公立。缪公将其二子庄公冯和左师勃驱逐出境，说道："你们是我的儿子，但生不相见，死不相哭。"与夷回报缪公说："先君之所以不将国家给我而给您，是认为您可以为社稷宗庙之主。现在您驱逐您的两个儿子，而将国家给我，这不是先君的意愿。而且假使儿子可以驱逐，那先君恐怕早将我驱逐出去了。"缪公说："先君不驱逐你，可以想象他是要我将国家再还给你。我立在此位，实是摄政啊！"缪公终于将国家给了与夷，后来庄公冯弑杀了与夷。所以君子以让嫡子居位为重，宋国的祸乱，实在是宣公造成的。

[注释]

①宋缪公——宋公和，宣公之弟；缪，穀梁同，左氏作"穆"。

②不及时而日，渴葬也——《解诂》："礼，天子七月而葬，同轨毕至；诸侯五月而葬，同盟至；大夫三月而葬，同位至；士逾月，外姻至。"不及时而日指诸侯葬，列例是僖公二十七年"夏六月庚寅，齐侯昭卒""秋八月乙未，葬齐孝公"。渴，比喻急切。

③不及时而不日，慢葬也——《解诂》："慢葬，不能以礼葬也，"列例是隐公八年"夏六月己亥，蔡侯考父卒""八月，葬蔡宣公"。

④过时而日，隐之也——《解诂》："隐，痛也；痛贤君不能以时。"列例是僖公十七年"十有二月乙亥，齐侯小白卒"、十八年"秋八月丁亥，葬齐桓公"。

⑤过时而不日，谓之不能葬也——《解诂》《疏》列例是隐公四年"二月戊申，卫州吁弑其君完"、五年"夏四月，葬卫桓公"。

⑥当时而不日，正也——《解诂》《疏》列例是定公四年"春王二月癸巳，陈侯吴卒""六月，葬陈惠公"。

⑦此当时——指"八月庚辰，宋公和卒"到十二月安葬，卒葬共历

五个月。

⑧与夷——宣公子，即宋殇公。

⑨以吾爱与夷，则不若爱女——王引之《经义述闻》："今按'与夷'字、'女'字当是上下互讹。寻文究理，盖本作'以吾爱女，则不若爱与夷'，写者错乱耳！"王意甚切，译文从之。

⑩社稷、宗庙——国家政权的标志或代称。社、稷是帝王、诸侯祭祀的土神、谷神；宗庙是帝王、诸侯祭祀祖先的场所。

⑪盍——表示反问或疑问的副词，相当"何不"。

⑫庄公冯、左师勃——庄公名冯（音凭 píng）；左师，官名，叫勃。

⑬复——回复、答复。

⑭先君——指宋缪公；先，对已去世者的尊称。

⑮乎——同"于"。

⑯其——表示推测的副词，相当"大概""或许"。

⑰不尔逐——不逐尔，古汉语否定句式，代词宾语前置。

⑱可知矣——《解诂》："可知者欲使我反国。"

⑲摄——摄政，代行王政。

⑳庄公冯弑与夷——庄公冯弑殇公与夷在桓公二年。

㉑君子——指孔子。

㉒大居正——大，表示"以……为大"；居，表示"使……居"；正，嫡子，正夫人之子。

[评析] 本"传"表现出公羊叙事特点，它不是如左氏那样直接以事解"经"，而是以事来解说它所订之"书例"。本"传"公羊一连串书不书日之"例"，均难成立；因为书不书日是史官记事问题，并不表示什么"大义"。诸侯死、葬历时不同，是当时国内实际情况决定的，并不据书不书日而定。公羊说"庄公冯弑与夷"，据桓公二年"经"文及左氏说，殇公与夷为大司马华督父所杀，当时庄公还在郑国。公羊此说是为了表现其"大居正"思想，强调传嫡之重要。

4. 隐公四年

四年，壬戌，公元前719年，周桓王元年。

4.1"四年春王二月,莒人伐杞①,取牟娄②。"

"牟娄"者何?杞之邑也。外取邑不书③,此何以书?疾始取邑也。

[译文]"牟娄"是什么地方?是杞国的城邑。鲁国以外的国家夺取城邑,不书写,此次为什么要书写?是痛恨开始夺取城邑。

[注释]

①杞——国名,姒姓,夏禹之后,因而也称夏,建都于今河南省杞县,后迁至今山东省新泰县,又迁至今山东省安丘县,春秋后为楚所灭。

②牟娄——在今山东省诸城县。

③外取邑不书——《解诂》《疏》说明,襄公元年"传"说"楚为之伐宋,取彭城以封鱼石",不见于"经"。

[评析]左氏无"传"。公羊说"外取邑不书",基本上符合《春秋》内容;《春秋》全书书内取邑多次,书外取邑除此外仅有下六年"宋人取长葛"一条。《春秋》载二百四十二年事,国与国之间战争频繁,取邑者多矣,何以仅隐公年间记此两次?杨伯峻《注》说:"或以后疆场之争,此取彼夺,数见不鲜,故皆略之乎?"杨说虽有道理,但根本原因是,《春秋》为鲁史,主要是记载鲁国以及与鲁国有关的事件,外诸侯间的事与鲁无关,就略而不书了,至于公羊本"传"说"疾始取邑"则表现它的"尊王"思想,认为诸侯之邑为天子所封,彼此不得伐取。

4.2"戊申,卫州吁①弑②其君完③。"

曷为以国氏④?当国⑤也。

[译文]

为什么〔不书"公子州吁"〕而以国名"卫"作为他的姓氏?因为他想篡夺君位。

[注释]

①州吁——卫公子,卫庄公嬖人之子,完之异母兄弟;州,左氏同,穀梁作"祝",州、祝音近通假。

②弑——下杀上,《说文》:"弑,臣杀君也。"

③完——卫桓公名。

④曷为以国氏——《解诂》《疏》说明,据文公十四年"齐公子商人弑其君舍"而发问。

⑤当国——见上1.3注⑪。

4.3 "夏,公及宋公①遇于清②。"

"遇"者何?不期③也。一君出,一君要④之也。

[译文]"遇"是什么意思?是事先没有约定好的相会。一国之君外出,另一国之君顺便邀请他。

[注释]

①宋公——宋殇公。

②清——卫邑,在今山东省东阿县。

③期——约会,穀梁隐公八年:"不期而会曰遇。"

④要——邀请。

4.4 "宋公、陈侯①、蔡②人、卫人伐郑。"

[注释]

①陈侯——陈桓公。周代陈国国君。陈,妫姓,虞舜之后,故也称虞,陈国在今河南省淮阳县。

②蔡——国名,武王弟蔡叔之后,都城初在今河南省上蔡县,后迁新蔡县,又迁安徽省凤台县。

4.5 "秋,翚①帅师会宋公、陈侯、蔡人、卫人伐郑。"

"翚"者何?公子翚也。何以不称"公子"②?贬。曷为贬?与③弑公也。其与弑公奈何④?公子翚谄乎隐公,谓隐公曰:"百姓安子,诸侯说⑤子,盍终为君矣!"隐曰:"吾否。吾使修⑥涂裘⑦,吾将老焉⑧。"公子翚恐若⑨其言闻乎桓,于是谓桓曰:"吾为子口⑩隐矣。隐曰:'吾不反也。'"桓曰:"然则奈何?"曰:"请作难⑪,弑隐公。"于钟巫⑫之祭焉,弑隐公也。

[译文]"翚"是什么人?是鲁公子翚。为什么不称他"公子"?是贬低他。为什么要贬低他?参与弑隐公。他参与弑隐公是怎么一回事?公子翚谄媚隐公,对隐公说:"百姓安心您当国君,诸侯喜欢您当国君,您何不终身为君呢?"隐公回答说:"我不这样做。我已经使人在涂裘那里修建房舍,将来(不当国君)在那里养老。"公子翚恐怕这些话被桓公

· 28 ·

听到，于是对桓公说："我为您探听隐公的口气，他说：'我不返还君位。'"桓公说："那怎么办呢？"公子翚说："请发动兵变，弑杀隐公。"于是在隐公祭祀钟巫的时候，将隐公杀死。

[注释]

①翚——音挥 huī，鲁大夫公子翚，字羽父。

②何以不称公子——《解诂》《疏》说明，这是弟子据桓公三年"公子翚如齐逆女"而发问。

③与——参与，在其中。

④奈何——孔广森《通义》："诸问事状者曰奈何。"

⑤说——同"悦"，喜悦。

⑥修——修建、营建。

⑦涂裘——地名，《左传》作"菟"，在今山东省泰安县。

⑧吾将老焉——《解诂》："将老焉者，将辟桓，居之以自终也。"

⑨若——陈立《义疏》："按若犹此也，谓恐此其言闻于桓也。"

⑩口——《解诂》："口犹口语，相发动也。"王引之《经义述闻》："注意盖读口为扣；叩，发动也，谓以己之言发动隐公之言也。"

⑪作难——发难，发动反抗或叛乱。《解诂》："难，兵难也。"

⑫钟巫——《解诂》："钟者，地名也。巫者，事鬼神祷解以治病，请福者也。男曰觋（音习 xí），女曰巫。"杨伯峻《注》："钟巫，神名。"译文从杨说。

[评析] 公羊以不书"公子"发"传"，说明"经义"在"贬"。看来难以成立；弑杀隐公在十一年，"贬"由何致？翚参与弑隐公后，桓公三年"公子翚如齐逆女"，何以书"公子"而不贬呢？书不书"公子"是由于史官的书法不同，并无甚义理，不过这也说明公羊叙事不同于左氏，它是通过叙事解说"书法"的。

4.6 "九月，卫人杀州吁于濮①。"

其称"人"何②？讨贼之辞也③。

[译文] "经"文称"人"为什么？是声讨乱臣贼子的用词。

[注释]

①濮——音仆 pú，陈地，在今安徽省亳县。

②其称人何——《解诂》《疏》说明，这是弟子据僖公十年（原误为十五年）"晋杀其大夫里克"而发问。

③讨贼之辞也——《解诂》："讨者，除也；明国中人人得讨之。"

4.7"冬，十有二月，卫人立晋①。"

"晋"者何？公子晋也。"立"者何？"立"者不宜立也②。其称"人"何③？众立之之辞也④。然则孰立之？石碏⑤立之。石碏立之，则其称"人"何⑥？众之所欲立也。众虽欲立之，其立之非也⑦。

[译文]"晋"是什么人？是卫公子晋。"立"是什么意思？"立"是表示公子晋不当立。那"经"文称"人"为什么？这是表示众人拥立的用词。那么谁立了公子晋？石碏立了他。石碏立了他，那称"人"为什么？是众人想拥立。虽然是众人都想拥立他，但立他是不合乎正统的。

[注释]

①晋——州吁所弑君完之弟，《史记·卫世家》："石碏与陈侯共谋，使右宰丑进食，因杀州吁于濮，而迎桓公弟晋于邢而立之。"（邢，在今河北省邢台市）

②"立"者不宜立也——孔广森《通义》："《春秋》以立子为正。立弟为不正。"

③其称"人"何——《解诂》《疏》说明，据昭公二十三年"尹氏立王子朝"而发问。

④众立之之辞也——《解诂》："晋得众，国中人人欲立之。"

⑤石碏——卫大夫。

⑥石碏……"人"何——《解诂》说明，同注③。

⑦众虽……非也——《解诂》："明下无废上之义，听众立之为立，篡也。"

5. 隐公五年

五年，癸亥，公元前718年，周桓王二年。

5.1"五年春，公观鱼①于棠②。"

何以书？讥。何讥尔？远也。公曷为远而观鱼？登来③之也。百金④之鱼，公张⑤之。登来之者何？美大之之辞也⑥。棠者何？济⑦上之邑也。

[译文] 为什么要书写？是为了谴责。谴责什么？谴责远离京都曲阜到外地。隐公为什么远离国都到外地观鱼？是登来大鱼。百斤大的鱼，隐公张弓射之得到的。说"登来之"是什么意思？是赞美夸奖而讲话急促将"得来"说成了"登来"。"棠"是什么地方？是济水沿岸的一座城邑。

[注释]

①观鱼——穀梁同，《史记·鲁世家》作"观渔"，鱼同渔，指捕鱼。左氏作"矢鱼"，矢有两解：一指陈列，如杜预《集解》"书陈鱼以示非礼"、孔《疏》："陈鱼者，兽猎之类；谓使捕鱼之人陈设取鱼之备，观其取鱼，以为戏乐"；一指射，"矢鱼"即射鱼，古有射鱼之事，《淮南子·时则训》："季冬之月……命渔师始渔，天子亲往射鱼。"据下"传"文"公张之""观鱼"当指射鱼。

②棠——地名，在今山东省鱼台县；当时是鲁、宋两国交界处。

③登来——《解诂》："登，读音得，得来之者，齐人语也，齐人名'求得'为'得来'，作'登来'者，其言大而急，由口授也。"孔广森《通义》："齐鲁之间无入声，呼'得'声如'登来'之合。"

④百金——《解诂》："百金犹言百万也，古者以金重一斤，若今万钱矣。"孔广森《通义》："何邵公以百金当百万钱……然鱼价贵不至于此，本缘黄金方一寸，重一斤，谓之一金，或可凡物以斤计者亦通言金。百金之鱼，盖谓大鱼重百斤者与？"

⑤张——《解诂》："张谓张网罟。"孔广森《通义》："张者张弓矢以射也。"译文从孔说。

⑥美大之之辞也——《解诂》："美大多得利之辞。"孔广森《通义》："公自美大其能得百金之鱼也。"

⑦济——水名。《解诂》："济者，四渎之别名，江河淮济为四渎。"

5.2 "夏四月，葬卫桓公①。"

[注释]

①卫桓公——名完，为州吁所弑。

[评析] 公羊无"传"。左氏说"夏,葬卫桓公,卫乱,是以缓"。左氏说诸侯五月而葬(见上3.2注③),卫桓公上年春被弑,今年夏始安葬,是因州吁之乱而"缓"。穀梁说"月葬,故也",是说"葬"书月,表示有"故"。此仅适合于卫桓公,作为"书例"不成立。如隐公八年"八月,葬蔡宣公"、桓公十年"夏五月葬曹桓公"和十一年"秋七月,葬郑庄公",均"葬"书月,并未有"故"。

5.3 "秋,卫师入盛①。"

曷为或言"率师"或不言"率师"?将尊师众,称某"率师"②;将尊师少,称将③;将卑师众,称"师"④;将卑师少,称"人"⑤;君将不言"率师"⑥,书其重者也。

[译文] 为什么或说"率师"或不说"率师"?将领地位尊贵、军队众多,就称某人"率师";将领地位尊贵,军队少寡,就称将领的名字;将领地位卑下、军队众多,就称"师";将领地位卑下,军队少寡,就称"人";国君率领军队,不说"率师",仅书写其重要的率师人。

[注释]
①盛——左氏、穀梁作"郕",二字同音成 chéng;国名,始祖为文王之子成叔武,国在今河南省范县。
②称某"率师"——《解诂》列例是隐公二年"无骇帅师入极"。
③称将——《解诂》列例是成公三年"晋郤克、卫孙良夫伐将咎如"。
④称"师"——《解诂》列例是本"经""卫师入盛"。
⑤称"人"——《解诂》列例是隐公二年"郑人伐卫"。
⑥君将不言"率师"——孔广森《通义》列例是"公伐邾娄"(见隐公七年)。

[评析] 公羊所说种种"称"别,实际难分,也无意义。"郑人伐卫"(上2.9)之"郑人"难道不是郑师吗?"无骇帅师入极"(上2.3)与"晋郤克、卫孙良夫伐将咎如"(8.3.11)。难道前者一国之师"众",后者两国之师(晋为大国)"少"吗?

5.4 "九月,考①仲子②之③宫④。"

考宫者何?考犹入室也⑤,始祭仲子也。桓未君,则曷为祭仲子?隐为桓立，故为桓祭其母也。然则何言尔？成公意也[6]。

"初献六羽[7]。"

"初"者何？始也。"六羽"者何？舞也。"初献六羽"何以书？讥。何讥尔？讥始僭[8]诸公也。"六羽"之为僭奈何？天子八佾[9]，诸公六[10]，诸侯四。诸公者何？诸侯者何？天子三公称公[11]，王者之后称公[12]；其余大国称侯，小国称伯、子、男。天子三公[13]者何？天子之相也。天子之相，则何以三[14]？自陕而东者，周公[15]主之；自陕而西者，召公[16]主之；一相处乎[17]内。始僭诸公，昉[18]于此乎？前此矣[19]。前此，则曷为始乎此？僭诸公犹可言也，僭天子不可言也[20]。

[译文]"考宫"是什么意思？"考"（宫）是建成宗庙并将神主放入，就像生人进入房室一样，是开始祭奠仲子。桓公尚未立为君，那为什么要祭奠仲子？隐公是为了桓公能立为君而自立，所以为桓公祭奠母亲。那么这里面有什么说法吗？是成全隐公还位给桓公的意愿。

"初献六羽"的"初"是什么意思？是开始。"六羽"是什么？是一种乐舞。"初献六羽"此事为什么要书写？是为了谴责。谴责什么？谴责开始僭越诸公之礼。说"六羽"为僭越是怎么一回事？天子，乐舞用八佾；诸公爵舞用六佾；诸侯爵乐用四佾（鲁国是侯爵当用四佾，现在用公爵的六佾）。诸位公是什么人？诸位侯是什么人？天子的三公称公，王者的后裔称公；其余，大国称侯，小国称伯、子、男。天子三公是什么人？是天子的助理。天子的助理怎么有三位？自陕西往东，由周公主管；自陕西往西，由召公主管；另一个助理在朝内。最初僭越是始于这次吗？在此之前就有过。在此之前就有过，为什么说始于这一次？这是僭越诸公，还可以言道；僭越天子，（罪过太大）不可言道了。

[注释]

①考——指宫室筑成，又指举行神主入宫祭典。

②仲子——桓公母亲，参看上1.1注⑪。

③"之"——结构助词，《解诂》《疏》说明，别于成公六年之"武宫"、定公元年之"炀宫"。

④宫——宗庙。

⑤考犹入室——《解诂》："考，成也；成仲子之宫庙而祭之，所以居其鬼神犹生人入宫室。"

· 33 ·

⑥成公意——见上1.1注⑪。

⑦羽——雉（野鸡）羽，舞者树之于竿，执之而舞；这里指队列，同"佾"，见下注⑨。

⑧僭——超越本分，指下级冒用上级的名义、器物、礼仪等。

⑨佾——音义yì，乐舞队列；每行八人、八行六十四人组成的乐舞，称"八佾"。

⑩六——六佾；孔广森《通义》："旧说六六三十六人，非也；佾以八人为列，于文从八。"六佾是四十八人的乐舞。

⑪公——五等爵位说的第一等爵，参看上1.3"评析（二）"引《礼记·王制》。

⑫王者之后称公——如上3.5"宋公和卒"，称"公"，指宋是成汤之后裔。

⑬三公——辅佐天子分掌朝政大权的三位最高官吏。一说如《尚书·周书》，"立太师、太傅、太保、兹惟三公"；一说如下"传"文。

⑭天子之相，则何以三——《解诂》《疏》说明，这是弟子据桓公八年"祭公来"、僖公九年"会宰周公"，全"经"仅出现二公而发问。

⑮周公——姬旦，周文王子，辅助武王灭殷；武王死，成王年幼，摄政。

⑯召公——姬奭，周之支族，周武王大臣；与周公共辅成王。

⑰一相处乎内——孔广森《通义》："成王之初，周公为太师，召公为太保，处乎内者太傅毕公也。"

⑱昉——见上2.3注⑥。

⑲前此矣——孔广森《通义》"前此群公之宫，已遍舞八佾"，是说在此之前，鲁国祭奠诸公已僭越天子，宫庙乐舞已用八佾。

⑳僭诸公……不可言也——这是说《春秋》为内大恶讳，像用八佾这样僭越天子之礼的大恶，《春秋》不可明言"讥"，只有像六佾这样僭越诸公之礼的小恶，才可明言"讥"。

[评析] 公羊泥于五等爵位之说，认为等级差距不可逾越；更表现出其"尊王"思想，认为"僭天子"之恶大矣，不可言道。

第一章　鲁隐公

5.5"邾娄①人、郑人②伐宋。"

[注释]

①邾娄——见上1.2注①；左氏、穀梁例作"邾"。

②邾娄人、郑人——《解诂》："邾娄小国，序上者主会也。"

5.6"螟。"

何以书？记灾也。

[译文] 为什么书写？是为了记载灾害。

[注释]

螟——螟蛾的幼虫，蛀食稻茎之心；此外作动词用，指发生螟灾。

5.7"冬十有二月辛巳，公子彄卒。"

[注释]

公子彄——臧僖伯，孝公之子、惠公之弟，为隐公亲叔；彄音抠kōu。

5.8"宋人伐郑，围长葛①。"

邑不言"围"②，此其言"围"何？强也。

[译文] 对邑不说"围"，此处说"围"为什么？因为长葛人坚强，（难以攻下）。

[注释]

①长葛——郑邑，在今河南省长葛县。

②邑不言"围"——《解诂》《疏》说明，据庄公二年"公子庆父帅师伐余丘"不书"围"而发问。

[评析] 穀梁说："伐国不言围邑，此其言'围'何也？久之也。"公羊、穀梁均认为书"伐"、不书"围"，区别一是认为对方"强"，二是认为时间"久"。"伐""围"是标志战役的两个阶段，书不书"围"应根据战役的实际情况。《春秋》书伐国围邑共四，此外尚有僖公六年、二十三年、二十六年。对此赵匡评道："伐国而围邑，皆书之不可偏遗也。公羊曰'强也'，夫一邑一强亦何能为特书乎。且隐五年'围'长葛，明年又书'取'，若长葛能强，何可以乎？穀梁曰'久也'，据《春秋》书伐国而言邑者凡四，无久师之事。盖见围长葛，明年书

· 35 ·

"取"，以为经年不解围，故云尔。殊不知今年自围、明年自取耳。"（指下一年书"取长葛"是再伐而取，非自今年一直围到下一年，见陆淳《春秋集传纂例》）

6. 隐公六年

六年，甲子，公元前717年，周桓王三年。

6.1 "六年春，郑人来输①平②。"

"输平"者何？"输平"犹堕成③也。何言乎④堕成？败其成也。曰："吾⑤成败矣；吾与郑人未有成也。"吾与郑人则曷为未有成？狐壤⑥之战，隐公获⑦焉。然则何以不言"战"？讳获也。

[译文]"输平"是什么意思？"输平"就等于是毁掉和约。为什么说是毁掉和约？是取消了和约。鲁国人说："我们将和约取消；我国与郑人未有过和约。"我国与郑人为什么未有过和约？狐壤这次战争，隐公被郑人俘获了，那么为什么不书"战"？是忌讳隐公被俘获。

[注释]
①输——改变，堕毁；穀梁同，左氏作"渝"，二字相通。
②平——讲和，和解。
③成——义同"平"。
④何言乎——孔广森《通义》："诸云'何言乎'者，皆见非经所常言，问何所为而言此。"
⑤吾——《解诂》："吾，鲁也。"
⑥狐壤——郑地，在今河南省许昌市。
⑦获——俘获。左氏隐公十一年说："公之为公子也，与郑人战于狐壤，止焉。"（止，俘获）后赂尹氏逃回。

6.2 "夏，五月辛酉，公会齐侯①盟于艾②。"

[注释]
①齐侯——齐僖公。
②艾——地名，在今山东省新泰县，位在齐、鲁交界。

6.3 "秋，七月。"

此无事，何以书？《春秋》虽无事，首时过则书①。首时过，则何以书？《春秋》编年，四时具，然后为年。

[译文] 此月无事，为什么要书写？《春秋》一书，经历一个季度无事，首月要书上。经一个季度无事，首月为什么还要书上？《春秋》是编年体，四时具备，方能构成一年。

[注释]

①首时过则书——《解诂》："首，始也；时，四时也；过，历也。春以正月为始，夏以四月为始，秋以七月为始，冬以十月为始。历一时无事，则书首月。"李廉《春秋诸传会通》："无事书'春正月'者二十四，自隐元年始；书'夏四月'者十一，自桓九年始；书'秋七月'者十七，自隐六年始；书'冬十月'者十一，自桓元年始。"说《春秋》每年必有春、夏、秋、冬四时，某一季度无事，也必书其时及首月，但实际情况并非如此。桓公四年及七年无"秋七月"，桓公四年及成公十年无"冬十月"，桓公十七年只有"五月"无"夏"，昭公十年只有"十有二月"，无"冬"。发生这种现象，一是史官漏记，二是流传中脱简。

[评析] 本"经"左氏、穀梁无"传"，仅是公羊说明书"秋七月"的原因，这是关于《春秋》本例的最早说明，颇有史料价值。

6.4 "冬，宋人取长葛①。"

外取邑不书，此何以书？久也②。

[译文] 鲁国以外的国家夺取城邑，"经"文不书写，此次为什么要书写？围攻的时间太久了。

[注释]

①长葛——郑地，见上 5.8 注①。

②久也——"经"去年冬有"宋人伐郑，围长葛"；从"围"到"取"，长达一年。

7. 隐公七年

七年，乙丑，公元前 716 年，周桓王四年。

7.1 "七年春王三月,叔姬①归于纪②。"

[注释]

①叔姬——《解诂》:"叔姬者,伯姬之媵也,至是乃归者,待年父母国也。"(待……也,等待在父母国年长)

②归于纪——隐公二年"伯姬归于纪";伯姬,鲁惠公长女,嫁到纪国。古代诸侯娶女、嫁女,以侄女与妹陪嫁,所谓"为媵"。伯姬嫁纪,叔姬理当为媵;所以未同时往,是因年纪尚幼,故五年后始行。

7.2 "滕①侯卒。"

何以不名②?微国也。微国则其称"侯"何③?不嫌也④。《春秋》贵贱不嫌同号⑤,美恶不嫌同辞⑥。

[译文]为什么不书出(滕侯的)名字?是小国。小国为什么称"侯"?小国亦不嫌弃仿照大国称"侯"。《春秋》一书,贵贱不嫌弃用同一名号,美恶不嫌弃用同一语词。

[注释]

①滕——国名,始君是周文王子错叔绣,武王封之,地在今山东省滕县。

②何以不名——《解诂》《疏》说明,这是弟子据下年"蔡侯考父卒"书名而发问。

③微国则其称"侯"何——《解诂》说明,这是弟子据"大国称侯,小国称伯、子、男"(见上5.4)而发问。

④不嫌也——《解诂》:"不嫌称侯为大国。"

⑤贵贱不嫌同号——《解诂》:"贵贱不嫌者,通同号称也。若齐亦称侯、滕亦称侯,微者亦称人、贬亦称人。"

⑥美恶不嫌同辞——《解诂》:"若继体君亦称即位,继弑君亦称即位。"(体,正常,正统)

7.3 "夏,城①中丘②。"

"中丘"者何?内之邑也。"城中丘",何以书?以重书也③。

[译文]"中丘"是什么地方?是鲁国的一个城邑。"城中丘"这件事"经"文为什么书写?是因为工程浩大而书写。

[注释]

①城——作动词用，修筑……城。

②中丘——鲁邑，在今山东省临沂县。

③以重书——《解诂》："以功重，故书也。……明其功重，与始作城无异。"

7.4 "齐侯①使其弟②年来聘③。"

其称"弟"何？母弟称弟，母兄称兄。

[译文]"经"文称"弟"为什么？同母弟就称弟，同母兄就称兄。

[注释]

①齐侯——齐僖公。

②弟——《春秋》称"弟"皆指同母弟。

③聘——指天子于诸侯，诸侯于诸侯派卿大夫访问。

7.5 "秋，公伐邾娄。"

[注释]

邾娄——见上1.2注①；左氏、榖梁例作"邾"。

7.6 "冬，天王①使凡伯②来聘。戎③伐凡伯于楚丘④以归⑤。"

"凡伯"者何？天子之大夫也。此聘也，其言"伐之"何⑥？执之也。执之，则其言"伐之"何⑦？大⑧之也。曷为大之？不与⑨夷狄之执中国⑩也。其地何⑪？大之也。

[译文]"凡伯"是什么人？是天子的大夫，这是来聘问，"经"文说"伐凡伯"为什么？是（戎人）拘捕了他，那"经"文说"伐凡伯"为什么？是重视此事。为什么要重视此事？是不赞许夷狄拘捕中国人。"经"文写出地点为什么？也是重视此事。

[注释]

①天王——周桓王。

②凡伯——周室大夫；凡，原国名，在今河南省辉县，周公之后世袭食邑子凡。

③戎——见上2.1注③。

④楚丘——戎人之邑，地处曹宋之间，在今山东省成武县。
⑤以归——与之同归，实拘捕。
⑥其言"伐之"何——《疏》："此聘大夫，不应得言'伐'，故难之。"
⑦执之……何——《解诂》《疏》说明，据昭公十三年"晋人执季孙隐如以归"不书"伐"而发问。
⑧大——意动用法，以……为大。
⑨与——赞许、许可。
⑩中国——春秋时代，指周王室及中原诸侯国，对四夷而言。
⑪其地何——《解诂》："据执季孙隐如不地"，同⑦据。

[评析] 左氏说戎朝周时，凡伯对之无礼，故拘捕了他。公羊不叙事，重点在说"不与夷狄之执中国"，表现其"尊王""大一统"思想的另一面——"攘夷"；尊王必然攘夷。

8. 隐公八年

八年，丙寅，公元前715年，周桓王五年。

8.1 "八年春，宋公、卫侯①遇②于垂③。"
[注释]
①宋公、卫侯——宋殇公、卫宣公。
②遇——不约而相会。
③垂——卫地，在今山东省曹县。

8.2 "三月，郑伯①使宛②来归邴③。"
"宛"者何？郑之微者也。"邴"者何？郑汤沐④之邑也。天子有事⑤于泰山，诸侯皆从泰山之下，诸侯皆有汤沐之邑也。
"庚寅，我入邴。"
其言"入"何？难也⑥。其日何⑦？难也。其言"我"何？言"我"者，非独我也⑧，齐亦欲之⑨。
[译文] "宛"是什么人？是郑国的卑微人物。"邴"是什么地方？郑君汤沐的城邑。天子祭祀泰山时，诸侯皆随从于泰山之下，诸侯皆有汤沐的城邑。

"庚寅，我入祊。"说"入"为什么？这是有难处的用词。书出日期为什么？也因为有难处。说"我"为什么？说"我"表示非仅是我们自己，齐国也想得到这个城邑。

[注释]

①郑伯——郑庄公。

②宛——郑大夫。

③归祊——归还祊地。祊，穀梁同，左氏作"防"；"丙""方"古声母同，从"方"之"防"与从"丙"之"祊"可得通假。祊在今山东省费县，为郑所有；郑桓公为周宣王母弟，因赐之以祊，使于祭泰山时，为助祭汤沐之邑。"归祊"一事，据左氏，实为郑庄公欲以祊地交换鲁之许田。西周成王营王城（今洛阳市），有迁都之意，赐周公许田（在今许昌市），以为鲁君朝见周王时之食宿之邑。祊地近鲁，许田近郑，时天子不复祭泰山，故郑欲以祊交换许田。

④汤沐——沐浴，指洗发净身，祭祀或朝贺必先汤沐以示庄严崇敬。

⑤有事——《解诂》："有事者，巡守、祭天、告至之礼也。"（至，夏至、冬至）

⑥其言"入"何？难也——《解诂》："入者，非已至之文，难辞也。"

⑦其日何——《解诂》《疏》说明，据隐公四年"莒人伐杞取牟娄"不书日而发问。

⑧言"我"者，非独我也——《解诂》："自入邑，不得言'我'，有他人在其中乃得言'我'。"

⑨齐亦欲之——《解诂》："时齐与鲁、郑比，聘会者亦欲得之。"

[评析] 公羊解"入"为难，《解诂》说是"非已至之文"这符合事实。此时鲁尚未入祊（祊），到桓公元年，"郑人以璧假许田"，再以璧来换，鲁才进入。

8.3 "夏六月己亥，蔡侯考父卒。"

8.4 "辛亥，宿男卒。"

8.5 "秋七月庚午，宋公、齐侯、卫侯①盟于瓦屋②。"

[注释]

①宋公、齐侯、卫侯——宋殇公、齐僖公、卫宣公。宋序齐上，齐

桓公后，齐多序宋上。

②瓦屋——卫地，在今河南省温县。

8.6 "八月，葬蔡宣公①。"
"卒"何以名②而"葬"不名？"卒"从正③，而"葬"从主人④。"卒"何以日⑤而"葬"不日？卒赴⑥，而葬不告⑦。

[译文]"蔡侯考父卒"书名字，"葬蔡宣公"为什么不书名字？因为书"卒"从讣告天子、天子前称名之正礼，而书"葬"是从丧事主人对他所定的谥号。书"卒"为什么书出日期而书"葬"不书日期？因为死要讣告天子，而安葬不讣告。

[注释]
①蔡宣公——即上3之蔡侯考父。
②"卒"何以名——指上3书"考父"。
③"卒"从正——《解诂》："卒当赴天子；君前称名，故从君臣之正义言也。"
④主人——主葬者，指蔡人。
⑤"卒"何以日——指上3书"己亥"。
⑥卒赴——《解诂》："赴天子也。"赴，今作"讣"。
⑦葬不告——《解诂》："不告天子也。"

[评析] 公羊说："卒"书名、"葬"书谥号，是自家之言；《春秋》全书并非如此。

8.7 "九月辛卯，公及莒人盟于包来①。"
公曷为与微者盟②？称"人"则从，不疑也③。

[译文]"经"文为什么书公与地位卑微者结盟［而不书"公及莒子盟"］？［书"公及莒子盟"则会被疑为公从莒子］，称"人"则是地位卑微者从公，没有可疑了。

[注释]
①包来——莒邑，在今山东省莒县；一说纪邑。"包来"穀梁同，左氏作"浮来"，"包""浮"古音通，今莒县境内有浮来山。
②公曷为与微者盟——《解诂》《疏》说明，这是弟子据庄公二十二

年"及齐高傒盟于防"不写"公"而发问。

③称"人"则从,不疑也——《解诂》:"从者,随从也,实莒子也。言莒子则嫌公行微不肖,诸侯不肯随从公盟,而公反随从之。故使称'人',则随从公不疑矣。"

8.8 "螟。"

8.9 "冬十有二月,无骇[1]卒。"

此展无骇也,何以不氏[2]?疾始灭也[3],故终其身不氏。

[译文] 这是展无骇,为什么不称"公子"?痛恨他开始灭亡别国,所以终身不称他"公子"。

[注释]

①无骇——骇,左氏同,穀梁作"侅";参看上2.3"经""传"及注①。

②何以不氏——《解诂》说明,隐公五年"公子彄卒"书"公子",故问。

③疾始灭也——见上2.3"传"。

[评析] 本"传"及上2.3"传"表现了公羊家宣扬孔子的"兴灭国"主张。

9. 隐公九年

九年,丁卯,公元前714年,周桓王六年。

9.1 "九年春,天王[1]使南季[2]来聘。"

[注释]

①天王——周桓王。

②南季——周卿,穀梁说姓南,字季,孔广森《通义》说是周文王之子南季载之后。

9.2 "三月癸酉[1],大雨,震电。"

何以书?记异也。何异尔?不时[2]也。

[译文] 为什么书写。是记载奇异现象的?为什么奇异?因为不合时令。

[注释]

①癸酉——三月初十日。

②时——作动词用，指按时。

9.3 "庚辰①，大雨雪②。"

何以书？记异也。何异尔？俶甚③也。

[译文] 为什么书写？是记载奇异现象的。为什么奇异？[大雪积地七尺]，厚得从未见过。

[注释]

①庚辰——三月十七日。

②大雨雪——大降雪，据《解诂》：大雪积地七尺。

③俶甚——《解诂》："俶，始也；始甚犹大甚也。"王引之《经义述闻》："俶，厚也；俶甚者，厚甚也。平地七尺雪，厚莫甚于此矣。"

[评析] 对于"大雨雪"，公羊认为"异"，穀梁说是"阴阳错行"，这表现了上古人们对此异常自然现象的认识。至于《解诂》说："大雨，震电，此阳气大失其节，犹隐公久居位不反于桓，失其宜也。""平地七尺雪者，盛阴之气也。八日之间先示隐公以不宜久居位，而继以盛阴之气大怒，此桓将怒而弑隐公之象。"这纯是董仲舒"天人感应说"论的表现。

9.4 "侠①卒。"

"侠"者何②？吾大夫之未命者也。

[译文] "侠"是什么人？是我鲁国大夫而尚未被命赐爵位的人。

[注释]

①侠——穀梁同，左氏作"挟"；"侠""挟"古通用。

②"侠"者何——《疏》："欲言大夫，经不书氏；欲言微者而记其卒"，故弟子发问。

9.5 "夏，城郎。"

[注释]

郎——鲁都近郊之邑，在今曲阜城西南。

9.6"秋七月。"

［评析］左氏无"传"；公羊无说，盖因为六年"秋七月"已发"传"解说，故此经省略。六年"秋七月"穀梁无"传"，本"经"发"传"说："无事焉，何以书？不遗时也。"范宁《集解》："四时不具，不成年也。"这是对《春秋》体例的再说明。

9.7"冬，公会齐侯①于邴②。"

［注释］

①齐侯——齐僖公。

②邴——鲁地，在今山东省费县；穀梁同，左氏作"防"，从"方"、从"丙"之字，古多同音。

10. 隐公十年

十年，戊辰，公元前713年，周桓王七年。

10.1"十年春王二月，公会齐侯、郑伯①于中丘②。"

［注释］

①齐侯、郑伯——齐僖公、郑庄公。

②中丘——鲁地，见上7.3注②。

10.2"夏，翚①帅师会齐人、郑人②伐宋。"

此公子翚也，何以不称"公子"？贬。曷为贬？隐之罪人也③。故终隐之篇④贬也⑤。

［译文］这是公子翚，为什么不称"公子"？是贬低他。为什么要贬低他？是弑杀隐公的罪人。所以到隐公之篇终一直贬低他。

［注释］

①翚——鲁公子，字羽父，参看上4.5注①。

②齐人、郑人——左氏说齐人、郑人为齐僖公、郑庄公。杨伯峻《注》："鲁僖公以前，多称某国君为某人，僖公而后，惟秦、楚两国之君间称秦人、楚人；宣公五年而后，即秦、楚之君亦不称人。此自是时代不同，称谓有异，无关所谓大义微言。"

③隐之罪人也——公子翚参与弑杀隐公，见上4.5"传"文。
④隐公之篇——这是公羊对《春秋》隐公部分的称名，盖是将《春秋》十二公分为十二篇。
⑤终隐公之篇贬也——此是对桓公三年"经"文"公子翚如齐逆女"作反证。

10.3 "六月壬戌①，公败宋师于菅②。辛未③，取郜④。辛巳⑤，取防⑥。"取邑不日，此何以日⑦？一月而再⑧取也。何言乎一月而再取⑨？甚之也⑩。内大恶讳，此其言甚之何？《春秋》录内而略外。于外大恶书，小恶不书；于内大恶讳，小恶书⑪。

[译文] 夺取城邑不书日期，此处为什么书出日期？是一月之内两次夺取。为什么要说一月之内两次夺取？表示做得过分了。对鲁国大恶是避讳的，此处说做得过分为什么？《春秋》详录本国事，略记外国事。对于外国，大恶书写，小恶不书写；对于本国，大恶避讳，小恶书写。

[注释]
①壬戌——初七日。
②菅——音尖jiān，地名音关guān，宋地，在今山东省单县。
③辛未——十六日。
④郜——音告gào，国名，姬姓，春秋前为宋所灭，在今山东省成武县。
⑤辛巳——二十六日。
⑥防——地名，在今山东省金乡县。
⑦此何以日——《解诂》《疏》说明，这是弟子据昭公三十二年"春王正月，取阚"不书日而发问。
⑧再——两次。
⑨何言乎一月而再取——《解诂》《疏》说明，这是弟子据哀公二年"春王二月，季孙斯、叔孙州仇、仲孙何忌帅师伐邾娄，取漷东田及沂西田"再取不书日而发问。
⑩甚之也——《解诂》："甚鲁因战见利生事，利心数动。"
⑪小恶书——《解诂》："明取邑为小恶，一月再取，小恶中甚者耳。"

[评析] 取邑书日，是记事需要；公羊认为是表示谴责，当然难成

立。不过它说《春秋》为鲁讳，倒是事实。

10.4 "秋，宋人、卫人入郑。"

10.5 "宋人、蔡人、卫人伐载①。郑伯②伐取之。"

其言"伐取之"何③？易也。其易奈何？因④其力也。因谁之力？因宋人、蔡人、卫人之力也⑤。

[译文]"经"文说"郑伯伐取之"为什么？是太容易。那太容易是怎么回事？是乘别人的力量，乘谁的力量？乘宋人、蔡人、卫人的力量。

[注释]

①载——榖梁同，左氏作"戴"；国名，在今河南省民权县。

②郑伯——郑庄公。

③其言"伐取之"何——《解诂》说明，这是弟子据国言"灭"、邑言"取"，又"徐人取舒"不言"伐取"而发问。陈立《义疏》："国言'灭'，庄十年'齐师灭谭'之属是也；邑言'取'，上六年'宋人取长葛'之属是也；'徐人取舒'（舒，国名）见僖三年是也。"

④因——依乘，顺遂。

⑤因宋人、蔡人、卫人之力也——《解诂》："载属为上三国所伐，郑伯无仁心，因其困而灭之。"

[评析]左氏叙事说，宋人、卫人入郑后，接着伐戴；蔡人从之，郑庄公乘机围戴，攻克并俘获三国军队，故公羊说郑伯伐取"易"，是"因"人之"力"。

10.6 "冬十月壬午，齐人、郑人入盛。"

[注释]

盛——左氏、榖梁作"郕"，见上5.3注①。

11. 隐公十一年

十一年，己巳，公元前712年，周桓王八年。

11.1 "十有一年春，滕①侯、薛②侯来朝③。"

其言"朝"何④？诸侯来曰朝，大夫来曰聘⑤。其兼言⑥之何⑦？微国也。

[译文]"经"文说"朝"是什么意思？诸侯来称"朝"，大夫来称"聘"。"经"文兼言"滕侯、薛侯"为什么？是微小的国家。

[注释]

①滕——国名，见上7.2注①。

②薛——国名，黄帝之后，在今山东省枣庄市薛城区。

③朝——指臣下见君、诸侯见天子、诸侯相见等；本"经""传"之朝，指诸侯间相见。

④其言"朝"何——《解诂》《疏》说明，这是弟子据成公十三年"公如京师"书"如"而发问。

⑤诸侯来曰朝，大夫来曰聘——《解诂》："传言'来'者，解内外也。《春秋》王鲁，王者无朝诸侯之义，故内适外言'如'，外适内言'朝''聘'，所以别外尊内也。"

⑥兼言——指"滕侯""薛侯"并提，兼为"来朝"所统摄，共为其主语。

⑦其兼言之何——《解诂》《疏》说明，这是弟子据桓公七年"夏穀伯绥来朝，邓侯吾离来朝"不兼书而发问。

[评析]公羊看出"滕侯、薛侯来朝"跟桓公七年"夏穀伯绥来朝，邓侯吾离来朝"句式结构的不同；但这是史官记事的变化句式，跟国大小无关，穀、邓不也是"微国"吗？

11.2 "夏五月，公会郑伯①于祁黎②。"

[注释]

①郑伯——郑庄公。

②祁黎——郑地，在今河南省郑州市郊；左氏、穀梁作"时来"。

11.3 "秋七月壬午，公及齐侯①、郑伯入许②。"

[注释]

①齐侯——齐僖公。

②许——国名，姜姓，周武王封文叔于许，在今河南省许昌市郊。

11.4 "冬十有一月壬辰，公薨①。"

何以不书"葬"②？隐之③也。何隐尔？弑④也。弑则何以不书"葬"⑤？《春秋》君弑，臣不讨，不书"葬"，以为无臣子也。子沈子⑥曰："君弑，臣不讨贼，非臣也；[子⑦]不复仇，非子也。葬，生者之事也。《春秋》君弑，贼不讨，不书'葬'，以为⑧不系⑨乎臣子也。"公薨，何以不地⑩？不忍言也⑪。隐何以无"正月"⑫？隐将让乎桓，故不有其"正月"也。

[译文] 为什么不书写"葬我君隐公"？有所遮掩。遮掩什么？遮掩隐公为桓公所弑之事。被弑为什么就不书写"葬我君隐公"？《春秋》"书法"是，君被弑，臣子不讨贼，就不书写"葬某君"，看作如同没有臣子一样。子沈子说："君被弑，臣不讨贼，不是臣；子不为父复仇，不是子。举行葬礼是活着在世人的事。《春秋》的'书法'是，君被弑，贼不被讨伐，就不书写'葬某君'，表示不存在什么君臣关系了。"隐公薨，为什么不书出地点？不忍心说出。在隐公时代[除了元年之外]为什么都不书"正月"？隐公一直准备将来让君位于桓公，所以不书他在位时的"正月"（表示摄位）。

[注释]

①薨——诸侯死曰薨，参看上2.8注②。

②何以不书"葬"——《解诂》《疏》说明，这是弟子据闵公元年"夏六月辛酉，葬我君庄公"而发问。

③隐之——隐藏，遮掩；之，指代词，表示虚指。

④弑——指为桓公所弑，参看上4.5"传"。

⑤弑则何以不书"葬"——《解诂》《疏》说明，这是弟子据桓公十八年"冬十有二月己丑，葬我君桓公"而发问；桓公也是被弑。

⑥子沈子——《解诂》："子沈子，己师"，传公羊学的经师；传公羊学的除公羊子外，还有其他经师，子沈子是其一，此外还有子司马子、子北宫子等人，详后。

⑦子——阮元《公羊注疏校勘记》："不复仇，唐石经、鄂本皆作'子不复仇'"。

⑧以为——阮元《校勘记》："唐石经、诸本同汉石经，无'以为'二字。按：无'以为'二字，词意盖坚决。凡云'以为'者，皆隐曲申

明之意。"译文删"以为"。

⑨不系——不干系，表示断绝，失去关系。

⑩何以不地——《解诂》《疏》说明，这是弟子据庄公三十二年"八月癸亥，公薨于路寝"而发问。

⑪不忍言也——《解诂》："不忍言其僵尸之处。"左氏记载，"羽父使贼弑公于寪氏"（寪氏，鲁大夫）。

⑫无"正月"——隐公共十一年，除元年书"春王正月"外，其他均无"正月"，如三年、四年、十年是"春王二月"，七年是"春王三月"。

[评析]

左氏本传"经"叙述隐公被弑过程，大致跟上4.5公羊所述相同。至于不书"正月"，盖史官记载或流传失落；公羊说这是表示"隐将让乎桓"，不过是一家之言，表现其所谓"经义"而已。

第二章 鲁桓公

桓公，名允（据《史记·鲁世家》），隐公异母弟，仲子所生。

1. 桓公元年

元年，庚午，公元前711年，周桓王九年。

1.1 "元年①春王②正月，公即位。"

继弑君③，不言"即位"，此其言"即位"何④？如其意也。

[译文] 继承被弑之君的君位，不说"即位"，此处说"即位"为什么？是为了称桓公［弑兄自立］的意愿。

[注释]

①元年，古代旧君死，新君即位，于次年改元。

②王——董仲舒《春秋繁露·玉英》说本"经"无"王"字。《解诂》于三年"春正月"才注"无'王'"，可见本"经"有"王"字，参看下"评析"。

③弑君——被弑君，指鲁隐公。

④此其言"即位"何——《解诂》说明，这是弟子据庄公元年不书"即位"而发问。

[评析] 桓公共十八年，元年书"王"者仅有四年，即元年、二年、十年、十八年。由于书"王"不书"王"而引起不同解释。《穀梁传》说"桓无王。……元年有'王'，所以治桓也。"这是说，书"王"是为了治桓公弑隐公之罪。董仲舒《春秋繁露·玉英》说元年无"王"［实为有"王"，盖所见版本异］，是表示"桓之志无王""背天子"。《解诂》释三年无"王"说是表示"桓公无王而行"。其实三种解释均是妄加给

《春秋》的。按《春秋》全书有时、有月而不书"王"者共十五条，有时、无月而不书"王"者共一百余条，这属于史官记载详略问题，其中并无微言大义（详见毛奇龄《春秋传》）。

1.2 "三月，公会郑伯①于垂②，郑伯以璧假许田③。"④

其言"以璧假之"何⑤？易⑥之也。易之，则其言"假之"何？为恭也⑦。曷为为恭？有天子存，则诸侯不得专地也⑧。"许田"者何？鲁朝宿之邑也。诸侯时朝⑨乎天子；天子之郊，诸侯皆有朝宿之邑焉⑩。此鲁朝宿之邑也，则曷为谓之"许田"？讳取周田⑪也。讳取周田，则曷为谓之"许田"？系之许也。曷为系之许？近许也。此邑也，其称"田"何？田多邑少称"田"，邑多田少称"邑"⑫。

[译文]"经"文说"以璧假许田"是什么意思？是交换许田。交换许田，那说"假许田"为什么？这是恭逊之词[讳说易地]。为什么要用恭逊之词[讳说易地]？有周天子在，诸侯就不得专有土地。"许田"是什么？是鲁君朝见周天子食宿的城邑。诸侯按时朝见天子；天子的城郊外，诸侯都有朝见食宿用的城邑。这是鲁君朝见食宿的城邑，那为什么称之为"许田"？是避讳拿用周天子的田地。避讳拿用周天子的田地，为什么称之为"许田"？是系属于许国。为什么系属于许国？是接近许国。这是一个城邑，称之为"田"为什么？田地多城市人少称"田"，城市人多田地少称"邑"。

[注释]
②郑伯——郑庄公。
③垂——卫地，见1.8.1注③。
③许田——周王赐周公供鲁君朝宿之邑，参看1.8.2注③，地在许境。许，国名，见1.11.3注②。
④"三月，公会……许田"——隐公八年"经"文"三月，郑伯使宛来归邴"，是郑庄公欲以邴（左氏作"防"）地换鲁之许田，当时隐公未同意。隐公死，桓公新立欲交好郑国，会郑庄公于垂地，郑庄公在以邴地之外又加璧换鲁之许田。参看1.8.2注③。
⑤其言"以璧假之"何——《解诂》说，"实假不当持璧"；假，借用。陈立《义疏》："《穀梁传》曰'假不言"以"，言"以"非假也'

· 52 ·

明实假不必以璧也。"

⑥易——交换。

⑦为恭也——《解诂》:"为恭孙（逊）之辞,使若暂假之辞。"陈立《义疏》:"《穀梁传》曰'非假而曰假,讳易地也',此云'为恭',亦即讳言易地之故。"

⑧有天子……专地也——穀梁:"礼,天子在上,诸侯不得以地相与也。"董仲舒《春秋繁露·王道》:"《春秋》立义……有天子在,诸侯不得专地。"

⑨时朝——《解诂》:"时朝者,顺四时而朝也。"

⑩天子之郊……之邑焉——《疏》:"古者,天子邦畿千里,远郊五百里,诸侯至远郊,不敢便入,必先告至。"

⑪周田——周天子的田地。

⑫田多……称"邑"——《疏》:"田多邑少称'田'者,谓邑外之田多,邑内家数少……言邑多田少称邑者,谓邑内家数多而邑外之田顷亩少。"

[评析] 对本"经"公羊发挥说"有天子存,则诸侯不得专地",穀梁说"天子在上,诸侯不得以地相与",董仲舒说"有天子在,诸侯不得专地"。这些论说,充分表现出公羊学家（也包括穀梁家）的"尊王"思想与主张。

1.3 "夏四月丁未,公及郑伯盟于越。"

[注释]

越——地名,在今山东省曹县。

1.4 "秋,大水。"

何以书? 记灾也。

[译文] 为什么书写? 是记载发生灾害的。

1.5 "冬十月。"

2. 桓公二年

二年,辛未,公元前710年,周桓王十年。

2.1 "二年春王正月戊申，宋督①弑其君与夷②及其大夫孔父③。"

"及"者何④？累⑤也。弑君多矣，舍⑥此无累者乎？曰："有。仇牧、荀息皆累⑦也。"舍仇牧、荀息无累者乎？曰："有⑧。"有则此何以书？贤也。何贤乎孔父？孔父可谓义形于色矣⑨。其义形于色奈何？督将弑殇公，孔父生而存，则殇公不可得而弑也，故于是先攻孔父之家。殇公知孔父死，己必死，趋⑩而救之，皆死焉。孔父正色而立于朝，则人莫敢过⑪而致⑫难于其君者。孔父可谓义形于色矣。

[译文] 书"及"字为什么？是连累而死[故书]。弑君的事件多了，除此之没有连累而死的吗？回答说："有。仇牧、荀息就皆是连累而死的。"除了仇牧、荀息二人就再没有连累而死的吗？回答说："有。"既然有那此事为什么要书写？因为孔父是贤臣。孔父怎么个贤法？孔父可以说是"义形于色"了。孔父"义形于色"是怎么回事？华父督将要弑杀宋殇公，孔父如果活着而出现于朝，那殇公就不可能被弑，所以华父督先攻打孔父的家。殇公知道，如果孔父死，自己也必定丧命，就急忙去救孔父，结果二人全死了。如果孔父以正义之色立于朝廷，那就没有人敢越过[这个宋公捍卫者]而致患难于他的君主。孔父可以说是"义形于色"了。

[注释]

①督——宋臣，名督，字华父。

②与夷——宋殇公名。

③孔父——宋大臣，左氏隐公三年说是"大司马"。父是名还是字，前人有所争论。刘敞《春秋权衡》："《春秋》虽以字为褒，然已名君于上，不得字其臣于下。此所谓君前臣名，礼之大节也。"这是说，父是名。《解诂》释"先攻孔父之家"说："大夫称家，父者字也。"这是说，父是字。杨伯峻《注》隐公二年说，孔父名嘉，桓公二年《左传》有"孔父嘉"（古人名字连用，字前名后）。孔父嘉为孔子六世祖（见左氏昭公七年杜预《集解》，孔颖达《疏》）。

④"及"者何——《解诂》《疏》说明，僖公十一年"夏，公及夫人姜氏会齐侯于阳谷"公和夫人用"及"、哀公六年"夏，齐国夏及高张来奔"上下大夫用"及"，此"经"君与大夫并列用"及"，故问。

⑤累——《解诂》："累，累从君而死，齐人语也。"孔广森《通义》：

"累者，相连及于死之名。""及"是连词，"累"是连累拖累，《解诂》《通义》是据公羊意思赋予"及""累"此义。

⑥舍——同"捨"。

⑦仇牧、荀息皆累——《解诂》《疏》说明，是据庄公十二年"宋万弑其君接及其大夫仇牧"、僖公十年"晋里克弑其君卓子及其大夫荀息"。

⑧有——孔广森《通义》："谓经所不见者，若《左传》称宋弑昭公，荡意诸死之，即未得以'累'书于《春秋》，类此盖众。"（宋人弑宋昭公在左氏文公十六年）。《解诂》《疏》列叔仲惠伯为扶幼君而被杀，在成公十五年"传"，也不载《春秋》。

⑨孔父……色矣——《疏》："孔父事君之正义形见于颜色矣。"形，表现，呈现；色，面色。

⑩趋——疾走，快跑。

⑪过——指过捍卫者孔父这一关。《谷梁传》："孔父，闲也。"（闲，栅栏，关口）

⑫致——给予。

2.2 "滕子来朝。"

[评析] 三《传》无"传"。此"滕子"即隐公十一年之"滕侯"。前称"侯"、此称"子"，前人解《春秋》者，异说纷纭。其实，公、侯、伯、子、男，皆是古国君之通称，称"侯"、称"子"无甚分别，更无甚"大义"。参看1.1.3"评析"。

2.3 "三月，公会齐侯、陈侯、郑伯①于稷②，以成③宋乱④。"

内大恶讳，此其目言之⑤何？远也⑥。所见异辞，所闻异辞，所传闻异辞⑦。隐亦远矣，曷为为隐讳⑧？隐贤而桓贱也。

[译文] 鲁国内大恶事避讳不记载，此处明确写"以成宋乱"为什么？这是因为[距孔子时代]太远了。[孔子修《春秋》]对自己亲眼所见之事［跟所闻、所传闻之事］不同措辞；对自己亲身所听到之事［跟所见、所传闻之事］不同措辞；对从传说所听到之事［跟所见、所闻之事］不同措辞。隐公［距孔子时代］也很远，为什么要为隐公避讳？因为隐公贤德而桓公卑贱。

[注释]

①齐侯、陈侯、郑伯——齐僖公、陈桓公、郑庄公。

②稷——宋地,在今河南省商丘县。

③成——造就,助成。

④以成宋乱——《解诂》说:"宋公冯(宋庄公)与督共弑君而立,诸侯会于稷欲共诛之,受赂使还,令宋乱遂成。"

⑤目言之——陈立《义疏》:"目言之犹言明斥之,对讳言也。"目,看得见,指明显。

⑥远也——按公羊说,隐公为传闻之世,距孔子时代久远。

⑦所见……异辞——这三句已见隐公元年"公子益师卒""传"。孔广森《通义》说:"复发传者,与盖师义异。彼为详略例,近辞详,远辞略;此为讳例,近辞微,远而显。各有所施也。"

⑧曷为为隐讳——《解诂》《疏》说明,隐公五年"公观鱼于棠"是为隐公讳,因为实为"张(射)鱼",而"经"文写为"观"。

2.4 "夏四月,取郜大鼎于宋①。"

此取之宋,其谓之郜鼎何②?器从名③,地从主人④。器何以从名?地何以从主人?器之与人,非有即尔⑤。宋始以不义取之⑥,故谓之郜鼎。至于地之与人,则不然。俄而⑦可以为其有矣⑧。然则为取⑨可以为其有乎?曰:"否。"何者⑩?若楚王之妻媦⑪,无时焉可也⑫。

"戊申,纳⑬于大庙⑭。"

何以书?讥。何讥尔?遂乱受赂⑮纳于大庙,非礼也。

[译文] 此鼎取自宋国,"经文"称之为郜鼎为什么?器物从原属主人本名,土地则从属它的主人。器物为什么从原属主人本名?土地为什么就要从属它的主人?器物与人的关系[相当松散],不是就可以独自专有的[今日为此人之器,明日可为彼人之器]。宋国开始用不义之手段取之于郜,所以称之为郜鼎。至于土地与人的关系就不是如此,顷刻之间就可以为某国所占有[如牟娄本属杞国,莒人占领就归莒]。那么任意取来就可以为他专有吗?回答说:"不是。"这是为什么?譬如楚王强以妹为妻,是永远不能改变妹的身份而以妻之名分占有的。

"戊申,纳于太庙"此事为什么书写?为了谴责,谴责什么?将乘乱中所受贿之大鼎放入太庙，这是不合乎礼的。

[注释]

①取郜大鼎于宋——郜为宋灭，其国大鼎归宋，宋又赂桓公；参看1.10.3注④。鼎，古代一种烹饪器。相传禹收九州之金铸九鼎，鼎遂为传国重器，国家政权象征。

②其谓之郜鼎何——《解诂》《疏》说明，隐公四年"莒人伐杞，取牟娄"，昭公五年"莒牟夷以牟娄来奔"，"牟娄"不书"杞牟娄"，故问。

③器从名——《解诂》："从本主名名之。"

④地从主人——《解诂》："从后所属主人。"

⑤非有即尔——王引之《经义述闻》、俞樾《群经平议》均说当是"非即有尔"。

⑥宋始以不义取之——指灭郜而取鼎。

⑦俄而——《解诂》："谓须臾之间。"

⑧可以为其有矣——《解诂》："诸侯土地，各有封疆里数。今日取之，然后王者起，兴灭国，继绝也，反取邑不嫌不明，故卒可使以为其有。故不复追录系本主。"

⑨为取——《解诂》："恣意辞也。"

⑩何者——《解诂》："将设事类之辞。"

⑪妻媦——媦，音胃 wèi，妹。《说文》："楚人谓女弟曰媦。"妻媦，以妹为妻；妻，意动用法。

⑫无时焉可也——《解诂》："引此为喻者，明其终不可名有也。"

⑬纳——《解诂》："纳者，入辞也。"

⑭大庙——周公庙，大同"太"。

⑮乱受赂——于乱中受贿，指在华父督弑杀宋殇公与孔父嘉的乱中桓公受宋人贿赂。

[评析] 公羊解说郜鼎的来历，亦属必要。但是拿"楚王之妻媦"作比，实为离"经"太远，不伦不类，不过也反映了它的攘夷思想。

2.5 "秋七月，纪侯来朝。"

[注释]

"纪"穀梁同，左氏作"杞"。纪、杞皆国名，见1.2.5注①1.4.1

注①。杨伯峻《注》说,据下"经""九月,入杞",左氏为是。

2.6 "蔡侯、郑伯会于邓①。"

离②不言"会",此其言"会"何③?盖④邓与会尔⑤。

[译文] 两国之君相会,"经"文不称"会",此处称"会"为什么?大概邓侯与会了。

[注释]

①邓——据"传"文,当是国名,曼姓,鲁庄公十六年为楚文王所灭,在今河南省邓县。

②离——《解诂》:"二国会曰离。二人议各是其所是,非其所非,所道不同,不能决事定是非、立善恶,不足采取,故谓之'离会'。"孔广森《通义》:"离,俪也,俪,两也。"

③此其言"会"何——《解诂》《疏》说明,下五年"夏,齐侯、郑伯如纪",不书"会"。

④盖——副词,大约、大概。

⑤盖邓与会尔——《解诂》:"时因邓都,得与邓会。自三国以上言'会'者,重其少从多也,能决事定是非,立善恶。《尚书》曰'三人议,则从二人之言'。"(在《洪范》篇,今本"议"作"占")

2.7 "九月,入杞。"

2.8 "公及戎①盟于唐②。"

[注释]

①戎——见1.2.1注③。

②唐——见1.2.4注②。

2.9 "冬,公至自唐。"

[注释]

至自唐——自唐地回来行告宗庙之礼。《春秋》书"至自"均是指鲁侯从外归来行告庙之礼。

[评析] 公羊无"传",左氏说:"凡公行,告于宗庙;反行,饮至、舍爵、策勋,礼也。"(饮至,举行告庙宴臣之礼;舍爵,置杯劝酒;策

勋，记功于册。）孔《疏》引杜预《春秋释例》说："凡盟有一百五，公行一百七十六，书'至'者八十二；其不书'至'者九十四，皆不告宗庙也。"其说书"至"必是告宗庙；而不书"至"，可能是史官失记，未必是"不告宗庙"。

3. 桓公三年

三年，壬申，公元前709年，周桓王十一年。

3.1 "三年春正月，公会齐侯①于嬴②。"

[注释]

①齐侯——齐僖公。

②嬴——齐地，在今山东省莱芜县。

3.2 "夏，齐侯、卫侯①胥命②于蒲③。"

"胥命"者何？相命也。何言乎相命，近正④也。此其为近正奈何？**古者不盟，结言而退**⑤。

[译文]"胥命"是什么意思？是言语相互约定。怎么称为言语相互约定？这是接近正礼。此处说言语相互约定为接近正礼是怎么回事呢？近似古人不歃血为盟，只是以言语相定就各自返国。

[注释]

①卫侯——卫宣公。

②胥命——杨伯峻《注》："胥命者，诸侯相见，约言而不歃血。"胥，相；命，约定。

③蒲——卫地，在今河南省长垣县。

④近正——《疏》："古者不盟，而言近正。"

⑤古者不盟，结言而退——陈立《公羊义疏》："古谓三代时也；但以言相缔结，不歃血为盟也。"《解诂》："善其近正似于古，而不相背。"

3.3 "六月、公会纪①侯于盛②。"

[注释]

①纪——左氏、穀梁作"杞"，从上下"经"看，当是"杞"，参看

2.2.5 注释。

②盛——左氏、穀梁作"郕",见1.5.3注①。

3.4 "秋七月壬辰朔①,日有食之②,既③。"

"既"者何?尽也。

[译文]"既"是什么意思?是完了[太阳被全吃掉]。

[注释]

①朔——农历每月初一。

②日有食之——以今法推算,当为公元前709年7月17日之日食。

③既——尽,完,指日全食。

3.5 "公子翚①如齐逆②女。"

[注释]

①公子翚——鲁大夫,参看1.4.5注①。

②逆——迎。

3.6 "九月。齐侯送姜氏①于讙②。"

何以书?讥。何讥尔?诸侯越境送女,非礼也③。此入国④矣,何以不称"夫人"?自我言齐,父母之于子⑤,虽为邻国夫人,犹曰"吾姜氏"。

[译文]为什么书写?为了谴责。谴责什么?诸侯越过国境送女儿出嫁,是不合乎礼的。此时姜氏已经到了我国,"经"文为什么不称她"夫人"?这是从我一方谈齐人的话;父母对于自己的女儿,虽然已成为邻国的夫人,仍然说"我们姜氏"。

[注释]

①姜氏——齐僖公女,鲁桓公夫人。

②讙——音欢 huān,鲁地,在今山东省宁阳县。

③诸侯……非礼也——《解诂》:"礼,送女,父母不下堂,姑姊妹不出门。"

④入国——《解诂》:"据讙鲁地",故曰"入国"。

⑤子——指女儿。

3.7 "公会齐侯于讙。"

3.8 "夫人姜氏至自齐①。"

翚何以不致②？得见乎公矣。

[译文]［既然是公子翚如齐逆女，］"经"文为什么不书为"翚以夫人姜氏至自齐"？因为姜氏［在讙地］已见到桓公了。

[注释]

①至自齐——从齐国来到；孔广森《通义》："不言'至自讙'者，以国；有行乃以其地，致夫人本自齐来。"

②翚何以不致——《解诂》《疏》说明，宣公元年书"春王正月，公子遂如齐逆女""三月，遂以夫人妇姜至自齐"，成公十四年书"秋，叔孙侨如如齐逆女""九月，侨如以夫人妇姜至自齐"；上5"公子翚如齐逆女"，此"经"何以不书"公子翚"，故问。

3.9 "冬，齐侯使其弟年来聘。"

[注释]

本"经"同于1.7.4。

3.10 "有年①。"

"有年"何以书？以喜书也。"大有年"何以书②？亦以喜也。此其曰"有年"何？仅③有年也。彼其曰"大有年"何？大丰年也。仅有年亦足以当喜乎？恃④有年也。

[译文] 为什么书写？因为是喜事而书写。"大有年"为什么要书写？更因为是喜事。此处称"有年"为什么？是小丰年。彼处称"大有年"为什么？是大丰年。小丰年也值得当喜事吗？赖它是丰年［民众才安土乐业］。

[注释]

①有年——五谷皆熟之年景。

②"大有年"何以书——《解诂》说明，宣公十六年有"大有年"。

③仅——《解诂》："仅犹劣也。"

④恃——《解诂》："恃，赖也。若桓公之行，诸侯所当诛，百姓所当叛，而又元年大水，二年耗减，民人将去，国丧无日，赖得五谷皆有，

使百姓安土乐业,故喜而书之。"

[评析]《春秋》全书仅今年书"有年"和宣公十六年书"大有年"。"春秋"共历二百四十二年,不可能仅有两个丰年;肯定有所漏记。

4. 桓公四年

四年,癸酉,公元前708年,周桓王十二年。

4.1 "四年春正月,公狩于郎①。"

"狩"者何?田②狩也。春曰"苗"③,秋曰"蒐"④,冬⑤曰"狩"⑥。常事不书,此何以书?讥。何讥尔?远也⑦。诸侯曷为必田狩⑧?一⑨曰干豆⑩,二曰宾客,三曰充君之庖⑪。

[译文]"狩"是什么?是田猎中的狩这一种。春天田猎名为"苗",秋天田猎名为"蒐",冬天田猎名为"狩"。平常田猎不书写,此次为什么书写?为了谴责。谴责什么?谴责远离狩地到郎邑田猎。诸侯为什么必要田猎?[因为需要]一等射技得来的猎物,风干之后装祭器[代祭祀用];二等射技得来的猎物招待宾客;三等射技得来的猎物,进君主庖厨[供食用]。

[注释]

①郎——鲁地,在今山东省鱼台县,离曲阜约二百里。

②田——打猎;《解诂》:"田者,蒐、狩之总名也。"

③苗——《解诂》:"苗,毛也;明当毛(芼)物取未怀任(妊)者。"(芼,择取)郑玄《周礼·大司马》注:"苗,择取不孕任者。"

④蒐——音叟sōu,《解诂》:"蒐,简择也。"

⑤冬——指夏历冬季,周历正月,为夏历十一月,正是冬季。此"传"春、秋、冬皆指夏历。

⑥狩——《解诂》:"狩犹兽也;冬时禽兽长大,遭兽可取。"(遭,遇)

⑦远也——孔广森《通义》:"狩有常地,郎去狩地远,故讥也。"

⑧诸侯曷为必田狩——《解诂》说明,成公十八年有"筑鹿囿",鲁侯既有苑囿,故问。田狩,田猎。

⑨一——此"一"和下"二""三"指射功等级。《解诂》说明,一等射功,杀伤在心,兽死得快,其肉鲜洁,可作祭品;二等射功,杀伤在腹膑,兽死得慢,其肉不鲜,可待宾客;三等射功,杀伤腹内,污物

流出，其肉不洁，可充君用。

⑩干豆——肉风干入豆；豆，祭器。

⑪庖——厨。

4.2 "夏，天王①使宰渠伯纠②来聘。"

宰渠伯纠者何？下大夫④也。

[译文] 宰渠伯纠是什么人？是下大夫。

[注释]

①天王——周桓王。

②宰渠伯纠——宰，官名；渠，姓；纠，名；伯，行次，古以"伯、仲、叔、季"排行，"伯"又表示敬称。

③下大夫——官名，《礼记·王制》："诸侯之上大夫卿、下大夫、上士、中士、下士凡五等。"渠伯纠系官名"宰"，《疏》说，"系官者，卑不得专官事也"。

[评析] 按《春秋》体例，秋、冬无事应书"秋七月""冬十月"。桓公十八年，无事书时，首月，有元年"冬十月"、九年"夏四月""秋七月"、十二年"春正月"、十三年"秋七月""冬十月"、十八年"秋七月"。而此年及七年"经"文缺"秋七月""冬十月"。对此，有多种解释。《解诂》说："去二时者，桓公无王而行，天子不能诛，反下聘之，故为贬，见其罪明。"孔广森《通义》说："是年及七年并去秋、冬二时，以成十年、昭十年无冬推之，此秋、冬下所系之事，其亦为内大恶，当讳者而削之与？"（成十年、昭十年无冬，《解诂》有所解释）杜预《集解》说："不书秋，冬首月，史缺文。"看来，杜预的解释正确，《解诂》及《通义》乃是公羊学的臆说，分明是"史缺文"而仍要挖掘"大义"。所以"史缺文"，一是史官漏记，二是简册遗失。

5. 桓公五年

五年，甲戌，公元前707年，周桓王十三年。

5.1 "五年春正月。甲戌、己丑①，陈侯②鲍卒。"

曷为以二日卒之③？怴④也。甲戌之日亡⑤，己丑之日死⑥而得。君子⑦疑焉，故以二日卒之也。

［译文］为什么用两天记陈侯鲍死亡？因为得了狂病。甲戌这一天出走，己丑这一天尸首被发现。君子［对陈侯哪一天死］有疑问，所以用两天记他死亡。

［注释］

①甲戌、乙丑——按《春秋长历》，甲戌是上年十二月二十一日，己丑是本年正月初六，相差十五天。

②陈侯——陈桓公，名鲍。

③卒之——书他卒。

④悢——音绪 xù，悢之讹字，《解诂》"悢者，狂也，齐人语"，《白虎通义·考黜》"陈侯……有狂易之病"；狂，精神病状。

⑤亡——出走。

⑥死——同"尸"，古通用。

⑦君子——《解诂》："君子，谓孔子也。"

5.2 "夏，齐侯、郑伯①如②纪③。"

外相"如"不书④，此何以书？离⑤不言"会"。

［译文］外国诸侯相互约束，［跟鲁国无关］"经"文不书写，此事为什么书写？［这是两国之君相会］两国之君相会不书"会"［故书成"如"］。

［注释］

①齐侯、郑伯——齐僖公、郑庄公。

②如——往，到。

③纪——国名，见 1.2.5 注①。

④外相"如"不书——《解诂》《疏》说明，襄公二十六年"许男宁卒于楚"、昭公二十三年"蔡侯东国卒于楚"不书"如楚卒"，故问。

⑤离——两国两会，参看上 2.6 注②。

5.3 "天王①使仍叔②之子③来聘④。"

"仍叔之子"者何？天子之大夫也。其称"仍叔之子"何⑤？讥。何讥尔？讥父老，子代从政也。

[译文]"仍叔之子"是什么人？是天子的大夫。那称"仍叔之子"为什么？为了谴责。谴责什么？谴责父亲年老，儿子代父从政。

[注释]

①天王——周桓王。

②仍叔——周之世卿，穀梁作"任叔"。《诗经·大雅·云汉序》"云汉，仍叔美宣王也"，故知仍叔为西周宣王时大夫。宣王于公元前782年卒，距桓公五年已76年；按宣王中期计算，仍叔距桓王也有百余年，故知此仍叔为宣王时仍叔之后代。《春秋》记载周之世卿仍叔之外，尚有尹氏、武氏（均见隐公三年）、荣叔（见庄公元年）、家父（见桓公八年）。说"氏"、说"叔"、说"父"，皆为世称，正如晋国"赵孟"世世称之一样。

③仍叔之子——仍名仍叔；左氏讲"仍叔之子来聘，弱也"，是说仍叔之子还年幼，尚未继父爵位。

④聘——慰问、修好。

⑤其称"仍叔之子"何——《解诂》《疏》说明，上四年"宰渠伯纠"书"宰"，隐公三年"武氏子"不书"之子"、同年"尹氏"不书"尹氏子"，故问。又，《解诂》说"加'之'者起'子'，辟（避）一人"；《疏》说是区别于僖公三十三年之"百里子""蹇叔子"，此乃两人名。

5.4 "葬陈桓公。"

[注释]

陈桓公——陈侯鲍。

5.5 "城①祝丘②。"

[注释]

①城——见1.7.3注①。

②祝丘——鲁邑，在今山东省临沂县。

5.6 "秋，蔡人、卫人、陈人，从王①伐郑。"

其言"从王伐郑"何？从王，正②也。

[译文]"经"文说"从王伐郑"是什么意思？随从周天子出征是符

合正义的。

[注释]

①王——同上3天王。

②正——《解诂》:"美其得正义也。"

5.7 "大雩。"

"大雩"者何?旱祭也。然则何以不言"旱"?言"雩",则旱见;言"旱",则雩不见。何以书?证灾也。

[译文]"大雩"是什么?是天旱求雨的祭祀。那么为什么不说"旱"?说"雩"则表示一定有旱灾,说"旱"则不一定表示行雩祭。为什么书写?是记载灾害的。

[注释]

大雩——举行盛大雩祭典礼。《解诂》:"雩,旱请雨祭名;不解'大'者,祭言'大雩',大旱可知也。"

5.8 "螽。"

何以书?记灾也。

[译文]为什么书写?是记载灾害的。

[注释]

螽——音终 zhōng,飞蝗;作动词用,指发生蝗灾。左氏、穀梁作"蟲,"二字音义同。

5.9 "冬,州①公②如曹③。"

外相"如"不书,此何以书?过我也。

[译文]外国诸侯相互往来[跟鲁国无关],"经"文不书写,此事为什么要书写?(州公)经过我鲁国。

[注释]

①州——国名,姜姓,都淳于,故城在今山东省安丘县。

②公——孔广森《通义》,"公非其爵,凡诸侯托于诸侯,不别五等,壹以'公'称之",是说"公"为诸侯之通称,参看1.1.3"评析"。

③曹——国名,姬姓,武王封其弟叔振铎于曹,都陶丘,故城在今

· 66 ·

山东省定陶县，鲁哀公八年为宋所灭。

[评析]此"经"跟下年首"经"当是一条，原文盖是："冬，州公如曹。六年春正月，寔来"。据前人研究，《春秋》原独立，与三《传》分别成书；后"经""传"相合，近年交错在一起。《公羊传》《穀梁传》成书于汉初，则这种交错在汉前了。

6. 桓公六年

六年，乙亥，公元前706年，周桓王十四年。

6.1"六年春正月，寔①来。"

"寔来"者何？犹曰是②人来也。孰谓？谓州公也。曷为谓之"寔来"？慢③之也。曷为慢之？化我④也。

[译文]"寔来"是什么意思？如同说此人来。所说的〔此人〕是谁？所说的是州公。为什么说他"寔来"？是对他慢待不客气。为什么对他慢待不客气？是因为对我国傲慢无礼。

[注释]

①寔——指代词，是，此。杨伯峻《注》说，"寔亦作实，即虚实、确实之实"，引《左传》多个"实来"例记，说是当时常言。两解均通，皆有所据。《尔雅·释诂下》："寔，是也。"邢昺《疏》："是，此也。"《礼记·坊记》："实受其福。"孔颖达《疏》："寔，实也。"朱骏声《说文通训定声·解部》："寔，假解为实。"

②是——指代词，此。

③慢——轻慢、怠忽。

④化我——对我傲慢无礼。《解诂》："行过无礼谓之化，齐人语也。"

6.2"夏四月，公会纪侯于成。"

[注释]

成——鲁邑，在今山东省宁阳县；成，左氏同，穀梁作"郕"。

6.3"秋八月壬午，大阅①。"

"大阅"者何？简②车徒③也。何以书？盖以罕④书也。

[译文]"大阅"是什么意思?是检阅兵车、步卒。"经"文为什么书写?盖是因不常见而书写。

[注释]

①阅——检阅,阅兵。

②简——检查、检阅。

③车徒——兵车、步卒。王引之《经义述闻》说,"简车徒"当是"简车","徒"字涉昭公十一年"大搜者何?简车徒也"而衍。大阅唯简车,大搜则合车、徒而并简之,并引《解诂》"大简阅兵卒,使可任用而习之"为证。

④罕——《解诂》:"罕,稀也。……比年简徒谓之搜,三年简车谓之大阅,五年大简车徒谓之大搜。"(比年,每年)

6.4 "蔡人杀陈佗①。"

"陈佗"者何?陈君也。陈君则曷为谓陈佗②?绝③也。曷为绝之④?贱也。其贱奈何?外淫也。恶乎⑤淫?淫于蔡⑥,蔡人杀之。

[译文]"陈佗"是什么人?是陈君。陈君为什么称他陈佗[不书"陈侯佗"]?表示当废绝其爵位。为什么要废绝他的爵位?他为人卑贱。他为人卑贱是怎么回事?在外地淫乱。于何处淫乱?淫乱于蔡国,蔡人杀死了他。

[注释]

①陈佗——陈文公子,陈桓公(鲍)异母弟,桓公死,佗杀太子免自立。(见《左传·桓公五年》)

②曷为谓陈佗——《解诂》说明,昭公十一年"楚子虔诱蔡侯般,杀之于申"书爵位,故问。

③绝——断绝,废黜。《解诂》:"绝者,国当绝。"孔广森《通义》:"绝者,诸侯有罪当绝其世也。"

④曷为绝之——《解诂》《疏》说明,宣公十八年"邾娄人戕鄫子"书"子"不书名,故问。

⑤恶乎——《解诂》:"恶乎犹于何也。"恶,音乌 wū。

⑥淫于蔡——桓公十一年"柔会宋公、陈侯、蔡叔盟于折"。《解诂》说:"蔡侯称叔者,不能防正其姑姊妹,使淫于陈佗,故贬在字例。"这

· 68 ·

是说，陈佗与蔡侯姑姊妹淫乱。

6.5 "九月丁卯，子同①生。"

"子同生"者孰谓？谓庄公也②。何言乎"子同生"③？喜有正也④。未有言喜有正者，此其言喜有正何？久无正也。子公羊子曰："其诸⑤以病桓与？"⑥

[译文]"子同生"所说是谁？说的是庄公。为什么要说"子同生"？高兴国家有了正嗣。过去未曾说过高兴国家有正嗣，此处说高兴国家有正嗣为什么？国家好久没有正嗣了。子公羊子说："大概是嫉恨桓公吧！"

[注释]

①子同——同，庄公名；鲁国公子，无论嫡庶，包括诸子，都称"子"。

②谓庄公也——《解诂》说明，所以说是庄公，"以夫人言'同非吾子'"。

③何言乎"子同生"——《解诂》说明，庄公三十二年"子般卒"不书"生"，故问。

④喜有正也——《解诂》："喜国有正嗣。"（正嗣，嫡子嗣位）鲁国十二公，唯庄公是嫡夫人长子。

⑤其诸——副词，用在句首表示估计、推测或疑问。《解诂》："其诸，辞也。"

⑥其诸以病桓与——《解诂》："书庄公生者，感隐桓之祸，生于无正，故喜有正。"

6.6 "冬，纪侯来朝。"

7. 桓公七年

七年，丙子，公元前705年，周桓王十五年。

7.1 "七年春二月己亥，焚咸丘①。"

"焚之"者何？樵之②也。樵之者何？以火攻也。何言乎以火攻③？疾④始以火攻也⑤。"咸丘"者何？邾娄⑥之邑也。曷为不系乎邾娄？国⑦之也。曷为国之⑧？君存焉尔。

[译文]"焚之"是什么意思?是用柴烧它。用柴烧它是什么意思?是用火攻。为什么要说用火攻〔自古攻城,无火攻之法〕?是痛恨开始用火攻。"咸丘"是什么地方?是邾娄国的一个城邑。那为什么〔不书为"邾娄咸丘"〕让它系属于邾娄?是把它看为一个国家。为什么要把它看为一个国家?国君还存在。

[注释]

①咸丘——公羊说是邾娄之邑;杜预《集解》说"咸丘,鲁地,高平巨野县南有咸亭",在今山东省巨野县。杜注为切。

②樵之——《解诂》:"樵,薪也;以樵烧之,故因谓之樵之。"

③何言乎以火攻——《解诂》说明,战伐不说所用之兵器,故问。

④疾——痛恨。

⑤疾始以火攻也——《解诂》:"征伐之道,不过用兵……火之盛炎,水之盛冲,虽欲服罪,不可复禁。故疾其暴而不仁也。"(兵,兵器)

⑥邾娄——国名,见1.1.2注①。

⑦国——名词意动用法,以……为国家。

⑧曷为国之——《解诂》说明,庄公元年"齐师迁纪邢、鄑、郚",邢、鄑、郚上系"纪",不看为国,故问。

7.2 "夏,谷①伯绥来朝。邓②侯吾离来朝。"③

皆何以名④?失地之君也⑤。其称"侯""朝"何?贵者无后⑥,待之以初也⑦。

[译文]〔谷伯绥、邓侯吾离〕为什么皆称其名?因为是失地之君。〔既然是失地之君〕那还称之为"侯""朝"为什么?尊贵者即使无后继位之人,也要以原先的称谓对待他们。

[注释]

①谷——国名,据考殷商时已有,一说嬴姓,在今湖北省谷城县;何时灭国,不见记载。

②邓——国名,据《世本》,庄公十六年为楚所灭,参看上2.6注①。

③"夏,谷伯绥……邓侯……"——隐公十一年"滕侯、薛侯来朝"兼言"朝",公羊说是"微国"。此"经"分言"朝",公羊无解释;杜预《集注》说:"不总称朝者,各自行朝礼也。"

④皆何以名——《解诂》《疏》说明，隐公十一年"滕侯、薛侯来朝"不书名，故问。

⑤失地之君也——《礼记·曲礼下》："诸侯失地，名。"

⑥无后——俞樾《群经平议》："无后，谓失其国胙也。《说文·后部》：'后，继体君也。''后'与'後'古通用，故继体之君谓之'后'，亦谓之'後'。……卿大夫子孙不能嗣守先人禄位，亦为无后。"（胙，祭祀。继体，继位）

⑦待之以初也——《解诂》："谷、邓本与鲁同贵为诸侯，今失爵亡土来朝托寄也，义不可卑，故明当待之如初。"

[评析] 本年无"秋七月""冬十月"，缘由见上四年"评析"。

8. 桓公八年

八年，丁丑，公元前704年，周桓王十六年。

8.1 "八年春正月己卯，烝。"

"烝"者何？冬祭也。春曰祠，夏曰礿，秋曰尝，冬曰烝①。常事不书，此何以书？讥。何讥尔？讥亟②也。亟则黩③，黩则不敬。君子之祭也，敬而不黩。疏则怠，怠则忘。士不及兹④四者，则冬不裘，夏不葛⑤。

[译文]"烝"是什么？是冬祭名。春祭名曰祠，夏祭名曰礿，秋祭名曰尝，冬季名曰烝。平常祭祀不书写，此祭为什么要书写？为了谴责。谴责什么？谴责（祭祀）频繁就要滥用，滥用就会不恭敬。君子祭祀，恭敬而不滥用（但是也不疏漏），疏漏就要懈怠，懈怠就会遗忘。士人如果不能及时参加这四种祭祀［就会惶恐不安］，即使冬天穿皮裘，夏天穿绸葛也不敢向人夸耀。

[注释]

①祠、礿、尝、烝——周代春、夏、秋、冬四时祭名。《解诂》："荐尚韭卵。祠犹食也，犹继嗣也。春物始生，孝子思亲继嗣食（音寺 sì，给人吃）之，故曰祠。""荐尚麦鱼。麦始熟可礿（音月 yuè，煮），故曰礿。""荐尚黍肫（音纯 chún，古代祭祀所用牲的后体经一部分）。……秋谷成者非一，黍先熟可得荐，故曰尝。""荐尚稻雁。烝，众也，气盛

貌。冬万物毕成，所荐众多，芬芳备具，故曰烝。"孔广森《通义》，"祠之言嗣也，春物始生，思嗣亲也；礿之言汋也，取新菜可汋；尝者，尝新谷也；烝，升也，冬物毕升，其礼尤盛"。《礼记·王制》："天子诸侯宗庙之祭，春曰礿，夏曰禘，秋曰尝，冬曰烝。"郑玄注："此盖夏殷之祭名，周则改之春曰祠，夏曰礿。"祠、礿、尝、烝是周代祭名，但祭祀用夏正；周之春正月是夏之冬十一月，故曰烝祭。

②亟——音气 qì，屡次。

③黩——音独 dú，滥用。

④兹——指代词，此。

⑤冬不裘，夏不葛——裘、葛（丝麻织物总名），作动词用；《解诂》："士有公事不得及此四时祭者，则不敢美其衣服，盖思念亲之至也。"

8.2 "天王①使家父②来聘。"

[注释]

①天王——周桓王。

②家父——周世卿。《解诂》："家，采地；父，字也。天子中大夫氏采，故称字不称伯仲也。"《诗经·小雅·节南山序》"家父刺幽父也"，乃百年前西周之家父，非此家父。

8.3 "夏五月丁丑，烝。"

何以书？讥亟也。

[译文]"经"文为什么书写？谴责（祭祀）频繁。

8.4 "伐邾娄。"

[注释]

邾娄——国名，见 1.1.2 注②；左氏、穀梁例作"邾"。

8.5 "冬十月，雨①雪。"

何以书？记异也。何异尔？不时也②。

[译文]"经"文为什么书写？是记载奇异现象。为什么是奇异现象？因为不合时令。

[注释]

①雨——动词,指(雨、雪)落下。

②不时也——这是周历十月,相当夏历八月;八月下雪,当为不时。

8.6 "祭公①来,遂②逆③王后于纪④。"

"祭公"者何?天子三公⑤也。何以不称"使"⑥?婚礼不称主人⑦。"遂"者何?生事⑧也。大夫无遂事⑨,此其言"遂"何?成使乎我⑩也。其成使乎我奈何?使我为媒;可,则因用是往逆矣。女在其国称"女",此其称"王后"何?王者无外⑪其辞⑫成⑬矣。

[译文]"祭公"是什么人?是周天子的三公之一。为什么不说"天子使祭公来"?[这是天子的婚事]婚事按礼不能说由婚事主人出面主使。"遂"是什么意思?是由此事生出彼事。大夫没有[办一件事后无天子之命]遂就自己作主办另一件事的权利,此处"经"文说"遂逆王后于纪"为什么?是成事后就由我鲁君发使命。那成事后就由我鲁君发出使命是怎么回事?周王室使我鲁君做媒,做媒成功[不待天子之命],祭公就因此受鲁君之命到纪国迎亲。女子不出嫁在本国称"女"[纪女尚未出国],此"经"就称"王后"为什么?因为周天子一统天下没有国外[四海之内,莫非王土],鲁君做媒成功[即使还在本国,也可称"王后"]。

[注释]

①祭公——周天子最高官吏之一,隐公元年有"祭伯",疑即此人,这时称"祭公"。

②遂——副词,表示后事在时间上接续前事,相当于"就"。

③逆——迎。

④纪——国名,见 1.2.5 注①。

⑤三公——辅佐天子分掌朝政的三位最高官吏,参看 1.5.4 注⑬。

⑥何以不称"使"——《解诂》《疏》说明,僖公三十年"天王使宰周公来聘"书"天王使",故问。

⑦婚礼不称主人——《解诂》:"时王者有母也。"见 1.2.5 注⑤。《解诂》:"礼,有母,母当命诸父兄师友,称诸父兄师友以行。"

⑧生事——这是对"遂"字的词义用法解释,是说能生出下事,大致说明了"遂"字的用法特点。

⑨大夫无遂事——指大夫不受王命遂就再办第二件事的权利。
⑩使乎我——使于我，为我所使。
⑪王者无外——见1.1.6注⑥及该"经"之"评析"。
⑫辞——指受使命作媒。
⑬成——指做媒成功。

9. 桓公九年

九年，戊寅，公元前703年，周桓王十七年。

9.1 "九年春，纪季姜①归于京师②。"

其辞成矣③，则其称"纪季姜"何？自我言纪；父母之于子④，虽为天王后，犹曰"吾季姜"⑤。"京师"者何？天子之居也。"京"者何？大也；"师"者何？众也⑥。天子之居必以"众""大"之辞言之。

[译文] 鲁君做媒成功［已经做了王后］，那"经"文称"纪季姜"为什么？从我鲁国来说，称之为"纪国"；［从纪国来说］父母对于女儿，虽然做了王后，仍然说"我的季姜"。"京师"是什么？是天子居住的地方。"京"是什么意思？是大；"师"是什么意思？是"众"。天子居住的地方，必然要用"众""大"这样的词语来称说。

[注释]

①纪季姜——即上年祭公来迎之王后。纪，国名；季，排行（古以"伯、仲、叔、季"排行，以季最小）；姜，姓（古代同姓不通婚，故女子著姓于下）。

②京师——指东都洛邑，今河南省洛阳市。"京"本周祖公刘所居之地名，如《诗经·大雅·公刘》"笃公刘，于京斯依"。后西都镐京，东都洛邑也称"京"。

③其辞成矣——指做媒成功，参看上8.6注⑫⑬。

④子——古时女儿也称"子"。

⑤父母……"吾季姜"——《解诂》："明子尊不加于父母。"陈立《义疏》："季姜者，由纪言之之辞也。"

⑥"京"者……众也——这是对"京""师"两字的词义解释，《尔雅·释诂上》"京，大也"、《释诂下》"师，众也"。

9.2"夏四月。"

9.3"秋七月。"

9.4"冬，曹伯①使其世子②射③姑来朝④。"

诸侯来曰朝，此世子也，其言"朝"何⑤？《春秋》有讥父老，子代从政者⑥，则未知其在齐⑦与⑧？曹与⑨？

[译文]诸侯来称"朝"[大夫来称聘]，此是世子，"经"文称"朝"为什么？《春秋》一书中有谴责父老，子代从政的旨意，只是不知指的是齐国呢，还是曹国？

[注释]

①曹伯——曹桓公，在位已五十余年，年纪已老；曹，国名，见上5.9注③。

②世子——帝王和诸侯正妻所生的长子，一名太子。

③射——音夜 yè。

④朝——指诸侯间行朝聘之礼。

⑤此世子……何——《解诂》《疏》说明，隐公十一年"传"说"诸侯来曰朝，大夫来曰聘"、僖公元年"传"说"臣子一例"，故问。

⑥《春秋》……从政者——孔广森《通义》："朝伯有疾，射姑当躬亲药膳，而忍去左右偃然代行朝礼，失君在不称贰之义，故责之。"

⑦在齐——《解诂》《疏》说明，襄公九年"冬，公会晋侯、宋公、卫侯、曹伯……齐世子光伐郑"、十一年"公会晋侯、宋公、卫侯、曹伯、齐世子光……伐郑"，"公子光"与诸侯并书。

⑧与——连词，表示选择，相当"或""还"。

⑨与——语气词，同"欤"，表示疑问。

10. 桓公十年

十年，己卯，公元前 702 年，周桓王十八年。

10.1"十年春王正月，庚申，曹伯终生卒。"

10.2"夏五月，葬曹桓公。"

10.3"秋，公会卫侯①于桃丘②，弗③遇④。"

"会"者何？期⑤辞也。其言"弗遇"⑥何？公不见⑦要⑧也。

[译文]"会"是什么意思?是约期相会的用词。"经"文说"弗遇"是什么意思?表示桓公(要见面)不被对方邀请相会的避讳之词。

[注释]

①卫侯——卫宣公。

②桃丘——地名,在今山东省东阿县。

③弗——副词,表示否定,用于动词前,一般不带宾语。《解诂》"弗者,不之深也",意思是"弗"字表示否定的程度深于"不"字。

④遇——相遇、相逢。

⑤期——期会。约期相会。

⑥弗遇——《解诂》:"言弗遇者,起公要之也。""时实桓公欲要见卫侯,卫侯不肯见公,以非礼动,见拒有耻,故讳使若会而不相遇。"

⑦见——助动词,表示被动。

⑧要——音腰 yāo,求、请。

10.4 "冬十有二月丙午,齐侯、卫侯、郑伯①来战于郎②。"

"郎"者何?吾近邑也。吾近邑,则其言"来战于郎"何③?近也。恶乎④近?近乎围也⑤。此偏战⑥也,何以不言"师败绩⑦"⑧?内不言"战",言"战",乃败矣⑨。

[译文]"郎"是什么地方?是我都城曲阜近郊的一个城邑。我都城近郊的一个城邑,"经"文说"来战于郎"为什么?太相似了。跟什么相似?几乎跟包围了都城相似。这是偏战[这次战争我国大败],为什么不说"师败绩"?对我鲁国来说,"经"文不书"战"字,书出了"战"字,就等于说是自己战败。

[注释]

①齐侯、卫侯、郑伯——齐僖公、卫宣公、郑庄公。

②郎——即隐公九年"夏城郎"之郎,曲阜近郊一个城邑。

③其言"来战于郎"何——《解诂》说明,庄公十年"齐师、宋师次于郎"不书"来"、隐公十年"公败宋师于菅"不书"战",故问。

④恶乎——疑问词组,相当"于何",参看上6.4注⑤。

⑤近乎围也——《解诂》:"几与围无异。"俞樾《群经平议》说,"吾近邑也"之"近"以地之相去而言;"近也"之"近"以事之相似

而言。

⑥偏战——各据一方的正规作战,书曰书"战",与诈战相对。《解诂》:"偏,一面也;结日定地,各居一面,鸣鼓而战,不相诈。"

⑦败绩——全军溃败。

⑧何以不言"师败绩"——《解诂》说明,下十三年"……齐师、宋师、卫师、燕师败绩"书"败绩",故问。

⑨内不……败矣——《解诂》:"《春秋》托王于鲁,战者,敌文也,王者不与诸侯敌,战乃其已败之文,故不言'师败绩'。"(敌,匹敌,对等)

11. 桓公十一年

十一年,庚辰,公元前 701 年,周桓王十九年。

11.1 "十有一年春正月,齐、卫人、郑人盟于恶曹。"
[注释]
恶曹——在今河南省延津县。恶,音乌 wū。

11.2 "夏五月癸未,郑伯寤生卒。"
[注释]
寤生——郑庄公名。

11.3 "秋七月,葬郑庄公。"

11.4 "九月,宋人执郑祭仲①。"

"祭仲"者何?郑相②也。何以不名?贤也?何贤乎祭仲?以为知权③也。其为知权奈何?古者郑国处于留④,先⑤郑伯⑥有善于邻⑦公者,通乎夫人⑧,以取其国而迁郑⑨焉,而野留⑩。庄公死,已葬,祭仲将往省⑪于留,涂出于宋。宋人⑫执之,谓之曰:"为我出忽而立突⑬。"祭仲不从其言,则君必死,国必亡⑭;从其言,则君可以生易死,国可以存易亡⑮。少辽缓⑯之,则突可故⑰出,而忽可故反⑱。是不可得则病⑲,然后有郑国⑳。古之人有权者㉑,祭仲之权是也。权者何?权者反于经㉒然后有善者也。权之所设㉓,舍㉔死亡无所设。行权有道,自贬损以行权㉕,不害人以行权。杀人以自生,亡人以自存,君子不为也。

[译文] "祭仲"是什么人?是郑国之相。为什么[按排行称呼]而不称其名?因为贤能。祭仲如何贤能?认为他知道权变。他知道权变是怎么回事?从前郑国在留邑,有一位亡故的郑伯在世时跟郐公友好,与其夫人私通,因而灭其国家而迁郑都于此,将留地作为远郊。郑庄公死,安葬完毕,祭仲到留地察看,途经宋国。宋庄公逮住祭仲,对他说:"给我赶走太子忽而立公子突为君。"[在这种情况下]祭仲如果不听从宋庄公的话,[宋国必然会出兵]那郑君就必死,郑国就必亡;如果听从宋庄公的话,那郑君就可以死里逃生,郑国就可以亡中求存。如果眼光放远[智时让步]慢慢谋划,那这样就可设法使公子突必出,使公子忽必返。如果出突返忽的设想不能实现,则是自己的极大耻辱;如果这一设想能够实现,即使自己蒙受逐君之罪,郑国则可得到保全。古人也有行权变的,祭仲的权变就跟古人的权变相类。权变是什么?权变就是违反常规,然后取得好的结果。权变是可以施行的,但是不衡量死亡得失就无所施行。行权变有原则,自我损伤以行权变,不害人以行权变。杀人而自生,亡人而自存,君子是不做此等事的。

[注释]

①祭仲——姓祭,名足,仲是排行,古人弟兄以"伯、仲、叔、季"排行。祭音债 zhài。

②相——辅佐帝王诸侯的最高官吏。孔广森《通义》:"相,助也;谓三卿之长,助君持国重者。荀卿子曰:'天子三公,诸侯一相。'"

③权——权变,随机应变。

④留——原郑邑,今河南省开封市陈留。

⑤先——尊称死去的人。

⑥郑伯——郑桓公。郑庄公之祖父,在春秋前。

⑦郐——音快 kuài,古国名,地在今河南省新郑县,为郑所灭。

⑧通乎夫人——与夫人私通;"乎"同"于"。

⑨迁郑——《解诂》:"迁郑都于郐。"

⑩野留——以留为野;野,远郊。《尔雅·释地》"邑外谓之郊,郊外谓之牧,牧外谓之野",此处是意动用法。

⑪省——音醒 xǐng,察看。

⑫宋人——《解诂》:"宋人,宋庄公也。"

⑬为我出忽而立突——为我们宋国赶走公子忽而立公子突为郑君。忽即郑昭公，突即郑厉公。

⑭君必死，国必亡——《解诂》："是时宋强而郑弱……必乘便将灭郑。"

⑮从其言……存易亡——孔广森《通义》："祭仲存，则不使宋得杀忽，入郑。"（入，灭）

⑯辽缓——指往远看，慢谋划。

⑰故——王引之《经义述闻》："故当读为固；固者，必也。'突可固出而忽可固反'，言突可使之必出，忽可使之必反也。古字故与固通。"

⑱反——同"返"，返回，指复位。

⑲是不可得则病——陈立《义疏》："是不得则病，乃假设之词。病犹辱也……是谓上文之突出忽反也。言祭仲之意，以为突可出、忽可反；若不可得，则以为大耻。"

⑳然后有郑国——孔广森《通义》："己虽病逐君之罪，然终得保有郑国。"

㉑古之人有权者——《解诂》："古人谓伊尹也；汤孙太甲骄蹇乱德，诸侯有叛志，伊尹放之桐宫，令自思过，三年而后，复成汤之道。"

㉒经——常理、常道。

㉓设——施行。

㉔舍——舍弃。

㉕自损贬以行权——《解诂》："身蒙逐君之恶，以有郑是也。"

11.5 "突①归于郑。"

"突"何以名②？挈乎祭仲也③。其言"归"何④？顺祭仲也⑤。

[译文] 对"突"为什么径直书其名［而不书"郑世子突"］？是为祭仲所扶植。"经"文说"归"为什么？是顺从祭仲的权变之计。

[注释]

①突——郑厉公名。

②"突"何以名——《解诂》《疏》说明，桓公十五年"郑世子忽复归于郑"书"郑世子"，故问。

③挈乎祭仲也——为祭仲所挈，指由祭仲让突自宋归郑；"乎"同

"于",表示被动;挈音切qiè,提携,比喻扶植。

④其言"归"何——《解诂》《疏》说明,庄公九年"齐小白入于齐"书"入",故问。

⑤顺祭仲也——《解诂》:"顺其计策与使行权。"

11.6 "郑忽①出奔卫。"

"忽"何以名②?《春秋》伯、子、男一③也,辞无所贬。

[译文]"郑忽"为什么径直书其名[而不书"郑子"]?《春秋》对伯、子、男不同爵位国家嗣子称谓相同,用词不存在有所贬低问题。

[注释]

①郑忽——郑昭公忽。

②"忽"何以名——《解诂》《疏》说明,僖公九年"宋公御说卒"后,"经"文"公会宰周公、齐侯、宋子、卫侯……"书"宋子",故问。孔广森《通义》:"公、侯在丧称'子'者,缘孝子之心不忍当君位,示自贬损从小国辞也。"

③一——相等。

11.7 "柔①会宋公、陈侯②、蔡叔③盟于折④。"

"柔"者何?吾大夫之未命者也。

[译文]"柔"是什么人?是我国大夫而尚未被命赐爵位的人。

[注释]

①柔——鲁大夫。

②宋公、陈侯——宋庄公、陈厉公。

③蔡叔——杜预《集解》说是蔡大夫,名叔。

④折——地名,杨伯峻《注》:"折,不知今何地。"

11.8 "公会宋公于夫童。"

[注释]

夫童——鲁邑,在今山东省汶上县;左氏、穀梁作"夫钟"。

11.9"冬十有二月,公会宋公于阚。"

[注释]

阚——音坎 kǎn,鲁邑,在今山东省汶上县。

12. 桓公十二年

十二年,辛巳,公元前700年,周桓王二十年。

12.1"十有二年春正月。"

12.2"夏六月壬寅,公会纪①侯、莒子盟于殹蛇②。"

[注释]

①纪——穀梁同,左氏作"杞";据左氏"传"文当是"杞"。

②殹蛇——地名,在今山东省宁阳县;左氏、穀梁作"曲池",殹、曲平入对转,蛇、池古音同。

12.3"秋七月丁亥,公会宋公①、燕人②盟于谷丘③。"

[注释]

①宋公——宋庄公。

②燕人——杜预《集解》:"燕人,南燕大夫。"燕,《左传·隐公五年》"卫人以燕师伐郑",杜预《集解》:"南燕国。"孔颖达《疏》:"燕有二国,一称北燕,故注言南燕。……南燕国,姞姓,黄帝之后也。"地在今河南省延津县。

③谷丘——宋邑,在今河南省商丘县。

12.4"八月壬辰,陈侯跃卒。"

[注释]

陈侯跃——陈厉公。陈,见1.4.4注①。

12.5"公会宋公于郯。"

[注释]

郯——音 tán,宋地,在今河南省延津县。左氏、穀梁作"虚"。赵坦《春秋异文笺》:"虚古多训空,以其有空也,郯与空音之通转,犹垂陇之作垂敛尔。"

12.6 "冬十有一月,公会宋公于龟。"
[注释]
龟——杨伯峻《注》:"宋地,疑在今河南省睢县境内。"

12.7 "丙戌,公会郑伯①盟于武父②。"
[注释]
①郑伯——郑厉公。
②武父——郑地,在今山东省东明县。

12.8 "丙戌,卫侯晋卒。"
[注释]
卫侯晋——卫宣公,隐公四年立("经"文"卫人立晋")。

12.9 "十有二月,及①郑师伐宋。丁未,战于宋。"
"战"不言"伐"②,此其言"伐"何?避嫌③也。恶乎④嫌?嫌与郑人战也。此偏战也,何以不言"师败绩"?内不言战,言战乃败矣⑤。

[译文]"经"文书"战"字就不书"伐"字,此处说"伐"为什么?是避开嫌疑。嫌疑在哪里?嫌疑是与郑人作战[没有"伐宋"]。这是偏战,"经"文为什么不书"师败绩"?在鲁国来说,"经"文不能书"战"字,如果书出了"战"字,就等于说是自己战败。

[注释]
①及——"及"前不书名,是省略"我"(鲁国)。
②战不言伐——庄公十年"传"文"战不言伐",《解诂》:"举战为重。"
③嫌——《解诂》:"不言'伐'则嫌内微者与郑人战于宋地,故举'伐'以明之。"
④恶乎——于何处,参看上6.4注⑤。
⑤此偏战……乃败矣——《疏》:"上十年'郎战'之下已有此'传',今复发之者,上'经'来战于鲁,此则往战于宋,嫌其异,故明之。"

13. 桓公十三年

十三年，壬午，公元前699年，周桓王二十一年。

13.1 "十有三年春二月，公会纪侯、郑伯①。己巳，及齐侯、宋公、卫侯②、燕人战。齐师、宋师、卫师、燕师败绩。"

曷为后日③？恃④外也。其恃外奈何？得纪侯、郑伯，然后能为日也⑤。内不言"战"，此其言"战"何⑥？从外也⑦。曷为从外⑧？恃外，故从外也⑨。何以不地？近也。恶乎近？近乎围⑩。郎亦近矣⑪，郎何以地？郎犹可以地也⑫。

[译文] 为什么要将日期书在"公会纪侯、郑伯"之后？因为是依靠外国力量。那依靠外国力量怎么样？是得到纪侯、郑伯之助，然后才能确定结战日期。对我鲁国来说，"经"文不书"战"字，此处书出"战"字为什么？是从外国诸侯相战的书例。为什么要从外国诸侯相战的书例？因为依靠外国，所以从外国诸侯相战的书例。为什么不书出作战于何地？太相似了。跟什么相似？几乎跟包围了都城相似。（桓公十年"来战于郎"）郎也离都城很近，郎为什么要书出其名？因为郎还可以书出其名。

[注释]
①郑伯——郑厉公。
②齐侯、宋公、卫侯——齐僖公、宋庄公、卫惠公。
③曷为后日——《解诂》《疏》说明，成公二年鞌之战先书日，故问。
④恃——依靠、凭借。
⑤得……为日也——《解诂》："得纪侯、郑伯之助，然后乃能结战日以胜。"
⑥此其言"战"何——《解诂》《疏》说明，隐公十年"公败宋师于菅"不书"战"，故问。
⑦从外也——《解诂》："从外诸侯相与战例。"
⑧曷为从外——《解诂》《疏》说明，上十二年"战于宋"有郑师。不书"败绩"，故问。
⑨故从外也——《解诂》："明当归功于纪、郑，故从纪、郑言'战'。"
⑩近也……围——参看上10.4译文及注④⑤。
⑪郎亦近矣——参看上10.4"来战于郎""传"。

⑫郎犹可以地也——《解诂》:"郎虽近,犹尚可以言其处。"

13.2 "三月、葬卫宣公。"
[注释]
卫宣公——卫侯晋,上年十一月卒。

13.3 "夏,大水。"
13.4 "秋七月。"
13.5 "冬十月。"

14. 桓公十四年

十四年,癸未,公元前698年,周桓王二十二年。

14.1 "十有四年春正月,公会郑伯①于曹②。"
[注释]
①郑伯——郑厉公。
②曹——国名,见上5.9注③。

14.2 "无冰①。"
何以书?记异也②。
[译文]为什么书写?是记载[冬月无冰这样的]奇异现象的。
[注释]
①无冰——《春秋》书"无冰"共三次,此次及襄公二十八年不书月,成公元年书"二月"。据《解诂》,此次不书月,是承前"正月"省略。
②记异也——《解诂》:"周之正月,夏之十一月,法当归冰。无冰者温也。"

14.3 "夏五①。郑伯使其弟语②来盟。"
"夏五"者何?无闻焉尔③。
[译文]"夏五"是什么?未听说过[不知是什么意思]。

[注释]

①夏五——杨伯峻《注》:"'五'下当有缺文。"孔广森《通义》:"本当言夏五月。"

②语——郑庄公之子,厉公之弟;縠梁作"御",语、御古音相通。

③无闻焉尔——见1.2.7注③。

[评析] "夏五"左氏无说。縠梁说"立乎定、哀,以指隐、桓;隐、桓之日远矣,'夏五'传疑也";杨士勋《疏》:"孔子在于定、哀之世,而录隐、桓之事,故承缺文之疑不书月,明皆实录。"公羊说"无闻",是公羊家无闻;縠梁说"传疑"是肯定《春秋》为孔子所作而言。实际情况盖是年代久远,简册错漏,"夏王"是衍文还是缺文,已无从考释矣。

14.4 "秋八月壬申,御廪①灾②。"

"御廪"者何?粢盛③委④之所藏也。"御廪灾"何以书?记灾也。

[译文] "御廪"是什么?是装入祭器粢盛靠它积存、储藏的地方。"御廪灾"此事"经"文为什么书写?是记载火灾的。

[注释]

①御廪——杜预《集解》:"公所亲耕以奉粢盛之仓也。"《解诂》:"天子亲耕东田千亩,诸侯百亩,后夫人亲西郊采桑。"御,进献,备用;廪,粮仓。

②灾——《左传·宣公十六年》:"人火曰火,天火曰灾。"所谓天火,指雷电所击、自然火以及不明起因之火。

③粢盛——装入祭器供祭祀用的谷物。粢,音资 zī,谷物的总称;盛音成 chéng,盛在祭器中的谷物。

④委——《解诂》:"委,积也。"

[评析] 本"经"与下"经"两事相连,可看为一"经"。

14.5 "乙亥,尝①。"

常事②不书③,此何以书?讥?何讥尔?讥尝也④。曰"犹尝乎⑤?"御廪灾,不如勿尝而已矣⑥。

[译文] [像尝祭这样惯行之]常事,"经"文不书写,此次为什么书写?为了谴责。谴责什么?谴责此次尝祭。有人问道"难道这次尝祭还要举行吗?[回答说]御廪发生火灾,[粢盛焚毁,用焚余之粟献祭]

不如不举行尝祭罢了。

[注释]

①尝——秋祭名,《礼记·月令》"孟秋之月……农乃登谷,天子尝新,先荐寝庙",参看上8.1"传":"秋曰尝,冬曰蒸。"

②常事——经常例行之事。

③常事不书——"尝"为常事,《春秋》不应记载。

④讥尝也——壬申御廪灾,乙亥尝,中间仅隔癸酉、甲戌两天,粢盛烧毁,来不及更易而用之,故"讥尝"。

⑤犹尝乎——反诘问句,孔广森《通义》:"言犹不废尝乎?"意即还不废除这次尝祭吗?

⑥而已矣——语气词"而已""矣"的组合,表示罢了,较"耳"意为重。

14.6 "冬十有二月丁巳,齐侯禄父卒。"

[注释]

禄父——齐僖公。

14.7 "宋人以①齐人、卫人、蔡人②、陈人伐郑。"

"以"者何?行其意也③。

[译文]"以"是什么意思?是[齐、卫、蔡、陈四国]行宋人的意志(听从其指挥)。

[注释]

①以——动词,表示借用、率领。《春秋》书此"以"字共三次,此及僖公二十六年"公以楚师伐齐,取谷"和定公四年"蔡侯以吴子及楚人战于伯莒"。

②卫人、蔡人——左氏、穀梁作"蔡人、卫人",蔡在卫人前;赵坦《春秋异文笺》认为公羊顺序是传写之讹。

③行其意也——《解诂》:"以己从人曰行,言四国行宋意也。"

15. 桓公十五年

十五年,甲申,公元前697年,周桓王二十三年。

第二章　鲁桓公

15.1"十有五年春二月，天王①使家父②来求车。"

何以书？讥。何讥尔？王者无求③，求车非礼也。

[译文]"经"文为什么书写？为了谴责。谴责什么？天王无所求之物[一切由诸侯贡奉]，来求车是不合礼法的。

[注释]

①天王——周桓王。

②家父——周之世卿，参看上8.2注②。

③王者无求——《穀梁传》："古者诸侯时献于天子以其国之所有。"《解诂》："王者千里畿内租税足以共［供］费，四方各以其职来贡。"

[评析] 陈立《义疏》说"鲁不输贡，致周来求"。故本"传"既表现"尊王"，谴责鲁不输贡，又反映出王室大衰，用物需要向诸侯国求。

15.2"三月乙未，天王①崩②。"

[注释]

①天王——周桓王。平王宜臼立五十一年崩，太子泄父早死，其子林立，是为桓王（平王之孙）；在位二十三年崩；子佗立，是为庄王。

②崩——天子死曰崩，参看1.3.2"传"。

15.3"夏四月己巳，葬齐僖公。"

[注释]

齐僖公——齐侯禄父，上年十二月卒。

15.4"五月，郑伯突①出奔蔡②。"

"突"何以名③？夺正④也。

[译文] 对郑伯为什么直称其名"突"？因为他夺取了正嗣的君位。

[注释]

①郑伯突——郑厉公。

②蔡——国名，见1.4.4注②。

③突何以名——《解诂》《疏》说明，僖公二十八年"卫侯出奔楚"不书名，故问。

④夺正——指依靠祭仲夺公子忽之位，见上11.4"传"和注⑬。

· 87 ·

15.5 "郑世子忽①复归②于郑。"

其称"世子"何③？复正也。曷为或言"归"④，或言"复归"⑤？"复归"者出恶⑥归无恶，"复入"者出无恶入有恶⑦，"入"者出入恶⑧，"归"者出入无恶。

[译文] "经"文称"世子"为什么？是恢复其正嗣地位。"经"文为什么或是说"归"，或是说"复归"？说"复归"是出时丑恶，归时无丑恶，说"复入"是出时无丑恶，入时丑恶。说"入"是出入均丑恶，说"归"出入皆无丑恶。

[注释]

①郑世子忽——世子忽即郑昭公，郑庄公死，由于祭仲受宋公要挟立厉公突，忽出奔卫，见前十一年。时忽未就位，故称世子。

②复归——《左传·成公十八年》："复其位曰复归。"

③其称"世子"何——《解诂》说明，十一年"郑忽出奔卫"不书"世子"，故问。

④或言"归"——《疏》说明，据僖公三十年"卫侯郑归于卫"。

⑤或言"复归"——陈立《义疏》："此经是也。"

⑥"复归"者出恶——指忽被要挟出，孔广森《通义》："言出恶者，微弱不能，亦有责也。《毛诗序》曰：'萚兮刺忽也，君弱臣强，不倡而和也。'"（君臣不相倡和）

⑦"复入"者……入有恶——陈立《义疏》："成十八年宋鱼石复入于彭城、襄二十三年晋栾盈复入于晋是也。"宋鱼石利用外国侵伐本国而复入，晋栾盈乘送媵妾之篷车而复入（见《左传》）。

⑧"入"者出入恶——陈立《义疏》："下文许叔入于许、郑伯突入于栎皆是也。"

15.6 "许叔①入于许②。"

[注释]

①许叔——许穆公新臣，许庄公之弟。许见1.11.3注②。

②许叔入于许——隐公十一年"秋七月壬午，公及齐侯、郑伯入许"。左氏说，三国军队攻入许都，许庄公奔卫。齐公要将许国给隐公，隐公拒受，于是将许国给了郑庄公。郑庄公让许叔住在许国东部，并命

郑大夫公孙获住在许国西部。许叔趁郑国之乱（突走，忽复位）进入许都复国，是为穆公。

15.7 "公会齐侯①于鄗②。"

[注释]

①齐侯——齐襄公。

②鄗——地名，左氏作"艾"，穀梁作"蒿"；艾与蒿同物。蒿与鄗同音，见 1.6.2 注②。

15.8 "邾娄①人、牟②人、葛③人来朝。"

皆何以称"人"？夷狄④之也。

[译文]"经"文为什么一概称之为"人"？是将他们按夷狄看待。

[注释]

①邾娄——左氏、穀梁例作"邾"，见 1.1.2 注①。

②牟——国名，地在今山东省莱芜县。

③葛——嬴姓国，地在今河南省宁陵县，一说在今山东省枣庄市峄城镇。

④夷狄——名词意动用法，以……为夷狄。

[评析]"人"就是人。公羊认为书"人"，是"夷狄之"，是表现其"攘夷"思想。

15.9 "秋九月，郑伯突入于栎①。"

"栎"者何？郑之邑也。曷为不言"入于郑"②？末言尔。曷为末言尔？祭仲亡矣③。然则曷为不言忽之"出奔"④？言忽为君之微也。祭仲存则存矣，祭仲亡则亡矣。

[译文]"栎"是什么地方？是郑国的大邑。为什么不说"入于郑"？无须这样说。为什么无须这样说？因为祭仲死了。那么为什么不说忽"出奔"？意思是说忽之为君地位、力量微弱［忽的君位全是仰仗着祭仲］。祭仲存则君位存，祭仲亡则君位亡。

[注释]

①入于栎——郑伯突五月出奔蔡，现由蔡地入栎。栎，郑之别都，

在今河南禹县，位郑都西南，栎，音lì。

②曷为不言"入于郑"——孔广林《通义》说，称"郑伯"当是终入于郑，而"经"不言"入于郑"，故问。

③曷为……亡矣——孔广森《通义》："末，无也；后突自栎于郑，时仲已死，故无所用言也。"

④曷为不言忽之"出奔"——《解诂》说，十一年书"郑忽出奔卫"，故问。

15.10 "冬十有一月，公会齐侯①、宋公、卫侯、陈侯②于侈③，伐郑。"
[注释]
①齐侯——齐襄公，左氏、穀梁无。
②宋公、卫侯、陈侯——宋庄公、卫惠公、陈庄公。
③侈——宋地，在今安徽省宿县西。左氏、穀梁作"袤"，侈、袤音同。

16. 桓公十六年

十六年，乙酉，公元前696年，周庄王元年。

16.1 "十有六年春王正月，公会宋公、蔡侯、卫侯①于曹②。"
[注释]
①宋公、蔡侯、卫侯——宋庄公、蔡桓公、卫惠公。
②曹——国名，见上5.9注③。

16.2 "夏四月，公会宋公、卫侯、陈侯、蔡侯伐郑。"
[注释]
陈侯——陈庄公。

16.3 "秋七月，公至自伐郑。"
16.4 "冬，城①向②。"
[注释]
①城——作动词用，筑城。

②向——见1.2.2注③，杨伯峻《注》："此时向已由莒改属鲁。"

16.5 "十有一月，卫侯朔①出奔齐。"

"卫侯朔"何以名②？绝③。曷为绝之？得罪于天子也。其得罪于天子奈何？见④使守卫朔⑤，而不能使卫小众⑥，越⑦在岱阴⑧齐，属⑨负兹⑩，舍不即罪尔。

[译文] 对"卫侯朔"为什么要书出他的名字？表示当废绝其爵位。什么要废绝其爵位？他得罪了天子。说他得罪了天子是怎么回事？他为天子所命掌卫之政权，而他不能指使卫国民众，自己出走到岱阴齐国，托词有病，不到天子那里请罪。

[注释]

①卫侯朔——卫惠公，立于桓公十三年，本年出走，庄公六年复位。

②"卫侯朔"何时以名——《解诂》《疏》说明，僖公二十八年"卫侯出奔楚"不书名，故问。董仲舒《春秋繁露·顺命》："公侯不能奉天子之命则名，绝而不得就位，卫侯朔是也。"

③绝——参看上6.4注③。

④见——助动词，表示被动，参看上10.3注⑦。

⑤朔——正朔，指政权。

⑥小众——小民。

⑦越——《解诂》："越犹走也。"

⑧岱阴——《解诂》"岱，岱宗，泰山也；山北曰阴。"

⑨属——《解诂》"属，托也"，指托词。

⑩负兹——诸侯患病之称。《解诂》"天子有疾称不豫，诸侯称负兹，大夫称犬马，士称负薪"，《疏》"诸侯称负兹者，谓负事繁多，故致疾"。

17. 桓公十七年

十七年，丙戌，公元前695年，周庄王二年。

17.1 "十有七年正月丙辰，公会齐侯、纪侯①盟于黄②。"

[注释]

①齐侯、纪侯——齐襄公、纪靖公。

②黄——齐邑，在今山东省淄博市淄川区。

17.2 "二月丙午①，公及②邾娄③仪父盟于趡④。"

[注释]

①丙午——王引之《经义述闻》说，此月无丙午，"二月""丙午"必有一误。

②及——穀梁同。左氏作"会"。

③邾娄——左氏、穀梁例作"邾"，见第一章1.2注①。

④趡——音璀cuǐ，鲁地，在今山东省泗水县与邹县之间。

17.3 "五月①丙午，及齐师战于奚②。"

[注释]

①五月——"五月"上无"夏"，左氏同，穀梁有"夏"；依"经"例，当有"夏"。

②奚——鲁地，在今山东省滕县。"奚"左氏同，穀梁作"郎"，杨伯峻《注》"'郎'盖'郕'之误字，郕、奚同音，穀梁假郎为奚"。

17.4 "六月丁丑，蔡侯封人卒。"

[注释]

蔡侯封人——蔡桓侯。

17.5 "秋八月，蔡季①自陈归于蔡。"

[注释]

蔡季——人名，盖因排行而得名，古人弟兄长幼按"伯、仲、叔、季"为序；《史记·管蔡世家》"桓侯卒，弟哀侯献舞立"，则蔡季当即哀侯献舞。

17.6 "癸巳，葬蔡桓侯。"

17.7 "及宋人、卫人伐邾娄。"

17.8 "十月朔，日有食之。"

18. 桓公十八年

十八年，丁亥，公元前694年，周庄王三年。

18.1 "十有八年春，王正月，公会齐侯①于泺②，公、夫人③姜氏④遂如齐。"

"公"何以不言"及夫人"⑤？夫人外也⑥。夫人外者何？内辞也⑦；其实夫人外公也⑧。

[译文] 为什么单书"公"不说"公及夫人"？夫人为桓公所抛弃了！夫人为桓公所抛弃是为什么呢？说"外"是为鲁国避讳的用词，实际情况是夫人抛弃了桓公。

[注释]

①齐侯——齐襄公。

②泺——地名，今济南市泺口。

③公、夫人——左氏、穀梁作"公与夫人"，孔广森《通义》："通检前后经例，但有'暨''及'，更无'与'文，知此直言'公，夫人'者是也。"

④姜氏——文姜，齐僖（釐）公女、襄公妹。婚前即与兄襄公诸儿私通。《史记·齐世家》："四年，鲁桓公与夫人如齐，齐襄公故尝私通鲁夫人。鲁夫人者，襄公女弟也，自釐公时，嫁为鲁桓公妇，及桓公来，而襄公复通焉。"

⑤"公"何以不言"及夫人"——《解诂》《疏》说明，僖公十一年书"夏，公及夫人姜氏会齐侯于阳谷"，故问。

⑥夫人外也——《解诂》："若言夫人已为公所绝外也。"

⑦内辞也——《解诂》："内，为公讳辞。"

⑧其实夫人外公也——《解诂》："时夫人淫于齐侯而谮公，故云尔。"详见下庄公元年。

18.2 "夏四月丙子，公薨于齐。"

[评析] 公羊无"传"。桓公在齐为齐人彭生所杀；详见下庄公元年。

18.3 "丁酉，公之丧至自齐。"

[注释]

丧——指入柩之尸体。

18.4 "秋七月。"

18.5 "冬，十有二月己丑，葬我君桓公。"

贼未讨，何以书"葬"[①]**？仇在外也。仇在外，则何以书"葬"？君子辞也**[②]。

[译文] 贼子尚未讨伐，"经"文为什么就书写"葬我君桓公"？是仇人在鲁国之外。仇人在鲁国之外，为什么就可以书写"葬我君桓公"？这是君子［遮掩外仇不讨］的用词。

[注释]

①贼未讨，何以书"葬"——隐公十一年说"《春秋》君弑，臣不讨，不书'葬'"（1.11.4），故问。

②君子辞也——《解诂》："时齐强鲁弱，不可立得报，故君子量力且假使书葬。于可复仇而不复，乃责之，讳与齐狩是也。"与齐狩，指庄公四年"公及齐人狩于郜"，该"传"说"讳与仇狩也"，指避讳说与仇人一起狩猎。指齐庄公与齐襄公有杀父之仇，而庄公与之一起狩猎。

第三章　鲁庄公

庄公，名同，桓公子，生于桓公六年，母为文姜。

1. 庄公元年

元年，戊子，公元前693年，周庄王四年。

1.1"元年春王正月。"

公何以不言"即位"①？《春秋》君弑，子不言"即位"。君弑则子何以不言"即位"，隐②之③也。孰隐？隐子也。

[译文]庄公［即位］"经"文为什么不说"即位"？《春秋》书国君被杀，子［继位］不说"即位"。国君被杀那子［继位］什么就不说"即位"？为之哀痛。为谁哀痛？为子哀痛。

[注释]

①何以不言"即位"——《疏》说明，文公元年书"春王正月，公即位"，故问。依《春秋》书法，鲁国十二公，于每公之六年应书"元年春王正月，公即位"；但隐公、庄公、闵公、僖公元年无"公即位"，定公元年也无"正月"。何以不书，公羊及左氏、穀梁各有解释。参看1.1.1注⑩

②隐——痛，哀伤。

③之——指代词。

1.2"三月，夫人①孙②于齐③。"

"孙"者何？"孙"犹"孙"（逊）④也。内讳"奔"谓之"孙"（逊）。夫人固⑤在齐矣⑥，其言"孙（逊）于齐"何？念母也。"正月"以存君，念母以首事⑦。"夫人"何以不称"姜氏"⑧？贬。曷为贬？与⑨弑公也。其与弑公奈何？夫人谮⑩公于齐侯⑪："公曰：'同⑫非吾子，齐侯之子也。'"齐侯怒，与之饮酒⑬。于其出焉，使公子彭生送之。于其乘焉，搚⑭幹⑮而杀之⑯。念母者，所善也⑰，则曷为为其念母焉贬？不与⑱念母也⑲。

[译文]"孙"字是什么意思？"孙"字就相当"逊"字的意思。对鲁国来说忌讳说"奔"字因而称为"逊"。夫人本已在齐国了，那说"逊于齐"为什么？是庄公思念母亲[假设而言]。"经"文书出"春王正月"标明[庄公即位]国家有君存在，庄公思念母亲，[故于庄公三十二年中之事将"夫人孙于齐"]作为首事记载。对于"夫人"为什么不书作"夫人姜氏"？为了贬低。为什么要贬低？因为她参与弑杀桓公。她参与弑杀桓公是怎么回事？夫人在齐侯面前诬陷桓公道："桓公说：'庄公同不是我的儿子，是齐侯的儿子。'"齐侯大怒，跟桓公饮酒[将桓公灌醉]。桓公离开时，指使齐公子彭生送桓公，在桓公上车时，彭生[假装扶持]乘机拉断桓公的肋骨，将桓公杀死。思念母亲是《春秋》所称赞的，那为什么对庄公思念母亲予以贬低？不赞许他的思念母亲[因为思念母亲就会忘记父仇]。

[注释]

①夫人——桓公母文姜，齐襄公之妹。

②孙——同"逊"，离去，逃遁。《解诂》："孙（逊），遁世"；《疏》："孙（逊），遁，自去之辞。"

③于齐——陈立《义疏》："旧疏云：凡言'于某'者，从此往彼之辞。"

④"孙"犹"逊"也——孔广森《通义》："犹孙者，犹逊让之逊世，讳若自让其位而去。"

⑤固——原本。

⑥夫人固在齐矣——桓十八年"经"文书"公、夫人姜氏遂如齐"；仅书"公之丧至自齐"，未书夫人姜氏归。

⑦"正月"以存君，念母以首事——两句费解，前人众说纷纭，俞樾《群经平议》解释甚当："庄公一篇先书'元年春王正月'，继书'三月，夫人孙于齐'。其书'六年春王正月'者明国有君也，所谓'正月以存君'也。其书'三月，夫人孙于齐'者。明君有母也；《春秋》记载

庄公三十二年之事，以此为首，盖推庄公之心无有更先于此者也，所谓念母以首事也。"

⑧"夫人"何以不称"姜氏"——《解诂》《疏》说明，闵公二年书"夫人姜氏孙于邾娄"，故问。

⑨与——参与。

⑩谮——进谗言。

⑪齐侯——齐襄公。

⑫同——庄公名。

⑬与之饮酒——《解诂》："欲醉而杀之。"

⑭拉——音 lā，古同拉，折断。

⑮幹——从两腋下到肋骨尽处的部位。

⑯拉幹而杀之——《解诂》："扶上车以手拉折其幹。"

⑰念母者，所善也——《疏》："谓念母者，宜《春秋》之所善也。"

⑱与——赞许。

⑲不与念母也——《解诂》："念母则忘父背本之道也。"

[评析] 关于桓公在齐被弒杀，公羊、左氏皆有叙述，且公羊较之左氏为具体。但左氏叙此事在桓公十八年"公薨于齐"条下，而公羊叙此事在本"经"。由此也可看出二者的区别。左氏是说明桓公如何"薨"，就事论事，而公羊是通过解说"书法"叙述此事。

1.3 "夏，单伯①逆②王姬③。"

"单伯"者何？吾大夫之命乎天子者也。何以不称"使"？天子召而使之也。"逆之"者何？使我主之也。曷为使我主之？天子嫁女于诸侯，必使诸侯之同姓主之。诸侯嫁女于大夫，必使大夫同姓者主之。

[译文] "单伯"是什么人？是为周天子所命使去办事的我国大夫。为什么不说"使单伯逆王姬"？是天子下召而命使［非鲁公命使］他的。"逆王姬"是什么意思？是让我鲁国主婚。为什么要让我鲁国主婚？天子嫁女于诸侯，必使同姓诸侯主婚；诸侯嫁女于大夫，必使同姓大夫主婚。

[注释]

①②单伯、逆——逆，迎；穀梁同，左氏作"送"。公羊、穀梁作"逆"并据之发"传"，将单（音善 shàn）伯解释为鲁国大夫。

③王姬——周王之女的通称，此王姬是周王的孙女。"天子嫁女……使大夫同姓者主之"——《解诂》："不自为主者，尊卑不敌，其行婚姻之礼则伤君臣之义，行君臣之礼则废婚姻之好，故必使同姓有血脉之属，宜为父道与所适敌者主之。"孔颖达《疏》："婚之行礼必宾主相敌，天子于诸侯，诸侯于大夫不亲婚者，尊卑不敌故也。"鲁为周公姬旦之后，跟周天子同姓，故让鲁主婚。

1.4 "秋，筑王姬之馆①于外②。"

何以书？讥。何讥尔？筑之，礼也；于外，非礼也。于外，何以非礼？筑于③外，非礼也。其筑之何以礼？主王姬者，必为之改④筑。主王姬者，则曷为必为之改筑？于路寝⑤则不可，小寝⑥则嫌⑦，群公子之舍⑧，则以卑矣。其道必为之改筑者也。

[译文] 为什么书写？为了谴责。谴责什么？修建馆舍是合乎礼的；但在城外，则不合乎礼。在城外，为什么不合乎礼？建在城外，不合乎礼。那修建王姬的馆舍怎么合乎礼？主办王姬婚事的当事人，必须为之另建馆舍。主办王姬婚事的当事人，为什么必须为之另建馆舍？因为住在路寝[这是鲁侯所住之正室]当然不可，住在小寝[这是夫人所住之室]对王姬有亵渎之嫌，住在众女公子之室，则显得不尊重。所以按照此理必须为王姬另外修建馆舍。

[注释]

①馆——舍。

②外——城外，一说宫外。

③于——《解诂》"于，远辞也"，是说用"于"表示远。

④改——更改，另外。

⑤⑥路寝、小寝——天子、诸侯居室之正室、偏室。庄公三十二年"传"："路寝者何？正寝也。"《解诂》："公之正居也。天子、诸侯皆有三寝，父居高寝，子居路寝，孙从王父母、妻从夫寝，夫人居小寝。"

⑦嫌——嫌疑，指有亵渎王姬之嫌。

⑧群公子之舍——《解诂》："谓女公子也。"

第三章　鲁庄公

1.5 "冬十月乙亥，陈侯林卒。"

［注释］陈侯林——陈庄公。

1.6 "王使荣叔①来锡②桓公命③。"

"锡"者何？赐④也。"命"者何？加我服也。其言"桓公"何⑤？追命也。

［译文］"锡"是什么？是赏赐的意思？"命"是什么？是天子加给我国君的礼服。"经"文说"桓公"为什么？是天子追加的宠命。

［注释］

①荣叔——周臣。

②锡——赐予。

③命——天子赏赐给诸侯的一种宠命，有玉圭（名"命圭"）、礼服（名"命服"）、命令、诰词等。锡命可在诸侯生前，也可在死后。

④赐——《解诂》："上与下之辞。"

⑤其言桓公何——《解诂》《疏》说明，文公元年"天王使毛伯来锡公命"不书公号，故问。

1.7 "王姬归于齐。"

何以书？我主之也。

［译文］为什么书写？是我国主婚的缘故。

［注释］

王姬归于齐——夏，单伯送王姬到鲁；冬，由鲁主婚嫁于齐襄公。

1.8 "齐师迁①纪郱、鄑、郚②。"

"迁之"者何？取之也。取之则曷为不言"取之"也③？为襄公讳也④。外取邑不书，此何以书？大之也。何大尔？自是始灭也⑤。

［译文］"迁之"是什么意思？是夺取它。是夺取它，那"经"文为什么不说"取纪郱、鄑、郚"？是为齐襄公避讳。外国夺取城邑"经"文不书写，此次为什么书写？是重视此事。为什么要重视此事？因为齐国从此开始消灭纪国。

［注释］

①迁——迁移其民（一说迁其国都），夺取其地。

· 99 ·

②郱、鄑、郚——纪邑，郱（音瓶 píng），故城在今山东省临朐县东南安丘县西；鄑（音资 zī），在今山东省昌邑县西北；郚（音吾 wú），在今山东省安丘县西南。

③曷为不言"取之"——《解诂》说明，隐公四年"莒人伐杞，取牟、娄"书"取"，故问。

④为襄公讳也——《解诂》："襄公将复仇于纪，故先孤弱取其邑，本不为利举，故为讳。"关于复仇事详见下四年"传"。

⑤自是始灭也——齐灭纪在庄公四年，故云"始。"

2. 庄公二年

二年，己丑，公元前 692 年，周庄王五年。

2.1 "二年春王二月，葬陈庄公。"

[注释]

陈庄公——名林，上一年十月卒。

2.2 "夏，公子庆父①帅师伐余丘②。"

"余丘"者何？邾娄③之邑也。曷为不系乎邾娄？国之也。曷为国之？君存焉尔。④

[译文]"余丘"是什么地方？是邾娄国的一个城邑。那为什么［不书为"邾娄余丘"］让它系属于邾娄？是把它看为一个国家。为什么要把它看为一个国家？国君还存在。

[注释]

①庆父——鲁臣，其与庄公关系及年龄说法不一。公羊庄公二十七年及《史记·鲁世家》说庆父为庄公母弟。本"经"杜预《集解》说"庄公时年十五，则庆父庄公兄"；因为庆父如果是弟则仅十三四岁，不可能帅师。不过陈立《义疏》说，"庆父动将兵，本不实有统军之能，虚假其名以为统帅，当时自必有抚军之人"。这还是认为庆父为庄公之弟。

②余丘——左氏、穀梁作"于余丘"，其址今难确知，一说在今山东省临沂县。公羊、穀梁说是邾娄之邑，孔广森《通义》更说，"盖咸丘为鲁所焚，邾娄君迁都于此"（"焚咸丘"在桓公七年）。孔颖达《疏》认

为是国名，说"《春秋》上下未有伐人之邑而不系国者，此无所系，故知是国"。

③郱娄——左氏、穀梁例作"邢"，见1.1.2注①。

④本"传"同于桓公七年"焚咸丘""二传"，所以复发，《疏》说"邑不系国，凡有二种"；另一种在昭公三十二年，故此复发。

2.3 "秋七月，齐王姬卒。"

外夫人^①不"卒"，此何以"卒"？录焉尔。曷为录焉尔^②？我主之也^③。

[译文] 外国夫人死了，不书其"卒"，此处为什么书"齐王姬卒"？记录一下而已。为什么要记录一下？因为是由我国主婚。

[注释]

①夫人——齐襄公夫人王姬。

②焉尔——语气助词，相当"而已""罢了"。

③我主之也——见上1.7。

2.4 "冬，十有二月，夫人会齐侯于郜^①。"^②

[注释]

①郜——音告 gào，齐址，位于齐、鲁、卫三国交界处，在今山东省长清县。左氏、穀梁作"禚"（音浊 zhuó）。

②夫人会齐侯于郜——文姜于上一年三月奔齐，至今有一年半。现在再会，中间一定又回鲁国。"经"文不书，盖如杨伯峻《注》所说"由于不告宗庙之故"。

2.5 "乙酉，宋公冯卒。"

[注释]

宋公冯——宋庄公。

3. 庄公三年

三年，庚寅，公元前691年，周庄王六年。

3.1"三年春王正月,溺会齐师伐卫。"

"溺"者何?吾大夫之未命者也。

[译文] "溺"是什么人?是我国大夫而尚未被受命赐爵位的人。

[注释]

溺——鲁大夫;穀梁说是公子溺。

3.2"夏四月,葬宋庄公。"

[注释]

宋庄公——名冯,上一年十二月卒。

3.3"五月,葬桓王①。"

此未有言②崩者,何以书"葬"?盖③"改葬"④也。

[译文] 此时没有天王崩之事,为什么写"葬桓王"?"经"文盖是应该书"改葬桓王"吧!

[注释]

①桓王——周桓王,桓公十五年"三月乙未,天王崩"距今已七年。

②言——俞樾《群经平议》:"按'言'字衍文也,当作'此未有崩者',盖谓此年未有天王崩之事。……庄十八年传此未有言伐者,唐石经无'言'字,以彼例此,可知'言'字之衍矣。"

③盖——副词,表示推测性判断,相当于"大概""大约"。

④"改葬"——另外再葬。《疏》:"此若'改葬',经宜书'改'而不书'改'者,盖以天王之崩去此七年,是改可知,何劳书'改'乎?"

[评析] 周桓王已于七年前(桓公十五年)崩,据《礼记·王制》及1.3.2注③引左氏说天子"七月而葬";故公羊说"盖'改葬'",似可成立。

3.4"秋,纪季①以酅②入于齐③。"

"纪季"者何?纪侯之弟也。何以不名④?贤也。何贤乎纪季?服罪也⑤。其服罪奈何?鲁子⑥曰:"请后⑦五庙⑧以存姑姊妹⑨。"⑩

[译文] "纪季"是什么人?纪侯的弟弟。为什么不写出他的名字?因为有贤德。纪季有什么贤德?能主动[向齐]服罪。他主动[向齐]

服罪有怎么个结果？用鲁子的话说："请使我五庙有后人祭奠并保护我姑姐妹。"

[注释]

①纪季——纪侯之弟，《春秋》诸侯之弟以仲、叔、季称，如共仲、许叔、蔡季。纪见 1.2.5 注①。

②酅——音希 xī，纪邑，在今山东省淄博市临淄东。

③入于齐——归入齐国作为附庸，穀梁说"入于齐者，以酅事齐也"。

④何以不名——昭公元年"夏，秦伯之弟鍼出奔晋"、定公十年"齐公之弟辰……出奔陈"，诸侯之弟孙奔书名。

⑤服罪也——《解诂》："（纪）先祖有罪于齐"，见下四年"传"。

⑥鲁子——指孔子门生，《疏》"传所以记鲁子者，欲言孔子之门徒受《春秋》非唯子夏，故有他师矣"（公羊家认为孔子传《春秋》于子夏）。

⑦后——后代、后继，使动用法，使五庙有后代奉祀。

⑧五庙——诸侯宗庙有五，太祖庙一、左昭庙二、右穆庙二。

⑨"存姑姊妹"——《疏》："直言'以存姑姊妹'，不言兄弟子侄者，谦不敢言之。"

⑩"请后……姑姊妹"——下年齐灭纪，庄公十二年有"纪叔姬归于酅"，说明纪祀未绝。

3.5 "冬，公次①于郎②。"

其言"次于郎"何？刺③欲救纪而后④不能也。

[译文]"经"文说"次于郎"是什么意思？是指责鲁侯想救纪而行动迟缓不能啊！

[注释]

①次——止，停留；这里指行军停驻过两宿。

②郎——鲁国近邑，参看 1.9.5 注，穀梁同；左氏作"滑"，为郑地，在今河南省睢县。据"救纪"当是"滑"。

③刺——指责。

④后——拖后，迟延。

4. 庄公四年

四年，辛卯，公元前690年，周庄王七年。

4.1 "四年春王二月，夫人姜化飨①齐侯于祝丘②。"

［注释］

①飨——宴飨，穀梁同，左氏作"享"。

②祝丘——地名，今不知确在何处，盖在齐、鲁交界；一说在山东省临沂县，此地距齐甚远，恐不可信。

4.2 "三月，纪伯姬卒。"

［注释］

伯姬——鲁女，杜预《集解》："隐二年裂繻所逆去者。"

4.3 "夏，齐侯、陈侯、郑伯①遇于垂②。"

［注释］

①齐侯、陈侯、郑伯——齐襄公、陈宣公、郑厉公。

②垂——卫址，参看1.8.1注③。

4.4 "纪侯大去其国。"

"大去"者何？灭也①。孰灭之？齐灭之。曷为不言"齐灭之"②？为襄公讳也。《春秋》为贤者讳。何贤乎襄公？复仇也。何仇尔？远祖也。哀公③烹乎周④，纪侯谮之。以襄公之为于此焉者，事祖祢⑤之心尽矣。尽者何⑥？襄公将复仇乎纪，卜之曰："师丧分⑦焉。""寡人死之，不为不吉也。"⑧远祖者，几世乎？九世矣⑨。九世犹可复仇乎⑩？虽百世可也。家⑪亦可乎？曰："不可。"国何以可⑫？国、君一体也。先君之耻，犹今君之耻；今君之耻，犹先君之耻也⑬。国、君何以为一体？国君以国为体，诸侯世，故国、君为一体也。今纪无罪，岂非怒⑭与？曰："非也。"古者有明天子，则纪侯必诛，必无纪者。纪侯之不诛，至今有纪者，犹⑮无明天子也。古者诸侯必有会聚之事，相朝聘之道，号⑯辞⑰必称"先君"以相接，然则齐、纪无说⑱焉，不可以并立乎天下。故将去纪侯者，

·104·

不得不去纪也[19]。有明天子，则襄公得为若[20]行乎？曰："不得也。"不得，则襄公曷为为之？上无[21]天子，下无方伯[22]，缘[23]恩疾[24]者可也。

[译文]"大去"是什么意思？是国家被消灭。谁消灭的？齐国消灭的。"经"文为什么不说"齐灭之"？是为襄公避讳。因为《春秋》为贤者讳。襄公怎么个贤法？能够复仇。什么仇？远祖之仇。齐哀公为周天子所烹杀，是纪侯谗害的。以襄公办了此［灭纪之］事来看，他侍奉祖先之心可以说完全尽到了。说完全尽到是为什么？襄公打算对纪国复仇，占卜于卜者，卜辞说："师丧一半。"襄公说："即使寡人战死，也不能算不吉利。"远祖之仇，几世了？已经九世了！九世之仇还可以报吗？［别说九世］即使百世也可以。那对大夫之家来说也可以吗？回答说："不可。"［对大夫之家不可］对诸侯之国为什么可以？因为国、君是一体［不能分开］。先君的耻辱，等于现君的耻辱；现君的耻辱，也等于先君的耻辱。国、君为什么是一体？国君以国为体，诸侯世袭，所以国、君是一体。现在纪侯并没有罪过，这样做岂非太过分了吗？回答说："不是。"古时如有贤明天子，那纪侯必定能诛杀，肯定就没有纪国了。至今有纪国，是因为古时没有贤明天子。古时诸侯肯定有相会聚合之事，相互朝聘之规，献玉、致辞必称"先君"以致意，可是现在齐侯、纪侯相会就不忍称"先君"，无言以相接，两国互不相容，不能并存于天下。所以要除掉纪侯，就不得不消灭纪国。如果有贤明天子，那襄公可能有此种行动吗？回答说："不可能。"既然不可能，那襄公为什么要做此事？上无圣明天子，下无仗义方伯，［襄公］由于恩怨是可以这样做的。

[注释]

①"大去"……灭也——大去，永去不返。孔广森《通义》："大去者，去不返之辞，其君出奔而国为敌有也。由齐言之则为灭，由纪言之则为大去。"

②曷为不言"齐灭之"——《解诂》《疏》说明，宣公十二年"冬十有二月戊寅，楚子灭萧"书"灭"，故问。

③哀公——齐哀公，襄公九世祖。

④烹乎周——为周天子所烹杀。《诗经·齐风谱》："（太公）后五世哀公，政衰荒淫怠慢，纪侯谮之于周懿王，使烹焉。"

⑤祖祢——泛指祖先；祢音你 nǐ。

⑥尽者何——《疏》："以襄公淫泆行，同鸟兽，而言'事祖祢之心尽'"，故问。

⑦分——《解诂》："分，半也。"

⑧寡人……不吉也——据《解诂》是襄公答卜者之辞；孔广森《通义》说，连同"师丧分焉"均命卜之辞，未从。

⑨九世矣——《史记·齐世家》说哀公后，有胡公、献公、武公、厉公、文公、成公、庄公、僖公，到襄公共九世。

⑩九世犹可复仇乎——《礼记·曲礼》孔《疏》引《五经异义》："古周礼说，复仇之义不过五世。"

⑪家——《解诂》："家谓大夫家。"《字汇·宀部》："家，大夫之邑曰家。"

⑫国何以可——《解诂》说明，因家不可，故问。

⑬先君之耻……先君之耻也——《解诂》："先君谓哀公，今君谓襄公，言其耻同也。"

⑭怒——《解诂》："怒，迁怒，齐人语也；此悲怒其先祖迁之于子孙与？"王引之《经义述闻》："何注非也。怒之言弩，太达之谓也。《方言》：'凡人语而过，东齐谓之剑，或谓之弩；弩犹怒也。'"

⑮犹——孔广森《通义》："犹古通以、为、由字。"

⑯号——孔广森《通义》："号者，玉币之号，若素伯使遂来聘曰：'不腆先君之敝器，使下臣致诸执事。'"（号，代号。语见左氏文公十二年；不腆，菲薄）

⑰辞——孔广森《通义》："辞者，宾主之辞，若《聘礼》曰：'不腆先君之祧，既拼以俟矣。'"（语见《仪礼·聘礼》）

⑱无说——《解诂》："无说怿也。"（"说"同"悦"）王引之《经义述闻》："说当如字读，说即号辞也，承上文之。……齐纪先世有不共戴天之仇，不忍复称先君，故无辞以相接也。"

⑲故将……去纪也——陈立《义疏》："言若去其君，则不得存其国。"

⑳若——王引之《经传释词》："若犹此也。"

㉑无——《解诂》："有而无治曰无。"

㉒方伯——一方诸侯之长。

㉓缘——缘由，因。

· 106 ·

㉔恩疾——恩怨；《解诂》："疾，痛也。"

[评析] 公羊说"齐襄公为贤者"，前人多有异议。兄妹淫乱，鸟兽之行，扩张领土，消灭他国，何贤之有。至于复仇一事，前人也有异议。齐哀公本荒淫怠政，《诗经·齐风·还序》也说，"哀公好田猎，从禽兽而无厌，国人化之，遂成风俗"，因此谈不上被纪侯谗害。且《春秋》一书，自始至终，未有连前代事实谈春秋时代事者（见毛奇龄《春秋传》）。它所云"明天子"说，是其"尊王"思想的表现。

4.5 "六月乙丑，齐侯葬纪伯姬①。"

外夫人不书"葬"，此何以书②？隐③之也。何隐尔？其国亡矣，徒④葬于齐⑤尔。此⑥复仇也，曷为葬之？灭其可灭，葬其可葬。此其为可葬奈何？复仇者，非将杀之，逐之也。以为虽遇纪侯之殡⑦，亦将葬之也。

[译文] 外国夫人死，不书写其"葬"，此处为什么书写？是为纪姬哀痛。为什么哀痛？她的国家灭亡了［没有臣子行礼］，只得安葬于齐国罢了。齐国消灭纪国是复仇，齐人为什么还给她行葬礼？是灭其该灭的，葬其该葬的。此处该葬是怎么回事？复仇之人不是要将对方杀死，而只把对方驱逐走。即使遇到纪侯的丧殡，也要为之行葬礼。

[注释]

①齐侯葬纪伯姬——伯姬三月卒，现在葬。

②外夫人……书——《解诂》《疏》说明，僖公十六年鄫季纪书"卒"不书"葬"，故问。

③隐——见上1.1 注②。

④徒——《解诂》："徒者，无臣子辞也。"陈立《义疏》："《广韵》，徒，空也，又但也。葬者生者之事，国灭君亡，无臣子，故但为齐侯所葬耳。"

⑤葬于齐——被动句式，《解诂》："为齐侯所葬。"

⑥此——指代词，指齐灭纪。

⑦殡——停柩未葬。

4.6 "秋七月。"

4.7 "冬，公及齐人狩①于郜②。"

公曷为与微者狩③？齐侯也④。齐侯则其称人何？讳与仇狩也。前此者有事矣⑤，后此者有事矣⑥，则曷为独于此焉讥？于仇者将壹讥而已，故择其重者而讥焉，莫重于其与仇狩也。于仇者则曷为将壹讥而已？仇者无时，焉可与通⑦，通则为大讥，不可胜讥，故将壹讥而已。其余从同⑧。

[译文] 庄公为什么跟卑微之人一起狩猎？[不是一般人]是齐侯。是齐侯那"经"文称"人"为什么？避讳说跟仇人一起狩猎。在此之前，齐鲁有同谋、协力行动之事，在此之后齐鲁也有同谋、协力行动之事，那为什么唯独对于此事予以谴责呢？对于跟仇人同谋、协力要集中一次谴责而已，故选择重大事件谴责，而莫重于跟仇人一起狩猎的了。对于跟仇人同谋、协力为什么要集中一次谴责而已？同仇人的仇恨无时可以间断，怎可与之往来交好？与之往来交好就予以大力谴责，这将不胜谴责，所以集中一次予以谴责而已。其余就按同样对待。

[注释]

①狩——狩猎，2.4.1"传"："狩者何？田狩也。……冬曰狩。"

②郜——齐地，见上2.4注①，左氏作"禚"。

③公曷为与微者狩——《解诂》《疏》说明，庄公二十二年"及齐高傒盟于防"不书"公"，故问。

④齐侯也——《解诂》说明，因为"公"，故知是齐侯。

⑤前此者有事矣——《解诂》《疏》说明，指上三年春"溺会齐师伐卫"。

⑥后此者有事矣——《解诂》《疏》说明，指庄公八年夏"师及齐师围成"。

⑦通——彼此往来交好。

⑧同——原文"同同"，阮元《校勘记》说明衍一"同"字。

5. 庄公五年

五年，壬辰，公元前689年，周庄王八年。

5.1 "五年春王正月。"

5.2 "夏，夫人姜氏如齐师。"

[注释]

夫人姜氏如齐师——孔《疏》："盖齐侯疆理纪地，有师在纪。"（疆

理，划分、整理）

5.3"秋，倪①黎来②来朝。"

"倪"者何，小邾娄③也。小邾娄则曷为谓之倪？未能以其名通也。"黎来"者何？名也。其名何④？微国也。

[译文]"倪"是什么？是小邾娄。小邾娄为什么称为"倪"？尚未能以其国名通行于他国。"黎来"是什么？是[倪国君的]名字。为什么称呼其名[不称呼爵位]？是小国。

[注释]

①倪——附庸国，在今山东省滕县。据孔《疏》引《世本》及杜预《氏族谱》，邾娄君颜封其少子肥于倪，后附庸于齐尊周室，周室命之为小邾娄子（见僖公七年），春秋后六世为楚灭。倪，左氏、榖梁作"郳"。

②黎来——倪主肥之曾孙。黎，左氏作"犁"。

③小邾娄——同倪，一址两名。邾娄，左氏、榖梁例作"邾"，见1.1.2注①。

④其名何——《解诂》《疏》说明，僖公七年"夏，小邾娄子来朝"书"小邾娄子"，故问。

5.4"冬，公会齐人、宋人①、陈人、蔡人伐卫。"

此伐卫何？纳②朔③也。曷为不言"纳卫侯朔"④？避王⑤也。

[译文]此次伐卫为了什么？为了护送卫公子朔返国。"经"文为什么不说"纳卫侯朔"？是避讳跟王室之师冲突[为鲁侯讳的]。

[注释]

①齐人、宋人——《榖梁传》"是齐侯、宋公也"，即齐襄公、宋闵公。

②纳——引进，使之入。

③朔——卫惠公，桓公十六年奔齐。

④曷为不言"纳卫侯朔"——《解诂》《疏》说明，僖公二十五年"秋，楚人围陈，纳顿子于顿"书"纳顿子"，故问。

⑤避王也——《解诂》："避王者兵也，王人子突是也（下年有'王

人子突救卫')……因为内讳。"

6. 庄公六年

六年，癸巳，公元前688年，周庄王九年。

6.1 "六年春王三月①，王人②子突③救卫。"

"王人"者何？微者也。"子突"者何？贵也。贵则称"人"何④？系诸"人"也⑤。曷为系诸"人"？王人耳。

[译文]"王人"是什么人？地位卑微的王室官吏。"子突"是什么意思？是对尊贵人的称呼。既然尊贵那称"人"为什么？[本当称"王子突"]是特别跟"人"连在一起来谈，为什么要跟"人"连在一起？因为是王室之人。

[注释]

①三月——穀梁同，左氏作"正月"。

②王人——周王室之官。

③子突——穀梁说"称名，贵之也"，认为是名，《解诂》"僖八年'王人'不称字嫌二人"，则认为是字；杜预《集解》，孔《疏》均认为是字。

④贵则称"人"何——《解诂》《疏》说明，襄公三十年夏"王子瑕奔晋"不书"人"，故问。

⑤系诸人也——孔广森《通义》："本当称王子瑕，特系人言之耳。"

6.2 "夏六月，卫侯朔入于卫。"①

"卫侯朔"何以名？绝②。曷为绝之？犯命也③。其言"入"何④？篡辞④也。

[译文]对"卫侯朔"因何"经"文要写出他的名字？表示当废绝其爵位。为什么要废绝其爵位？他冒犯了天子之命。"经"文说"入"为什么？这是篡位的用词。

[注释]

①"夏……入于卫"——本"经"承一年"公会齐人、宋人、陈人、蔡人伐卫"。卫惠公朔于桓公十六年奔齐，在外八年，现由外国诸侯

· 110 ·

护送入卫。《史记·卫世家》："惠公立三年出亡，亡八年复入。"

②绝——见 2.6.4 注③。

③犯命也——孔广森《通义》："犯天子之命，当绝贱不成为诸侯。"时卫君是王所立公子黔牟（留）为朔所逐；又王人子突救卫，诸侯兵伐卫，直接同王相抗。

④篡辞也——孔广森《通义》："篡卫侯留也。留出奔，'经'不书者，尊主命所立也。"这是说《春秋》未书"留出奔"是为王讳。

6.3 "秋，公至自伐卫。"

曷为或言"致①会"②，或言"致伐"③？得意④"致会"，不得意⑤"致伐"。卫侯朔入于卫，何以"致伐"，不敢胜天子也⑥

[译文]"经"文为什么或说"至自会"，或说"至自伐"？[鲁侯]称心如意就说"至自会"，不称心如意就说"至自伐"。卫侯朔入卫即位，[鲁侯如愿以偿]为什么还说"至自伐"？这是不敢说战胜了天子。

[注释]

①致——至自。

②言"致会"——《疏》举例是襄公十一年"公至自会"。

③言"致伐"——《疏》举例是僖公四年"八月，公至自伐楚"。

④得意——称心如意；《解诂》："所伐国服，兵解国安。"

⑤不得意——《解诂》："所伐国不服，兵将复用，国家有危。"

⑥不敢胜天子也——《解诂》："与上'避王'同义。"即上年"曷为不言'纳卫侯朔'？避王也"，意思是回避说胜王。

6.4 "螟。"

[注释]

螟——发生螟灾。

6.5 "冬，齐人来归①卫宝②。"③

此卫宝也，则齐人曷为来归之？卫人归之也。卫人归之，则其称"齐人"何？让乎我也。其让乎我奈何？齐侯曰："此④非寡人之力，鲁侯之力也。"

[译文] 这是卫国宝物,那齐人为什么来馈送?是卫人馈送的。既然是卫人馈送的,那"经"文称"齐人来归卫宝"为什么?是转让给我国的。转让给我国是怎么回事?齐侯说:"护朔返国即位不是寡人的功劳,是鲁侯的功劳。"

[注释]
①归——馈赠。
②宝——榖梁同;左氏"经"作"俘","传"作"宝"。杨伯峻《注》:"俘、保、宝古音皆近,得相通假。"
③齐人……宝——《解诂》:"时朔得国后,遣人赂齐,齐侯推功归鲁,使卫人持宝来。"
④此——指护送朔返国即位。

7. 庄公七年

七年,甲午,公元前687年,周庄王十年。

7.1 "七年春,夫人姜氏会齐侯于防①。"

[注释]
防——鲁地,参看1.10.3注⑥。

7.2 "夏四月辛卯,夜①,恒星②不见,夜中,星霣③如④雨。"
"恒星"者何?列⑤星也。列星不见,则何以知?夜之中星反⑥也。"如雨"者何?如雨⑦者,非雨也。非雨,则曷为谓之"如雨"?不修《春秋》⑧曰:"雨⑨星不及地尺而复。"⑩君子⑪修之曰:"星霣如雨。"何以书?记异也。

[译文] "恒星"是什么?是常见的群星。常见的群星不见了,如何知道的呢?半夜里群星又返回天空。"如雨"是什么?如雨[即似雨]非真是雨。既然非真是雨,"经"文为什么称之为"如雨"?未经修改过的原本《春秋》是这样写:"雨星不及地尺而复。"君子修《春秋》改为"星霣如雨"。"经"文为什么书写?是记载奇异现象的。

[注释]
①夜——榖梁作"昔",昔即夕,黄昏。

②恒星——常见之星;《解诂》"恒,常也"。
③霣——音允 yǔn,坠落。左氏、穀梁作"陨"。
④如——似,像。
⑤列——众,群。
⑥反——同"返",《解诂》:"反者,星复其位。"
⑦如雨——似雨;这是公羊的解说,左氏说、穀梁说见下"评析"。
⑧不修《春秋》——原鲁国史官所编史书未经孔子修订者,故名;别于孔子所修之《春秋》。
⑨雨——落,动词。
⑩"雨星不及地尺而复"——落下的星星距地面不到一尺又返回天空。
⑪君子——指孔子;王充《论衡》之《艺增》篇、《说日》篇论公羊此"传","说君子者,谓孔子也"。公羊家认为孔子修《春秋》。

[评析] "星霣如雨",按公羊是星陨似雨,穀梁也说"其陨也如雨"。而左氏说"星陨如雨,与雨偕也"(杜预《集解》"偕,俱也"),意思是星星坠落而且落雨,星、雨同时落下。穀梁范宁《集解》解"夜中,星陨如雨"也说,"如,而也;星既陨而复雨"。这样,究竟是"星陨似雨",还是"星陨而雨",两种解说各有支持者与反对者,前人争论不休。据现代科学研究,确实是"星陨似雨","这是公元前六八七年三月十六日发生的一次流星雨,并且是世界上最早之天琴座流星雨纪实"(见陈遵妫《中国古代天文学简史》)。又,公羊说"雨星不及地尺而复",前人认为是荒谬之谈,星星下落快到地面怎么又能返回天空呢?据现代科学研究,流星雨确有不到地面而消失的现象(不是返回天空而是看不见了)。

又,本"传"有"不修《春秋》""君子修之"的提法,后世学者据此认为公羊家认为有鲁国史官记载的原本《春秋》,孔子加以修订,成为流传至今的《春秋》。学者更据此认定孔子至多只是修《春秋》,并未作《春秋》。

7.3 "秋①,大水,无麦、苗②。"

无苗,则曷为先言"无麦",而后言"无苗"?一灾不书,待无麦,然后书"无苗"。何以书?记灾也。

[译文] 秋季大水,淹没了小苗,那为什么先说"无麦",后说"无

苗"？一次灾害"经"文不书写，大水淹没了麦子［播种失时，田里无苗］，然后再书写"无苗"。为什么书写？是记载灾害的。

［注释］

①秋——周历的秋季，相当于夏历的夏季。

②苗——秋禾小苗。

7.4"冬，夫人姜氏会齐侯于谷。"

［注释］

谷——齐地，在今山东省东阿县。

8. 庄公八年

八年，乙未，公元前686年，周庄王十一年。

8.1"八年春，王正月师次①郎②，以俟③陈人、蔡人④。"
"次"不言"俟"⑤？此其言"俟"何？托⑥不得已也⑦。

［译文］"经"文说"次"就不说"俟"，此处［说"次"后］说"俟"为什么？［因为相约去伐同姓之国，］托词不得已这样说的。

［注释］

①次——师行停驻两宿以上之名，参看上3.5注①。

②郎——鲁国近邑，参看1.9.5注释。

③俟——等待。

④俟陈人、蔡人——杜预《集解》："期共伐郕，陈蔡不至，故驻师于郎以待之。""郕"公羊作"盛"，姬姓国，见1.5.3注①。

⑤"次"不言"俟"——《解诂》《疏》说明，僖公四年"公会齐侯、宋公……侵蔡。遂伐楚，次于陉"下不书"俟"，故问。

⑥托——托词，借口。

⑦托不得已也——《解诂》："师出本为下灭盛……讳灭同姓。"盛、鲁同为姬姓，讳灭同姓，借口不得已这样说的。

8.2"甲午①，祠②兵。"
"祠兵"者何？出③曰祠兵④，入⑤曰振旅⑥，其礼一也，皆习战也。何言乎"祠兵"？为久⑦也。曷为为久？吾将以甲午之日，然后祠兵于是⑧。

[译文] "治兵"是什么？军队出征前练兵称为"治兵"，军队归来练兵称为"振旅"，其礼仪相同，都是为了演习作战。为什么说要"治兵"[从正月初到正月十三]？军部在郎地停驻得时间太长了。时间为什么太长？我国将从甲午之日起一直在郎地练兵。

[注释]

①甲午——正月十三日。

②祠——祭，参看下注④。

③出——指外出作战，又指在国都外城郊。

④祠兵——《解诂》："礼，兵不徒使，故将出兵必祠于近郊，陈兵习战、杀牲飨士卒。"《疏》："何氏之意，以为祠兵有二义也：一则祠其兵器；二则杀牲享士卒。""祠"，左氏、榖梁作"治"，"治兵"即军事演习。前人考证，公羊误；故原文照写"祠"，译文写"治"。

⑤入——指作战归来，又指在国都城内。

⑥振旅——整顿军队；振，整；旅，众。

⑦为久——《解诂》："稽留之辞。"（稽，停）指从正月初"师次于郎"一直停留到甲午日（正月十三）。

⑧是——指代词，指郎。

8.3 "夏，师①及齐师围成②。成降于齐师。"

"成"者何？盛③也。盛则曷为谓之"成"④？讳灭同姓也⑤。曷为不言"降吾师"？避之也⑥

[译文] "成"是什么？是盛国。既然是盛国，那"经"文为什么称之为"成"[这岂不跟鲁国成邑混淆了吗]，这是避消灭同姓国[将"盛"写为"成"]。为什么不说"降吾师"？是回避我灭同姓的罪责。

[注释]

①师——指鲁师。

②成——左氏、榖梁作"郕"。

③盛——与鲁同姓之国，其始祖为周文王之子成叔武，参看1.5.3注①。

④成——鲁邑，参看2.6.2注。

⑤讳灭同姓也——《解诂》："因鲁有成邑，同声相似，故云尔。"

⑥之——指代词，指灭盛这件事。

8.4 "秋，师还①。"②

"还"者何？善③辞也。此灭同姓，何善尔？病之也④。曰："师病矣。"⑤曷为病之？非师之罪也⑥

[译文] "经"文书"还"字是什么意思？是善其事的用词。这是消灭同姓国，如何认为是善［不是善灭同姓国］？是怜悯军队疲困。君子说："军队太疲困了。"［既然消灭同姓国］为什么还怜悯军队疲困？［这是鲁侯之过］非师之罪。

[注释]

①还——返回；师从围盛返回。

②"秋，师还。"——孔《疏》："《春秋》之例，公行征伐还，则书'至'……未有书'师还'者也。"孔广森《通义》："本当言'公至自围成'，缘讳灭同姓没公，不举'公至'，而举'师还'。"（没，否定）

③善——认为好。

④病之也——以师为病。孔广森《通义》："言非善之，但悯其疲病耳。"

⑤曰："师病矣。"——孔广森《通义》："文王之法，师出不逾时，春而祠兵，秋而振旅，君子以师为病矣。"君子指修《春秋》之人，即孔子。

8.5 "冬十有一月癸未，齐无知①弑其君诸儿②。"

[注释]

①②无知、诸儿——《解诂》："诸儿，襄公也；无知，公子夷仲年之子，襄公从弟。"（夷仲年为襄公父僖公同母弟）

9. 庄公九年

九年，丙申，公元前685年，周庄王十二年。

9.1 "九年春，齐人杀无知。"

[注释]

无知——见上8.5注①②。

第三章 鲁庄公

9.2 "公及齐大夫盟于蔇①。"

"公"曷为与"大夫"盟②？齐无君也。然则何以不名③？为其讳与大夫盟也，使若众④然。

[译文] 为什么书"公"与"大夫"会盟？因为齐国此时无君。那么大夫为什么不称其名，避讳公与大夫会盟，这样写，使得跟齐国众多人会盟一样。

[注释]

①蔇——鲁地，不详今为何处。穀梁同，左氏作"暨"；蔇、暨，古得通假。

②曷为与大夫盟——《解诂》《疏》说明，庄公二十二年"秋七月丙申，及高傒盟于防"不书"公"，故问。

③何以不名——《解诂》说明，高傒书名，故问。

④众——众人。

9.3 "夏，公伐齐，纳①纠②。"

"纳"者何？入辞③也。其言"伐之"何④？"伐"而言"纳"者，犹不能纳也。"纠"者何？公子纠也。何以不称"公子"？君前臣名也⑤。

[译文] "纳"字是什么意思？是使之入国继位的用词。"经"文说"伐齐"为什么？先说"伐"后说"纳"，就等于是说不能使之入国。"纠"是什么人？是齐公子纠。为什么不称"公子纠"？[因他当时在鲁]国君前对臣只称名字。

[注释]

①纳——引进，使进入。

②纠——齐公子，襄公弟，现在鲁。穀梁书"纠"，左氏书"子纠"，前人考据，或认为左氏误，或认为公、穀误；杨伯峻《注》说："或称纠或称子纠，其实一也。如楚公子元也称子元……称子不称子，非义例所系。"

③入辞——孔广森《通义》："使之入之辞也。"指使入国继位。

④其言"伐之"何——《解诂》《疏》说明，文公十四年"晋人纳接菑于邾娄"不书"伐"，故问。

⑤何以……君前臣名也——孔广森《通义》："假令齐侯之子而称公

· 117 ·

子。于鲁则且嫌为鲁公子，故纠为鲁臣，即无称公子之道也。"

9.4 "齐小白入于齐①。"

曷为以国氏？当国②也。其言"入"何？篡辞也。

[译文] 为什么以国名"齐"作为他的姓氏？因为他想篡夺君位。"经"文说"入"为什么？是篡位的用词。

[注释]

①小白——齐桓公名，襄公弟；由莒入齐。

②当国——见1.1.3注⑪。

9.5 "秋，七月丁酉，葬齐襄公。"

[注释]

齐襄公——名诸儿，上年十一月被杀。

9.6 "八月庚申，及齐师战于乾时①；我师败绩②。"

内不言"败"，此其言"败"何③？伐败也④。曷为伐败？复仇也。此复仇乎大国，曷为使微者⑤？公也⑥。公则何为不言"公"？不与⑦公复仇也。曷为不与公复仇⑧？复仇者在下⑨也。

[译文] 对我鲁国来说"经"文不说"败"，这里写"败绩"为什么？因夸耀其攻伐而战败。为什么夸耀其攻伐而战败？为了复仇。这是对大国复仇，为什么派低微人物？实际上是庄公亲自率师。既然是庄公为什么不说"公及齐师战于乾时"？不赞许庄公复仇。为什么不赞许庄公复仇？因为所报复的是仇人的后代。

[注释]

①乾时——齐地，在今山东省桓台县；乾音干 gān。

②败绩——全军溃败。

③此其言"败"何——《解诂》《疏》说明，桓公十年"齐侯、卫侯、郑伯来战于郎"不书"师败绩"，故问。

④伐败也——《解诂》："自夸大其伐而取败。"

⑤曷为使微者——孔广森《通义》"据不出主名，似内微者文"，故问。

⑥公也——陈立《义疏》:"谓若上'纳纠'犹书'公',故知此战为公亲行。"

⑦与——替许。

⑧曷为不与公复仇——复仇,指庄公报齐杀父之仇;《疏》:"今乃复仇于齐,宜以为善而反不与,故难之。"孔广森《通义》:"时实以不能纳子纠怒齐,而托名复仇伐之,桓(公)又非仇子,故不与公复仇也。"

⑨下——孔广森《通义》:"下犹后也;……本仇襄公而复之于桓公,故言复仇者在其后世也。"

9.7 "九月,齐人取子纠杀之。"

其言"取之"何?内辞①也;胁我,使我杀之也。其称"子纠"何②?贵之也。其贵奈何?宜为君者也③。

[译文]"经"文说"齐人取子纠杀之"是什么意思?这是为鲁国避讳的用词。[实际情况是]齐国威胁我国,强迫我国杀死他的。"经"文[不称"纠"]称"子纠"为什么?认为他尊贵。他尊贵在什么地方?应该立为国君。

[注释]

①内辞——为鲁讳的用词,见 2.18.1 注⑦;实为鲁杀而诿过于齐,说是"齐取"。

②其称"子纠"何——本句针对前"经""公伐齐,纳纠"书"纠"而发。该"经"注②引杨伯峻《注》说,"或称纠或称子纠,其实一也",公羊家认为大有区别,如《疏》说:"三十二年冬十月乙未,'子般卒',传云'君存称世子,君薨称子某',然子纠者,嗣君之称,今竟不立,得言'子纠',故难之。"

③宜为君者也——孔广森《通义》:"公子纠乃襄公之弟,桓公之兄,襄无嫡,贵莫如纠也。"

9.8 "冬,浚①洙②。"

"洙"者何?水也。"浚"者何?深③之也。曷为深之?畏齐也④。曷为畏齐也⑤?辞杀子纠也⑥。

[译文]"洙"是什么?是水名。"浚"是什么?使之变深。为什么

· 119 ·

要使之变深？惧怕齐国［为了防范］。为什么惧怕齐国？托词杀死子纠［表示不得已而为之］。

[注释]

①浚——疏浚，挖掘。

②洙——音朱 zhū，古水名，今为山东省泗水支流。

③深——使动用法，使之深。

④畏齐也——《解诂》："洙在鲁北，齐所由来。"

⑤曷为畏齐也——《解诂》说明，是据前"经"言"我师败绩"。

⑥辞杀子纠也——俞樾《群经平议》："为杀子纠作辞也。耻行仁义不终，故托为畏齐之甚，不待已而杀之也。盖鲁之纳于纠，义也；其卒为齐杀子纠，不义也。《穀梁传》曰'以千乘之鲁而不能存子纠，以公为病矣'，疑当时诸侯必有以此病鲁者，故鲁人浚洙的自解耳。"

10. 庄公十年

十年，丁酉，公元前 684 年，周庄王十三年。

10.1 "十年春王正月，公败齐师于长勺。"

[注释]

长勺——鲁地，在今山东省曲阜县北境。

[评析] 公羊无"传"。左氏本"传"后世选文定篇名《曹刿论战》。

10.2 "二月，公侵宋①。"

曷为或言"侵"，或言"伐"？粗者曰"侵"②，精者曰"伐"③。"战"不言"伐"④，"围"不言"战"⑤，"入"不言"围"⑥，"灭"不言"入"⑦：书其重者也⑧。

[译文] "经"文为什么或是说"侵"，或是说"伐"？粗略用兵（对方屈服则撤退）称为"侵"，精密用兵（对方不服长驱进入）称为"伐"。"经"文说"战"就不说"伐"，说"围"就不说"战"，说"入"就不说"围"，说"灭"就不说"入"："经"文是书写其重要的啊！

[注释]

①"二月，公侵宋"——这是《春秋》书"侵"的开始。

②粗者曰"侵"——《解诂》:"将兵至境,以过侵责之,服则引兵而去,用意尚粗。"

③精者曰"伐"——《解诂》:"精犹精密也;侵责之不服,推兵入境,伐击之益深,用意稍精密。"

④"战"不言"伐"——《解诂》:"举战为重,黎战是也。合兵血刃曰战。"陈立《义疏》:"疑'黎战'是'来战'之讹,即桓十年冬齐、卫、郑'来战于郎'是也。"

⑤"围"不言"战"——《解诂》:"举围为重,楚子围郑是也。以守城曰围。""楚子围郑"在宣公十二年。

⑥"入"不言"围"——《解诂》:"举入为重,晋侯入曹,执曹伯是也。得而不居曰入。""晋侯入曹,执曹伯"在僖公二十八年。

⑦"灭"不言"入"——《解诂》:"举灭为重,齐灭莱是也。""齐侯灭莱"在襄公六年。

⑧书其重者也——《解诂》:"明当以重者罪之,犹一人有数罪,以重者论之。"

[评析] 公羊以"粗""精"解"侵""伐",是其自家之言,验之《春秋》全书不符。如僖公四年"侵蔡,蔡溃",并未因对方屈服而撤退。

10.3 "三月,宋人迁①宿②。"

"迁之"者何？不通③也,以地环④之也。子沈子⑤曰:"'不通'者,盖因而臣⑥之也。"

[译文] "迁宿"是什么意思？不让其道路跟四方相通[断其与外国往来]。用本国土地将它包围起来。子沈子说:"所谓'不通',就是乘势臣服该国[成为己国的附庸]。"

[注释]

①迁——迁移其民(一说迁其国都),夺其土地。

②宿——杨伯峻《注》:"此宿恐非隐元年《经》之宿,以宋不得至齐、鲁境内也。……疑此宿即戚,本宋地,初属周,而后宋取之。"《元和郡县志十》"泗州宿迁"下云,"《春秋》宋人迁宿之地",则以今江苏省宿迁县为宿民被迫迁徙之地。

③不通——不使其通路跟外相通;通,使动用法。

④环——《解诂》:"环,绕也。"
⑤子沈子——传公羊学的经师之一,参看 1.11.4 注⑥。
⑥臣——使动用法,使之成为臣。

10.4 "夏六月,齐师、宋师次①于郎②。公败宋师于乘丘③。"

其言"次于郎"何④?伐也。伐则其言"次"何?齐与⑤伐而不与战,故言"伐"也⑥。我能败之,故言"次"也。

[译文]"经"文说"次于郎"为什么?目的是讨伐[我国]。是讨伐那"经"文说"次"为什么?齐国原本只是参与宋之伐我而未参与宋之与我战,故仅说"伐"[而不说"次"]。我国能够战败宋师,故说"次"。

[注释]

①次——师行停驻两宿以上之名,参看上 3.5 注①。
②郎——鲁国近邑,参看 1.9.5 注释。
③乘丘——鲁地,在今山东省兖州县。
④其言"次于郎"何——《解诂》《疏》说明,哀公十一年"春,齐国书帅师伐我"书"伐",故问。
⑤与——参加。
⑥齐与……伐也——《疏》:"齐本与宋共伐而但不与战,故但书其伐耳。"

10.5 "秋九月,荆①败蔡师于莘②,以蔡侯献舞③归④。"

"荆"者何?州名⑤也。州不若国⑥,国不若氏⑦,氏不若人⑧,人不若名⑨,名不若字⑩,字不若子⑪。"蔡侯献舞"何以名⑫?绝⑬。曷为绝之?获也⑭。曷为不言"其获"?不与夷狄之获中国也。

[译文]"荆"是什么?是一州的名字。《春秋》中称州不如称国,称国不如称氏,称氏不如称人,称人不如称名,称名不如称字,称字不如称子。对"蔡侯献舞"为什么要书出他的名字?表示当废绝其爵位。为什么要废绝其爵位?因为他[不死战]而为荆所擒获[有失中原诸侯尊严]。那为什么不说"荆获蔡侯"?是不赞许夷狄擒获中国诸侯。

[注释]

①荆——古楚国名。

②莘——蔡地，在今河南省汝南县。

③献舞——蔡哀侯，即桓公十七年"蔡季自秦归于蔡"之蔡季。

④以……归——俘获。

⑤州名——《解诂》："州谓九州：冀兖青徐扬荆豫梁雍。"

⑥州不若国——《疏》："言荆不如言楚。"

⑦国不若氏——《疏》："言楚不如言潞氏、甲氏。"潞氏见宣公十五年，甲氏见宣公十六年。

⑧氏不若人——《疏》："言潞氏不如言楚人。"

⑨人不若名——《疏》："言楚人不如言介葛庐。"介葛庐见僖公二十九年。

⑩名不若字——《疏》："言介葛庐不如言邾娄仪父。"邾娄仪父见隐公六年。

⑪字不若子——《疏》："言邾娄仪父不如言楚子。吴子。"楚子见宣公一年，吴子见哀公十三年。

⑫"蔡侯献舞"何以名——《解诂》《疏》说明，僖公十五年"晋侯及秦伯战于韩，获晋侯"书"获晋侯"，故问。

⑬绝——参见2.6.4注③。

⑭获也——《解诂》："获，得也。战而为敌所得。"

[评析] 公羊所云一系列"不若"，是它书法等级之例；而所谓"不与夷狄之获中国"，则表现其"攘夷"思想。

10.6 "冬十月，齐师灭谭①。"

谭子奔莒②。何以不言"出"③？国已灭矣，无所出也。

[译文] 谭子逃奔到莒国。"经"文为什么不说"出奔"？国家已灭，无所从出奔之地了。

[注释]

①谭——国名，在今山东省济宁市。这是《春秋》书灭国之始。

②莒——国名，参看1.2.2注①。

③何以不言"出"——《解诂》《疏》说明，僖公二十八年"卫侯出奔楚"书"出奔"，故问。

11. 庄公十一年

十一年，戊戌，公元前683年，周庄王十四年。

11.1"十有一年，春王正月。"

11.2"夏五月戊寅，公败宋师曰鄑。"

[注释]

鄑——鲁地，在宋、鲁之间，非上1.8纪之鄑。

11.3"秋，宋大水。"

何以书？记灾也。外灾不书，此何以书？及①我也②。

[译文]为什么书写？是记载灾害的。外国有灾"经"文不书写，此灾为什么书写？因为[水灾]连及我国。

[注释]

①及——到。

②及我也——《解诂》："时鲁亦有水灾，书鲁则宋灾不见，两书则烦文不省，故诡例书外以见内也。"（诡例，殊例）

11.4"冬，王姬归于齐。"

何以书？过我也。

[译文]为什么书写？[王姬嫁齐]路经我国。

[注释]

①何以书，过我也——《解诂》："时王者嫁女于齐，途过鲁，明当有送迎之礼。"

12. 庄公十二年

十二年，己亥，公元前682年，周庄王十五年。

12.1"十有二年春，王三月，纪①叔姬②归于酅③。"

其言"归于酅"何？隐④之也。何隐尔？其国亡矣，徒⑤归于叔⑥尔也。

[译文]"经"文说"归于酅"为什么？为纪姬哀痛。为什么哀痛？

她的国家灭亡了,只得归靠于她小叔子[到此地来]罢了。

[注释]

①纪——纪国,庄公四年为齐所灭(见上4.4)。

②叔姬——鲁女,参看1.7.1"叔姬归于纪"及注。

③酅——纪邑,参看上3.4"秋,纪季以酅入于齐"。

④隐——见上1.1注②。

⑤徒——见上4.5注④。

⑥叔——指纪季。

12.2 "夏四月。"

12.3 "秋八月甲午,宋万①弑其君接②及其大夫仇牧。"

"及"者何③?累④也。弑君多矣,舍此无累者乎?孔父⑤、荀息⑥皆累也。舍孔父、荀息无累者乎?曰:"有。"有则此何以书?贤也。何贤乎仇牧?仇牧可谓不畏强御⑦矣。其不畏强御奈何?万尝与庄公战⑧,获乎庄公⑨。庄公归,散舍⑩诸⑪宫中;数月,然后归之。归又为大夫于宋,与闵公博⑫,妇人皆在侧。万曰:"甚矣,鲁侯之淑、鲁侯之美也!天下诸侯宜为君者,唯鲁侯尔。"闵公矜此妇人⑬,妒其言,顾曰⑭:"此虏也!尔虏焉故⑮,鲁侯之美恶乎至⑯!"万怒,搏⑰闵公,绝其脰⑱。仇牧闻君弑,趋⑲而至。遇之于门,手剑⑳而叱之。万辟㉑㮻㉒仇牧,碎其首,齿著于门阖㉓。仇牧可谓不畏强御矣。

[译文]"经"文用"及"字为什么?是连累而死[故用]。弑君的事件很多了,除此之外没有连累而死的吗?孔父、荀息就皆是连累而死的。除了孔父、荀息就再没有连累而死的吗?回答说:"有。"既然有那此事为什么要书写?因为仇牧是贤臣。仇牧怎么个贤法?仇牧可以说是"不畏强御"了。仇牧"不畏强御"是怎么回事?宋万曾与鲁庄公作战,被庄公俘获。庄公归来,将宋万安置在宫中;数月之后放他回国,宋万回国后又在宋国为大夫,一次跟宋闵公博戏,宋宫中众女人全在旁边看。宋万[故意评讪闵公]说:"鲁侯贤淑、美好得很哪!天下诸侯宜于为国君的,只有鲁侯而已。"闵公平时在这些妇人面前自负美好,听了十分妒恨宋万的话,回过头来看看旁边众女人说:"你是个俘虏,懂得什么!鲁侯的美好怎能到此最高地步!"宋万大怒,跟闵公肉搏,打断闵公的颈项。仇牧听说国君被

· 125 ·

弑，急趋而至。两人遇于宫门，仇牧持剑叱责宋万，宋万反手击杀仇牧，砸烂他的脑袋，牙齿溅到门扇上。仇牧可以说是"不畏强御了！"

[注释]

①宋万——宋大夫，左氏十一年称"南宫长万"，南宫是氏，万是名，长是字。

②接——宋闵公，左氏、穀梁作"捷"，两字通。

③"及"者何——公羊说，君与大夫之间不能用"及"，故问；参看2.2.1注④。

④累——连累，拖累；参看2.2.1注⑤。

⑤孔父——宋臣，参看2.2.1注③。

⑥荀息——晋臣，见僖公十年"晋里克弑其君卓子及其大夫荀息"。下"曰'有'"见2.2.1注⑦。

⑦强御——横暴有势力者。

⑧万尝与庄公战——指上十年"公败宋师于乘丘"之战。

⑨获乎庄公——为庄公俘获。

⑩散舍——《解诂》："散，放也；舍，止也。"

⑪诸——介词，相当"之于"。

⑫博——古代一种棋戏。

⑬矜此妇人——《解诂》："色自美大于此妇人。"矜，自负己美。

⑭顾曰——《解诂》："顾谓侧妇人曰。"

⑮尔虏焉故——俞樾《群经平议》："此传'故'字古本作'知'。……'尔虏焉知'四字为句，言尔虏，何所知也。"

⑯至——甚，极。

⑰搏——搏斗，肉搏。

⑱脰——音豆dòu，颈项。

⑲趋——跑，疾走。

⑳手剑——《解诂》："持拔剑。"

㉑辟——音必bì，王引之《经义述闻》："辟有椎击之义，……反手击也。"

㉒抶——音飒sà，《解诂》"侧手曰抶"；王引之《经义述闻》："'抶'当为'杀'……若作'抶'而训为侧手，则与'辟'义相复。"

㉓阖——《解诂》:"阖,扇。"

12.4 "冬十月,宋万出奔陈。"

13. 庄公十三年

十三年,庚子,公元前681年,周釐王元年。

13.1 "十有三年春,齐侯①、宋人、陈人、蔡人、邾娄②人,会于北杏③。"
[注释]
①齐侯——齐桓公。
②邾娄——左氏、榖梁例作"邾"。
③北杏——齐地,在今山东省东阿县。

13.2 "夏六月,齐人灭遂。"
[注释]
遂——国名,妫姓,虞舜之后,在今山东省宁阳县西,靠近肥城县界。

13.3 "秋七月。"

13.4 "冬,公会齐侯①盟于柯②。"
何以不日③?易也。其易奈何?桓之盟不日④,其会不致⑤,信之也。其不日何以始乎此?庄公将会乎桓,曹子⑥进⑦曰:"君之意何如?"庄公曰:"寡人之生,则不若死矣⑧。"曹子曰:"然则君请当其君,臣请当其臣⑨。"庄公曰:"诺。"于是会乎桓。庄公升坛⑩,曹子手剑⑪而从⑫之。管子⑬进曰⑭:"君⑮何求乎?"曹子曰⑯:"城坏压境⑰,君不图与⑱?"管子曰:"然则君将何求⑲?"曹子曰:"愿请汶阳⑳之田。"管子顾曰:"君许诺。"桓公曰:"诺。"曹子请盟,桓公下与之盟㉑。已盟,曹子摽㉒剑而去之㉓。要盟㉔可犯,而桓公不欺。曹子可仇,而桓公不怨。桓公之信著㉕乎天下,自柯之始焉。

[译文]此盟"经"文为什么不书日期?因为双方结盟进行顺利。那

结盟进行顺利是怎么回事？齐桓公跟诸侯盟会不写日期，鲁公参加桓公盟会也不写"至自会"，因为桓公讲信用。盟会不写日期为什么始于这一次？庄公将跟桓公相会，曹子［见庄公有难色］就进前说："国君您的心思怎样？"庄公说："我屈服活着反倒不如死了好。"曹子说："那么请国君对他们的国君，臣我对他们的臣。"庄公说"好。"于是跟桓公会盟。庄公升坛，曹子手持宝剑也跟着上坛。管仲［见桓公愕然说不出话来］就进前说："鲁君有什么要求吗？"曹子［见庄公仓促不知所措］就说道："齐师破坏我城池，逼近我国边境；齐君就不想想欺我太甚［会有什么后果吗］？"管仲说："那么鲁君有什么要求？"曹子说："请归还我汶水北岸之田。"管仲回头对桓公说："请君答应。"桓公说："好。"曹子请定盟约，桓公下坛跟他盟誓。盟誓完毕，曹子挥剑同庄公一起离开。强见要胁而盟可以违反毁约，但桓公不欺守信。作为臣子劫君可以看作仇敌，而桓公不怨恨。齐桓公之信义昭著于天下，自柯之盟开始。

［注释］

① 齐侯——齐桓公。

② 柯——齐邑，在今山东省阳谷县。

③ 不日——《解诂》《疏》说明，隐公二年"秋八月庚辰，公及戎盟于唐"书日，故问。

④ 桓之盟不日——孔广森《通义》："当言不月而难其日者，方欲通释桓盟不日为信，以下诸盟或时或月，故但举'不日'以包也。"

⑤ 致——至自，指至自会，参看2.2.9"评析"和上6.3注①②。《疏》："凡致者，臣子喜其君父脱危而至其会，无危故以不致为信也。"

⑥ 曹子——或说曹刿，或说曹沫，刿、沫古音近。

⑦ 进——《解诂》："进，前也；曹子见庄将会有惭色，故问之。"

⑧ 寡人……死矣——《解诂》："自伤与齐为仇不能复也；伐齐纳纠不能纳，反复为齐所胁而杀之。"

⑨ 当——《解诂》："当犹敌也。"敌，对付。

⑩ 坛——《解诂》："土基三尺、土阶三等曰坛。"

⑪ 手剑——手持剑；手，作动词用。

⑫ 从——《解诂》："从，随也；随庄公上坛。"

⑬ 管子——管仲，齐大臣，佐桓公霸诸侯。

⑭进曰——《解诂》:"桓公卒愕不能应,故管仲进为此言。"

⑮君——指鲁庄公。

⑯曹子曰——《解诂》:"庄公亦造次不知所言,故任曹子。"

⑰城坏压境——《解诂》:"齐数侵鲁,取邑,以喻侵深也。"

⑱君不图与——《解诂》:"君谓齐桓公;图,计也。犹曰君不当计侵鲁太甚。"

⑲君将何求——《解诂》:"所侵邑非一,欲求何者。"

⑳汶阳——汶水北岸,水北为阳。

㉑曹子请……之盟——孔广森《通义》:"坛上本两君会盟之所,故桓公更下坛与曹子盟。"

㉒摽——音标 biāo,挥。

㉓去之——《解诂》:"时曹子端剑守桓公,已盟乃摽剑而置于地,与桓公相去离。"

㉔要盟——《解诂》:"臣约束君曰要,强见要挟而盟尔。"

㉕著——显明、显出。

[评析] 关于柯盟曹子劫桓公一事,古书多有记载。前人对此早有怀疑,指出刺客是盛行于战国时代之事;春秋时代,尤其春秋前期尚未出现刺客。至于说"桓之盟不日",不过是褒扬齐桓公守信而已,验之《春秋》不符。参看下23.1"评析"。

14. 庄公十四年

十四年,辛丑,公元前680年,周釐王二年。

14.1"十有四年春,齐人、陈人、曹人伐宋。"

14.2"夏,单伯①会伐宋。"

其言"会伐宋"何?后会也。

[译文]"经"文说"会伐宋"是什么意思?是伐宋之后单伯才参加会见的。

[注释]

①单伯——周卿,参看上1.3注①。

14.3 "秋七月,荆入蔡。"
14.4 "冬,单伯会齐侯、宋公、卫侯、郑伯①于鄄②。"
[注释]
①齐侯、宋公、卫侯、郑伯——齐桓公、宋桓公、卫惠公、郑厉公。
②鄄——音卷 juàn,卫地,在今山东省鄄城县。

15. 庄公十五年

十五年,壬寅,公元前 679 年,周釐王三年。

15.1 "十有五年春,齐侯、宋公、陈侯、卫侯、郑伯①会于鄄②。"
[注释]
①齐侯、宋公、陈侯、卫侯、郑伯——齐桓公、宋桓公、陈宣公、卫惠公、郑厉公。
②鄄——见上 14.4 注②。

15.2 "夏,夫人姜氏如齐。"
[评析] 这是八年齐襄公被弑后,姜氏第一次如齐。

15.3 "秋,宋人、齐人、邾娄①人伐兒②。"
[注释]
①邾娄——左氏、穀梁例作"邾"。
②兒——音泥 ní,国名,其地难考,一说在今山东省滕县,一说在今江苏省丰县、沛县之间;左氏、穀梁作"郳",两字音同。

15.4 "郑人侵宋。"
15.5 "冬十月。"

16. 庄公十六年

十六年,癸卯,公元前 678 年,周釐王四年。

16.1"十有六年春王正月。"

16.2"夏,宋人、齐人、卫人伐郑。"

16.3"秋,荆伐郑。"

16.4"冬十有二月,公①会齐侯、宋公、陈侯、卫侯、郑伯、许男、曹伯②、滑③伯、滕子,同盟于幽④。"

"同盟"者何?同欲⑤也。

[译文]"同盟"是什么意思?是同心想结盟。

[注释]

①公——左氏、榖梁无"公",杜《集解》"不书其人,微者也";杨伯峻《注》据《春秋繁露》说:"今本《公羊》,'公'字恐系误衍。"

②曹伯——左氏无。

③滑——国名,姬姓,国于费地,一名费滑,在今河南省偃师县。

④幽——宋地,在今河南省兰考县。

⑤同欲——《解诂》:"同心欲盟也。"

16.5"邾娄子克卒。"

[注释]

邾娄子克——隐公元年之邾娄仪父,名克,子是封号;左氏、榖梁例作"邾"。

17. 庄公十七年

十七年,甲辰,公元前677年,周釐王五年。

17.1"十有七年春,齐人执郑瞻①。"

"郑瞻"者何?郑之微者也。此郑之微者,何言乎"齐人执之"?书,甚佞②也。

[译文]"郑瞻"是什么人?郑国的卑微人物。这是郑国的卑微人物,为什么说"齐人执之"?因为他甚为奸佞,故"经"文书写。

[注释]

①郑瞻——左氏、榖梁作郑詹,瞻、詹音同字通。

②书,甚佞也——《解诂》:"为甚佞,故书。"佞,花言巧语谄媚人。

17.2"夏,齐人歼①于遂②。"

"歼"者何?积③也,众杀戍④者也。

[译文]"歼"是什么意思?是集体全被杀死,遂国众民杀死了齐国戍守的兵士。

[注释]

①歼——通"歼",歼灭,杀尽。

②遂——国名,见上13.2注;十三年为齐所灭。

③积——《解诂》:"积,死非一之辞。"

④戍——《解诂》:"以兵守之曰戍。"

[评析]关于遂人歼齐人经过,《解诂》说:"齐人灭遂,遂民不安欲去,齐强戍之。遂人共以药投其所饮食水中,多杀之。"左氏、穀梁说,遂人晏飨齐兵,醉而杀之。公羊称"众杀"之"众",左氏说是遂之"因氏、领氏、工娄氏、须遂氏"。

17.3"秋,郑瞻自齐逃来。"

何以书?书,甚佞也,曰:"佞人来矣!佞人来矣!"

[译文]"经"文为什么书写?因为他甚为奸佞故书写,等于高喊"佞人来了!佞人来了!"

17.4"冬,多麋①。"

何以书?记异也。

[译文]为什么书写?是记载奇异现象的。

[注释]

①麋——麋鹿。

18. 庄公十八年

十八年,乙巳,公元前676年,周惠王元年。

18.1"十有八年春王三月,日有食之。"

18.2"夏,公追①戎②于济西③。"

此未有言④伐者,其言"追"何⑤?大⑥其为中国⑦追也⑧。此未有伐中国者，则其言"为中国追"何？大其未至而豫⁹御之也。其言"于济西"何⑩？大之也⑪。

[译文] 此时没有伐鲁之事，"经"文说"追"为什么？称赞[不是为鲁国]是为中国追逐戎人。此时也没有戎人伐中国之事，"传"文说"为中国"为什么？是称赞戎人未至而预先防备的。"经"文说"于济西"为什么？称赞鲁侯追戎这件事的。

[注释]

①追——《解诂》："以兵逐之曰追。"

②戎——即隐公二年"公会戎于潜"之戎，参看1.2.1注③。

③济西——济水之西，一说鲁地，一说曹地；据《解诂》是指曹地，参看下注⑪。

④言——王引之《经义述闻》："'此未有言伐者'，'言'字后人所加。传意谓此时未有伐鲁者，而经言'追'则大其非为己追而为中国追也。"

⑤其言"追"何——《解诂》《疏》说明，僖公二十六年"齐人侵我西鄙，公追齐师至巂，弗及"书"齐人侵我"故问。

⑥大——以……为大，指推崇。

⑦中国——指中原各诸侯国。

⑧大其为中国追也——《解诂》《疏》说明，僖公二十六年公追齐师至巂，限其所至，此不限所至，故大为中国追。

⑨豫——通"预"。

⑩其言"于济西"何——《解诂》说明，"公追齐师至巂，弗及"不书"于"，故问。

⑪大之也——《解诂》："大公除害，恩及济西也。"

[解析] 公羊表现其"攘夷"思想，但解说前后矛盾。既说"为中国追"，当是事实；又说"未至而豫御"，则是预防。

18.3 "秋，有蜮。"

何以书？记异也。

[译文] 为什么书写？是记载奇异现象的。

[注释]

蜮——音玉 yù，一种农作物害虫，《吕氏春秋·任地》"又无螟蜮"，高诱注："蜮或作螣。食心者螟，食叶者螣。兖州谓蜮为螣，音相近也。"杜预《集解》说"蜮，短狐也，盖以含沙射人"，是指古代传说中一种害人动物，恐非此蜮。

18.4"冬十月。"

19. 庄公十九年

十九年，丙午，公元前 675 年，周惠王二年。

19.1"十有九年春王正月。"

19.2"夏四月。"

19.3"秋，公子结①媵②陈人之妇于鄄③，遂及齐侯、宋公④盟。⑤"

"媵"者何？诸侯娶一国，则二国往媵之，以侄、娣⑥从。侄者何？兄之子也。娣者何？女弟也。诸侯壹聘九女⑦，诸侯不再娶⑧。媵不书⑨，此何以书？为其有"遂"事者。大夫无遂事⑩，此其言"遂"何？聘礼，大夫受命不受辞，出境有可以安社稷、利国家者，则专之可也。

[译文]"媵"是什么？是指诸侯娶一国之女，其他二国则以庶女陪嫁，并让侄、娣随从。侄是什么？是兄的女儿。娣是什么？是女弟。诸侯一次娶九个女子，诸侯夫人死了不再娶。送陪嫁女"经"文不书"媵"，此处为什么要书写？因为有"遂及齐侯、宋公盟"之事。大夫没有［办一件事后无天子之命］遂就自己做主办另一件事的权利，此处说"遂及齐侯、宋公盟"为什么？朝聘之礼，大夫受使命、不受如何应对之辞，出国境之后，遇到有能够安社稷、利国家之事，则可以自作主张专行。

[注释]

①公子结——鲁大夫，名结。

②媵——音映 yìng，古代，诸侯娶于一国、二国以庶女陪嫁，曰媵；又指陪嫁之人；这里指送陪嫁女。

③鄄——卫址，参看上 14.4 注②。

④齐侯、宋公——齐桓公、宋桓公。

⑤公子结……宋公盟——卫国女嫁于陈宣公为夫人，鲁以女陪嫁，公子结往送，本应送至卫国都城；当送至鄄，闻齐侯、宋公有会，遂未

待鲁侯之命改变行程，另派他人往送，自己代表鲁国参加盟会。

⑥侄、娣——侄，侄女，旧写作"姪"；娣，女弟，对"姊"而言。

⑦诸侯壹聘九女——不见三"礼"，《白虎通·嫁娶》说："天子一娶九女者何？重国广继嗣也。"

⑧诸侯不再娶——诸侯夫人死后不再娶，是公羊的说法，考之《春秋》不合。毛奇龄《春秋传》说："纪季姜归京师，则天子可再娶也。王姬归于齐，则诸侯亦可再娶也。若晋平之继姜，则嫡亡可再娶也。卫庄公之娶厉妫，则苟嫡无子，虽不亡，亦可再娶。"

⑨媵不书——《解诂》"不书媵也"，陈立《义疏》："（隐公）七年'叔姬归于纪'，注'叔姬者，伯姬之媵也'。彼有媵归书事，此云'不书'者，彼注云'媵，贱；书者后为嫡，终有贤行'，重录之，非以媵书也。"

⑩大夫无遂事——参看2.8.6注⑧⑨。

19.4 "夫人姜氏如莒。"

19.5 "冬，齐人、宋人、陈人，伐我西鄙。"

[注释]

鄙——《解诂》："鄙者，边垂之辞。"

20. 庄公二十年

二十年，丁未，公元前674年，周惠王三年。

20.1 "二十年春王二月，夫人姜氏如莒。"

20.2 "夏，齐大灾。"

"大灾"者何？大瘠①也。大瘠者何？疠②也。何以书？记灾也。外灾不书，此何以书？及我也。

[译文]"大灾"是什么？是大瘠。大瘠是什么？是瘟疫。为什么书写？是记载灾害的。外国有灾"经"文不书写，此灾为什么书写？因为[灾害]连及我国。

[注释]

①瘠——音急 jí，《解诂》："瘠，病也，齐人语也。"

②疠——同疠，瘟疫。

20.3"秋七月。"

20.4"冬,齐人伐戎①。"

[注释]

①戎——穀梁作"我",误。

21. 庄公二十一年

二十一年,戊申,公元前 673 年,周惠王四年。

21.1"二十有一年,春王正月。"

21.2"夏五月辛酉,郑伯突卒。"

[注释]

郑伯突——郑厉公;《史记·郑世家》"秋,厉公卒",与《春秋》春正月卒异。

21.3"秋七月戊戌,夫人姜氏薨。"

[注释]

夫人姜氏——桓公夫人文姜。

21.4"冬十有二月,葬郑厉公。"

22. 庄公二十二年

二十二年,己酉,公元前 672 年,周惠王五年。

22.1"二十有二年春王正月,肆①大省②。"

"肆"者何?跌③也。"大省"者何?灾省④也。"肆大省"何以书?讥。何讥尔?讥始忌省也⑤。

[译文]"肆"是什么意思?是过度。"大省"是什么意思?是大罪。"肆大省""经"文为什么写?为了谴责。谴责什么?谴责讳言国有大罪之人,故一切赦免的。

[注释]

①肆——放,赦。

· 136 ·

②省——左氏、穀梁作"眚"（罪、过），省、眚同音假借。

③眣——《解诂》："眣，过度。"

④灾省——孔广森《通义》："灾省者，罪也。……'肆大省'者，言放失大罪也。"

⑤讥始忌省也——孔广森《通义》："忌，讳也；言国有大罪人，故一切肆之。"

[评析] 杜预《集解》说"赦有罪也"。穀梁解释说，文姜有过，为之举行葬礼，嫌周天子不许可，故先赦有罪之人。此盖是臆测。

22.2 "癸丑，葬我小君文姜。"

"文姜"者何？庄公之母也。

[译文] "文姜"是谁？是庄公的母亲。

[评析] 左氏无"传"。穀梁说"小君，非君也。其曰君，何也？以其为公配，可以言小君也"。公羊是解说文姜的身份，穀梁是解说何以称"小君"。据《论语·季氏》"邦君之妻，……邦人称之曰君夫人，称诸异邦曰寡小君"，则"小君"乃对外讣告中之称呼，对国内是只称"夫人"不称"小君"的。

22.3 "陈人杀其公子御寇。"

22.4 "夏五月。"

[评析] 《春秋》体例，一季无事，亦书首月，此则当书"夏四月"。《解诂》说："以五月首时者，讥庄公娶仇国女，不可以事先祖，奉四时祭祀，犹五月不宜以首时。"此盖是妄言。杨伯峻《注》说："今书'夏五月'者，或以为下有脱文，或以为'五'乃'四'字误，疑不能明。"

22.5 "秋七丙申，及齐高傒盟于防①。"

"齐高傒"者何？贵大夫也。曷为就吾微者而盟②？公也。公则曷为不言"公"？讳与大夫盟也。

[译文] "齐高傒"是什么人？是齐国的贵大夫。［既是贵大夫］为什么就下跟我国低微人物会盟？［不是我国的低微人物］而是庄公。既然是庄公那"经"文为什么不说"公及齐高傒盟"，避讳说庄公与大夫会盟的。

[注释]

①防——鲁地，在今山东省费，即1.9.7注释②之郱；此为鲁之东防；1.10.3注释⑥"防"为鲁之西防。

②《解诂》《疏》说明，上九年"公及齐大夫盟于暨"书"公"，故问。

22.6 "冬，公如齐纳币①。"

"纳币"不书，此何以书②？讥。何讥尔？亲纳币，非礼也。

[译文] "纳币"一事不书写，此处为什么书写？为了谴责。谴责什么？鲁侯亲自去齐纳币，是不符合礼的。

[注释]

①纳币——币，缯帛，泛指礼品；纳币又名纳征，即订亲送礼。《礼记·士昏礼》言婚礼有六："一、纳采，选择女子；二、问名，问女子姓氏、年龄，归以占卜吉凶；三、纳吉，占卜于庙而吉，使使者往告；四、纳征，使使者纳币以订婚；五、请期，告婚期；六、亲迎，往迎妇。"穀梁载五礼，无"纳吉"。

②"纳币"……何以书——《解诂》说明，桓公三年"公子翚如齐迎女"不书"纳币"，故问。

23. 庄公二十三年

二十三年，庚戌，公元前671年，周惠王六年。

23.1 "二十有三年春，公至自齐。"

桓之盟不日，其会不致，信之也①。此之桓国②，何以致？危③之也。何危尔？公一陈佗也④。

[译文] 齐桓公跟诸侯盟会，不书日期；参加桓公盟会，不书"至自会"，因为桓公讲信用。这是到桓公之国，为什么书"至自齐"？为庄公担心。为什么为庄公担心？担心庄公与陈佗是同一类人物！

[注释]

①桓之盟……信之也——见上13.4"传"文。

②此之桓国——指上年"公如齐纳币"。

③危——危险，不安，意动用法。
④公一陈佗也——《解诂》："公如齐淫，与陈佗相似如一也。"陈佗，陈君，2.6.4"蔡人杀陈佗""传"文说他"淫于蔡"。

［评析］"桓之盟不日"是公羊自家之言，下盟就书"甲寅"，这是表现了公羊尊崇齐桓公而已。

23.2 "祭叔来聘。"
［注释］
祭叔——周王室大夫。

23.3 "夏，公如齐观社。"
何以书？讥。何讥尔？诸侯越境观社，非礼也。
［译文］为什么写？为了谴责。谴责什么？诸侯越境到外国观社，是不合乎礼的。
［注释］
观社——《解诂》"观祭社"，即观看祭社神典礼。《墨子·明鬼》说，燕之祖，齐之社稷、宋之桑林、楚之云梦，"男女之所属而观也"；则齐之社实为聚男女而相游欢。

23.4 "公至自齐。"
23.5 "荆人①来聘。"
"荆"何以称"人"②？始能聘也③。
［译文］对"荆"为什么称"人"？因为它开始能聘问别的国家。
［注释］
①荆人——楚人。
②"荆"何以称"人"——《解诂》《疏》说明，上十六年"秋，荆伐郑"不书"人"，故问。
③始能聘也——楚之通鲁自此始。

23.6 "公及齐侯遇于谷。"
［注释］谷——齐地，参看上7.4注。

23.7"萧叔①朝公。"

其言"朝公"何②？公在外也。

［译文］"经"文说"朝公"［不说"来朝"］为什么？因为公在国外［齐地谷］。

［注释］

①萧叔——萧国之君名叔；萧，宋之附属国，即今安徽省萧县。

②其言"朝公"何——《解诂》《疏》说明，隐公十一年"春，滕侯、薛侯来朝"书"来朝"，故问。

23.8"秋，丹①桓宫②楹③。"

何以书？讥。何讥尔？丹桓宫楹，非礼也。

［译文］为什么书写？为了谴责。谴责什么？用朱红色粉刷桓公庙殿前的两根大柱，是不符合礼的。

［注释］

①丹——朱红色，作动词用。

②桓宫——桓公庙。

③楹——庙殿前两根大柱。

23.9"冬，十有一月，曹伯射姑卒。"

［注释］

曹伯射姑——曹庄公。

23.10"十有二月甲寅，公会齐侯①盟于扈②。"

桓之盟不日，此何以日？危之也。何危尔？我贰也③。鲁子④曰："'我贰'者，非彼然，我然也。"

［译文］齐桓公跟诸侯盟，不书日期，此处书日期为什么？为齐侯担心。为什么为齐侯担心。因为我不守信对齐有贰心。鲁子说："'我贰'就是非彼不守信，是我这样做的。"

［注释］

①齐侯——齐桓公。

②扈——杨伯峻《注》："此扈当是齐地，疑在今山东省观城废县境。"

· 140 ·

观城今归河南省范县。

③我贰也——孔广森《通义》："言我事齐有贰心,后齐人降彰、师次于成是其验也。"(指庄公三十年,齐人取彰,鲁师次于成欲救彰)

④鲁子——传公羊学的先师。

24. 庄公二十四年

二十四年,辛亥,公元前670年,周惠王七年。

24.1 "二十有四年春王三月,刻桓宫①桷②。"

何以书?讥。何讥尔?刻桓宫桷,非礼也。

[译文]为什么书写?为了谴责。谴责什么?雕刻桓宫的方椽,是不符合礼的。

[注释]

①桓宫——见上23.8注②。

②桷——音觉jué,方的椽子。

24.2 "葬曹庄公。"

[注释]

曹庄公——曹伯射姑,上年十一月卒。

24.3 "夏,公如齐逆女。"

何以书?亲迎,礼也。

[译文]为什么书写?亲自迎亲,符合礼[所以"经"文书写]。

24.4 "秋,公至自齐。"

24.5 "八月丁丑,夫人姜氏①入。"

其言"入"何②?难也。其言日何③?难也,其难奈何?夫人不偻④,不可使入;与公有所约⑤,然后入。

[译文]"经"文说"入"为什么?有难处。"经"文说"丁丑"日为什么?有难处。说有难处是怎么回事?夫人不肯伏顺公,不能让她入国;与公订下远媵妾之约后,然后才可入国。

[注释]

①姜氏——齐襄公女哀姜，庄公夫人。

②其言"入"何——《解诂》《疏》说明，桓公三年"九月，夫人姜氏至自齐"不书"入"，故问。

③其言日何——《解诂》《疏》说明，桓公三年"九月，夫人姜氏至自齐"不书日，故问。

④夫人不偻——孔广森《通义》："偻，俯也；不偻者盖不伏顺于公之谓。"

⑤约——《解诂》："约，约远媵妾也。"

24.6 "戊寅，大夫、宗妇①觌②，用币③。"

"宗妇"者何？大夫之妻也。"觌"者何？见也。"用"者何？"用"者不宜用也。见用币，非礼也。然则曷用？枣栗云乎④！腶脩⑤云乎！

[译文] "宗妇"是什么？是大夫之妻。"觌"是什么？是相见。书"用"为什么？书"用"表示不当该用。宗妇见夫人用币，不合乎礼。那么用什么［合乎礼］？用枣栗一类吧！用腶脩一类吧！

[注释]

①宗妇——同姓大夫之妻。

②觌——音狄 dí，相见。

③币——玉帛之类。

④云乎——《解诂》"云乎，辞也"，语气词，这里相当于"等等"。

⑤腶脩——捣碎加上姜桂香料而制成的干肉。《解诂》："腶脩者，'脯也。'礼，妇人见舅姑以枣栗为贽，见女姑以腶脩为贽，见夫人至尊，兼而用之。"（贽，古时初见所持之礼物）

24.7 "大水。"

24.8 "冬，戎伐曹①，曹羁出奔陈。"

"曹羁"者何？曹大夫也。曹无大夫②，此可以书？贤也。何贤乎曹羁？戎将侵曹，曹羁谏曰："戎众以无义③，君请勿敌也④。"曹伯曰："不可⑤。"三⑥谏不从，遂去之。故君子⑦以为得君臣之义也。

[译文] "曹羁"是什么人？是曹国的大夫。［对曹国这样的小国

"经"文不书其大夫,此处为什么书写?因为曹羁贤能。曹羁怎么贤能?戎人将要侵伐曹国,曹羁向曹君进谏道:"戎人众多又无义,君主请不要亲自参战[让臣下前去对阵]。"曹君说:"臣下不可独往。"曹羁多次谏君,君不从,于是离去。所以君子认为曹羁之行合乎君臣之大义。

[注释]

①曹——国名,见2.5.9注③。

②曹无大夫——孔广森《通义》:"《春秋》之义,小国无大夫,无大夫者称人,不录名氏也。……小国之卿不命天子,故亦不得以名通于《春秋》。唯来接我者然后书,非接内而亦书者,乃特见其贤也。""无大夫"指《春秋》不书大夫,非该国无大夫,"传"文明说曹羁是曹大夫,可证。

③戎众以无义——《解诂》:"戎师多又常以无义为事。"

④君请勿自敌也——《解诂》:"礼,兵敌则战,不敌则守。君师少不如守身,使臣下往。"

⑤不可——《解诂》:"臣下不可独往。"

⑥三——表示多数。

⑦君子——指孔子。《解诂》:"孔子曰:'所谓大臣者,以道事君,不可则止。'此之谓也。"(孔子的话见《论语·先进》)

24.9 "赤归于曹,郭公。"

"赤"者何?曹无赤者,盖郭①公也②。郭公者何?失地之君也。

[译文]"赤"是什么人?曹国无赤这个人,盖是郭公。郭公是什么人?是失地的君主。

[注释]

①郭——杨伯峻《注》:"郭国似在东方……于西周已有。《新序·杂事四》载齐桓公遇郭氏之墟,问郭所以灭亡,则郭于齐桓公时已亡。"

②曹无赤者,盖郭公也——孔广森《通义》:"郭公名赤,失地而寓于曹。"

[评析]本"传"是公羊自家之言。单看"经"文,杜预《集解》疑有缺文,后人多同意杜氏说。

25. 庄公二十五年

二十五年，壬子，公元前669年，周惠王八年。

25.1 "二十有五年春，陈侯①使女叔②来聘。"

[注释]

①陈侯——陈宣公。

②女叔——陈大夫，姓女，字叔。如左氏所说"始结陈好"。

25.2 "夏，五月癸丑，卫侯朔卒。"

[注释]

卫侯朔——卫惠公。

25.3 "六月辛未朔，日有食之，鼓①，用牲②于社③。"

日食，则曷为鼓，用牲于社？求④乎阴之道也。以朱丝营⑤社，或曰胁之⑥，或曰为暗，恐人犯之，故营之⑦。

[译文] 发生日食，为什么要敲着鼓、抬看牺牲（宰杀的牲畜）于社庙中祭祀？这是责求阴的办法。人们用朱丝将社神缠绕起来。有人说，击鼓是为了威胁他，有人说，是为了让他色彩暗淡些，恐有人侵犯，所以[用朱丝]将他缠绕起来。

[注释]

①鼓——作动词用，指击鼓。

②牲——牺牲，指祭祀用的牛羊。

③社——土地神，这里指祭地神之所，即社宫、社庙。

④求——《解诂》："求，责求也。"

⑤营——围绕。

⑥或曰胁之——《解诂》："'或曰胁之'与责求同义。社者，土地之主也；月者，土地之精也，上系于天而犯日，故鸣鼓而攻之，胁其本也。"

⑦或曰为暗……营之——《解诂》："'或曰为暗'者，社者土地之主，尊也，为日光尽，天暗冥，恐人犯历之，故营之。"

25.4"伯姬①归于杞。"

[注释]

伯姬——鲁庄公长女,杞成公夫人。

25.5"秋,大水,鼓、用牲于社、于门。"

其言"于社""于门"何?于社,礼也;于门,非礼也。

[译文]"经"文说"于社""于门"为什么?[鼓、用牲]于社庙,祭祀社神合乎礼;[鼓、用牲]于门,祭祀门神,不合乎礼。

[注释]

门——门神,护门之神。

25.6"冬,公子友①如陈②。"

[注释]

①公子友——桓公之幼子、庄公之幼弟,故字季;后称季孙氏,世专鲁政。

②公子友如陈——《解诂》"如陈者,聘也",是回复陈之女叔来聘。

26. 庄公二十六年

二十六年,癸丑,公元前668年,周惠王九年。

26.1"二十有六年公伐戎。"

[注释]

左氏、穀梁"年"下有"春"字。

26.2"夏,公至自伐戎。"

26.3"曹杀其大夫。"

何以不名①?众也。曷为众杀之②?不死于曹君者也③。君死乎位曰"灭",曷为不言其"灭"④?为曹羁讳也⑤。此盖战也⑥,何以不言"战"?为曹羁讳也⑦。

[译文]["经"文书"杀其大夫"]为什么不书出名字?是众人[杀死的]。为什么是众人杀死[而就不书出名字]?诸大夫不为君死

· 145 ·

节。国君死在位"经"文书"灭",此处为什么不说其"灭"?是为曹羁[出奔]避讳。此盖是战争,"经"文为什么不说"战"?为曹羁[谏战]避讳。

[注释]

①何以不名——《解诂》《疏》说明,昭公十四年"冬,莒杀其公子意恢"书名,故问。

②曷为众杀之——《疏》说,成公十七年"晋杀其大夫郤锜、郤犨、郤至",是众杀之书名,此众杀之何以不书名。

③不死于曹君者也——《解诂》:"曹诸大夫与君皆敌戎战,曹伯为戎所杀,诸大夫不伏节死义,独退求生。"

④曷为不言其"灭"——《解诂》《疏》说明,昭公二十三年"胡子髡、沈子楹灭"书灭,故问。

⑤为曹羁讳也——为曹羁出奔不死国难而讳故不言"灭";曹羁贤,得君臣之义。参看上24.8。

⑥此盖战也——《解诂》《疏》说明,据上文"不死于曹君"知是战。

⑦为曹羁讳也——因曹羁曾谏战,故不言"战"。参看上24.8。

[评析] 左氏无"传"。《解诂》戎侵曹,杀曹伯,于史无据。

26.4 "秋,公会宋人、齐人伐徐。"

[注释]

徐——国名,嬴姓,在今安徽省泗县。

26.5 "冬十有二月癸亥朔,日有食之。"

27. 庄公二十七年

二十七年,甲寅,公元前667年,周惠王十年。

27.1 "二十有七年春,公会杞柏姬①于洮②。"

[注释]

①杞伯姬——杞成公夫人,庄公长女,二十五年归杞,参看上25.4。

②洮——音桃 táo，鲁地，即今山东省泗水县之桃墟。

27.2 "夏六月，公会齐侯、宋公、陈侯、郑伯①，同盟于幽②。"
[注释]
①齐侯、宋公、陈侯、郑伯——齐桓公、宋桓公、陈宣公、郑文公。
②幽——宋地，参看上16.4注4。

27.3 "秋，公子友①如陈，葬原仲②。"
"原仲"者何？陈大夫也。大夫不书"葬"，此何以书③？通④乎季子⑤之私行⑥也。何通乎季子之私行⑦？避内难也。君子避内难而不避外难⑧。内难者何？公子庆父、父子牙、公子友，皆庄公之母弟也。公子庆父、父子牙通⑨乎夫人⑩以胁公⑪。季子起而治之，则不得与于国政⑫，坐而视之，则亲亲⑬，因不忍见也。故于是复⑭请至于陈，而葬原仲也。

[译文]"原仲"是什么人？是陈国的大夫。对大夫"经"文不书写其"葬"，此处为什么书写？是通融季子的私行。为什么要通融季子的私行？是躲避国内之难。君子避内难而不避外难。内难是什么？公子庆父、公子牙、公子友，皆是庄公的同母弟。公子庆父、公子牙私通于庄公夫人，并且威胁庄公。季子起来处治，自己未执国政，其势不能；坐而视之，则由于亲至亲兄长之故，不忍目睹其受辱。于是复请至陈国，参加原仲的葬礼。

[注释]
①公子友——庄公幼弟，参看上25.6注①。
②原仲——陈大夫，姓原，名仲。
③大夫……何以书——《解诂》说明，隐公元年"公子益师卒"不书"葬"，故问。
④通——变通。
⑤季子——公子友字季，故称。
⑥私行——《解诂》："不以公事行曰私行。"指非言"使"。
⑦何通乎季子之私行——《解诂》："大夫私行不书。"
⑧君子……外难——《礼记·杂记下》："内乱不与焉，外患不避焉。"郑注："谓卿大夫也。同僚将为乱，己力不能讨，不与而已。至于邻国为寇，则当死之也。"

⑨通——《解诂》:"通者,淫通。"

⑩夫人——庄公夫人,齐女哀姜。

⑪胁公——见下三十二年"公曰:'庸得若是乎?牙谓我曰:"鲁一生一及,君已知之矣。"'庆父也存。"

⑫不得与于国政——孔广森《通义》:"时季子未执国政,其位与势皆不得治之。"

⑬亲亲——上"亲"动词,下"亲"名物化,指至亲之人即庄公。

⑭复——《疏》:"上二十五年冬'公子友如陈',今又请往,故言'复'也。"

27.4 "冬,杞伯姬来①。"

其曰"来"②何?直来③曰来,大归④曰来归。

[译文]"经"文说"来"为什么?直来"经"文说"来",大归"经"文说"来归"。

[注释]

①杞伯姬来——春,公会伯姬于洮(见本年首经),现回都城曲阜。

②其曰"来"何——《解诂》《疏》说明,宣公十六年"秋,郯伯姬来归"书"来归",故问。

③直来——《解诂》:"直来,无事而来也。"

④大归——女子出嫁后回母家不再回夫家,多指见弃于夫家。

27.5 "莒庆来逆叔姬①。"

"莒庆"者何?莒大夫也。莒无大夫②,此何以书?讥。何讥尔?大夫越境逆女,非礼也。

[译文]"莒庆"是什么人?是莒国的大夫。[对莒国这样的小国]"经"文不书其大夫,此处为什么书写?为了谴责。谴责什么?大夫越境逆女,不合乎礼。

[注释]

①叔姬——庄公次女。

②莒无大夫——见上24.8注②。

27.6"杞伯来朝。"

[注释]

杞伯——杞惠公。

27.7"公会齐侯①于城濮②。"

[注释]

①齐侯——齐桓公。

②城濮——卫地,在今河南省范县。

28. 庄公二十八年

二十八年,乙卯,公元前666年,周惠王十一年。

28.1"二十有八年春王三月,甲寅,齐人伐卫。卫人及齐人战,卫人败绩①。"

"伐"不日,此何以日②?至之日也③。"战"不言"伐"④,此其言"伐"何?至之日也。《春秋》伐者为客⑤,伐者为主⑥,故使卫主之也⑦。曷为使卫主之⑧?卫未有罪尔。败者称"师",卫何以不称"师"⑨?未得乎师也⑩。

[译文]"经"文写"伐"不写日期,此处为什么写出"甲寅",这是师到即战之日。"经"文说"战"就不说"伐",此处[说战]又说"伐"为什么?是师至之日即战。《春秋》一书以伐人者为客[位序在下],被伐者为主[位序在上],故[书"卫人及齐人战"]让卫人居上,表示战事以卫人为主。为什么让卫人居上,表示战事以卫人为主?因为卫国无罪。战败者"经"文称"师",对卫为什么称"卫人"而不称"卫师"?卫尚未能列阵就战败了。

[注释]

①卫人败绩——《春秋》书"败绩"共16次,称"师"14次,本"经"称"人",成公十六年书"楚子、郑师败绩"。

②"伐"不日,此何以日——《解诂》《疏》说明,隐公二年"郑人伐卫"不书日,故问。

③至之日也——《解诂》"用兵之道,当先至境,侵责之不服乃伐

之；今日至便以今日伐之",故甲寅乃战之日,非伐之日。

④"战"不言"伐"——见上10.2"传"。

⑤伐者为客——《解诂》:"伐人者为客。"(客,外来入侵者)指伐人者位序在下。

⑥伐者为主——《解诂》:"见伐者为主。"主,主战者,指被伐者位序在上。

⑦故使卫主之也——《解诂》"战序上言'及'者为主",指"经"文"卫人"在"齐人"上。

⑧曷为使卫主之——《解诂》《疏》说明,僖公十八年宋襄公伐齐,"宋师及齐师战"书"宋师"主之,故问。

⑨卫何以不称"师"——《解诂》《疏》说明,桓公十三年"齐师、宋师、卫师、燕师败绩"书"师",故问。

⑩未得乎师也——《解诂》:"未得成列为师也。"

[评析] 公羊说"伐"有伐人、被伐之别,这是动词的施动、受动现象的最早说明,在中国语法学史上有其重要价值。但它认为伐人者为客必序下、被伐者为主必序上,杨伯峻《注》说"按之《经》例,未必然"。

28.2 "夏四月丁未,郳娄子琐卒。"

[注释]

"郳娄"——左氏、穀梁例作"邾"。

28.3 "秋,荆伐郑,公会齐人、宋人、郳娄人救郑。"

[注释]

郳娄人——左氏、穀梁无;杨伯峻《注》:"疑衍。"

28.4 "冬,筑①微②。大无麦、禾③。"

冬,既见无麦、禾矣,曷为先言"筑微"而后言"无麦、禾"?讳以凶年造邑也。

[译文] 冬季已经无麦、禾了,为什么先说"筑微",后说"无麦、禾",避讳凶年营造城邑。

[注释]

①筑——修筑，营建。

②微——鲁邑，在今山东省阳谷县；左氏作"郿"，微、郿古相通。

③禾——主要指秋苗，有黍、稷、稻、粱等，麦、菽不称禾。

28.5 "臧孙辰①告②籴③于齐。"

"告籴"者何？请籴也。何以不称"使"④？以为⑤臧孙辰之私行⑥也。曷为以臧孙辰之私行⑦？君子之为国也，必有三年之委⑧。一年不熟，"告籴"，讥也。

[译文] "告籴"是什么？是请籴。为什么不书成"臧孙辰如齐告籴"？认为臧孙辰是［非为国事的］私行。为什么认为臧孙辰是私行？君子的治国，必有三年的积蓄。一年歉收［就向外国告籴，不合君子治国之道］，"经"文书"告籴"，是为了谴责。

[注释]

①臧孙辰——鲁臣。

②告——请。

③籴——音狄 dí，《解诂》"买谷曰籴"。

④何以不称"使"——孔广森《通义》："据内称'使'文，当云'臧孙辰如齐告籴'。"

⑤为——俞樾《群经平议》："为字，衍文也。"

⑥私行——非为国事之行。孔广森《通义》："实为国使，春秋以其私行之辞言之。"

⑦曷为以臧孙辰之私行——《解诂》："据国事也。"

⑧三年之委——《解诂》："古者三年耕必余一年之储，九年耕必有三年之积，虽遇凶灾，民不饥乏。"委，积蓄。

29. 庄公二十九年

二十九年，丙辰，公元前 665 年，周惠王十二年。

29.1 "二十有九年春，新①延厩②。"

"新延厩"者何？修旧③也。修旧不书，此何以书④？讥。何讥尔？

· 151 ·

凶年⑤不修。

[译文] 新延厩是什么意思？是修缮旧的。修缮旧的"经"文不书写，此处为什么书写？为了谴责。谴责什么？凶年不应该兴补修工程。

[注释]

①新——左氏说是"新作"，即新建，公羊说是补修；见下"旧"注。

②延厩——厩，音就 jiù，马棚；延是厩名。

③旧——《解诂》："旧，故也；缮故曰新；有所增盖曰作；始造曰筑。"

④修旧……何以书——《解诂》《疏》说明，成公三年"新宫灾"，此后不见修作之文，故问。

⑤凶年——指上年书"大无麦禾""臧孙辰告籴于齐"。

29.2 "夏，郑人侵许。"

[注释]

许——国名，见 1.11.3 注②。

29.3 "秋，有蜚。"

何以书？记异也。

[译文] 为什么书写？是记载奇异现象的。

[注释]

蜚——音诽 fěi，一种害虫，专食稻花，有臭味；《解诂》"蜚者，臭恶之虫也"。

29.4 "冬，十有二月，纪叔姬卒。"

[注释] 叔姬于隐公七年归纪，见 1.7.1；于十二年入酅，见上 12.1。

29.5 "城诸①及防②。"

[注释]

①②诸、防——鲁邑，诸邑故城在今山东省诸城县；防即 1.9.7 之郎。

第三章　鲁庄公

30. 庄公三十年

三十年，丁巳，公元前664年，周惠王十三年。

30.1 "三十年春王正月。"

30.2 "夏，师①次于成②。"

[注释]

①师——左氏无，后人或认为脱漏，杜预《集解》说："将卑师少，故直言'次'。"

②成——鲁地，靠近齐境，参看2.6.2注。

30.3 "秋七月，齐人降鄣①。"

"鄣"者何？纪之遗邑②。"降之"者何？取之也。取之则曷为不言"取之"？为桓公讳③也。外取邑不书，此何以书？尽④也。

[译文]"鄣"是什么？是纪国遗留下的城邑。"降之"是什么意思？是夺取它。既是夺取它"经"文为什么不说"取之"？是为齐桓公避讳。外国夺取城邑"经"文不书写，此处为什么书写？[将纪国的城邑]尽取了。

[注释]

①鄣——纪邑，在今江苏省赣榆县。

②纪之遗邑——庄公三年"纪季以酅入于齐"成为齐的附庸，四年"纪侯大去其国"纪国灭亡，纪季保酅犹有鄣邑，故曰"纪之遗邑"。

③为桓公讳——《解诂》："时霸功足以除恶，故为讳言。"

④尽——《解诂》："尽取其邑。"

[评析] 公羊此说，实为美化齐桓公，认为书"降鄣"是为桓公侵略别国城邑讳。桓公如不同意，齐人怎能取鄣。

30.4 "八月癸亥，葬纪叔姬①。"

外夫人不书"葬"，此何以书？隐②之也。何隐尔？其国亡矣，徒③葬乎叔尔。

[译文] 外国夫人死，"经"文不书写其"葬"，此处为什么书写？是为纪姬哀痛。为什么哀痛？她的国家灭亡了，只得安葬在她小叔子所

在的地方罢了。

[注释]

①叔姬——上年十二月卒。

②隐——见上1.1注②。

③徒——见上4.5注④。

④叔——纪季,庄公三年以酅入齐;十二年叔姬入酅。

30.5 "九月庚午朔,日有食之,鼓、用牲于社。"

[注释] 本"经"同于上25.3。

30.6 "冬,公及齐侯①遇于鲁济②。"

[注释]

①齐侯——齐桓公。

②鲁济——春秋时,济水经曹、卫、齐、鲁之界,在齐者为齐济,在鲁者为鲁济;鲁济盖在今山东省巨野、东平一带。

30.7 "齐人伐山戎①。"

此齐侯也,其称"人"何?贬。曷为贬②?子司马子③曰:"盖以操④之为已⑤蹙⑥矣!"此盖战也,何以不言"战"?《春秋》敌⑦者言"战",桓公之与戎狄,驱之尔⑧。

[译文] 这是齐侯,"经"文称"人"为什么?是贬低。为什么贬低?子司马子说:"盖是齐侯剿歼山戎残酷了!"这是争战,为什么不说"战"?《春秋》中双方对等说"战",桓公与戎狄相遇,驱逐之罢了。

[注释]

①山戎——北方少数民族部落名,在今河北省迁安、卢龙、滦县一带。

②曷为贬——《解诂》《疏》说明,僖公十年"齐侯、许男伐北戎"书"侯",故问。

③子司马子——传公羊学的经师之一。

④操——俞樾《群经平议》:"《诗》《江汉》篇'正义'引此文作'盖以躁之为已蹙矣',操与躁并假字,其正字当作剿,《说文·刀部》'剿,绝世'……'剿之为已蹙'者,言齐桓公伐山戎剿绝之太痛也,故

· 154 ·

何解为'迫杀之'。"(剿即剿)

⑤已——甚。

⑥蹙——《解诂》："蹙，痛也；迫杀之甚痛。"

⑦敌——敌体，对等。

⑧驱之尔——《解诂》："时桓公力，但可驱逐之而已。"

31. 庄公三十一年

三十一年，戊午，公元前662年，周惠王十四年。

31.1 "三十有一年春，筑台于郎①。"

何以书？讥。何讥尔？临民之所漱浣②也③。

[译文] 为什么书写？为了谴责。谴责什么？[筑台于郎] 临近民众洗涤的地方。

[注释]

①郎——鲁南近郊之邑，参看1.9.5注。

②漱浣——《解诂》："无垢加功曰漱，去垢曰浣，齐人语也。"郑玄《礼记·内则注》："手曰漱，足曰浣。"浣，音唤huàn。

③临民之所漱浣也——文公十六年"'毁泉台。'泉台者郎台也。……未成为郎台，既成为泉台"；可知郎台附近有泉，民众常往洗涤。

31.2 "夏四月，薛伯卒。"

[注释]

薛——见1.11.1注②。

31.3 "筑台于薛。"

何以书？讥。何讥尔？远也。

[译文] 为什么书写？为了谴责。谴责什么？[筑台于薛] 离都城太远了。

[评析] 左氏、穀梁无"传"。"薛"今在何处，已不可考；但绝非"薛伯卒"之"薛"，因为鲁不可能筑台于异国。杜预《集解》、范宁《集解》注明"鲁地"，《解诂》说"礼，诸侯之观不过郊"，可肯定薛在

· 155 ·

鲁之郊外。

31.4 "六月,齐侯来献戎①捷②。"

齐,大国也,曷为亲来献戎捷,威我③也。其威我奈何?旗获④而过我也。

[译文] 齐是大国,为什么齐侯亲自来献伐戎所获之战利品?是以威势恐吓我国。它以威势恐吓我国是怎么回事?列目表明其所获之战利品向我炫耀。

[注释]

①戎——山戎,见上30.7注①。

②捷——战利品,包括战俘。

③威我——《解诂》:"以威恐怖鲁也。"

④旗获——《解诂》:"旗获,捷旗悬所获得以过鲁也。"俞樾《群经平议》:"按闵公二年《左传》'佩,衷之旗也'杜注曰:'旗,表也'。然则'旗获而过我',谓表陈其所获之物而过我也。"译文从俞说。

31.5 "秋,筑台于秦①。"

何以书?讥。何讥尔?临国②也。

[译文] 为什么书写?为了谴责。谴责什么?[筑台于秦]临近宗庙朝廷所在地——国都。

[注释]

①秦——范宁《集解》:"鲁地。"杜预《集解》:"范县西北有秦亭。"范县今属河南省。

②临国——《解诂》:"言国者,社稷宗庙皆为国,明皆不当临也;临社稷宗庙则不敬,临朝廷则泄慢也。"

31.6 "冬,不雨。"

何以书?记异也。

[译文] 为什么书写?是记奇异现象的。

[评析] 左氏、穀梁无"传"。前人指出,公羊本"传"为赘衍;冬季不雨,未必是异。

第三章　鲁庄公

32. 庄公三十二年

三十二年，已未，公元前661年，周惠王十五年。

32.1　"三十有二年春，城小谷。"

[注释]

小谷——一说鲁邑，位曲阜西北。一说齐邑，在今山东省东阿县，管仲之汤沐邑；庄公为结好齐国，为管仲筑城。

32.2　"夏，宋公、齐侯①遇于梁丘②。"

[注释]

①宋公、齐侯——宋桓公、齐桓公。
②梁丘——宋邑，在今山东省成武县，当地有梁丘山。

32.3　"秋七月癸巳，公子牙①卒。"

何以不称"弟"②？杀也。杀则何为不言"刺"③？为季子④讳杀也。曷为为季子讳杀？季子之遏⑤恶也，不以为国狱⑥。缘⑦季子之心⑧而为之讳。季子之遏恶奈何？庄公病，将死，以病召季子⑨。季子至而授之以国政，曰："寡人即不起此病，吾将焉致⑩乎鲁国？"季子曰："般⑪也存，君何忧焉？"公曰："庸⑫得若是乎？牙谓我曰：'鲁一生一及⑬，君已知之矣。'庆父也存⑭。"季子曰："夫何敢！是将为乱乎？夫何敢！"俄而牙弑械成⑮，季子和药⑯而饮⑰之，曰："公子从吾言而饮此，则必可以无为天下戮笑⑱，必有后乎鲁国。不从吾言而不饮此，则必为天下戮笑，必无后乎鲁国。"于是从其言而饮之。饮之无傫氏⑲，至乎王堤⑳而死。公子牙今将尔㉑，辞曷为与亲弑者同㉒？君亲㉓无将㉔，将而诛焉。然则善之与？曰："然。"杀世子、母弟直称君者㉕，甚之也。季之杀母兄，何善尔？诛不得避兄，君臣之义也。然而曷为不直诛而鸩㉖之？行诛乎兄，隐而逃之，使托若以疾死然，亲亲之道也㉗。

[译文]"经"文为什么不称"弟"？把[公子牙]杀了。杀了"经"文为什么不说"刺"？为季子避讳说杀的。为什么为季子避讳说杀？季子制止恶行，而不将恶人置之国法刑律；缘据季子之心思而为之避讳。季

子制止邪恶是怎么回事？庄公病重将死，以病［从陈国］将季子召回。季子来到，庄公授之以国政，并且说道："我因此病起不来了［眼看要死］，我将怎样传递鲁国的君位呢？"季子说："有嗣子子般在，君侯忧愁什么？"庄公说："难道能够这样办吗？公子牙对我说：'鲁国王位是一代父死子继、一代兄死弟及，［这一惯例］君侯是早已明白的。'现有公子庆父在［他是想让庆父继位啊］。"季子说："他如何敢这样做！这不是要作乱吗？他如何敢这样做！"不久，公子牙弑杀庄公的兵械作成［准备动手］，季子和好毒酒让公子牙饮，对他说："公子听从我的话而饮此酒，就必定不为天下人耻笑，并且肯定后代会在鲁国享有禄位。如果不听从我的话而不饮此酒，则必定为天下人耻笑，并且肯定后代在鲁国不会享有禄位。"于是公子牙答应饮酒。在无傫氏家饮了酒，走到王堤这个地方就死了。公子牙是将要弑杀庄公［而实际未弑］，用词为什么跟亲自弑君相同？对国君和父母不得有想要弑杀的企图，有此企图就要对之诛伐。那么称赞这件事吗？回答说："是的。"杀世子、母弟"经"文径直称君杀，是表示做得过分了！季子杀母兄，为什么值得称赞？诛杀罪人不避母兄，是君臣之大义。那么为什么不直接诛杀而用毒酒饮之？实际是诛杀母兄，而隐匿逃避诛杀之责，使之如病死一样，这是亲亲的道理。

［注释］

①公子牙——庄公母弟，见上 27.3；《史记·鲁世家》："庄公有三弟：长曰庆父，次曰叔牙，次曰季友。"

②何以不称"弟"——《解诂》《疏》说明，宣公十五年"公弟叔肸卒"书"弟"，故问。

③何为不言"刺"——《解诂》《疏》说明，僖公二十八年"公子买戍卫，不卒戍，刺之"书"刺"，故问。

④季子——名友，庄公幼弟，参看注①及上 25.6 注①。

⑤遏——止。

⑥不以为国狱——《解诂》："不就狱致其刑。"狱，狱吏、狱法。

⑦缘——缘由，凭据。

⑧缘季子之心——《疏》："季子仁者，不忍用刑其兄。"

⑨召季子——《解诂》："召之于陈。"二十七年秋公子友如陈。

⑩致——与，传交。

⑪般——庄公子,庶妻孟任生,庄公夫人哀姜无子,立为嗣子。

⑫庸——难道、岂,反诘副词。

⑬鲁一生一及——《解诂》:"父死子继曰生,兄死弟继曰及。言隐公生,桓公及;今君生,庆父也当及。是鲁国之常也。"

⑭庆父也存——《疏》:"庄公辞。"《解诂》:"时庄公以为牙欲立庆父。"

⑮牙弑械成——《解诂》:"是时牙实欲弑君,兵械已成;但事未行尔。"

⑯药——《解诂》:"药者,鸩毒也。"

⑰饮——使之饮,使动用法。

⑱戮笑——耻笑。

⑲无傫氏——孔广森《通义》:"鲁巫官名,傫者之家也。"傫,音儡lěi。左氏作针巫氏。

⑳王堤——地名;左氏作逵泉,位曲阜东南。

㉑尔——如此,指代词;指弑杀庄公。

㉒辞曷为与亲弑者同——《解诂》"辞,传序经辞",陈立《义疏》:"此解传自序辞意,谓经书'公子牙卒',无诛杀文,传云杀则曷为不言刺之,为季子讳杀,又云是将为乱乎,是与亲弑者同,宜见诛之辞同。"亲,《解诂》"躬亲也"。

㉓亲——《解诂》:"亲谓父母。"

㉔将——将欲、打算;指企图弑君亲。

㉕杀世子、母弟直称君者——《疏》:"僖五年春'晋侯杀其世子申生'、襄二十六年秋'宋公杀其世子痤'之属者,是杀世子直称君之经也。隐元年夏五月'郑伯克段于鄢'、襄三十年夏'天王杀其弟年夫'之属者,是杀母弟直称君之经也。"

㉖鸩——音zhèn,传说中的一种毒鸟,喜吃蛇,毛呈紫绿色,置于酒中能毒杀人;因而用毒酒饮人也称鸩。

㉗亲亲之道也——《解诂》:"亲虽鸩之,犹有恩也。"

[评析] 穀梁无"传"。左氏记述季友鸩叔牙经过,大致同于公羊,并明确指出叔牙死后"立叔孙氏",是说鲁国之叔牙子孙为叔孙氏。

32.4 "八月癸亥，公薨于路寝。"

"路寝"者何？正寝也。

[译文]"路寝"是什么？是正寝。

[注释]

路寝——路，大、正；寝，寝室。古代天子有六寝：路寝一，燕寝五；诸侯有三寝：路寝一，燕寝二。路寝又名大寝、正寝，斋戒及患病住；燕寝又名小寝，平时居住。《春秋》鲁十二公，终于路寝者有庄、宣、成三公。左氏成公十八年"公薨于路寝，言道也"，杜预《集解》"在路寝，得君薨之道"，可见当时，以君死于路寝为得其正，即善终。参看3.1.4注⑤。

32.5 "冬十月乙未①，子般卒②。"

子卒云"子卒"③，此其称"子般卒"何？君存称"世子"④，君薨称"子某"⑤。既葬称"子"⑥，逾年称"公"。子般卒，何以不书"葬"？未逾年之君也。有子则庙⑦，庙则书"葬"。无子不庙，不庙则不书"葬"。

[译文]儿子死了"经"文说"子卒"，此处称"子般卒"为什么？对嗣子，国君在世时称"世子"，国君薨后称"子某"。国君安葬后继位当年称"子"，逾年称"公"。子般死了，"经"文为什么不书写"葬子般"，因为是［庄公薨］未逾年的国君。国君有子，薨后为其立庙，立庙就书写其"葬"。国君无子，薨后不为其立庙，不立庙就不书写其"葬"。

[注释]

①乙未——穀梁同，左氏作"己未"，杨伯峻《注》："十月不得有己未。"

②子般卒——庄公死后，季子立庄公子子般，庆父使人杀死子般，详见下"评析"及闵公元年。

③子卒云"子卒"——《解诂》《疏》说明，文公十八年"冬十月，子卒"书"子"，故问。

④君存称"世子"——如桓公九年"冬，曹伯使其世子射姑来朝"。

⑤君薨称"子某"——指本"经"及襄公三十一年"秋九月癸巳，子野卒"。

⑥既葬称"子"——见文公十八年，"六月癸酉，葬我君文公""冬

十月，子卒"。

⑦庙——立庙，作动词用。

[评析] 鲁国这次改变史实，《史记·鲁世家》有所记载："先时，庆父与哀姜私通，欲立哀姜娣子开。及庄公卒，而季友立班。十月己未，庆父使圉人荦杀鲁公子班于党氏。季友奔陈，庆父竟立公子开，是为湣公。"（班即般，湣公即闵公，哀姜娣名叔姜）哀姜于庄公二十四年入鲁，叔姜媵从，如第二年生闵公，则闵公此时不过八岁，叔姜齐女，闵公为齐之甥。

32.6 "公子庆父如齐。"

[注释]

杜预《集解》说：庆父杀子般后，季友出奔，国人反对，故惧而奔齐求援（他要立的闵公为齐之甥）。

32.7 "狄①伐邢②。"

[注释]

①狄——当时文化落后的少数民族部落名。

②邢——姬姓国，周公子之所封，在今河北省邢台市。

第四章　鲁闵公

闵公，庄公子，母为庄公夫人哀姜娣叔姜，即位时至多八岁；名启，因避汉景帝刘启讳，《史记》称"开"。"闵"《史记》作"湣"。

1. 闵公元年

元年，庚申，公元前661年，周惠王十六年。

1.1 "元年春王正月。"

公何以不言"即位"？继弑君不言"即位"①。孰继？继子般也。孰弑子般，庆父也。杀公子牙，本②将尔，季子不免。庆父弑君，何以不诛？将而不免，遏恶也③，既而不可及。因狱有所归，不探其情而诛焉，亲亲之道也。恶乎④归狱？归狱仆人邓扈乐⑤。曷为归狱仆人邓扈乐？庄公存之时，乐曾淫于宫中⑥，子般执而鞭之。庄公死，庆父谓乐曰："般之辱尔，国人复不知，盍杀之矣！"使杀子般，然后诛邓扈乐而归狱焉。季子至⑦而不变⑧也。

[译文] 闵公［即位］"经"文为什么不说"即位"？《春秋》中继被弑之君就不说"即位"。闵公继承谁？继承子般。谁弑杀子般？庆父。季子杀了公子牙，公子牙本是将要行弑［而实际未作］，季子犹不免对其惩处。庆父弑君，季子为什么不诛杀他？将要行弑而不免对其惩处，可以遏制恶行，既然已经行弑，［即使惩处］也不可挽救。又因为罪案有所归，季子就不深究其情而加诛杀，这是亲亲的道理。罪案归于谁？归罪案于仆人邓扈乐。为什么归罪案于仆人邓扈乐？庄公在世时，邓扈乐曾淫乱于宫中，子般捉住他加以鞭打。庄公死后，庆父对邓扈乐说："子般侮辱你，全国之人没有不知道的，何不将他杀死！"庆父使邓扈乐杀死子

· 162 ·

般，然后又杀死邓扈乐而归罪案于他。季子听说国君被弑，从家急趋至朝，但也不能改变这桩罪案。

［注释］

①继……"即位"——"传"同庄公六年。

②"本"——原作"今"，孔广森《通义》说："旧作'今'……陆氏本作'本'，上传云'今将尔'，此传云'本将尔'，义各有施，作'本'字者长。"

③将而不免，遏恶也——陈立《通义》："言将者，事未形而意先至，故杀之以绝其萌，所以止乱也。"

④恶乎——于何，于谁。

⑤邓扈乐——左氏作圉人荦。

⑥乐曾淫于宫中——左氏的论述是：在梁家演习雩祭，圉人荦在墙外调戏子般之妹，子般怒，让人鞭打荦。（见庄公三十二年）

⑦季子至——《解诂》："至者，闻君弑从家至朝。"

⑧变——通"辨"。

1.2 "齐人救邢。"

［注释］

庄公三十二年狄伐邢。

1.3 "夏六月辛酉，葬我君庄公。"

1.4 "秋八月，公及齐侯①盟于洛姑②。"

［注释］

①齐侯——齐桓公。

②洛姑——齐地，一说在今山东省平阴县，一说在今山东省博兴县。"洛"，穀梁同，左氏作"落"。

1.5 "季子来归①。"

其称"季子"何②？贤也。其言"来归"何③？喜之也④。

［译文］"经"文称"季子"为什么？认为季子贤德。"经"文称"来归"为什么？认为此事可喜。

[注释]

①来归——指回到鲁国。

②其称"季子"何——《解诂》《疏》说明,庄公二十七年"公子友如陈"、僖公十六年"公子季友卒"书"友""季友",故问。

③其言"来归"何——《疏》:"内大夫出与归不两书",如庄公二十七年"公子友如陈",不书其"来归";此则仅书"归"未书"如"。

④喜之也——《解诂》:"季子来归,则国安,故喜之。"

1.6 "冬,齐仲孙来。"

"齐仲孙"者何?公子庆父也。公子庆父,则曷为谓之"齐仲孙"?系之齐也。曷为系之齐?外之①也。曷为外之?《春秋》为尊者讳,为亲者讳,为贤者讳②。子女子③曰:"以《春秋》为《春秋》,齐无仲孙,其诸④吾仲孙与?"⑤

[译文] "齐仲孙"是什么人?是公子庆父。既是公子庆父,那为什么称之为"齐仲孙"?是把他系属于齐国。为什么要把他系属于齐国?是把他看作鲁国之外的人。为什么要把他看作鲁国之外的人?《春秋》一书为尊者讳,为亲者讳,为贤者讳。子女子说:"以《春秋》之文为根据考察《春秋》中所谈之事,齐国没有仲孙此人,估计是我鲁国的仲孙吧?"

[注释]

①外之——置之于外,指把庆父看作鲁国之外的人。

②《春秋》……为贤者讳——孔广森《通义》:"为尊者讳,讳所屈也,内不言'败'、盟大夫不称'公'之类是也;为亲者讳,讳所痛也,弑而曰'薨'、奔而曰'孙(逊)'之类是也;为贤者讳,讳所过也。……此则主为贤者讳也。庆父惧讨,久稽于齐,闻季子至而不变,乃肆志复入,季子不探其情,似也听其来,抑过矣。"

③子女子——传公羊学的经师;庄公二十五年"陈侯使女叔来聘",知当时有女性。

④其诸——疑问词,表示大概、估计,参看 2.6.5 注⑤。

⑤以《春秋》……仲孙与——孔广森《通义》:"言后之读《春秋》者,将以《春秋》之文治《春秋》之事,则前后经未见齐有仲孙者,其必知为吾仲孙与?"

第四章　鲁闵公

[评析] 公羊、穀梁皆将齐仲孙解为鲁公子庆父。左氏说"冬，齐仲孙湫（音秋 qīu）来省难"，认为仲孙是齐大夫，名湫。前人研究，肯定公羊、穀梁解说误。

2. 闵公二年

二年，辛酉，公元前660年，周惠王十七年。

2.1 "春王正月，齐人迁阳。"

[注释]

阳——国名，一说姬姓，一说偃姓，一说御姓，在今山东省沂水县；杜预《集解》说"盖齐人逼徙之"。

2.2 "夏五月乙酉，吉禘①于庄公②。"

其言"吉"何？言"吉"者，未可以吉③也。曷为未可以吉④？未三年也⑤。三年矣⑥，曷为谓之未三年⑦？三年之丧，实以二十五月。其言"于庄公"何？未可以称宫庙也⑧。曷为未可以称宫庙⑨？在三年之中矣。"吉禘于庄公"何以书？讥。何讥尔？讥始不三年也。

[译文] "经"文说"吉禘"为什么？说"吉禘"，意思是不可以举行吉禘［已进入第三年］，为什么不可以举行吉禘？还未满三年［不到二十五个月］。已经经历［庄公三十二年、闵公元年、闵公二年］三年了，为什么还说未满三年？三年之丧实际上当是二十五个月［现在才二十二个月］。"经"文说"于庄公"为什么？因为不可以称为于太庙。为什么不可以称为于太庙？因为尚在三年之中。那"吉禘于庄公"为什么要书写？为了谴责。谴责什么？谴责开始不到三年就举行吉禘。

[注释]

①吉禘——吉祭，一神祭典。父母之丧，称三年之丧（实为到三年之第一个月，共二十五个月），孝子穿斩衰（崔 cuī）丧服，又名斩衰之丧。到第二十五个月，孝子穿吉服，将灵主（牌位）从新庙中移入太庙祭典，这种祭典名为吉禘或吉祭。

②庄公——指庄公庙，为祭奠庄公而立之庙，与太庙有别；吉禘当于太庙中举行。

· 165 ·

③未可以吉——《解诂》:"都未可以吉祭。"《疏》:"在三年之内,庄公及始祖之庙,皆未可以吉祭,故言'都'尔。"

④曷为未可以吉——《解诂》"据三年也",《疏》"庄三十二年八月公薨,至今年五月已入三年之境,故言'据三年也'",意思是已进入第三年,为什么还不可行吉禘之典。

⑤未三年也——《疏》:"谓未满二十五月也。"

⑥三年矣——指经历庄公三十二年、闵公元年、闵公二年。

⑦曷为谓之未三年——《解诂》:"公薨至是适二十二月。"

⑧未可以称宫庙也——《解诂》:"时闵公在三年之中,不可入太庙,禘之于新宫,故不称宫庙,明皆非也。"

⑨曷为未可以称宫庙——《疏》:"正以禘是吉祭之称,既得言禘,何故不得称宫庙,故难之。"

2.3 "秋八月辛丑,公薨。"

"公薨"何以不地①?隐之②也。何隐尔?弑也。孰弑之?庆父也。杀公子牙,本③将尔,季子不免;庆父弑二君,何以不诛?将而不免,遏恶也。既而不可及,缓追逸贼④,亲亲之道也。

[译文] "公薨"为什么不写出地点?有所遮掩。遮掩什么?遮掩闵公被弑之事。谁弑死的?庆父。季子杀公子牙,公子牙本是将要行弑[而实际未作],季子犹不免对其惩处;庆父弑死二君,季子为什么不诛杀他?将要行弑而不免对其惩处,为了遏止恶行。既然已经行弑,也[即使惩处]不可挽救,故缓追逃跑之贼子,这是亲亲的道理。

[注释]

①"公薨"何以不地——《疏》:"隐十一年传云'公薨,何以不地',注云'据庄公薨于路寝',然则此传云'公薨,何以不地'者,亦据庄公,但从彼省文故也。"

②隐——见1.11.4注③。

③本——原作"今",现改"本",看上1.1注②。

④逸贼——逃逸的贼子,指庆父。

[评析] 左氏讲"公薨"的情形:"初,公傅夺卜齮田,公不禁。秋八月辛丑,共仲使卜齮贼公于武闱。"(傅,保傅;共仲,庆父;齮,音

椅 yǐ；武闱，宫门名）

2.4 "九月，夫人姜氏孙①于邾娄②。"

[注释]

①孙——通"逊"；庄公元年"传"："内讳奔谓之孙"参看3.1.2注④。

②邾娄——左氏、穀梁例作"邾"。

[评析] 姜氏即哀姜，其出奔原因，《解诂》说"为淫二叔，杀二嗣子"（二叔指庆父与公子牙；二子指子般与闵公）。左氏指出，哀姜私通庆父并欲立之；哀姜又奔齐也因作恶终于为齐所杀（见5.1.5）。

2.5 "公子庆父出奔莒。"

[注释]

莒——国名，参看1.2.2注①。

2.6 "冬，齐高子①来盟。"

"高子"者何？齐大夫也②。何以不称"使"③？我无君也④。然则何以不名⑤？喜之也。何喜尔？正⑥我也。其正我奈何？庄公死，子般弑，闵公弑，比⑦三君死，旷年⑧无君。设⑨以齐取鲁，曾⑩不兴师，徒以言⑪而已矣。桓公使高子将南阳⑫之甲，立僖公而城鲁。或曰自鹿门⑬至于争门⑭者是也，或曰自争门至于吏门⑮者是也。鲁人至今以为美谈，曰："犹望高子也。"

[译文] "高子"是什么人？是齐国的大夫。"经"文为什么不称"齐使高子来盟"？因为我国无君。那么为什么不称他的名字？是喜欢他。为什么喜欢？匡救我国。他匡救我国是怎么回事？庄公死、子般被弑、闵公被弑，接连三个国君去世，鲁国常年没有国君。[桓公]以齐国之强，如想攻取鲁国，则不用兴师，只用以言语发道檄文即可。桓公使高子率领南阳之兵，立了僖公并修筑鲁都城。有人说是自鹿门修到争门，有人说是自争门修到吏门。鲁人至今对此事传为美谈，都说："还希望高子来。"

[注释]

①高子——杜预《集解》："盖高傒也。"据下公羊文同。

· 167 ·

②齐大夫也——《解诂》《疏》说明，庄公二十二年有"及齐侯盟于防"，故问。

③何以不称"使"——《解诂》《疏》说明，桓公十四年"郑伯使其弟语来盟"，书"使"故问。

④我无君也——《解诂》："时闵公弑，僖公未立，故正其义，明君臣无相适之道也。"（适，对等）意思是，我无君，不能让齐君跟我臣相适。

⑤何以不名——《解诂》《疏》说明，成公二年"及国佐盟于袁娄"书名，故问。

⑥正——匡正，匡救。

⑦比——接连。

⑧旷年——长时间。

⑨设——假设。

⑩曾——则。

⑪言——陈立《义疏》："以言者，喻其易……若言传檄而定之。"

⑫南阳——《解诂》："齐下邑。"孔广森《通义》："齐桓公作内政，有中军之鼓，有国子之鼓，有高子之鼓，各帅五乡焉。南阳者盖高子所帅乡名。"

⑬鹿门——鲁南城东门。

⑭争门——鲁北城门。

⑮吏门——鲁西城门。

[评析] 公羊说，鲁"旷年无君"，于事实大谬。据左氏记载，庄公于三十二年八月薨，子般于是月即位；子般于十月被杀，闵公于同月即位。不但未逾年，也未逾月。闵公二年八月薨，九月僖公继位，也未逾年。

2.7 "十有二月，狄入卫。"

[注释]

狄——杜预《集解》"后序"："卫懿公及赤狄战于洞泽。"此"狄"当为赤狄；狄的一种，狄见3.32.7注①。

· 168 ·

2.8 "郑弃其师。"

"郑弃其师"者何？恶其将[1]也。郑伯[2]恶高克[3]，使之将，逐而不纳，弃师之道也[4]。

[译文] "郑弃其师"是怎么回事？[郑伯] 厌恶他的将领。郑伯厌恶高克，使之率兵，驱之出去而不让他回来，这是抛弃军队的一种做法。

[注释]

①恶其将——陈立《义疏》："谓郑恶其将尔，非谓《春秋》恶其将也。"

②伯——郑文公。

③高克——郑臣。

④弃师之道也——《解诂》："郑伯素恶高克，欲去之无由。使将师救卫，随后逐之。因将师而去其本，虽逐高克，实弃师之道。"

第五章 鲁僖公

僖公，庄公子，名申，母成风；《解诂》说闵公庶兄，《史记·鲁周公世家》说湣公弟，庄公少子，前人多取《史记》说。"僖"，《史记》作"釐"。

1. 僖公元年

元年，壬戌，公元前659年，周惠王十八年。

1.1 "元年春王正月。"

公何以不言"即位"①？继弑君，子不言"即位"。此非子也，其称子何②？臣、子一例也。③

［译文］僖公［即位］"经"文为什么不说"即位"？子继承被弑之君，《春秋》不说"即位"。此并非子继父，那也跟子继父同样看待为什么？［闵公为君，僖公即为臣］，臣继君位、子继父位，《春秋》是同一书法。

［注释］

①公何以不言"即位"——《解诂》："据文公言'即位'。"

②其称子何——《解诂》说明，"僖公者，闵公庶兄"，故问。

③臣、子一例也——《解诂》："僖公继成君，闵公继未逾年君。礼，诸侯臣诸父，兄弟以臣之继君，犹子之继父也。其服皆斩衰，故传称臣、子一例。"

1.2 "齐师、宋师、曹师①次②于聂北③，救邢④。"

"救"不言"次"，此其言"次"何⑤？不及事⑥也。不及事者何？邢已亡矣。孰亡之？盖狄灭之⑦。曷为不言"狄灭之"？为桓公讳也。曷为桓公讳？上无天子，下无方伯⑧，天下诸侯有相灭亡者，桓公不能救，则桓公耻之。曷为先言"次"，而后言"救"⑨？君也⑩。君则其称"师"何⑪？不与⑫诸侯专封也⑬。曷为不与？实与，而文不与⑭。文曷为不与？诸侯之义，不得专封也。诸侯之义不得专封，则其曰实与之何？上无天子，下无方伯，天下诸侯有相灭亡者，力能救之，则救之可也。

[译文]"经"文说"救"不说"次"，此处说"次"为什么？是未赶上援救。未赶上援救是怎么回事？邢国已经灭亡了。谁灭亡它的？盖是狄灭亡它的。"经"文为什么不说"狄灭之"？为齐桓公避讳。为什么为齐桓公避讳？上无圣明天子，下无仗义方伯，天下诸侯有相互吞灭的，桓公不能救援，桓公就以之为耻。为什么先说"次"而后说"救"？是国君率师。国君率师"经"文不书["齐侯、宋公、曹伯"]而书"齐师、宋师、曹师"为什么？是不赞许诸侯专权擅自封赏。为什么不赞许？实际上是赞许的，而行文不赞许[不书国君率师]。行文为什么不赞许？因为诸侯的本分，是不得专权擅自封赏的。既然诸侯的本分不得专权擅自封赏，那说实际上赞许为什么？上无圣明天子，下无仗义方伯，天下诸侯有相互吞灭的，谁的力量能救援，谁就去救援，这是许可的。

[注释]

①齐师、宋师、曹师——孔颖达《正义》"先儒以为此役，诸侯身行"，则三国皆是君亲自率师。

②次——停驻，参看3.3.5注①。

③聂北——邢地，在今山东省茌平县。

④邢——国名，参看3.32.7注②。

⑤"救"……言"次"何——《解诂》《疏》说明，僖公十八年"夏，师救齐"不书"次"，故问。

⑥事——指救援。

⑦盖狄灭之——《解诂》《疏》说明，庄公三十二年有"冬狄伐邢"，故云。

⑧方伯——见3.4.4注㉒。

⑨曷为……后言"救"——《解诂》《疏》说明，襄公二十三年"八月，叔孙豹率师救晋，次于雍渝"先书"救"，后书"次"，故问。

⑩君也——《解诂》:"叔孙豹,臣也。当先通君命,故先言'救',今此先言'次',知实诸侯。"这是说臣听命于君,无君命不得"次";此是三国之君,可自主而"次"。

⑪其称"师"何——指不称"齐侯、宋公、曹伯"而称"师"为什么。

⑫与——赞许。

⑬不与诸侯专封也——《解诂》:"故没君,文但举'师'而已",指文但书"师",不书君。专封指封爵、封土、封城;专封之权只周天子才有;此指封城,即让邢迁都。

⑭实与,而文不与——孔广森《通义》:"实不与则当贬'齐人',文与则当言'齐侯、宋公、郑伯'。今不举诸侯,也不贬称'人',实扬文抑,两者各见春秋之决事也。"实与是指许可救邢。

[评析] 公羊既言"不与诸侯专封",表现其"尊王"思想;又言"上无天子,下无方伯",有力诸侯可相救,实际又褒扬齐桓公。

1.3 "夏六月,邢迁于陈夷①。"
"迁"者何?其意也②。"迁之"者何?非其意也。③

[译文]"迁"是什么意思,表示是其意愿,主动想迁。"迁之"是什么意思?表示非其意愿,被迫而迁。

[注释]
①陈夷——左氏、穀梁作夷仪,邢地,在今山东省聊城县。
②其意也——《解诂》:"其意自欲迁,时邢创,畏狄兵,更欲依险阻。"《疏》:"欲言自迁,实齐迁之;欲言齐迁而作自迁之文。故执不知问。"
③"迁之"……其意也——《解诂》《疏》说明,庄公十年"宋人迁宿";"迁宿"是宿被迫而迁。

[评析] 公羊解说了"经"文的两个句式,"N₁—迁—于—N₂(地名)"是 N₁ 自愿迁徙,"N₁—迁—N₂"是 N₂ 被迫迁徙。刘师培《春秋左氏传答问》说:"《春秋》之例,自迁弗书,'经'书所迁,均逼外势者也。许四迁,三由楚命;蔡迁迫于吴;邢、卫之迁迫于狄。"故"经"书"迁",都是被迫迁徙,无"其意"与"非其意"之别。且以本"经"邢

迁于陈夷来说，左氏闵公元年说"齐桓公迁邢于夷仪"，则是齐强迫邢迁；《解诂》也说"时邢创，畏狄兵"，是被逼迫而迁。不过就公羊所解两句式来说，则是对的。"N₁—迁"N₁是主语，表示施事；"迁—N₂"N₂是宾语，表示受事。

1.4 "齐师、宋师、曹师城邢。"

此一事也，曷为复言"齐师、宋师、曹师"？不复言"师"，则无以知其为一事也。

[译文] 此 [与上"经""齐师、宋师、曹师救邢"] 为一次事件，为什么还说"齐师、宋师、曹师"？如果不再说三国之"师"，就不能知道与上"经"为一次事件。

[注释]

城邢——筑邢城；城，作动词用。三国之师将狄人逐退之后，又迁邢于陈夷，邢人无务筑城，三国之师又协助之。

1.5 "秋七月戊辰，夫人姜氏薨于夷①，齐人以归②。"

"夷"者何？齐地也。齐地，则其言"以归"何？夫人薨于夷，则齐人以归。夫人薨于夷，则齐人曷为以归？桓公召而缢杀之③。

[译文] "夷"是什么地方？是齐地。是齐地，那"经"文说"以归"为什么？夫人死在夷地，那齐人当然要将其尸体弄回。夫人死在齐地，那齐人为什么要将其尸体弄回？是齐桓公下令将她从邾娄召回到夷地将她绞死的。

[注释]

①夷——杜预《集解》说鲁地；公羊说齐地，当是。

②以归——指将尸体弄回；指归齐都，非归鲁，据下经姜氏"丧"至自齐。

③桓公召而缢杀之——《解诂》："桓公召夫人于邾娄归杀之于夷。"姜氏上年逊邾娄（见4.2.4）。

1.6 "楚人伐郑。"

1.7 "八月，公会齐侯、宋公、郑伯、曹伯①、邾娄②人于柽③。"

[注释]

①齐侯、宋公、郑伯、曹伯——齐桓公、宋桓公、郑文公、曹昭公。

②邾娄——左氏、穀梁例作"邾"。

③柽——音撑 chēng，宋地，在今河南省淮阳县；左氏、穀梁作柽，二字音同。

1.8 "九月，公败邾娄师于缨。"

[注释]

缨——邾娄地，在今山东省费县；左氏、穀梁作"偃"，二字声母同，相通。

1.9 "冬十月壬午，公子友率师败莒师于犁①，获莒挐②。"

"莒挐"者何？莒大夫也。莒无大夫，此何以书？大季子之获也。何大乎季子之获？季子治内难以正③，御外难以正。其御外难以正奈何？公子庆父弑闵公，走而之莒，莒人逐之。将由④乎齐，齐人不纳。却反舍于汶水之上，使公子奚斯入请。季子曰："公子不可以入，入则杀矣⑤。"奚斯不忍反命于庆父，自南涘⑥北面而哭⑦。庆父闻之曰："嘻⑧！此奚斯之声也。诺⑨！"已曰⑩："吾不得入矣。"于是抗辀经而死⑪。莒人闻之曰："吾已得子之贼矣。"以求赂乎鲁⑫，鲁人不与。为是兴师而伐鲁，季子待之以偏战。

[译文] "莒挐"是什么人？是莒国大夫。[对莒国这样的小国]"经"文不书其大夫，此处为什么书写？是为了重视季子的擒获，为什么重视季子的擒获？季子治理内难用正当方法，治理外患也难用正当方法。他抵御外患难用正当方法情景怎么样？公子庆父弑杀闵公后，出逃到了莒国，莒子驱逐他。他要去齐国，齐人不接受。庆父回到了汶水之上，让公子奚斯进鲁国为他请求返国。季子说："庆父不能回来，回来就要杀死他。"奚斯不忍心将季子的话转给庆父，自己在汶水边上面北而哭。庆父听到说："啊！这是奚斯的声音。"远远的回答奚斯道："欸！"停会儿又说："我不能进入鲁国了！"于是仰其车辕上吊了。莒人听说后说："我们得到你们的祸国贼人了。"于是向鲁国索取财物。鲁人不给，因此莒人兴师讨伐鲁国。季子以偏战应之[战败莒师，并擒获莒挐]。

· 174 ·

[注释]

①犁——鲁地，左氏作"郲"，穀梁作"丽"。

②莒挐——莒君之弟，挐音如 rú。

③治内难以正——《解诂》："谓据庆父。"指季子正确对待庆父作乱。庆父杀死闵公，当时季子估计自己力量不足，于是带着僖公躲到邾娄，后又带僖公返回（见闵公二年左氏说）。

④由——经，到。

⑤入则杀矣——《解诂》："义，不可见贼而不杀。"

⑥涘——水边，音俟 sì。

⑦北面而哭——《解诂》"时庆父在汶水之北"。

⑧嘻——《解诂》："嘻，发痛语首之声。"

⑨诺——孔广森《通义》："诺，应声；答奚斯知其意。"

⑩已曰——孔广森《通义》："已曰，犹言即而曰。"

⑪抗辀经而死——孔广森《通义》："辀，乘车曲辕也；抗，举也；轩其车使辀去地，高可得缢也。"（轩，仰高）经，自经，上吊。

⑫求赂乎鲁——孔广森《通义》："鲁本赂莒，使归庆父，莒但逐之而已；闻其自死，乃复责赂。"

1.10 "十有二月丁巳，夫人氏之丧①至自齐。"

"夫人"何以不称"姜氏"？贬。曷为贬②？与弑公也③。然则曷为不于弑焉贬④？贬必于其重者，莫重乎以丧至也。

[译文] 对"夫人""经"文为什么不称"姜氏"？是贬低她。为什么贬低她？因为参与弑闵公。那为什么不在弑时贬低［而仍称"姜氏"］？贬低必须于重要事件，没有比她丧至事件再重要［故于此事件贬低］。

[注释]

①丧——尸体，已入殓。

②曷为贬——《解诂》说明，上经"夫人姜氏薨于夷"书"姜氏"，故问。

③与弑公也——《解诂》："与庆父共弑闵公。"

④曷为不于弑焉贬——孔广森《通义》："难孙于邾娄称姜氏意。"闵公二年"九月，夫人姜氏孙于邾娄"，是姜氏参与弑闵公后而逊邾娄，

· 175 ·

"传"文是说为什么于此"经"不贬,仍称"姜氏"。

[评析] "经"文不书"姜",杜预《集解》说"不称'姜',缺文",杨伯峻《注》说"'夫人氏'犹隐公三年之'君氏'、《诗·邶风·凯风》之'母氏',并非缺文"。

2. 僖公二年

二年,癸亥,公元前658年,周惠王十九年。

2.1 "二年春王正月,城楚丘①。"

孰城②?城卫也。曷为不言"城卫"?灭也。孰灭之?盖狄灭之③。曷为不言"狄灭之"?为桓公讳也。曷为为桓公讳?上无天子,下无方伯④,天下诸侯有相灭亡者,桓公不能救,则桓公耻之也。然则孰城之⑤?桓公城之。曷为不言"桓公城之"?不与诸侯专封也⑥。曷为不与?实与而文不与。文曷为不与?诸侯之义,不得专封。诸侯之义,不得专封,则其曰实与⑦之何?上无天子,下无方伯,天下诸侯有相灭亡者,力能救之,则救之可也。

[译文] 为谁筑城?为卫筑城。"经"文为什么不说"城卫"?卫国已经灭亡了。谁灭亡它的?盖是狄灭亡它的。"经"文为什么不说"狄灭之"?为齐桓公避讳。为什么为齐桓公避讳?上无圣明天子,下无仗义方伯,天下诸侯有相互吞灭的,桓公不能救援,桓公就以之为耻。那么谁筑楚丘城?桓公筑楚丘城。"经"文为什么不说"齐侯城楚丘"?是不赞许诸侯专权擅自封赏。为什么不赞许?实际上是赞许的,而行文不赞许[不书"齐侯城楚丘"]。行文为什么不赞许?因为诸侯的本分,是不得专权擅自封赏的。既然诸侯的本分,不得专权擅自封赏,那说实际上赞许为什么?上无圣明天子,下无仗义方伯;天下诸侯有相互吞灭的,谁的力量能救援,谁就去救援,这是许可的。

[注释]

①城楚丘——齐桓公城之,左氏闵公二年有"齐桓公……封卫于楚丘"。楚丘,卫地,在今河南省滑县;卫原都朝歌(今河南省淇县,参看1.2.9注),闵公二年狄入朝歌,齐桓公迁其都于楚丘,为之筑城。

②孰城——孰,宾语前置。

③狄灭之——《解诂》:"以上有'狄入卫'。"见闵公二年。
④方伯——见 3.4.4 注㉒。
⑤执城之——《解诂》:"据不出主名。"
⑥不与诸侯专封也——见上 1.2 注⑬。
⑦实与——指城楚丘。
[评析] 本年公羊所表现的思想同于上 1.2,既尊王,又褒扬齐桓公。

2.2 "夏五月辛巳,葬我小君哀姜。"
"哀姜"者何?庄公之夫人也。
[译文] "哀姜"是谁?是庄公的夫人。
[注释]
小君——见 3.22.2 "评析"。

2.3 "虞①师、晋②师灭夏阳③。"
"虞",微国也,曷为序乎大国之上?使虞首恶也。曷为使虞首恶?虞受赂,假灭国者道,以取亡焉。其受赂奈何?献公④朝诸大夫而问焉:"寡人夜者寝而不寐,其意也何?"诸大夫有进对者曰:"寝不安与?其诸侍御有不侧者与?"献公不应。荀息⑤进曰:"虞、郭⑥见与⑦?"献公揖而进之⑧,遂与之入而谋曰:"吾欲攻郭,则虞救之;攻虞,则郭救之。如之何?愿与子虑⑨之。"荀息对曰:"君若用臣之谋,则今日取郭,而明日取虞尔。君何忧焉?"献公曰:"然则奈何?"荀息曰:"请以屈⑩产之乘⑪,与垂棘⑫之白璧往,必可得也。则宝出之内藏⑬,藏之外府⑭;马出之内厩⑮,系之外厩尔,君何丧焉!"献公曰:"诺。虽然,宫之奇⑯存焉,如之何?"荀息曰:"宫之奇知⑰则知矣⑱,虽然,虞公贪而好宝,见宝必不从其言。请终以往。"于是终以往。虞公见宝,许诺。宫之奇果谏:"记⑲曰:'唇亡则齿寒。'虞、郭之相救,非相为赐⑳;则今日取郭,而明日虞从而亡尔!君请勿许也。"虞公不从其言,终假之道以取郭。还,四年,反㉑取虞㉒,虞公抱宝牵马而至。荀息见曰:"臣之谋何如?"献公曰:"子之谋则已行矣!宝则吾宝也,虽然,吾马之齿亦已长矣。"盖戏之也㉓。"夏阳"者何?郭之邑也。曷为不系于郭?国之也。曷为国之?君存焉尔㉔。

[译文]"虞"是小国,"经"文为什么将它放在大国"晋"之上?为了让虞成为首恶。为什么让虞成为首恶?虞受财物之赂,借给灭国者道路,以致灭亡。其受财物之赂是怎么回事?晋献公在朝见众大夫问道:"我夜里躺下睡不着,这意味着什么?"众大夫中有人进前回答道:"睡眠不安吗?是否众侍御有的不在身边?"献公沉默不语。荀息上前说:"岂是虞、郭浮现于大王的脑海?"献公当即拱揖使之进前,随后同他一起入宫内谋划说:"我想攻打郭国,虞国就会来救;我想攻打虞国,郭国也会来救。怎么办呢?愿跟先生计议。"荀息回答道:"大王如果采用我的计谋,就会今天攻取郭国,明天攻下虞国。大王还愁什么呢?"献公说:"那怎么办呢?"荀息说:"请大王将屈地产的良马、垂棘出的白玉拿去,必可以得到郭、虞二国。[拿去白玉、良马]不过是出自内库,藏于外库;出自内厩,藏于外厩罢了。大王有什么损失呢!"献公说:"好。即使如此,但宫之奇在,怎么办啊?"荀息说:"宫之奇有智谋是有智谋,即使如此,虞公贪财而好宝,看见财宝,必定不会听从宫之奇的话。请大王还是将财宝送去。"于是献公终于同意送财宝去。虞公见财宝,答应借路。宫之奇果然进谏说:"典籍记载说:'唇亡则齿寒。'[虞、郭唇齿相依]相互救援,不是彼此施点恩惠而已。晋国今天取郭国,明天虞国跟着就灭亡了。大王不要答应借路。"虞公不听从宫之奇的话,最终借给晋国道路以伐郭国。晋国攻取郭国回来到第四年,反过来又攻取虞国,虞公[投降]捧着白璧,牵着白马而来。荀息看见,问献公道:"我的计谋怎样?"献公说:"先生的计谋实现了,白璧还是我的白璧。虽说如此,但我的马长老[不中用了]。"这不过是戏言罢了。"夏阳"是什么地方?是郭国的城邑。那为什么[不书为"郭夏阳"]让它系属于郭?是把它看为一个国家。为什么要把它看为一个国家?国君还存在。

[注释]

①虞——姬姓国,在今山西省平陆县,僖公五年为晋所灭。

②晋——国名,始见于"经",武王子唐叔虞之后,先后都绛(在今山西省翼城县)、曲沃(在今山西省闻喜县)、新田(在今山西省侯马市)。

③夏阳——地名,郭国都城;穀梁同,左氏作"下阳"。

④献公——晋献公。

⑤荀息——晋大臣。

⑥郭——姬姓国，在今山西省平陆县；位在虞国之南，晋献公欲取郭，必经虞。"郭"左氏、穀梁作"虢"。

⑦虞、郭见与——《解诂》："犹曰虞、郭岂见于君之心乎。""见"同"现"。

⑧揖而进之——《疏》："盖谓揖而招之，言用拱揖并招引进己。"

⑨虑——谋虑，筹划。

⑩屈——杨伯峻《注》："屈即北屈。"左氏庄公二十八年"蒲与二屈，君之疆也"，杨伯峻注："二屈，北屈、南屈，两屈盖毗邻……北屈在今吉县东北，南屈当在其南。"《解诂》说"屈产，出名马之地"，将"屈产"解为地名，欠妥，"产"当是动词。

⑪乘——音成 chéng，所乘，代马。

⑫垂棘——《解诂》"垂棘，出美玉之地"，在今山西省潞城县。

⑬内藏——内库。

⑭外府——外库。

⑮厩——马房。

⑯宫之奇——虞大臣。

⑰知——同"智"。

⑱知则知矣——《解诂》："君欲言其知，实知也。"

⑲记——《解诂》："记，史记也"，指文献典籍。

⑳赐——《解诂》："赐犹惠也。"

㉑反——《解诂》："还复往，故言反。"

㉒还……虞——《疏》："言晋人灭郭还归，其四年反往灭虞矣。""四年"，包括今年，即僖公五年。

㉓吾马……戏之也——《解诂》："以马齿长戏之，喻荀息之年老。"《疏》："言虽有谋，年老必昏耄不任使，故言盖戏之。"

㉔君存焉尔——左氏僖公五年记载，"晋灭虢，虢公丑奔京师"。

[评析] 宫之奇谏假道的故事，即成语"唇亡齿寒"的来源。

2.4 "秋九月，齐侯、宋公①、江②人、黄③人④，盟于贯泽⑤。"

"江人""黄人"者何？远国之辞也。远国至矣，则中国⑥曷为独言齐、宋至尔？大国言"齐""宋"，远国言"江""黄"，则以其余为莫敢不至也。

[译文]"江人""黄人"是什么？是指远方国家的用词。远方国家已来到[参加盟会]，那中原诸侯国为什么独说齐、宋两国来？大国列"齐""宋"，远方国家列"江""黄"，那就意味着其他大小、远近各国莫有敢不来参加盟会的。

[注释]

①齐侯、宋公——齐桓公、宋桓公。
②江——国名，嬴姓，在今河南省息县。
③黄——国名，嬴姓，在今河南省潢川县。
④江人、黄人——杨伯峻《注》："江人、黄人，江、黄之君也。"
⑤贯泽——宋地，在今山东省曹县；左氏、穀梁作"贯"。
⑥中国——见1.7.6注⑩。

2.5 "冬十月，不雨。"

何以书？记异也。

[译文]"经"文为什么书写？是记载奇异现象的。

2.6 "楚人侵郑。"

3. 僖公三年

三年，甲子，公元前657年，周惠王二十年。

3.1 "三年春王正月，不雨。"
3.2 "夏四月，不雨。"

何以书？记异也。

[译文]为什么书写？是记载奇异现象的。

3.3 "徐①人取舒②。"

其言"取之"何③，易也④。

[译文]"经"文[不说"灭舒"]说"取舒"为什么？因为灭得太容易了。

[注释]

①徐——国名，参看3.26.4注。

②舒——同宗国之总名，偃姓，宗国大致在今安徽省舒城县。

③其言"取之"何——《解诂》《疏》说明，庄公十年"齐师灭谭"、十三年"齐人灭遂"书"灭"，故问。

④易也——《解诂》："易者犹无守御之备。"

[评析] 左氏、榖梁无"传"，公羊认为徐灭舒而书"取"，是因为"易"，含有指责舒无备之义。按舒为同宗几国之总名，左氏文公十二年"群舒叛楚"孔颖达"正义"引《世本》说，有舒庸、舒蓼、舒鸠、舒龙、舒鲍、舒龚六偃姓舒国；总称"群舒"，散居于今安徽省舒城县、庐江县至巢县一带。徐越数百里取舒，不可能消灭群舒，故以后舒复见，如成公十七年"楚人灭舒庸"、襄公二十五年"楚屈建帅师灭舒鸠"。

3.4 "六月，雨。"

其言"六月，雨"何①？上雨而不甚也。

[译文] "经"文说"六月，雨"为什么？因为上几个月下雨均不甚大。

[注释]

其言"六月，雨"何——《疏》："二年十一月、十二月，三年二月、三月、五月之属皆不书'不雨'，是其得雨故也。"

3.5 "秋，齐侯、宋公①、江人、黄人②会于阳谷③。"

此大会也，曷为末言④尔？桓公曰："无障谷⑤，无贮粟，无易树子⑥，无以妾为妻。"⑦

[译文] 这是盛大盟会，为什么轻轻地说成"会"［而不说盟］？桓公说："不要断绝水流［以妨水利］，不要积存粮食［以夺民食］，不要更易本当立的嗣子，不要将妾变为正妻。"

[注释]

①齐侯、宋公——齐桓公、宋桓公。

②江人、黄人——见上2.4注②、注③。

③阳谷——齐地，在今山东省阳谷县。

④末言——《解诂》:"末者,浅耳;但言'会'不言'盟'。"

⑤障谷——《解诂》:"无障断山谷,专水利也。"

⑥无易树子——《解诂》:"树立,本正辞;无易本正当立之子。"

⑦"无障谷……为妻"——《解诂》:"此四者,皆时人所患,时桓公功德隆盛,诸侯咸曰:'无言不从,曷为用盟哉!'故告誓而已。"

3.6 "冬,公子友①如齐莅②盟。"

"莅盟"者何?往盟于彼也。其言"来盟"③者何?来盟于我也。

[译文]"莅盟"是什么意思?是前往与他国结盟。"来盟"是什么意思?是到来与我国结盟。

[注释]

①公子友——穀梁作公子季友。

②莅——音利lì,临。

③来盟——《疏》:"文十五年春'宋司马华孙来盟'、宣七年春'卫侯使孙良夫来盟'之属是也。"

3.7 "楚人伐郑。"

4. 僖公四年

四年,乙丑,公元前656年,周惠王二十一年。

4.1 "四年春王正月,公会齐侯、宋公、陈侯、卫侯、郑伯、许男、曹伯①侵蔡②,蔡溃③。遂伐楚,次于陉④。"

"溃"者何?下叛上也。国曰"溃",邑曰"叛"⑤。其言"次于陉"何?有俟也。孰俟?俟屈完⑥也⑦。

[译文]"溃"是什么意思?是下反叛上。全国性的叛乱称为"溃",一个城邑的叛乱称为"叛"。"遂伐楚,次于陉"说"次于陉"为什么?有所等待。等待谁?等待楚大夫屈完[来盟]。

[注释]

①齐侯……曹伯——齐桓公、宋桓公、陈宣公、卫文公、郑文公、许穆公、曹昭公。

②蔡——国名，参看 1.4.4 注②。

③溃——逃散，离散；左氏文公三年"民逃其上曰溃"。

④遂……陉——"遂"继"侵蔡"而言；次，驻扎。陉，杜预《集解》："陉，楚地，颍川召陵县南有陉亭。"按召陵（今河南偃城）在蔡之北，伐楚何以反北行，故不可信；一说为楚塞之山。

⑤邑曰叛——《疏》："襄二十六年'卫孙林父入于戚以叛'、定十三年'秋晋赵鞅入于晋阳以叛''冬晋荀寅等入于朝歌以叛'之属是也。"

⑥屈完——楚王之同族大夫。

⑦俟屈完也——见下经"楚屈完来盟于师，盟于召陵"。

4.2 "夏，许男新臣卒。"

[注释]

许男——许缪公，左氏、穀梁作"穆"。

4.3 "楚屈完来盟于师，盟于召陵①。"

"屈完"者何？楚大夫也。何以不称"使"②？尊屈完也。曷为尊屈完③？以当④桓公也。其言"盟于师""盟于召陵"何？师在召陵也。师在召陵，则曷为再言"盟"？喜服楚也。何言乎喜服楚？楚有王者则后服，无王者则先叛。夷狄也，而亟病中国⑤。南夷与北狄⑥交⑦，中国不绝若线。桓公救中国⑧，而攘夷狄⑨，卒怗⑩荆，以此为⑪王者之事也⑫。其言"来"何？与⑬桓为主也。前此者有事矣⑭，后此者有事矣⑮，则曷为独于此焉？与桓公为主，序绩⑯也。

[译文]"屈完"是什么人？是楚国的大夫。为什么不说"使屈完来盟"？是为了尊崇屈完。为什么要尊崇屈完？为了让他跟齐桓公地位对等。"经"文说"盟于师""盟于召陵"为什么？因为诸侯师在召陵。既然是师在召陵，那为什么两次说"盟"？高兴让楚国屈服。为什么说高兴让楚国屈服？对楚国来说，有王者兴它最后一个服从，无王者兴，它第一个反叛。夷狄这些外族，屡屡侵犯中原各国。南夷与北狄交相侵犯，致使中原各国不绝如线。齐桓公内援救中原诸国，而外攘退夷狄，终于使得荆楚屈服，因此成就了王者的事业。"经"文说"来"为什么？是赞许桓公为天下霸主。在此之前有桓公救亡之事，在此之后有桓公救亡之

183

事，为什么单独于此事赞许桓公为天下霸主？这是赞许桓公屡建功绩的最大一次。

[注释]

①召陵——今河南省偃城县，但跟当时战事地望不合，参看前"经"注⑤。

②何以不称"使"——《解诂》《疏》说明，襄公三年六月"陈侯使袁侨如会"书"使"，故问。

③曷为尊屈完——《解诂》："据'陈侯使袁侨如会'不尊之。"

④当——相当，对等。

⑤亟病中国——《解诂》："数侵灭中国。"亟，音气 qì，屡次。

⑥北狄——"校勘记"认为当是北夷，《疏》作"北夷"。

⑦南夷与北狄交——《解诂》："南夷谓楚灭邓、谷，伐蔡、郑，北夷谓狄灭邢至于温；交乱中国。"

⑧桓公救中国——《解诂》"存邢、卫是也"，见元年、二年。

⑨攘夷狄——《解诂》"攘，却也。北伐山戎是也"，见庄公三十年。

⑩帖——音贴 tiē，服。

⑪为——作为，造就。

⑫以此为王者之事也——《解诂》："言桓公先治其国以及诸夏，治诸夏以及夷狄，如王者为之，故云耳。"

⑬与——赞许，认可。

⑭前此者有事矣——《解诂》《疏》说明，指上年之"城邢"，二年"城楚丘"。

⑮后此者有事矣——《解诂》《疏》说明，指下十四年"城缘陵"。

⑯序绩——《解诂》："序，次也，绩，功也。累次桓公之功德莫大于服楚，明德及强夷最为盛。"王引之《经义述闻》说"序绩"当为"予绩"，意即赞许齐桓公屡建的功绩。

[评析] 本"传"公羊明确表现其"攘夷"思想，并再次褒扬齐桓公。但说"喜服楚"，与史实不符。终桓公之世，楚并未服，如下十五年犹书"楚人伐徐"，说明楚仍势盛嚣张。

4.4 "齐人①执陈袁涛涂②。"

涛涂之罪何？辟③军之道也。其辟军之道奈何？涛涂谓桓公曰："君既服南夷矣，何不还师滨海而东④，服东夷且归？"桓公曰："诺。"于是还师滨海而东，大陷于沛泽⑤之中，顾而执涛涂⑥。执者曷为或称"侯"⑦？或称"人"⑧？称"侯"而执者，伯讨⑨也；称"人"而执者，非伯讨也。此执有罪，何以不得为伯讨？古者周公，东征则西国怨，西征则东国怨。桓公假途于陈而伐楚，则陈人不欲其反⑩由己者，师不正故也。不修其师而执涛涂，古人之讨，则不然也。

[译文] 涛涂的罪是什么？偏离了行军该走的道路。他偏离行军该走的道路是怎么回事？涛涂对齐桓公说："大王既然征服南夷，何不还师沿着海滨东行，征服东夷返国？"桓公说："好。"于是还师沿着海滨往东走，结果全军陷入沼泽之地，桓公回头就拘捕了涛涂。对捕人者为什么或称"侯"，或称"人"？称捕人者为"侯"，表示有罪，为方伯所当讨伐；称捕人者为"人"，表示无罪，非方伯所当讨伐。这是拘捕有罪之人，为什么不得看为方伯所当讨伐？古时周公，向东攻则西方国家埋怨［为什么不征伐西方而解救自己］，向西征伐则东方国家埋怨［为什么不征伐东方而解救自己］。桓公向陈国借路而伐楚国，陈国不愿意他返回时再经过自己国家，是因为桓公之师的军纪不正。不修整其军队而执拿涛涂，古人的讨伐，就不是这样。

[注释]

①齐人——榖梁说"齐人者，齐侯也"。

②袁涛涂——陈大夫，"袁"榖梁同，左氏作"辕"。

③辟——同"避"，躲开，偏离。

④滨海而东——《解诂》："滨，涯也；顺海涯而东也。东夷，吴也。"

⑤沛泽——沼泽，水草茂密的低洼地带。

⑥顾而执涛涂——《解诂》："时涛涂与桓公俱行。"

⑦执者……"侯"——如下二十八者"晋侯……执曹伯畀宋人"。成公十五年"晋侯执曹伯归之于京师"。

⑧或称"人"——如定公元年"晋人执宋仲几于京师"。

⑨伯讨——《解诂》："言有罪，方伯所宜讨。"方伯，一方诸侯之长。

⑩反——同"返"。

4.5 "秋,及江人、黄人伐陈。"

4.6 "八月,公至自伐楚。"

楚已服矣,何以致伐楚?叛盟也。

[译文][上次伐楚,屈完来盟于召陵,]楚国已经屈服了,为什么又导致讨伐楚国?因为楚国叛盟[进行了二次讨伐]。

[注释]

公至自伐楚——杜预《集解》"告于庙",意思是伐楚归来,告于庙,故书。参看2.2.9"评析"。

4.7 "葬许缪公。"

[注释]

许缪公——许男新臣;"缪",左氏、穀梁作"穆"。

4.8 "冬十有二月,公孙慈帅师会齐人、宋人、卫人、郑人、许人、曹人侵陈。"

[注释]

公孙慈——叔牙之子,桓公之孙,谥号戴伯;"慈"左氏、穀梁作"兹"。

5. 僖公五年

五年,丙寅,公元前655年,周惠王二十二年。

5.1 "五年春,晋侯①杀其世子②申生。"③

曷为直称"晋侯"④以杀?杀世子、母弟⑤直称君者,甚之也⑥。

[译文]"经"文为什么径直称"晋侯杀"[而不书"晋杀"]?杀世子、杀母弟径直称君杀,是表示做得过分了。

[注释]

①晋侯——晋献公。

②世子——太子又名,参看2.9.4注②。

③五年春……申生——左氏记载,上年"十二月戊申"申生缢于新城。晋用夏正,夏之十二月,是周正二月,故书"五年春……"

·186·

④曷为直称"晋侯"——《解诂》《疏》说明，下七年夏"郑杀其大夫申侯"书"郑杀"，故问。

⑤杀……母弟——指隐公元年"郑伯克段于鄢"[公羊说"克之者何？杀之也"]书"郑伯"。

⑥甚之也——《解诂》："甚之者，甚恶杀亲亲也。"

[评析]左氏详记晋侯杀世子申生原因、过程。公羊、穀梁叙述此"杀"事件在下十年。

5.2 "杞伯姬①来朝其子②。"

其言"来朝其子"何？内辞③也，与其子俱来朝也。

[译文]"经"文说"来朝其子"为什么？这是为鲁国避讳的用词。[实际情况是伯姬]与其子一同来朝。

[注释]

①杞伯姬——鲁庄公长女，杞成公夫人，庄公二十五年出嫁。

②来朝其子——使其子来朝鲁，"来朝"使动用法。据《史记·杞世家》，成公死后"弟桓公姑容立"，则伯姬子未得为君，可能虽立为世子而早丧。

③内辞——孔广森《通义》："未逾年之君不当行朝礼，况妇人无故不逾境，伯姬之与俱来尤非礼也，故为内辞讳曰'来朝其子'。"

5.3 "夏，公孙慈①如牟②。"

[注释]

①公孙慈——鲁宗室，参看上4.8注。

②牟——鲁之邻国，参看2.15.8注②。

5.4 "公及齐侯、宋公、陈侯、卫侯、郑伯、许男、曹伯①会王世子②于首戴③。"

曷为殊"会王世子"④？世子贵也。世子，犹世世⑤子也。

[译文]"经"文为什么特别书"会王世子"[而不书成"公会王世子、齐侯、宋公、陈侯、卫侯、郑伯、许男、曹伯于首戴"]？因为世子尊贵。世子，就是代代继承当世子。

[注释]

①齐侯、宋公、陈侯、卫侯、郑伯、许男、曹伯——齐桓公、宋桓公、陈宣公、卫文公、郑文公、许僖公、曹昭公。

②王世子——周惠王的世子，名郑，即周襄王。

③首戴——卫地，在今河南省睢县；"戴"，穀梁同，左氏作"止"。戴、止古音相近。

④曷为殊"会王世子"——《解诂》《疏》说明，下九年"夏，公会宰周公、齐侯、宋子、卫侯、郑伯、许男、曹伯于葵丘"书"公会宰周公"，故问。

⑤世世——代代，辈辈。

5.5 "秋八月，诸侯盟于首戴。"

"诸侯"何以不序？一事而再见者，前目①而后凡②也。

"郑伯逃归不盟。"

其言"逃归不盟"者何？不可使盟也③。不可使盟，则其言"逃归"何？鲁子④曰："盖不以寡犯众也⑤。"

[译文]"经"文对"诸侯"为什么不详列其次序［如写成"公及齐侯、宋公、陈侯、卫侯、郑伯、许男、曹伯盟于首戴"］？一件事"经"文再见，前面写出细目后面就概述。

"郑伯逃归不盟"说"逃归不盟"为什么？不能使郑伯加盟。不能使郑伯加盟，那说"逃归"为什么？鲁子说："是不让少数触犯多数。"

[注释]

①目——条目，细目；作动词用。

②凡——大概，概说。

③不可使盟也——《解诂》："时郑伯内欲与楚……不肯从桓公盟。"

④鲁子——传公羊学的经师之一。

⑤不以寡犯众也——《解诂》："诸侯以义相约，而郑伯怀二心，依古不肯盟，故言'逃归'，所以抑一人之恶，申众人之善。"（"古"指桓公三年"传"："古者不盟，结言而退。"）意即不因一个郑不与盟而影响众诸侯订盟。

[评析]公羊说"一事而再见者，前目而后凡"，指出《春秋》这一

简练的措辞手法。

5.6"楚子灭弦,弦子奔黄。"
[注释]
弦——国名,姬姓,一说隗姓,在今河南省息县、潢川县之间。

5.7"九月戊申朔,日有食之。"
5.8"冬,晋人执虞公。"
虞已灭矣①,其言"执之"何②?不与"灭"也。曷为不与灭?"灭"者,亡国之善辞也。"灭"者,上下之同力者也③。

[译文]虞国已经被灭了,"经"文说"执虞公"[而不说"灭虞以虞公归"]为什么?不给它以"灭"的说法。说"灭",对亡国来讲是美好的用词。说"灭",表示上下曾经齐心协力共死国难。

[注释]
①虞已灭矣——上二年"传","还四年,反取虞",说是虞灭于今年,参看上2.3注㉒。
②其言"执之"何——《解诂》《疏》说明,定公六年"郑游遬帅师灭许,以许男斯归"书"灭许、以许男斯归",故问。
③"灭"者……者也——《解诂》:"言'灭'者,臣子与君戮力一心共死之辞也。不但去'灭',复去'以归'言'执'者,明虞公灭人以自亡,当绝,不得责不死位也。"

6. 僖公六年

六年,丁卯,公元前654年,周惠王二十三年。

6.1"六年春王正月。"
6.2"夏,公会齐侯、宋公、陈侯、卫侯、曹伯①伐郑,围新城②。"
邑不言"围"③,此其言"围"何?强也④。

[译文]对邑"经"文不说"围",此处说"围"为什么?表示齐桓公逞霸强。

[注释]

①齐侯、宋公、陈侯、卫侯、曹伯——齐桓公、宋桓公、陈宣公、卫文公、曹昭公。

②新城——郑地，在今河南省密县。

③邑不言"围"——参看1.5.8注②。

④强也——《解诂》："恶桓公行霸强而无义也。"

6.3 "秋，楚人①围许②，诸侯遂救许。"

[注释]

①楚人——左氏称"楚子"，当是楚成王。

②许——国名，参看1.11.3注②。

6.4 "冬，公至自伐郑。"

7. 僖公七年

七年，戊辰，公元前653年，周惠王二十四年。

7.1 "七年春，齐人伐郑。"

7.2 "夏，小邾娄子来朝。"

[注释]

小邾娄子——庄公五年之倪黎来，倪与小邾娄一地二名，参看3.5.3注释。

7.3 "郑杀其大夫申侯。"

其称国以"杀"何？称国以杀者，君杀大夫之辞也。

[译文]"经"文称国名"郑"而杀为什么？称国名而杀，是国君杀大夫的用词。

[注释]

其称国以杀何——《解诂》《疏》说明，上五年"晋侯杀其世子申生"书"晋侯"，故问。

7.4 "秋七月，公会齐侯、宋公①、陈世子款、郑世子华，盟于宁母②。"

[注释]

①齐侯、宋公——齐桓公、宋桓公。

②宁母——鲁地，在今山东省鱼台县。

7.5 "曹伯般卒。"

[注释]

曹伯般——曹昭公，"般"左氏、穀梁作"班"，二字古本通假。

7.6 "公子友如齐。"

[注释]

公子友——鲁公子，参看 3.25.6 注①。

7.7 "冬，葬曹昭公。"

8. 僖公八年

八年，己巳，公元前 652 年，周惠王二十五年。

8.1 "八年春王正月，公会王人、齐侯、宋公、卫侯、许男、曹伯①、陈世子款、郑世子华②盟于洮③。"

"王人"者何？微者也。曷为序乎诸侯之上？先④王命⑤也。

[译文]"王人"是谁？是周王室中的低微官吏。为什么要列序在诸侯之上？这是尊崇王命。

[注释]

①齐侯、宋公、卫侯、许男、曹伯——齐桓公、宋桓公、卫文公、许僖公、曹共公。

②郑世子华——左氏、穀梁无，据下"经""郑伯乞盟"当是公羊衍文。

③洮——音逃 táo，曹地，在今山东省鄄城县。

④先——以之为先，指尊崇。

⑤王命——指王人所衔之命。

8.2 "郑伯乞盟①。"

"乞盟"者何？处其所②而请与③也。其处其所而请与奈何？盖酌④之也。

［译文］"乞盟"是什么？是郑伯身在国内而请求与盟。那身在国内而请求与盟是怎么回事？大概是派人挹取其血而来吧。

［注释］

①郑伯乞盟——洮之盟郑伯未参加，现在要求与盟。

②处其所——指郑伯身处国内。

③与——参加。

④酌——《解诂》："时郑伯欲与楚不肯自来盟，处其国遣使挹取其血而请与之。"（挹，舀取）挹取其血备订盟歃血用。

8.3 "夏，狄伐晋。"

8.4 "秋七月，禘①于太庙②，用致③夫人。"

"用"者何？"用"者不宜用也。"致"者何？"致"者不宜致也。禘用致夫人④，非礼也。"夫人"何以不称"姜氏"？贬。曷为贬⑤？讥以妾为妻也。其言以妻为妾奈何？盖胁于齐媵女之先至者也⑥。

［译文］"经"文书"用"为什么？书"用"表示不应当用。"经"文书"致"为什么？书"致"表示不应当致。禘祭用来作为庙见夫人之礼，是不合乎礼的。"夫人"为什么不称"夫人姜氏"？为了贬低。为什么贬低？讥刺以妾为妻。那说以妾为妻是怎么回事？大概是为齐所胁，齐媵女先至而成了夫人。

［注释］

①禘——宗庙之大祭。

②太庙——鲁国始祖周公之庙。

③致——送，引。

④夫人——指僖公夫人声姜。

⑤曷为贬——《解诂》《疏》说明，庄公二十四年"夫人姜氏入"，书"夫人姜氏"，故问。

⑥盖胁……者也——《解诂》："僖公本聘楚女为嫡，齐女为媵。齐先致其女，胁僖公使用为嫡。"

8.5 "冬十有二月丁未，天王崩。"

[注释]

天王——周惠王。

9. 僖公九年

九年，庚午，公元前651年，周襄王元年。

9.1 "九年春王三月丁丑，宋公御说①卒。"

何以不书"葬"？为襄公②讳③也。

[译文] 为什么不书写"葬宋桓公"？是为宋襄公避讳。

[注释]

①宋公御说——宋桓公，说音悦yuè。

②襄公——宋襄公，桓公御说之子。

③为襄公讳——《解诂》说明，襄公背殡出会宰周公（见下"经"），有"不子"之恶，本当讥、贬。但是，"后有征齐、忧中国、尊周室之心，功足以除恶，故讳不书'葬'，使若非背殡也"。

9.2 "夏，公会宰周公①、齐侯、宋子、卫侯、郑伯、许男、曹伯②于葵丘③。"

"宰周公"者何？天子之为政者也。

[译文]"宰周公"是什么人？是周天子的执政之人。

[注释]

①宰周公——左氏说是"宰孔"，食邑于周，为周王室之太宰，故名。

②齐侯、宋子、卫侯、郑伯、许男、曹伯——齐桓公、宋襄公、卫文公、郑文公、许僖公、曹共公；宋子，《春秋》之例，旧君死，新君立，不论已葬未葬，当年称子，逾年称爵。

③葵丘——齐地，在今河南省兰考县。

9.3 "秋七月乙酉，伯姬①卒。"

此②未适人③，何以"卒"？许嫁矣。妇人许嫁，字而笄④之，死则以成人之丧治之。

[译文]"伯姬"未曾嫁人,"经"文为什么写其卒?已经许配嫁人了。妇人许配嫁人,起字并成笄礼,死了按成人之丧处治。

[注释]

①伯姬——僖公女儿之字。

②此——指"伯姬"上不系国。

③适人——嫁人。

④笄——音极 jī,簪,作动词用,女子成年之礼。《仪礼·士昏礼》:"女子许嫁,笄而礼之,称字。"

9.4 "九月戊辰,诸侯盟于葵丘。"

桓之盟不日,此何以日?危①之也。何危尔?贯泽之会②,桓公有忧国之心,不召而至者,江人、黄人也。葵丘之会,桓公震③而矜④之,叛者九国。震之者何?犹曰振振然⑤。矜之者何?犹曰"莫若我也"。

[译文]齐桓公跟诸侯盟会,不书日期,此"经"为什么书日期?为桓公担心。为什么为桓公担心?贯泽盟会,桓公有忧国之心,未召唤而自动来参加的,有江人、黄人。此次葵丘盟会,桓公震而矜,叛盟的有九个国家。震是什么?等于说是振振然。矜是什么?等于说是无人胜我。

[注释]

①危——危险,不安,意动用法,参看 3.23.1 注③。

②贯泽之会——见上 2.4。

③震——气盛。

④矜——骄矜,自负。

⑤振振然——气盛貌。

[评析]"桓之盟"不日,以公羊家尊桓公之言,考之《春秋》不合(参看 3.23.1"评析")。

9.5 "甲戌①,晋侯诡诸②卒。"

[注释]

①甲戌——左氏、穀梁作"甲子",杨伯峻《注》:"盖公羊误。"

②晋侯诡诸——晋献公;"诡",穀梁同,左氏作"佹",二字通。

· 194 ·

9.6"冬，晋里克弑①其君之子奚齐。"

此未逾年之君②，其言"弑其君之子奚齐"何③？杀未逾年君之号也。

[译文] 这是即位未过一年的国君，"经"文写"弑其君之子奚齐"[而不写"弑其君奚齐"] 为什么？这是弑君即位未过一年国君的称谓。

[注释]

①弑——左氏、穀梁作"杀"，盖公羊认为是犯上，作"弑"。

②未逾年之君——献公死在九月，时值冬季，故认奚齐为"未逾年之君"。

③其言"弑……"何——《解诂》《疏》说明，文公十四年"齐公子商人弑其君舍"不书"君之子"，故问。

10. 僖公十年

十年，辛未，公元前650年，周襄王二年。

10.1"十年春王正月，公如齐。"

10.2"狄灭温，温子奔卫。"

[注释]

温——周王畿内小国，左氏称温子为苏子，苏是氏名，温是国名。

10.3"晋里克弑其君卓子①及其大夫荀息。"

"及"者何②？累也③。弑君多矣，舍此无累者乎？曰："有。孔父、仇牧皆累也④。"舍孔父，仇牧无累者乎？曰："有⑤。"有则此何以书？贤也。何贤乎荀息？荀息可谓不食其言⑥矣。其不食其言奈何？奚齐、卓子者，骊姬之子也⑦，荀息傅焉⑧。骊姬者，国色⑨也。献公爱之甚，欲立其子，于是杀世子申生。申生者，里克傅之。献公病将死，谓荀息曰："士何如则可谓之信矣？"荀息对曰："使死者反生，生者不愧乎其言，则可谓信矣。"献公死，奚齐立⑩。里克谓荀息曰："君杀正⑪而立不正，废长⑫立幼，如之何？愿与子虑之。"荀息曰："君尝讯⑬臣矣，臣对曰：'使死者反生，生者不愧乎其言，则可谓信矣。'"里克知其不可与谋，退，弑奚齐。荀息立卓子，里克弑卓子，荀息死之。荀息可谓不食其言矣。

[译文]"经"文用"及"字为什么？是连累而死[故用]。弑君的

事件很多了，除此之外没有连累而死的吗？答说："有。孔父，仇牧就都是连累而死的。"除了孔父、仇牧之外就再没有连累而死的吗？回答说："有。"既然有那么为什么要书写这件事？因为荀息是贤臣。荀息怎么个贤法？荀息可以说是"不食其言"啦！荀息"不食其言"是怎么回事？奚齐、卓子是骊姬的儿子，荀息辅助他们。骊姬是国色，献公特别喜爱她，想立她的儿子，于是杀死世子申生。申生呢，是里克辅助他。献公病重将死，对荀息说："作为士，怎样才算称得上守信？"荀息回答说："让死者再生，不愧他前世所言，就可称得起守信。"献公死，奚齐立为国君。里克对荀息说："国君杀正嫡，而立非正嫡，废长子而立幼子。怎么办呢？我愿跟你一同来谋虑。"荀息说："国君曾经询问过我，我回答道：'让死者再生，不愧他前世所言，就可称得上守信。'"里克知道荀息不可能参与自己的谋划，回头便杀了奚齐。荀息立了卓子，里克又杀死卓子，荀息因而自杀，荀息可以说是"不食其言"。

[注释]

①卓子——左氏、穀梁"经"作"卓"，"传"作"卓子"。

②"及"者何——公羊认为君与大夫之间不能用"及"，故问；参看 2.2.1 注④。

③累——连累、拖累；参看 2.2.1 注⑤。

④孔父、仇牧皆累也——孔父见 2.2.1 注③，仇牧见 3.12.3。

⑤有——见 2.2.1 注⑧。

⑥不食其言——不违背诺言；食，指食之消尽。

⑦奚齐……之子也——左氏说，骊姬生奚齐，其娣生卓子。

⑧傅焉——为之傅；焉，之。《解诂》："礼，诸侯之子，八岁受之少傅，教之以小学业、小道焉，履小节焉。十五受大傅，教之以大学业、大道焉，履大节焉。"

⑨国色——形容姿色极其美丽；《解诂》："其颜色一国之选。"（选，挑选，最）

⑩奚齐立——左氏说奚齐未立，里克杀之于丧次，《史记》同。上 9.6 书"奚齐"为"君之子"，非书"君"。

⑪正——指申生。

⑫长——指重耳。

⑬讯——《解诂》："上问下曰讯。"

10.4 "夏,齐侯、许男①伐北戎②"。
[注释]
①齐侯、许男——齐桓公、许僖公。
②北戎——山戎,见3.30.7注①。

10.5 "晋杀其大夫里克。"
里克弑二君,则曷为不以讨贼之辞①言之?惠公②之大夫也③。然则孰立惠公?里克也。里克弑奚齐、卓子,逆惠公而入。里克立惠公,则惠公曷为杀之?惠公曰:"尔既杀夫二孺子④矣,又将图寡人;为尔君者,不亦病乎?"于是杀之。然则曷为不言惠公之入⑤?晋之不言"出""入"者⑥,踊为文公讳也⑦。齐小白入于齐,则曷为不为桓公讳?桓公之享国⑧也长⑨,美见乎天下,故不为之讳本恶也。文公之享国也短⑩,美未见乎天下,故为之讳本恶也。

[译文] 里克弑杀二君,"经"文为什么不用讨贼之用词[书成"晋人杀里克"]?因为里克是惠公的大夫。那么谁立了惠公?是里克。里克弑杀奚齐、卓子,迎惠公而入。既然是里克立了惠公,那惠公为什么还杀死他?惠公说:"你既然会杀了两个幼子,也就会图谋害我;作为你的君主,难道不是一个心病吗?"于是将里克杀了。那么说"经"文为什么不书"惠公入于晋"?对于晋国,"经"文不说哪君"出"、哪君"入",是预为文公避讳。齐小白入齐"经"文为什么书而不为齐桓公避讳?齐桓公在位时间长,美德显现于天下,故不为他避讳原来的恶事;晋文公在位时间短,美德未显现于天下,故为他避讳原来的恶事。

[注释]
①讨贼之辞——指隐公四年"卫人杀州吁于濮"书"卫人",参看1.4.6"传"及注②、注③。
②惠公——夷吾。
③惠公之大夫——《解诂》:"惠公篡立已定,晋国君臣合为一体,无所复责,故曰此乃惠公之大夫,安得以讨贼之辞言之?"
④孺子——《解诂》:"孺子,小子也。"

⑤曷为不言惠公之入——《解诂》："据齐小白入于齐"，见庄公九年。申生自杀后，献公一妻大戎之子重耳（即文公）奔蒲（在今山西省隰县）；献公另一妻小戎之子夷吾（即惠公）奔屈（在今山西省吉县）。左氏僖公十七年说夷吾在梁（在今陕西省韩城县），则夷吾自梁入。《春秋》未书其入。

⑥⑦晋之……讳也——《解诂》："踊，预也，齐人语，若关西言浑矣。献公杀申生，文公与惠公恐见及，出奔不子，当绝还。'入'为篡，文公功足以并掩前人之恶，故惠公入、怀公出、文公入，浑皆不书，悉为文公故敌也。为文公讳者，欲明文公之功大也。"

⑧享国——帝王在位年数。

⑨桓公之享国也长——齐桓公在位43年。

⑩文公之享国也短——晋文公在位9年。

[评析] 公羊说"经"不书"惠公入""怀公出""文公入"是为文公讳，这是它自家解说，真实原因是"经"有外不赴告则不书之例；或为史官漏记。

10.6 "秋七月。"

10.7 "冬，大雨雹①。"

何以书？记异也。

[译文] 为什么书写？是记载奇异现象的。

[注释]

①雹——左氏、穀梁作"雪"。

11. 僖公十一年

十一年，壬申，公元前649年，周襄王三年。

11.1 "十有一年春，晋杀其大夫㔻郑父。"

[注释]

㔻郑父——穀梁同；左氏"经"同，"传"作"㔻郑"。㔻同丕。

11.2 "夏，公及夫人姜氏①会齐侯②于阳谷③。"
［注释］
①夫人姜氏——声姜，齐桓公之女。
②齐侯——齐桓公。
③阳谷——齐地，参看上 3.5 注③。

11.3 "秋八月，大雩①。"
［注释］
大雩——见 2.5.7 注。

11.4 "冬，楚人伐黄①。"
［注释］
黄——国名，参看上 2.4 注③。

12. 僖公十二年

十二年，癸酉，公元前 648 年，周襄王四年。

12.1 "十有二年春王三月庚午，日有食之。"
12.2 "夏，楚人灭黄。"
［注释］
本"经"接去年"冬，楚人伐黄"。

12.3 "秋七月"。
12.4 "冬十有二月丁丑，陈侯处臼卒。"
［注释］
陈侯处臼——陈宣公；"处臼"，左氏、穀梁作"杵臼"，处、杵音近。

13. 僖公十三年

十三年，甲戌，公元前 647 年，周襄王五年。

· 199 ·

13.1 "十有三年春，狄侵卫。"

13.2 "夏四月，葬陈宣公。"

[注释]

陈宣公——陈侯处臼，上年十二月卒。

13.3 "公会齐侯、宋公、陈侯、卫侯、郑伯、许男、曹伯①于咸②。"

[注释]

①齐侯、宋公、陈侯、卫侯、郑伯、许男、曹伯——齐桓公、宋襄公、陈穆公、卫文公、郑文公、许僖公、曹共公。

②咸——卫地，在今河南省濮阳县。

13.4 "秋九月，大雩。"

[注释] 大雩——参看2.5.7注。

13.5 "冬，公子友如齐。"

14. 僖公十四年

十四年，乙亥，公元前646年，周襄王六年。

14.1 "十有四年春，诸侯城缘陵①。"

孰城之②？城杞也。曷为城杞？灭也。孰灭之？盖徐、莒③胁④之。曷为不言徐、莒胁之？为桓公讳也。曷为为桓公讳？上无天子，下无方伯⑤，天下诸侯有相灭亡者，桓公不能救，则桓公耻之也。然则孰城之？桓公城之。曷为不言"桓公城之"？不与诸侯专封也⑥。曷为不与？实与而文不与。文曷为不与？诸侯之义，不得专封也。诸侯之义，不得专封，则其曰实与之何？上无天子，下无方伯，天下诸侯有相灭亡者，力能救之，则救之可也。

[译文] 谁筑缘陵城？为杞筑城。为什么为杞筑城？杞国已经灭了。谁灭了它？盖是徐、莒瓜分了它。"经"文为什么不说"徐、莒胁之"？为齐桓公避讳。上无圣明天子，下无仗义方伯，天下诸侯有相互吞灭的，桓公不能救援，桓公就以之为耻。那么谁筑缘陵城？桓公筑缘陵城。

"经"文为什么不说"齐侯城缘陵"？是不赞许诸侯专权擅自封赏。为什么不赞许？实际上是赞许的，而行文不赞许［书"诸侯"不书"齐侯"］。行文为什么不赞许？因为诸侯的本分，是不得专权擅自封赏的。既然诸侯的本分不得擅自专权封赏，那说实际上赞许为什么？上无圣明天子，下无仗义方伯，天下诸侯有相互吞灭的，谁的力量能救援，谁就去救援，这是许可的。

[注释]

①缘陵——杜预《集解》、范宁《集解》均说是杞邑，实为齐地，在今山东省昌乐县。

②孰城之——《解诂》："诸侯不序，故问谁城。"之，代缘陵。

③徐、莒——国名，参看3.26.4注、1.2.2注①。

④胁——俞樾《群经平议》说当读为"拹"，折、分之义，"徐、莒拹之者，谓徐、莒拹而分之也"。

⑤方伯——见3.4.4注㉒。

⑥不与诸侯专封也——见上1.2注⑬。

[评析] 公羊前问答，答非所问。"孰城之"不回答"孰"（谁）而答"城杞"（下文"孰城之？桓公城之"，答问相合）。本"传"所阐发之"经义"，同于上1.2和2.1"传"，既尊王又褒扬齐桓公。

14.2 "夏六月，季姬①及鄫②子遇于防③。使鄫子来朝。"

鄫子曷为使乎季姬④来朝？内辞也。非使来朝，使来请己⑤也。

[译文] 鄫子为什么为季姬所使来朝？这是为鲁国避讳的用词。季姬非是使鄫子来朝。而是让鄫子来向僖公请求允许鄫子娶己为夫人。

[注释]

①季姬——僖公女，鄫子夫人。

②鄫——国名，姒姓，在今山东省枣庄市，襄公六年灭于莒；鄫，左氏同，穀梁作"缯"。

③防——鲁地，在曲阜东。

④使乎季姬——为季姬所使，"乎"表示被动。

⑤请己——《解诂》："使来请娶己以为夫人"；下年"经"有"季姬归于鄫"。

14.3"秋八月辛卯,沙鹿崩。"

"沙鹿"者何?河①上之邑也。此邑也,其言"崩"何②?袭邑③也。沙鹿崩,何以书?记异也。外④异不书,此何以书?为天下记异也。

[译文]"沙鹿"是什么?是黄河边上的一个邑。这是城邑,"经"文说"崩"为什么?因为它是坐落在河边高处的城邑。"沙鹿崩"此事为什么要书写?是为了记载奇异现象的。鲁国以外的奇异现象,"经"文不书写,此事为什么书写?是为天下记载奇异现象的。

[注释]

①河——黄河,古称"江淮河汉"均是专名。

②其言"崩"何——《解诂》《疏》说明,成公五年"梁山崩"。记山崩,故问。

③袭邑——俞樾《群经平议》:"按袭者,重袭也。……沙鹿为河上之邑,河岸有高下,沙鹿在其最高之处,故谓之袭邑,明其重累在上,异乎平地之邑也。"

④外——国外,据杜预《集解》,沙鹿是山名,在晋地;公羊认为沙鹿是河上之邑,不过也说在国外。

14.4"狄侵郑。"

14.5"冬,蔡侯肸卒。"

[注释]

蔡侯肸——蔡穆公;肸音希 xī。

15. 僖公十五年

十五年,丙子,公元前645年,周襄王七年。

15.1"十有五年春王正月,公如齐。"

15.2"楚人伐徐。"

[注释]

徐——国名,见3.26.4注;徐为楚之与国。

15.3"三月,公会齐侯、宋公、陈侯、卫侯、郑伯、许男、曹伯①,盟于牡丘②;遂次③于匡④。"

[注释]

①齐侯、宋公、陈侯、卫侯、郑伯、许男、曹伯——齐桓公、宋襄公、陈穆公、卫文公、郑文公、许僖公、曹共公。

②牡丘——齐地,在今山东省聊城县。

③次——停驻。

④匡——宋地,在今河南省睢县。

15.4"公孙敖①率②师及诸侯之大夫救徐。"

[注释]

①公孙敖——孟穆伯,庆父之子。

②率——"经"文此"率"字,左氏、穀梁例作"帅"。

15.5"夏五月,日有食之。"

15.6"秋七月,齐师、曹师伐厉。"

[注释]

厉——国名,在今河南省鹿邑县。

15.7"蝝。"

[注释]

"蝝",左氏、穀梁例作"螽",二字音义同;参看2.5.8注释。

15.8"九月,公至自会。"

桓公之会①不致,此何以致?久也②。

[译文]参加齐桓公的盟会不书"至自会",此处为什么书"至自会"?[出国]时间太久了。

[注释]

①桓公之会——指三月牡丘之会。

②久也——指从春到秋历三个季节。

[评析]公羊说"桓公之会不致",这是褒扬齐桓公而已,同于"桓

之盟不日"。参看 2.2.9、3.23.1"评析"。

15.9 "季姬归于鄫。"
[注释]
鄫——穀梁作"缯"。

15.10 "己卯晦，震夷伯①之庙。"
"晦"者何？冥②也。"震之"者何？雷电击夷伯之庙者也。"夷伯"者，曷为者也？季氏③之孚④也。季氏之孚则微者，其称"夷伯"何？大之也。曷为大之⑤？天戒⑥之，故大之也。何以书？记异也。

[译文]"晦"是什么意思？是白天昏暗。"震夷伯之庙"是什么意思？是雷电击夷伯之庙。"夷伯"是干什么的人？是季氏的亲信。季氏的亲信，则是卑微人物，那称之为"夷伯"为什么？是为了尊大他。为什么要尊大？上天告戒他，所以尊大他。"经"文为什么书写？是记载奇异现象的。

[注释]
①夷伯——杜预《集解》"夷，谥；伯，字"。其名不详。
②冥——昏暗。
③季氏——鲁公室之最强大者。
④孚——《解诂》："孚，信也；季氏所信任臣。"俞樾《群经平议》称"孚"为保，即师保。
⑤曷为大之——《解诂》《疏》说明，定公八年，季氏大臣阳虎称"盗"。
⑥戒——警戒。

15.11 "冬，宋人伐曹。"
15.12 "楚人败徐于娄林。"
[注释]
娄林——徐地，在今安徽省泗县。

15.13 "十有一月壬戌，晋侯及秦伯①战于韩②，获晋侯。"
此偏战③也，何以不言"师败绩"④？君获，不言"师败绩"也⑤。

[译文] 这是偏战，"经"文为什么不说"晋师败绩"？晋君已被俘获，就不再说"晋师败绩"。

[注释]

①晋侯、秦伯——晋惠公、秦穆公，秦事始见于"经"。秦，嬴姓国，始祖为西周孝王所封舜臣伯益之后非子，初都秦城（今甘肃省天水市），因而得名；后历迁都汧（qiān，在今陕西省陇县）、平阳（今眉县）、雍（今凤翔），秦孝公时，徙都咸阳。

②韩——晋地，在今山西省河津县、万荣县之间。

③偏战——各据一面，结日定地、鸣鼓不相诈而战，参看2.10.4注⑥。

④何以不言"师败绩"也——《解诂》说明，下二十二年宋、楚泓之战，书"宋师败绩"，故问。

⑤君获，不言"师败绩"也——《解诂》："举君获为重也。"意思是，"君获"重于"师败绩"，不需再书。

16. 僖公十六年

十六年，丁丑，公元前644年，周襄王八年。

16.1 "十有六年春王正月戊申朔，霣①石于宋五。是月，六鹢②退飞过宋都。"

曷为先言"霣"，而后言"石"？"霣石"记闻，闻其磌③然；视之则石，察之则五。

"是月"者何？仅逮④是月也。何以不日⑤？晦日⑥也。晦则何以不言晦？《春秋》不书"晦"也。朔有事则书，晦虽有事不书。曷为先言"六"而后言"鹢"⑦？"六鹢退飞"，记见也，视之则六，察之则鹢，徐而察之，则退飞。

五石、六鹢，何以书？记异也。外异不书，此何以书？为王者之后⑧，记异也。

[译文] 为什么先说"霣"，后说"石"？说"霣石"是记所闻的，听见其落下的磌然之声；进前看是石头，再一观察有五块。

说"是月"是什么意思？是恰好赶上这个月。为什么不写日期？是晦日。是晦日"经"文为什么不说"晦"？《春秋》一书不书写"晦"。

· 205 ·

朔日明事书"朔",晦日即使有事也不书"晦"。为什么先说"六",后说"鹢"?"六鹢退飞"是记所见的。远看天上有六个东西,再观察是鹢鸟,慢慢进一步观察,是后退着飞。

"五石""六鹢"为什么要书写?是记载奇异现象的。国外奇异现象"经"文不书写,此处为什么书写?这是为王者之后的国家记载其所出现的奇异现象的。

[注释]

①霣——音允 yǔn,坠落;左氏、穀梁作"陨"。

②鹢——音益 yì,一种水鸟,能高飞;左氏同,穀梁作"鶂",二字音、义同。

③磌——音田 tián;磌然,石头落地声。

④逮——及,赶上。

⑤何以不日——《解诂》说明,"霣石于宋五"书日,故问。

⑥晦日——每月末一天,跟朔日相对。

⑦曷为……"鹢"——《解诂》说明,霣石后言"五",故问。

⑧王者之后——指宋国为殷商之后裔。

[评析] 公羊解说"霣石",是先"闻"、后"视"、再"察",解说"六鹢"是先"视"、后"察"、再"徐而察之",按照时间先后分析语句的词序安排,倒颇合理。它说"六鹢"不书日,是因为发生在晦日;"《春秋》不书'晦'""晦虽有事不书",故不书。这是它信口妄言。啖助说"前后书'晦'多矣,曷言不书'晦'乎"(见陆淳《春秋集传辩疑》),如前十五年"己卯晦,震夷伯之庙",成公十五年"甲午晦,晋侯及楚子、郑伯战于鄢陵"。又,公羊说"为王者后"(见 6.3.5、9.9.1),这也是出于对孔子的尊敬,因为孔子祖籍是宋国。

16.2 "三月壬申,公子季友①卒。"

其称"季友"何②?贤也。

[译文] "经"文称"季友"为什么?认为季友贤德。

[注释]

①季友——公子友,庄公弟,字季。

②其称"季友"何——《解诂》说明,闵公元年冬"季子来归"书

"季子"、僖公元年冬"公子友率师"书"公子友",故问。

16.3 "夏四月丙申,鄫①季姬②卒。"
[注释]
①鄫——见上14.2注②。
②季姬——僖公女,鄫子夫人,参看上14.2、15.9。

16.4 "秋七月甲子,公孙慈卒。"
[注释]
公孙慈——鲁宗室,参看上4.8注。

16.5 "冬十有二月,公会齐侯、宋公、陈侯、卫侯、郑伯、许男、邢侯、曹伯①于淮②。"
[注释]
①齐侯、宋公、陈侯、卫侯、郑伯、许男、邢侯、曹伯——齐桓公、宋襄公、陈穆公、卫文公、郑文公、许僖公、曹共公。
②淮——地名,在今江苏省盱眙县。

17. 僖公十七年

十七年,戊寅,公元前643年,周襄王九年。

17.1 "十有七年春,齐人、徐人伐英氏。"
[注释]
英氏——国名,偃姓,在今安徽省金寨县与霍山县之间。

17.2 "夏,灭项①。"
孰灭之?齐灭之。曷为不言"齐灭之"②?为桓公讳也。《春秋》为贤者讳,此灭人之国,何贤尔?君子③之恶恶也疾④始⑤;善善也乐终⑥。桓公尝有继绝⑦、存亡⑧之功,故君子为之讳也。
[译文]谁灭了它?齐国灭了它。那"经"文为什么不说"齐灭之"?是为齐桓公避讳。《春秋》一书为贤者避讳,这是灭人之国,还算

什么贤德啊！君子厌恶恶事，恨其开始；称赞善事，喜其终行。齐桓公曾有继续、存亡之功，故君子为之避讳。

[注释]

①项——国名，在今河南省项城县。

②曷为不言"齐灭之"——《解诂》《疏》说明，庄公十年书"齐师灭谭"，故问。

③君子——公羊认为是孔子。

④疾——憎恨。

⑤疾始——参看1.2.3注⑤"疾始灭"。

⑥乐终——《解诂》："乐贤者终其行。"

⑦继绝——《解诂》："立僖公也。"指齐桓公曾协助僖公即位。

⑧存亡——《解诂》："存邢、卫、杞。"《疏》："存邢，上元年'城邢'是也；存卫，上二年'城楚丘'是也；存杞，上十四年'城缘陵'是也。"

[评析]"灭项"无施事者主语，公羊、穀梁均认为齐灭，不书"齐"是为齐桓公讳。左氏认为是鲁灭，联系下"夫人姜氏会齐于卞""公至自会"，前人以左氏说为是。

17.3"秋，夫人姜氏①会齐于卞②。"

[注释]

①夫人姜氏——声姜，僖公夫人，齐女。

②卞——鲁邑，在今山东省泗水县。

17.4"九月，公至自会。"

17.5"十有二月①乙亥，齐侯小白卒②。"

[注释]

①十有二月——左氏、穀梁有"冬"字。

②十有……小白卒——据左氏，小白十月乙亥卒，因赴告于十二月乙亥，故书。

18. 僖公十八年

十八年，己卯，公元前642年，周襄王十年。

18.1 "十有八年春王正月，宋公会曹伯、卫人、邾娄人伐齐。"
[注释]
宋公、曹伯——宋襄公、曹共公。

18.2 "夏，师救齐。"
18.3 "五月戊寅，宋师及齐师战于甗①。齐师败绩。"
"战"不言"伐"②，此其言"伐"何？宋公与伐而不与战，故言"伐"。《春秋》伐者③为客，伐者④为主，曷为不使齐主之⑤？与襄公之征齐也。曷为与襄公之征齐？桓公死，竖刁、易牙⑥争权不葬⑦，为是故伐之也。

[译文]"经"文说"战"不说"伐"，此处说"伐"为什么？对宋襄公赞许其伐而不赞许其战，所以"经"文说"伐"。《春秋》一书伐人者为客［位序在下］，被伐者为主［位序在上］，［今齐被伐］为什么不让齐为主，位序在宋之上？这是赞许宋襄公征讨齐国。为什么赞许宋襄公征讨齐国？齐桓公死后，竖刁、易牙争权，久久不葬桓公，为此缘故，宋襄公征讨之。

[注释]
①甗——音演 yǎn，齐地，在今山东省济南市历城县。
②伐——指前"宋公……邾娄人伐齐"。
③伐者——指伐人者，参看 3.28.1 注⑤。
④伐者——指被伐者，参看 3.28.1 注⑥。
⑤曷为不使齐主之——指"经"文为什么不让被伐者序上，书"齐师及宋师战"。参看 3.28.1。
⑥竖刁、易牙——齐桓公近侍。
⑦争权不葬——竖刁、易牙争立公子无亏而不葬齐桓公。《史记·齐世家》记载："冬十月乙亥，齐桓公卒。易牙入，与竖刁因内宠杀群吏，而立公子无诡为君，太子昭奔宋。桓公病，五公子各树其党。及桓公卒，遂相攻，以故宫中空，莫敢棺。桓公尸在床上六十七日，尸虫出于户。十二月乙亥，无诡立，乃棺赴。辛巳夜敛殡。"（太子昭即齐孝公）

18.4 "狄救齐。"

18.5 "秋八月丁亥,葬齐桓公。"

18.6 "冬,邢人、狄人伐卫。"

19. 僖公十九年

十九年,庚辰,公元前641年,周襄公十一年。

19.1 "十有九年春王三月,宋人执滕子婴齐。"
[注释]
滕子婴齐——滕宣公;《春秋》书国君执者有十二,唯此"经"及哀公四年"晋人执戎曼子赤"书名,杜预《集解》说:"书名及不书名,皆从赴。"

19.2 "夏六月,宋人①、曹人、邾娄②人盟于曹南③。"
[注释]
①宋人——左氏、穀梁作"宋公",即宋襄公。
②邾娄——左氏、公羊例作"邾"。
③曹南——曹国都之南郊。

19.3 "鄫①子会盟于邾娄。"
其言"会盟"何?后会②也。
[译文]"经"文说"会盟"为什么?是鄫未曾赶上曹南之盟〔而来邾娄会〕。
[注释]
①鄫——穀梁例作"缯"。
②后会——后于盟会,是鄫子来鲁未赶上曹南之盟;杜预《集解》:"不及曹南之盟,诸侯既罢,鄫乃会之于邾。"

19.4 "己酉,邾娄人执鄫子,用之。"
恶乎①用之?用之社②也。其用之社奈何?盖叩③其鼻以血④社也。
[译文]于何处用鄫子?用鄫子祭奠土地神。那用鄫子祭奠土地神是怎么回事?大概是击破他的鼻子,用他的鼻血祭奠土地神。

· 210 ·

[注释]

①恶乎——于何。

②社——作动词用,指祭社;社,土地神。

③叩——击。

④血——衈的坏字,穀梁作"衈",音耳 ěr,范宁《集解》:"衈者,衅也,取鼻血以祭社器。"

19.5 "秋,宋人围曹。"

19.6 "卫人伐邢。"

19.7 "冬,公①会陈人、蔡人、楚人、郑人,盟于齐②。"

[注释]

①公——左氏、穀梁无。

②盟于齐——杜预《集解》:"地于齐,齐亦与盟。"

19.8 "梁①亡。"

此未有伐者,其言"梁亡"何?自亡也。其自亡奈何?鱼烂而亡②也。

[译文] 此"经"未说有伐梁之人,那说"梁亡"为什么?是它自取灭亡的。它自取灭亡是怎么回事?像鱼烂那样,病从内起而灭亡的。

[注释]

①梁——国名,在今陕西省韩城县。

②鱼烂而亡——《解诂》:"梁君隆刑峻法。一家犯罪,四家坐之;一国之中,无不被刑者。百姓一旦相率俱去,状若鱼烂;鱼烂从内发,故云耳。"

20. 僖公二十年

二十年,辛巳,公元前 640 年,周襄王十二年。

20.1 "二十年春,新作南门①。"

何以书?讥。何讥尔?门有古常②也。

[译文] 为什么书写?为了谴责。谴责什么?对门有古制常法[不可奢侈修造]。

［注释］

①新作南门——杜预《集解》："鲁城南门也，本名稷门，僖公更高大之，今犹不与诸门同，改名高门也。言'新'以易旧，言'作'以兴事，皆更造之文也。"

②古常——《解诂》："恶奢泰不用古制常法。"（泰，侈）所谓"古常"即节俭不奢。

20.2 "夏，郜①子来朝。"

"郜子"者何？失地之君也。何以不名②？兄弟③辞也。

［译文］"郜子"是什么人？是失地的国君。"经"文为什么不书出他的名字？这是对同姓兄弟国家间的用词。

［注释］

①郜——见 1.10.3 注④。

②何以不名——《解诂》《疏》说明，桓公七年"夏，谷伯绥来朝，邓侯吾离来朝"，《传》说"皆何以名，失地之君也"，故问。

③兄弟——郜初封者为文王之子，与鲁同是姬姓，为兄弟之国。

20.3 "五月乙巳，西宫灾①。"

"西宫"者何？小寝②也。小寝则曷为谓之西宫？有西宫则有东宫矣。鲁子③曰："以有西宫，亦知诸侯之有三宫④也。"西宫灾，何以书？记异也。

［译文］"西宫"是什么？是小寝。小寝那为什么称为西宫？有西宫就肯定有东宫。鲁子说："因为有西宫，也就知道诸侯必有三宫。"西宫发生火灾，"经"文为什么书写？是记载奇异现象的。

［注释］

①灾——火灾。

②小寝——《解诂》："小寝，内室。"

③鲁子——传公羊学的经师之一。

④三宫——《解诂》："礼，夫人居中宫……右媵居西宫，左媵居东宫。"

20.4"郑人入滑。"

[注释]

滑——国名,参看3.16.4注③。

20.5"秋,齐人、狄人盟于邢。"

20.6"冬,楚人伐随。"

[注释]

随——国名,姬姓,在今湖北省随县。

21. 僖公二十一年

二十一年,壬午,公元前639年,周襄王十三年。

21.1"二十有一年春,狄侵卫。"

21.2"宋人①、齐人、楚人盟于鹿上②。"

[注释]

①宋人——杜预《集解》:"宋为盟主,故在齐人上。"

②鹿上——宋地,在今山东省巨野县、曹县之间。

21.3"夏,大旱。"

何以书?记灾也。

[译文]为什么书写?是记载灾害的。

21.4"秋,宋公、楚子、陈侯、蔡侯、郑伯、许男、曹伯①,会于霍②。执宋公以伐宋。"

孰执之?楚子执之。曷为不言"楚子"?不与夷狄之执中国也。

[译文]秋,宋襄公、楚成王、陈穆公、蔡庄公、郑文公、许僖公、曹共公会盟于霍。拘捕宋襄公以攻打宋国,谁拘捕了宋襄公?楚成王拘捕了宋襄公。"经"文为什么不说"楚成王拘捕了宋襄公"?是不赞许夷狄拘捕中国诸侯啊!

[注释]

①宋公、楚子、陈侯、蔡侯、郑伯、许男、曹伯——宋襄公、楚成

王、陈穆公、蔡庄公、郑文公、许僖公、曹共公；"经"于楚君称"楚子"自此始。

②霍——宋地，左氏作"盂"，穀梁作"雩"，在今河南省睢县。

[评析] 公羊说"不与夷狄之执中国"，明显表现其"攘夷"思想。

21.5 "冬，公伐邾娄。"

21.6 "楚人使宜申①来献捷②。"

此楚子也，其称"人"何？贬。曷为贬③？为执宋公贬。曷为为执宋公贬？宋公与楚子期④以乘车之会⑤，公子目夷⑥谏曰："楚，夷国也，强而无义，请君以兵车之会⑦往。"宋公曰："不可。我与之约以乘车之会，自我为之，自我堕之，曰'不可'。"终以乘车之会往。楚人果伏兵车，执宋公以伐宋。宋公谓公子目夷曰："子归守国矣！国，子之国也。吾不从子之言，以至乎此。"公子目夷复曰："君虽不言国，国，固臣之国也。"于是归设守械而守国。楚人谓宋人曰："子不与我国，吾将杀子君矣。"宋人应之曰："吾赖社稷之神灵，吾国已有君矣。"楚人知虽杀宋公，犹不得宋国，于是释宋公。宋公释乎执，走之卫⑧。公子目夷复曰："国为君守之，君曷为不入？"然后逆襄公归。恶乎捷？捷乎宋。曷为不言捷乎宋⑨？为襄公讳也。此围辞也，曷为不言其围⑩？为公子目夷讳也。

[译文] 这是楚子，"经"文称"楚人"为什么？为了贬低。为什么要贬低？因为拘捕了宋襄公而贬低。宋公与楚子相约按乘车之会的装束相见。公子目夷进谏说："楚是夷狄之国，强暴又无仁义，请大王按兵车之会的装束前往。"宋公说："不可。我主动与楚子约按乘车之会相见，以我相约，从我毁约，是不可以的。"最终还是按乘车之会的装束前往。楚人果然埋伏下兵车，捉拿住宋襄公并进而伐宋。宋公对公子目夷说："你回去守国吧！国家，是你的国家。我不听从你的劝告，以致到这般地步。"公子目夷回复说："大王即使不提及国家，国家也本来是臣我的国家。"于是回国准备军械，做好守国的防御。楚人对宋人说："你们不将宋国交给我们，我们就杀死你们的君主。"宋人回答说："我们仰赖社稷神灵的保佑，已经有了国君。"楚人知道，即使杀死宋公，也仍然得不到宋国，于是就释放了宋公。宋公被放出后，跑到了卫国。公子目夷对他说："国家是为大王守的，大王为什么不返国？"然后就迎接宋襄公回国。

· 214 ·

于何处得来的战利品?于宋国得来的战利品,那"经"文为什么不说"宋捷"?是为宋襄公避讳。[归设守械而守国]是围城的用词,"经"文为什么不说"围宋",是为公子目夷避讳。

[注释]

①宜申——楚臣。

②来献捷——来献伐宋所得之战利品;捷,见 3.31.4 注②。

③曷为贬——《解诂》:"据齐侯献戎捷"不贬,指 3.31.4 书"齐侯"。

④期——相约。

⑤乘车之会——乘普通车的会盟,与"兵车之会"相对。

⑥公子目夷——宋宗室,字子鱼。

⑦兵车之会——指带着兵车、准备作战的盟会。

⑧宋公……之卫——《解诂》:"宋公愧前语,故惭不忍返,走之卫。"

⑨曷为不言捷乎宋——《解诂》:"据戎捷也",指 3.31.4 书"戎捷"。

⑩曷为不言其围——《解诂》:"据上言守国,知围也。"

21.7 "十有二月癸丑,公会诸侯①盟于薄②。释宋公。"

"执"未有言"释之"者,此其言"释之"何③?公与为尔④也。公与为尔奈何?公与议尔也。

[译文]"经"文说"执"就没有再说"释之"的,此处说"释宋公"为什么?是僖公参与做成此事的。僖公参与做成此事是怎么回事?僖公参与商议此事。

[注释]

①诸侯——指霍之会除宋襄公之外的诸侯。

②薄——宋邑,在今河南省商丘县。

③"执"……"释之"何——《解诂》《疏》说明,上十九年"宋人执滕子婴齐"不书"释",故问。

④尔——代词,指释宋公这件事。

22. 僖公二十二年

二十二年,癸未,公元前 638 年,周襄王十四年。

22.1 "二十有二年春,公伐邾娄①,取须朐②。"

[注释]

①邾娄——左氏、穀梁例作"邾"。

②须朐——国名,在今山东省东平县;朐音渠 qú,左氏、穀梁作"句"(音渠 qú)。

22.2 "夏,宋公、卫侯、许男、滕子伐郑。"

[注释]

宋公、卫侯、许男——宋襄公、卫文公、许僖公。

22.3 "秋八月丁未,及邾娄人战于升陉。"

[注释]

升陉——杨伯峻《注》:"鲁地,不详当今何地。"

22.4 "冬十有一月己巳朔,宋公及楚人战于泓①。宋师败绩。"

偏战②者日尔,此其言"朔"何③?《春秋》辞繁而不杀④者,正也⑤。何正尔?宋公与楚人期,战于泓之阳⑥。楚人济泓而来,有司⑦复曰:"请迨⑧其未毕济而击之。"宋公曰:"不可。吾闻之也,君子不厄人⑨。吾虽丧国之余⑩,寡人不忍行也。"既济,未毕阵,有司复曰:"请迨其未毕阵而击之。"宋公曰:"不可。吾闻之也,君子不鼓不成列⑪。"已阵,然后襄公鼓之,宋师大败。故君子大其不鼓不成列,临大事而不忘大礼,有君而无臣⑫。以为虽文王之战,亦不过此也。

[译文] 偏战只是写出日期而已,此处说"朔"为什么?《春秋》用词繁多而不减省,是为了表现正道。怎么个正道?宋襄公与楚人相约,在泓水北岸作战。楚人渡泓水而来,官员进言说:"请大王趁楚人未完全渡过时,发动进攻。"襄公说:"不可。我听人说过,君子不陷人于困境。我宋国虽是丧国殷商之后,寡人也不忍心做此等事。"楚人渡完,尚未列好阵,官员又进言说:"请大王趁楚人未列好阵时,发动进攻。"襄公说:"不可。我听人说过,君子不击鼓进攻未列好阵势之师。"楚人已经列好了阵势,襄公才击鼓进军,结果宋师大败。所以君子赞美宋襄公不击鼓进攻未成列之师,面临作战胜败之大事也不忘大礼,但可惜其是仁德之

· 216 ·

君，而无仁德之臣。在君子看来，即使周文王作战，也不过如此罢了。

[注释]

①泓——水名，在今河南省柘城县。

②偏战——结日定地，各据一面而战，参看2.10.4注⑥。

③此其言"朔"何——《解诂》："据奚之战不言'朔'。"《疏》："桓十七年五月丙午，及齐师战于奚。春秋说以为五月朔日是也。"这是认为该书"朔"而未书。

④杀——音晒shài，减少。

⑤正也——《解诂》："得正道，尤美。"

⑥阳——《解诂》："水北为阳。"

⑦有司——官吏，古代官吏各有其职，故名。

⑧迨——及，到。

⑨厄人——使人厄；厄，痛苦，困难。

⑩丧国之余——王引之《经义述闻》："丧国，谓商也；丧国之余，谓宋也。"宋乃商纣之后。

⑪不鼓不成列——《解诂》："军法，以鼓战，以金止，不鼓不战。不成列，未成阵也。"

⑫有君而无臣——《解诂》："惜其有王德而无王佐也。"

23. 僖公二十三年

二十三年，甲申，公元前637年，周襄王十五年。

23.1 "二十有三年春，齐侯①伐宋，围缗②邑。"

不言"围"，此其言"围"何？疾③重故④也。

[译文] 对邑"经"文不说"围"，此处说"围"，为什么？表示痛恨加重[宋国的]旧伤。

[注释]

①齐侯——齐孝公。

②缗——音民mín，宋邑，在今山东省金乡县；穀梁作"闵"，二字音相近。

③疾——《解诂》："疾，痛也。"

④故——指旧的祸患。
[评析] 公羊认为"经义"指责齐侯趁宋泓之败伐宋,是落井下石。

23.2 "夏五月庚寅,宋公兹父①卒。"
何以不书"葬"?盈②乎讳③也。
[译文] 为什么不书写"葬宋襄公"?完全是为了避讳。
[注释]
①宋公兹父——宋襄公;兹,左氏、榖梁作"慈"。
②盈——《解诂》:"盈,满也。"
③盈乎讳——《解诂》说嫌宋襄公"霸业未成"。

23.3 "秋,楚人伐陈。"
23.4 "冬十有一月,杞子卒。"
[注释]
杞子——杞成公。杜预《集解》:"杞入春秋称侯,庄二十七年绌称伯,至此用夷礼,贬称子。"(入春秋,见桓公二年)杜之贬绌说不成立,参看 1.1.3 "评析"。

24. 僖公二十四年

二十四年,乙酉,公元前 636 年,周襄王十六年。

24.1 "二十有四年春王正月。"
24.2 "夏,狄伐郑。"
24.3 "秋七月。"
24.4 "冬,天王出居郑。"
王者无外①,此其言"出"何②?不能③乎母也。鲁子④曰:"是王也,不能乎母者。"其诸此之谓与?⑤
[译文] 周天子一统天下没有国外[四海之内,莫非王土],此处说"出"为什么?是因为不能与母亲和睦相处。先师鲁子说:"春秋时代有天子与母亲不能和睦相处的。"难道就是说的"天王出居郑"这件事吗?

第五章　鲁僖公

[注释]

①王者无外——见1.1.6注⑥及"评析"。

②此其言"出"何——《解诂》《疏》说明，襄公三十年"王子瑕奔晋"书"奔"，故问。

③不能——不相能；能，亲善，和睦。

④鲁子——传公羊学的经师之一。

⑤鲁子……谓与——孔广森《通义》："传称所闻于师鲁子尝言，春秋之中有天王与母不相得者，其即此出居于郑之王与？"

[评析] 本"经"重点是"出"字，公羊说书"出"是表示襄王与母不和。左氏说"天子出居于郑，避母弟之难也"，其具体史实是：襄王母惠后爱其子甘昭公（襄公弟王子带），欲立之，未果，而惠后死。昭公奔齐，襄王念弟兄之情又将其召回。襄王娶狄女隗氏，昭公私通之。襄王废隗氏，颓叔、桃子就奉事昭公率狄师伐周，大败周师，襄王奔郑之氾（在今河南省襄城县）。公羊说"不能乎母"，当为"不能乎弟"，因为惠后早死。不过孔广森《通义》说："不能乎母之所爱弟，即为不能乎母；与左氏无错。"

24.5 "晋侯夷吾卒。"

[评析] 公羊、穀梁无"传"。左氏说"二十三年九月，晋惠公卒"。既是上年卒，为何书于今年，杜预《集解》说"文公定位而后告"。前人对此说多有疑义，顾炎武《春秋杜解补正》说："疑此错简，当在二十三年之冬。"

25. 僖公二十五年

二十五年，丙戌，公元前635年，周襄王十七年。

25.1 "二十有五年春王正月丙午，卫侯毁灭邢。"

"卫侯毁"何以名①？绝②。曷为绝之？灭同姓③也。

[译文] 对"卫侯毁"因何"经"文写出他的名字？表示当废绝其爵位。为什么要废绝其爵位？因为他消灭同姓国家。

[注释]

①"卫侯毁"何以名——《解诂》说明"楚子灭萧不名"，在宣公

· 219 ·

十二年。

②绝——见 2.6.4 注③。

③同姓——指卫、邢与周同姓，均姬姓国，参看第 1.2.9 注释、3.32.7 注②。

25.2 "夏四月癸酉，卫侯毁卒。"

[注释]

卫侯毁——卫文公。

25.3 "宋荡伯姬①来逆妇②。"

"宋荡伯姬"者何？荡氏③之母也。其言"来逆妇"何④？兄弟⑤辞也。其称"妇"何？有姑⑥之辞也。

[译文] "宋荡伯姬"是什么人？是荡氏的母亲。"经"文说"来逆妇"为什么？这是对同姓兄弟国间的用词。"经"文称"妇"为什么？是表示有姑的用词。

[注释]

①荡伯姬——杜预《集解》："鲁女为宋大夫荡氏妻也。"孔颖达《疏》："宋有荡氏者，宋桓公生公子荡，荡生公孙寿，寿生荡意绪，意绪之后以荡为氏。"一说伯姬即公子荡之妻。

②妇——儿媳，《尔稚·释亲》："子之妻为妇。"

③荡氏——《解诂》："荡氏，宋世大夫。"

④其言"来逆妇"何——《解诂》说明，庄公二十七年"莒庆来逆叔姬"书"叔姬"，故问。

⑤兄弟——《解诂》："宋鲁之间名结婚姻为兄弟。"俞樾《群经平议》："……妇人无外事不得通于它国，荡伯姬乃荡氏之母，而得言'来逆妇'者，以其本鲁女也，故曰'兄弟辞'也。"

⑥姑——婆婆，丈夫的母亲。

25.4 "宋杀其大夫。"

何以不名①？宋三世②无大夫，三世内娶③也。

[译文] "经"文为什么不书出大夫的名字？对宋国［襄公、成公、昭

公〕三代"经"文，不书其大夫的名字，因为三代国君都是在国内娶的夫人。

[注释]

①何以不名——《解诂》说明，成公十五年"宋杀其大夫山"书名，故问。

②三世——指宋襄公慈父，卒于僖公二十三年；宋成公王臣，卒于文公七年；宋昭公处臼，被杀于文公十六年。

③三世内娶——三代在国内娶的夫人。《解诂》："言无大夫者，礼，不臣妻之父母，国内皆臣，无娶道，故绝其大夫名，正其义也。"

25.5 "秋，楚人围陈，纳顿子于顿①。"

何以不言"遂"②？两之也。

[译文]"经"文为什么不说"楚人围陈，遂纳顿子于顿"？这是将"围"和"纳"看作两件事。

[注释]

①顿——国名，在今河南省项城县。

②何以不言"遂"——《解诂》说明，宣公元年"楚子、郑人侵陈，遂侵宋"书"遂"，故问。

25.6 "葬卫文公。"

25.7 "冬十有二月癸亥，公会卫子①、莒庆②、盟于洮③。"

[注释]

①卫子——卫成公郑，父卒未逾年书"子"。

②莒庆——莒大夫，参看3.27.5。

③洮——鲁地，参看3.27.1注②。

26. 僖公二十六年

二十六年，丁亥，公元前634年，周襄王十八年。

26.1 "二十有六年春王正月己未，公会莒子、卫宁遨①，盟于向②。"

[注释]

①宁遨——卫大夫宁庄子；遨，左氏、榖梁作"速"。

②向——莒地，原国名，隐公二年为莒灭，参看1.2.2注③。

26.2 "齐人侵我西鄙①。公追齐师，至嶲②，弗及③。"
其言"至嶲，弗及"何？侈④也。
[译文]"经"文说"至嶲，弗及"为什么？是夸大僖公的威武，[说明齐师退得很快]。

[注释]
①鄙——边疆地区。
②嶲——音希xī，齐地，在今山东省东阿县；穀梁同，左氏作"酅"，二字音同。
③弗及——没有赶上齐师；弗，穀梁同，左氏作"不"。
④侈——《解诂》："侈犹大也。"

26.3 "夏，齐人伐我北鄙。卫人伐齐。"
26.4 "公子遂①如楚乞师②。"
"乞师"者何？卑辞也。曷为以内外同若③辞④？重师也。曷为重师？师，出不正⑤反⑥，战不正胜也。

[译文]"乞师"是什么意思？是卑下的用词。为什么对内对外同样用此等言辞？是重视军队。为什么要重视军队？因为军队出征不能一定返回，作战不能一定胜利[牺牲、败亡也是事之常]。

[注释]
①公子遂——鲁卿，庄公子。
②乞师——请出兵，求援。
③若——此，指代词。
④曷为以内外同若辞——《解诂》："据《春秋》尊鲁。"《疏》："成十六年夏'晋侯使栾黡来乞师'、十七年秋'晋侯使荀䓨来乞师'，外亦言'乞师'也。"
⑤正——王引之《经义述闻》："正之言定也，必也。"
⑥反——同"返"。

·222·

第五章　鲁僖公

26.5"秋，楚人灭隗①，以隗子归②。"

[注释]

①隗——音魁kuí，国名，与楚同姓，在今湖北省秭归县；左氏、穀梁作"夔"。

②以隗子归——俘虏隗子回国。

26.6"冬，楚人伐宋，围缗①。"

邑不言"围"，此其言"围"何？刺道用师②也。

[译文]对邑"经"文不说"围"，此处说"围"为什么？谴责楚国半道用兵[本答应借兵于鲁，忽又伐宋]。

[注释]

①缗——宋邑，穀梁作"闵"，参看上23.1注②。

②道用师——《解诂》"时以师与鲁，未至又道用之"，指公子遂如楚乞师，楚答应出兵伐齐，忽又半道伐宋。

26.7"公以①楚师伐齐，取谷②。"

[注释]

①以——动词，指借用、率领。

②谷——齐地，参看3.7.4注。

26.8"公至自伐齐。"

此已取谷矣，何以"致伐"①？未得乎取谷也②。曷为未得乎取谷？曰："患之起，必自此始也。"

[译文]此次讨伐已经取得谷地，"经"文为什么还说"至自伐"？在取得谷地上并未称心如意。为什么并未称心如意？回答说："鲁国祸患的发生，必从这次事件开始。"

[注释]

①何以"致伐"——《解诂》说"据伐邾娄取丛不致"，在下三十三年。

②未得乎取谷也——《解诂》："未可谓得意于取谷。"王引之《经义述闻》："得犹便也。……其计不便于鲁也。"

[评析]公羊说"患之起，必自此始"；"患"是何，不见经传，左

· 223 ·

氏也无说。

27. 僖公二十七年

二十七年，戊子，公元前633年，周襄王十九年。

27.1 "二十有七年春，杞子①来朝。"

[注释]

杞子——杞桓公。

[评析] 公羊、穀梁无"传"。左氏说"春，杞桓公来朝，用夷礼，故曰'子'。公卑杞，杞不共也"（卑，轻视；共，恭敬），是说所以书"子"，不书"伯"（庄公二十七年"杞伯来朝"书"伯"），是因杞君用夷礼（上23.4列杜预《集解》即引左氏此说）。左氏此说不能成立，对杞君由称"侯"到称"伯"、称"子"（参看上23.4注释）并非由于贬黜。春秋时代，诸侯国君本无定称（见1.1.3"评析"）。

27.2 "夏六月庚寅，齐侯昭卒。"

[注释]

齐侯昭——齐孝公。

27.3 "秋八月乙未，葬齐孝公。"

27.4 "乙巳，公子遂①率师入②杞。"

[注释]

①公子遂——见上26.4注①。

②入——杜预《集解》："弗地曰入。"指入而不有其地。

27.5 "冬，楚人、陈侯、蔡侯、郑伯、许男①围宋。"

此楚子也，其称"人"何？贬。曷为贬？为执宋公②贬，故终僖之篇贬也。

[译文] 这是楚国国君，"经"文称"楚人"为什么？为了贬低。为什么贬低？因为他拘捕了宋襄公而贬低。所以，"经"文到僖公之篇最后一直贬低楚国国君。

·224·

[注释]

①陈侯、蔡侯、郑伯、许男——陈穆公、蔡庄公、郑文公、许僖公。

②执宋公——见上21.4"执宋公以伐宋"和"传"文。

[评析] 公羊认为不书"楚子"书"楚人",是因为楚成王执宋襄公而贬。"执宋公"在僖公二十一年,贬当随事为之,岂能当时不贬称,而贬在几年之后?

27.6"十有二月甲戌,公会诸侯盟于宋。"

28. 僖公二十八年

二十八年,己丑,公元前632年,周襄王二十年。

28.1"二十有八年春,晋侯①侵曹,晋侯伐卫。"

曷为再②言"晋侯"③?非两之也。然则曷以不言"遂"④?未侵曹也。未侵曹则其言"侵曹"何?致其意也。其意侵曹,则曷为伐卫?晋侯将侵曹,假涂于卫,卫曰:"不可得。"则固⑤将伐之也。

[译文]"经"文为什么两次说"晋国"呢?这不是将侵曹、伐卫看成两件事。那么为什么不说"晋侯侵曹,遂伐卫"?未曾侵犯曹国。既然未曾侵犯曹国,那"经"文说"侵曹"为什么,是表示晋国有侵曹的意愿。晋国意愿要侵曹,那为什么要讨伐卫国呢?晋国将要侵犯曹国,借路于卫,卫国说:"不能让晋国得到便宜。"于是晋国就坚定要讨伐卫国。

[注释]

①晋侯——晋文公。

②再——两次。

③曷为再言"晋侯"——《解诂》:"据'楚人围顿,纳顿子于顿',亦两事不再出'楚人'。"见上二十五年。

④曷以不言"遂"——《解诂》:"据'侵蔡遂伐楚',言'遂'。"见上四年。

⑤固——坚决,一定。

28.2 "公子买①戍②卫,不卒戍③,刺④之。"

"不卒戍"者何?"不卒戍"者,内辞也,不可使往也。不可使往,则其言"戍卫"何?遂公意也。"刺之"者何?杀之也。杀之,则曷为谓之"刺之"?内讳杀大夫,谓之"刺之"也。

[译文]"不卒戍"是什么意思?"不卒戍"是为鲁国避讳的用词,实际是不可使他前往[防守卫国]。不可使他前往[防守卫国],那"经"文说"戍卫"为什么?是为了满足僖公的意愿。"刺之"是什么意思?就是杀死他。杀死他为什么称为"刺之"?鲁国避讳杀大夫,就称之为"刺之"。

[注释]

①公子买——鲁卿,字子丛。

②戍——防守。

③不卒戍——没有最终完成防守任务;杨伯峻《注》:"不卒戍者,鲁向楚解释之辞,非事实。"

④刺——杀,杜预《集解》:"内杀大夫皆书刺。"

28.3 "楚人救卫。"

28.4 "三月丙午,晋侯入曹,执曹伯①畀②宋人。"

"畀"者何?与也。其言"畀宋人"何?与使听之也③。曹伯之罪何?甚恶也。其甚恶奈何?不可以一罪言也。

[译文]"畀"是什么意思?是给。"经"文说"畀宋人"是什么意思?是将他交给宋人并让宋人审判治其罪。曹伯的罪是什么呢?他非常坏。他非常坏是怎么回事?是不可以用一条罪状来说明的。

[注释]

①曹伯——曹共公。

②畀——音必bì,送,给。

③与使听之也——《解诂》:"与使听其狱也。"(听,决断;狱,狱讼)。

[评析] 杨伯峻《注》说:"'执曹伯'与'畀宋人'为两事,当作两句读。'畀宋人'者,以田畀宋人也。《公羊》《穀梁》以及杜《注》皆以六字作一句读,遂解为以曹伯与宋人,似误解《经》旨。"公羊认为曹伯"甚恶""不可以一罪言",但无事实,啖助批评为"臆说"(陆淳

· 226 ·

《春秋集传辩疑》)。

28.5 "夏四月己巳，晋侯、齐师、宋师、秦师及楚人战于城濮[1]，楚师败绩。"

此大战也，曷为使微者？子玉得臣[2]也。子玉得臣则其称"人"何？贬。曷为贬？大夫不敌君[3]也。

[译文] 这是很大的战争，[楚国] 为什么用低微人物？这人就是楚国的子玉得臣。既是子玉得臣，那"经"文称"楚人"为什么。为了贬低？为什么贬低？大夫是不能与国君对等交战的。

[注释]

①城濮——卫地，见 3.27.7 注②。

②子玉得臣——楚令尹，名得臣，字子玉。

③大夫不敌君——《解诂》："臣无敌君战之义。"

28.6 "楚杀其大夫得臣。"

[评析] 公羊、穀梁无"传"。左氏说，得臣战前不听儿子、族人劝告，终致用兵大败，楚王逼迫得臣自杀。晋文公听说高兴地说："莫余毒也已。"（没有人来害我了）

28.7 "卫侯出奔楚。"

[注释]

卫侯——卫成公；卫亲楚，楚败，成公惧晋而奔楚。

28.8 "五月癸丑，公会晋侯、齐侯、宋公、蔡侯、郑伯[1]、卫子[2]、莒子，盟于践土[3]。"

[注释]

①晋侯、齐侯、宋公、蔡侯、郑伯——晋文公、齐昭公、宋成公、蔡庄公、郑文公。

②卫子——卫成公在外，其弟叔武与盟，从未成君之例，书"子"。

③践土——郑地，在今河南省原阳县、武陵县之间。

28.9 "陈侯如会。"

其言"如会"何？后会也。

[译文]"经"文说"如会"为什么？是陈穆公于盟会之后才到的。

[注释]

陈侯——陈穆公。

28.10 "公朝于王所①。"

曷为不言"公如京师"②？天子在是③也。天子在是，则曷为不言"天子在是"④？不与致天子也。

[译文]"经"文为什么不说"公如京师"？周天子在践土这个地方。周天子在践土，"经"文为什么不说"天子在践土"？是不赞许诸侯致使周天子［离开京师］到这个地方来。

[注释]

①公朝于王所——杜预《集解》："王在践土，非京师，故曰王所。"王所，指天子所居之地，杨伯峻《注》"天子无论在京师与否皆得称王所"。如二十四年"天王出居"（见上24.4）。

②曷为不言"公如京师"——《解诂》："据三月公如京师"，在成公十三年。

③是——指代词，指践土。

④曷为不言"天子在是"——《解诂》："据狩于河阳。"见下"经"。

28.11 "六月，卫侯郑①自楚复归于卫。卫元咺②出奔晋。"

[注释]

①卫侯郑——卫成公，城濮之战后惧晋奔楚（见前7）。

②元咺——卫臣，卫成公奔楚，令元咺奉其弟叔武摄政，后又闻听元咺要立叔武，遂杀之；元咺惧而奔晋。

28.12 "陈侯款卒。"

[注释] 陈侯款——陈穆公。

第五章　鲁僖公

28.13"秋，杞伯姬来。"

[注释]

①杞伯姬——鲁庄公长女，杞成公夫人、桓公之母，庄公二十五年归杞。

28.14"公子遂如齐。"

28.15"冬，公会晋侯、齐侯、宋公、蔡侯、郑伯、陈子①、莒子、邾娄②子、秦人③于温④。"

[注释]

①陈子——陈共公朔，陈穆公卒未逾年，例书"子"；参看3.32.5"传"。

②邾娄——左氏、穀梁例作"邾"。

③秦人——秦与诸侯盟会始于此，故班序最后而称"人"。

④温——晋地，在今河南省温县。

28.16"天王狩①于河阳②。"

狩不书，此何以书？不与再致天子③也。鲁子曰："温近而践土远也④。"

[译文] 狩猎"经"文是不书写的，此处为什么书写？是不赞许诸侯第二次致使周天子到盟会的地方来。鲁子说："温地离京郊狩地近而践土离京郊狩地远。[致使天子的失礼还较轻些]"

[注释]

①狩——狩猎，冬曰狩，见2.4.1；穀梁作"守"，守、狩字通。

②河阳——晋地，在今河南省孟县，距温地很近。

③再致天子——前10已说"致天子"，故云"再"。

④温近而践土远也——《解诂》："此鲁子一说也，温近狩地故可言'狩'，践土远狩地故不言'狩'也。"孔广森《通义》："温在畿内，较践土远致天子，失礼尚轻。"

28.17"壬申，公朝于王所。"

其日何①？录乎内也②。

[译文] "经"文写出日期为什么？这是记录鲁国自己再失礼的不正行为。

[注释]

①其日何——《解诂》:"据上朝不日。"见前10。

②录乎内也——《解诂》:"危录内再失礼。"(危,不正)

28.18 "晋人执卫侯,归之于京师。"

"归之于"者何?"归于"①者何?"归之于"者,罪已定矣;"归于"者,罪未定也。罪未定则何以得为伯②讨?"归之于"者,执之于天子之侧者也,罪定不定,已可知也。"归于"者,非执之于天子之侧者也,罪定不定,未可知也。卫侯之罪何?杀叔武也。何以不书③?为叔武讳也。《春秋》为贤者讳,何贤乎叔武?让国也。其让国奈何?文公逐卫侯而立叔武,叔武辞立而他人立,则恐卫侯之不得反也;故于是己立,然后为践土之会,治④反卫侯⑤。卫侯得反,曰:"叔武篡我!"元咺争之曰:"叔武无罪!"终杀叔武,元咺走而出。此晋侯也,其称"人"何?贬。曷为贬?卫之祸,文公为之也。文公为之奈何?文公逐卫侯而立叔武,使人兄弟相疑,放⑥乎杀母弟者,文公为之也。

[译文] "归之于"是什么意思?"归于"是什么意思?"归之于"表示罪已定了;"归于"表示罪尚未定。既然罪尚未定,那怎能以方伯身份对诸侯进行拘捕?因为所谓"归之于",就是在天子旁边拘捕他,罪定不定,已经可以知道了。"归于"表示不是在天子旁边拘捕,罪定不定,不可知道。卫侯的罪是什么?是杀死叔武。"经"文为什么不书写此事?是为叔武避讳。《春秋》为贤者避讳,叔武怎么个贤法?他能让国。他能让国是怎么回事?晋文公驱逐卫成公立叔武为国君,叔武如推辞不肯自立,而他人就会立为国君,这样叔武则担心成公不能返国;所以,叔武自立为君,然后又参加了践土之会,经过诉讼,让成公返国。成公得以返回,却说:"叔武篡夺我君位!"元咺为之争辩说:"叔武没有罪!"最后还是杀了叔武,元咺也急忙逃跑了。此处是晋侯,"经"文称"人"为什么?为了贬低。为什么贬低?因为卫国的祸乱,都是晋文公造成的。说晋文公造成的是怎么回事?晋文公驱逐成公而立叔武,使得卫国兄弟之间相互猜疑,从驱逐成公到成公杀死母弟[叔武],都是晋文公一手造成的。

[注释]

①归于——《解诂》:"此难成十五年'晋侯执曹伯归于京师'。"

②伯——方伯，诸侯之长。
③何以不书——《解诂》："据杀大夫书。"
④治——治讼，诉讼。
⑤治反卫侯——《解诂》："叔武讼治于晋，文公令白王者；反卫侯，使还国也。……叔武治反卫侯，欲兄飨国。"
⑥放——放逐，驱逐。

[评析] 左氏说卫成公与元咺争讼于晋，成公不胜，晋人逮捕他送京师。公羊就"归之于""归于"发"传"。其实，有"之"，无"之"是文字的繁简而已，不能据此区别知不知罪定不定。

28.19 "卫元咺自晋复归于卫。"

"自"者何？有力焉者①也。此②执其君，其言"自"何？为叔武争也。

[译文] "自"[晋]是什么意思？表示元咺复归于卫是靠晋国的力量。晋人拘捕了他的国君，"经"文还说"自"[晋]为什么？因为元咺为叔武争辩过[晋侯喜欢他]。

[注释]
①有力焉者——《解诂》："有力焉者，有力于晋也。"
②此——指代词，指晋国。

28.20 "诸侯遂围许。"

[注释]
杨伯峻《注》说，从楚诸国皆从晋，"独许负固不至，襄王在践土、河阳，相距不远，亦不朝，因而伐之"。

28.21 "曹伯襄复归于曹，遂会诸侯围许。"

[注释]
曹伯襄复归于曹——前4"经"说晋侯入曹，执曹伯；现曹伯归国。

29. 僖公二十九年

二十九年，庚寅，公元前631年，周襄王二十一年。

29.1"二十有九年春，介葛庐①来。"

"介葛庐"者何？夷狄之君也。何以不言"朝"②？不能乎朝也③。

［译文］"介葛庐"是谁？是夷狄的国君。［既然是国君］"经"文为什么不说"来朝"？因为他［不懂仪规］不能行朝见时的礼节。

［注释］

①介葛庐——介国国君；介，国名，位鲁之南、今安徽省萧县北。

②何以不言"朝"——《解诂》："据诸侯来曰朝。"

③不能乎朝也——《解诂》："不能升降揖让也。"

29.2"公至自围许。"

29.3"夏六月，公①会王人、晋人、宋人、齐人、陈人、蔡人、秦人盟于狄泉②。"

［注释］

①公——左氏无，赵坦《春秋异文笺》认为脱文。

②狄泉——在当时周襄王所居之王城外，后洛阳扩大并入城中；狄，左氏、穀梁作"翟"。

29.4"秋，大雨雹。"

［注释］

雨——作动词，音玉 yù。

29.5"冬，介葛庐来。"

30. 僖公三十年

三十年，辛卯，公元前 630 年，周襄王二十二年。

30.1"三十年春王正月。"

30.2"夏，狄侵齐。"

30.3"秋，卫杀其大夫元咺及公子瑕①。"

卫侯未至②，其称国以杀何？道杀③也。

［译文］卫侯［从京师］尚未回到国内，"经"文说卫国杀死［元咺

及公子瑕］为什么？是卫侯在回国的路上让卫人杀死的［故与国内杀大夫同一书法］。

［注释］

①公子瑕——卫宗室，卫侯在外时，僖公二十八年为元咺立。

②卫侯未至——《解诂》"据归在下"，指下"经"卫侯郑归于卫。

③道杀——《解诂》："时已得天子命还国，于道路遇而杀之。"

30.4 "卫侯郑归于卫①。"

此杀其大夫，其言"归"何？归恶乎元咺也。曷为归恶乎元咺？元咺之事君也，君出则己入②，君入则己出③，以为不臣也。

［译文］这是卫侯杀死他的大夫，"经"文说"归"为什么？是归罪恶于元咺。为什么归罪恶于元咺？元咺事奉国君，国君出国，他自己却回国，国君回国，他自己却出国。《春秋》认为这是他违背了做臣子的道义。

［注释］

①卫侯郑归于卫——二十八年卫成公为晋人拘捕归之于京师，现归卫。

②君出则己入——《解诂》："晋人执卫侯归之于京师，元咺自晋复归于卫……是也。"事在二十八年。

③君入则己出——《解诂》："卫侯郑自楚复归于卫，元咺出奔晋是也。"事在二十八年。

30.5 "晋人、秦人围郑。"

30.6 "介人侵萧。"

［注释］

萧——宋邑，在今安徽省萧县。

30.7 "冬，天王使宰周公来聘。"

［注释］

宰周公——左氏说名阅。

30.8 "公子遂如京师，遂如晋①。"

大夫无遂事，此其言"遂"何？公不得为政尔②！

[译文] 大夫没有［办一件事后无国君之命］遂就自己做主办另一件事的权利，此处"经"文说"遂如晋"为什么？表示僖公不能控制政局、掌握政权了。

[注释]

①公子遂……如晋——杜预《集解》："如京师，报宰周公。"杨伯峻《注》："据《春秋》所记，鲁卿如京师者七次，如晋者二十八次，皆始于此。"

②公不得为政尔——《解诂》："不从公政令也；时见使如京师而横生事，矫君命聘晋。"

[评析] 公羊说"公不得为政"；啖助评道："按僖公未失政，此说非也。"（唐陆淳《春秋集传辩疑》）

31. 僖公三十一年

三十一年，壬辰，公元前629年，周襄王二十三年。

31.1 "三十有一年春取济西①田。"

恶乎②取之？取之曹也。曷为不言取之曹？讳取同姓③之田也。此未有伐曹者，则其言取之曹何？晋侯执曹伯，班④其所取侵地于诸侯也⑤。晋侯执曹伯，班其所取侵地于诸侯，则何讳乎取同姓之田？久也。

[译文] 从哪里取得田地？从曹国取得田地。"经"文为什么不说"取之曹"？是避讳取得［与鲁］同姓的国家的田地。此处未有伐曹之事，那说从曹国取得田地为什么？是晋侯拘捕了曹伯，分赐曹国所侵占的土地给诸侯。既然是晋侯拘捕了曹伯，分赐曹国所侵占的田地给诸侯，那为什么又要避讳取得同姓国的田地？是［曹国侵占的］时间太长了。

[注释]

①济西——济水之西。

②恶乎——于何。

③同姓——鲁、曹同为姬姓。

④班——分。

⑤晋侯……于诸侯——僖公二十八年，晋侯入曹，执曹伯分其地；

杜预《集解》说当时"境界未定,至是乃以赐诸侯"。

31.2 "公子遂如晋。"

31.3 "夏四月,四卜郊①;不从②,乃免牲③。犹三望④。"

曷为或言"三卜"⑤,或言"四卜"?三卜,礼也;四卜,非礼也。三卜,何以礼;四卜,何以非礼⑥?求吉之道三⑦。禘、尝不卜⑧,郊何以卜?卜郊,非礼也⑨。卜郊,何以非礼?鲁郊,非礼也。鲁郊,何以非礼?天子祭天⑩,诸侯祭土⑪。天子有方望⑫之事,无所不通⑬。诸侯,山川有不在其封内者,则不祭也⑭。曷为或言"免牲",或言"免牛"⑮?免牲,礼也;免牛,非礼也。免牛,何以非礼?伤者曰"牛"。"三望"者何?望祭也。然则曷祭?祭泰山、河、海。曷为祭泰山、河、海⑯?山川有能润于百里者,天子秩⑰而祭之。触石⑱而出,肤寸⑲而合,不崇朝⑳而遍雨乎天下者,唯泰山尔;河海润于千里。"犹"者何?通㉑可以已㉒也。何以书?讥不郊而望祭也。

[译文]"经"文为什么或说"三卜",或说"四卜"?三次占卜合乎礼法,四次占卜则不合乎礼法。三次占卜为什么合乎礼法;四次占卜为什么就不合乎礼法?因为用占卜求吉日,三次就可以辨吉凶。禘祭、尝祭不占卜吉日,郊祭为什么要占卜吉日?占卜郊祭吉日是不合乎礼法的。占卜郊祭吉日为什么不合乎礼法?因为鲁国举行郊祭本身就不合乎礼法。鲁国举行郊祭为什么不合乎礼法?因为只有周天子才能祭天,诸侯只能祭土。天子有方望之事,无所不通[如郊祭时望祭四方群神、日月星辰、风伯雨师、五岳四渎及其他山川等];而诸侯呢,名山大川凡是不在其封地之内的,就不能祭祀。"经"文为什么或说"免牲",或说"免牛"?说免用牲合乎礼法,说免用牛则不合乎礼法。说免用牛为什么不合乎礼法?因为受伤的[不适合用来作牺牲用的牛]才以其本名呼之为"牛"。"三望"是什么?是望山川而祭的祭名。那么祭什么呢?祭泰山、黄河、东海。为什么要祭泰山、黄河、东海?名山大川中凡是能滋润到百里方圆的,天子都要按次序逐一祭祀它。[云气]从石缝中冒出,长长短短、大大小小会合在一起而成雨,不到一个早晨就能普降于天下的,只有泰山罢了;黄河、东海能滋润千里[所以,周天子祭祀它们]"犹"是什么意思?是表示说可以终止。"经"文为什么书写此事?是谴责不能举行郊

祭转而进行望祭的。

[注释]

①郊——郊祭，《解诂》："郊者，所以祭天也。"

②不从——不从人意，指不吉利。

③免牲——郊祭时免用牲。

④三望——望是山川之祭名，三望，公羊说是祭泰山、黄河、东海；前人考证此齐之三望，鲁之三望为祭泰山、淮水、东海。

⑤或言"三卜"——《疏》：襄公七年书"三卜郊"，故问。

⑥三卜，何以礼；四卜，何以非礼——《礼记·曲礼上》："卜筮不过三。"

⑦求吉之道三——《解诂》："卜吉凶必有相奇者；可以决疑，故求吉必三卜。"

⑧禘、尝不卜——《疏》："即僖八年秋七月禘于太庙、桓十四年八月乙亥尝之类，皆不见卜筮之文，故言此。"禘、尝见该注。

⑨卜郊，非礼也——《解诂》："天子不卜郊。"《疏》："欲道天子之郊，以其常事，故不须卜；鲁郊非礼，是以卜之，异于禘、尝耳。"

⑩天子祭天——《解诂》："郊者，所以祭天也。"

⑪诸侯祭土——《解诂》："土谓社也。诸侯所祭，莫重于社。"

⑫方望——《解诂》："方望谓郊祭所望祭四方群神、日月星辰、风伯雨师、五岳四渎及余山川凡三十六所。"

⑬无所不通——《解诂》："尽八极之内，天之所覆、地之所载，无所不至，故得郊也。"

⑭诸侯……则不祭也——《解诂》："故鲁郊非礼也。"《疏》："正以其所主狭，是以不得祭天地也。"

⑮或言"免牛"——《疏》：成公七年书"乃免牛"，故问。

⑯曷为祭泰山、河、海——《解诂》："据郊者主为祭天。"

⑰秩——秩序，依次。

⑱触石——紧贴石头。

⑲肤寸——古长度单位，一指宽为寸，四指宽为肤；《解诂》："侧手为肤，按指为寸。"

⑳崇朝——从天亮到早饭时间；崇，满。

㉑通——王引之《经义述闻》："通之为言犹道也；道，言也，道可以已，言可以已也。"

㉒已——止。

31.4 "秋七月。"

31.5 "冬，杞伯姬①来求妇②。"

其言"来求妇"何？兄弟辞也。其称"妇"何？有姑③之辞也。

[译文] "经"文说"来求妇"为什么？这是对同姓兄弟国间的用词。"经"文称"妇"为什么？是表示有姑的用词。

[注释]

①伯姬——鲁庄公长女，杞成公夫人，庄公二十五年归杞，其子杞桓公。

②妇——儿媳。

③姑——婆婆，丈夫的母亲。

31.6 "狄围卫。十有二月，卫迁于帝丘。"

[注释]

帝丘——在今河南省濮阳市。

32. 僖公三十二年

三十二年，癸巳，公元前628年，周襄王二十四年。

32.1 "三十有二年春王正月。"

32.2 "夏四月己丑，郑伯接卒。"

[注释]

郑伯接——郑文公；接，左氏、穀梁作"捷"。

32.3 "卫人侵狄。秋，卫人及狄盟。"

32.4 "冬十有二月己卯，晋侯重耳卒。"

[注释]

晋侯重耳——晋文公。

33. 僖公三十三年

三十三年，甲午，公元前627年，周襄王二十五年。

33.1 "三十有三年春王二月，秦人入滑。"

[注释]

滑——国名，参看3.16.4注③。

33.2 "齐侯①使国归父②来聘。"

[注释]

②齐侯——齐昭公。

②国归父——齐臣，又名国庄子。

33.3 "夏四月辛巳，晋人及姜戎①败秦于殽②。"

其谓之"秦"何③？夷狄④之也。曷为夷狄之？秦伯将袭郑，百里子与蹇叔子⑤谏曰："千里而袭人，未有不亡者也。"秦伯怒曰："若尔之年者，宰⑥上之木拱⑦矣！尔何知！"师出，百里子与蹇叔子送其子而戒之曰："尔即⑧死，必于殽之嶔岩⑨，是文王之所避风雨者也。吾将尸⑩尔焉。"子揖师⑪而行，百里子与蹇叔子从其子而哭之。秦伯怒曰："尔曷为哭吾师？"对曰："臣非敢哭君师，哭臣之子也。"弦高者，郑商也，遇之殽⑫，矫以郑伯之命而犒师焉。或曰"往矣"，或曰"反矣"⑬。然而晋人与姜戎要⑭之殽而击之，匹马只轮⑮无反者。其言"及姜戎"何⑯？姜戎，微也，称"人"亦微者也。何言乎姜戎之微？先轸⑰也，或曰襄公亲之。襄公亲之，则其称"人"何⑱？贬。曷为贬⑲？君在乎殡⑳而用师㉑，危不得葬也。诈战㉒不日，此何以日？尽也。

[译文]"经"文称它为"秦"[而不称"秦师""秦人"]为什么？是将它当夷狄看待。为什么将它当夷狄看待？秦穆公将要偷袭郑国，大臣百里子、蹇叔子进谏劝阻说："到千里之外去偷袭他国，没有不被消灭的。"秦穆公发怒道："像你们这么大的年纪，[早该死了埋掉]坟墓上的树都有一围粗了。你们懂得什么！"军队出发，百里子与蹇叔子送自己的儿子并告诫他们说："你们倘若死的话，必定死在崤山的峻岭之中，那是

· 238 ·

周文王曾用来躲避风雨的地方。我们将在那里收回你们的尸首。"两人的儿子集合好队伍出发，百里子与蹇叔子跟在后面边走边哭。秦穆公大怒道："你们为什么哭我的军队！"两人回答说："我们不是敢哭您的军队，是哭我们的儿子。"弦高此人，是郑国的一个商人，在崤山遇到秦兵，他假托郑穆公的命令说来犒劳军队。秦军将士［依此认为自己的企图已为郑发现］于是有的说"不如退回"，有的说"照样前进"。然而，晋人和姜姓戎人在崤山这个地方拦截并攻击秦军，秦军［惨败］连一匹战马、一只兵车轮子都没有能回国的。"经"文说"及姜戎"为什么？表示姜戎是卑微的人。"经"文称"晋人"也表示是卑微者，那为什么还说姜戎卑微？因为晋国的统帅是先轸［而非晋襄公］。不过有人说是晋襄公亲自领兵。如果是晋襄公亲自领兵，那"经"文称"晋人"为什么？为了贬低。为什么贬低？因为晋襄公在晋文公丧殡期间还用兵打仗，这样就相当危险，可能致使先君不得安葬。诈战不写日期，此处为什么写明日期？表示秦兵被消灭光了。

[注释]

①姜戎——姜戎人，居晋之南部地区。

②败秦于殽——击败秦师于殽地。"秦"，左氏、穀梁作"秦师"。殽，山名，在今河南省洛宁县。

③其谓之"秦"何——《解诂》："据败者称师，未得师称人。"《疏》说明，庄公二十八年说"败者称师"、桓公十三年说"未得师称人"。

④夷狄——意动用法，看……为夷狄。

⑤百里子、蹇叔子——秦臣，左氏仅说蹇叔谏；时百里奚已近百岁，或早死，见杨伯峻《注》。蹇音简 jiǎn。

⑥宰——墓，《解诂》："冢也。"

⑦拱——《解诂》："拱，可以手对抱。"

⑧即——王引之《经义述闻》："即犹若也。"

⑨嶔岩——险峻的山岩；嶔，音钦 qīn。

⑩尸——收尸。

⑪揖师——《解诂》："揖其父于师中。"俞樾《群经平议》："揖当读为辑……辑、楫并与集同，故揖亦与集同。'子揖师而行'，谓其子会集师徒而行也。"

⑫矫——假托，诈称。

⑬或曰"往矣"，或曰"反矣"——王引之《经义述闻》："往、反当上下互易。……注先释反后释往，则传之先言'反'、后言'往'可知。写者错乱耳，唐石经已误。"

⑭要——拦阻、截击。

⑮匹马只轮——一匹马、一个车轮。

⑯其言"及姜戎"何——《解诂》："据秦人白狄不言及。"见成公九年"秦人、白狄伐晋"。

⑰先轸——晋臣。

⑱其称"人"何——《解诂》："据桓十三年，卫侯背殡用兵不称人。"指桓十三年三月葬卫宣公，二月卫惠公出战书"卫侯"。

⑲曷为贬——《解诂》："据俱背殡用兵。"

⑳殡——停柩未葬。

㉑君在乎殡而用师——指夏四月癸巳（二十三日）葬晋文公，而辛巳（十三日）用兵。

㉒诈战——指突然出击、以欺诈手段而进行的战争，不书日；与偏战（见2.10.4注⑥）相对。

[评析] 公羊解说史实，大致与左氏同。其发挥之"经义"，则难成立。开首对书"秦"而不书"秦师""秦人"发"传"，实为穿凿。这乃版本缺文，并无"大义"，左氏、穀梁均作"秦师"。公羊又说"及姜戎"表示微者，那隐公四年"公及宋公遇于清"、文公三年"公及晋侯盟"，宋公、晋侯也是微者吗？"及"字仅表示前后有主、次之分，并不表示尊、微之别。

33.4 "癸巳，葬晋文公。"

33.5 "狄侵齐。"

33.6 "公伐邾娄①，取丛②。"

[注释]

①邾娄——左氏、穀梁例作"邾"。

②丛——邾娄邑，在今山东省济宁市区；左氏作"訾娄"，穀梁作"訾楼"，丛是其合音。

33.7"秋,公子遂率师伐邾娄。"

[注释]

率——左氏、穀梁作"帅"。

33.8"晋人败狄于箕。"

[注释]

箕——晋邑,在今山西省蒲县。

33.9"冬十月,公如齐。"

33.10"十有二月,公至自齐。"

33.11"乙巳,公薨于小寝。"

[注释]

小寝——又名燕寝,平时居住;斋戒及患病住路寝(又名正寝、大寝)。参看3.32.4注。

33.12"霣①霜不杀②草,李梅实③。"

何以书?记异也。何异尔?不时也。

[译文]为什么书写?是记载奇异现象的。为什么是奇异现象?因为不合时令。

[注释]

①霣——降落,左氏、穀梁作"陨"。

②杀——使枯黄,伤害。

③实——动词用,结果实。

33.13"晋人、陈人、郑人伐许。"

· 241 ·

第六章 鲁文公

文公，名兴，僖公子，母为声姜。

1. 文公元年

元年，乙未，公元前626年，周襄王二十六年。

1.1"元年春王正月，公即位。"
1.2"二月癸亥朔，日有食之。"
［注释］
朔——左氏、穀梁无，王引之《经义述闻》："朔，衍也。"

1.3"天王使叔服①来会葬②。"
其言"来会葬"何？会葬，礼也。
［译文］"经"文说"来会葬"为什么？会葬是符合礼仪的。
［注释］
①叔服——《解诂》："叔服者，王子虎也，服者，字也，叔者，长幼之称也。"左氏说"王使内使叔服来会葬"，则叔服为内史，非王子。
②会葬——会同举行僖公的葬礼。

1.4"夏四月丁巳，葬我君僖公。"
1.5"天王使毛伯①来锡公命②。"
"锡"者何？赐也。"命"者何？加我服也。
［译文］"锡"是什么？是赏赐的意思。"命"是什么？是天子加给我国君的礼服。

[注释]

①毛伯——周卿，杨伯峻《注》："毛盖其采邑，伯乃其家号。"左氏说名卫。

②命——天子赐给诸侯的一种宠命，参看3.1.6注③。

1.6"晋侯伐卫。"

1.7"叔孙得臣如京师。"

[注释]

叔孙得臣——鲁宗室臣，桓公子叔牙之孙，庄公之叔弟，其后为叔孙氏。

1.8"卫人伐晋。"

1.9"秋，公孙敖①会晋侯于戚②。"

[注释]

①公孙敖——鲁宗室，庆王之子。

②戚——卫地，在今河南省濮阳市。

1.10"冬十月丁未，楚世子商臣①弑其君髡②。"

[注释]

①商臣——楚穆王。

②髡——音坤 kūn，楚成王；穀梁同，左氏作"頵"（音君 jūn）。

1.11"公孙敖如齐。"

2. 文公二年

二年，丙申，公元前625年，周襄王二十七年。

2.1"二年春王二月甲子，晋侯①及秦师战于彭衙②，秦师败绩。"

[注释]

①晋侯——晋襄公。

②彭衙——秦邑，在今陕西省白水县。

2.2 "丁丑，作僖公主①。"

"作僖公主"者何？为僖公作主也。主者，曷用？虞②主用桑，练③主用栗。用栗者，藏主也④。作僖公主，何以书？讥。何讥尔？不时也。其不时奈何？欲久丧而后不能也⑤。

[译文] "作僖公主"是什么意思？是为僖公做灵牌。灵牌用什么做？虞祭的灵牌用桑木，练祭的灵牌用栗木。用栗木做的灵牌，就是藏在宗庙里供祭祀的。做僖公灵牌此事，"经"文为什么书写？为了谴责。谴责什么？谴责不合时宜。那不合时宜是怎么回事？本想将丧事办得长久些，而后来没做到[过了周年才做主]。

[注释]

①主——为死者做的牌位，即灵牌。

②虞——虞祭，父母葬后，还魂安于殡宫的仪式。

③练——练祭，古代亲丧一周年的祭礼。

④藏主也——《解诂》："藏于庙中堂所常奉事也。"

⑤欲久丧而后不能也——孔广森《通义》："鲁自庄公之丧，始不三年……文公欲复三年之丧，失其旧章，遂乃矫枉过直，逾练犹未作主矣。"

2.3 "三月乙巳，及晋处父盟①。"

此晋阳处父也，何以不氏②？讳与大夫盟也。

[译文] 这是晋国的阳处父，"经"文为什么不书出他的姓氏？是避讳文公与大夫盟会。

[注释]

①及晋处父盟——文公到晋国与晋臣阳处父盟会。杜预《集解》："不地者，盟晋都。"

②何以不氏——《解诂》《疏》说明，下三年"晋阳处父伐楚救江"书姓氏，故问。

2.4 "夏六月，公孙敖会宋公、陈侯、郑伯①、晋士縠②，盟于垂敛③。"

[注释]

①宋公、陈侯、郑伯——宋成公、陈共公、郑穆公。

②士縠——晋臣；縠（音胡 hú），穀梁作"穀"，二字通。

③垂敛——郑地，在今河南荥阳县；敛，穀梁同，左氏作"陇"，二字一声之转。

2.5 "自十有二月不雨，至于秋七月。"

何以书？记异也①。大旱以灾书，此亦旱也，曷为以异书？大旱之日短而云②灾，故以灾书。此不雨之日长而无灾，故以异书也。

[译文] 为什么书写？是记载奇异现象的。大旱按灾害书写，此次也是旱，为什么按奇异现象书写？大旱时间短而说有灾，所以按灾害书写。此次不下雨时间长而未造成灾害，所以按奇异现象写。

[注释]

①何以书，记异也——《解诂》《疏》说明，僖公二十一年"夏，大旱"，"传"云"何以书？记灾也"，故问。

②云——王引之《经义述闻》："何注曰'云，言也，言有灾'。家大人曰'《广雅》曰"云，有也"，云灾，有灾也……"

2.6 "八月丁卯，大事①于大庙②，跻僖公③。"

"大事"者何？大祫④也。大祫者何。合祭也。其合祭奈何？毁庙之主，陈于大祖⑤。未毁庙之主皆升，合食⑥于大祖。五年而再殷⑦祭。"跻"者何？升也。何言乎升僖公？讥。何讥尔？逆⑧祀也。其逆祀奈何？先祢⑨而后祖也。

[译文] "大事"是什么意思？就是"大祫"。大祫是什么意思？就是将远近祖辈的灵牌合在一起祭祀。那将远近祖辈的灵牌合在一起祭祀是怎么回事？就是将毁了庙的高祖以上的先辈灵牌陈列于太庙，再将未毁庙的高祖以下的灵牌都升入太庙。每隔五年举行一次盛大的祭礼。"跻"是什么意思？是升高。为什么说升高僖公的灵牌［置于闵公灵牌之上］？为了谴责。谴责什么？谴责违反常规位序的祭祀。那违反常规的位序祭祀是怎么回事？［让僖公享祀之位高于闵公］就等于是先祭父亲而后祭祖父。

[注释]

①大事——指大祭。

· 245 ·

②大庙——鲁之始祖周公之庙。
③跻僖公——跻僖公享祀之位于闵公之上；跻，音机 jī，升高。
④祫——音匣 xiá，祭名，集合远近祖辈的神主于太庙的祭祀。
⑤毁庙之祖，陈于大祖——《解诂》："毁庙谓亲过高祖，毁其庙藏其主于大祖庙中。"
⑥食——祭，享祀。
⑦殷——盛大，隆重。
⑧逆——倒反。
⑨祢——大庙中父亲之主。

2.7 "冬，晋人、宋人、陈人、郑人伐秦。"
2.8 "公子遂如齐纳币①。"

"纳币"不书，此何以书？讥。何讥尔？讥丧娶也。娶在三年之外，则何讥乎丧娶②？三年之内不图婚③。吉禘于庄公讥④。然则曷为不于祭焉讥⑤？三年之恩疾矣⑥，非虚加之也；以人⑦心为皆有之。以人心为皆有之，则曷为独于娶焉讥？娶者，大吉也⑧，非常吉也⑨。其为吉者主于己⑩。以为有人心然者，则宜于此焉变矣⑪。

[译文] 纳币之礼"经"文不书写，此"纳币"为什么书写？为了谴责。谴责什么？谴责在服丧期间娶亲。娶亲是在三年之外［文公四年］，那为什么还要谴责在服丧期间娶亲？三年之内根本不能考虑筹办婚事。吉禘于庄公加以谴责。那为什么大事于大庙进行祫祭不谴责？守孝三年报答父母养育之恩是相当痛苦的，这种感情实实在在并非虚假地加上的；从仁心来说，任何人都会有哀亲之情。从仁心来说，任何人都会有哀亲之情［一切吉利事都不应当办］，为什么单单在娶亲这件事上进行谴责呢？因为娶亲是很大的吉利事，不同于祫祭等通常的喜事。娶亲此种吉利事在于自己主使操纵自己的感情。具有仁心思念亲人的人，听到别人为自己筹划婚事，就应当改变原来感情而哀痛哭泣。

[注释]
①纳币——送定亲礼物，参看 3.22.6 注①。
②娶在三年……丧娶——《解诂》："据逆在四年。"指文公四年夏"逆妇姜于齐"。

③三年之内不图婚——《解诂》："僖公以十二月薨,至此未满二十五月。"十二月指僖公三十三年十二月。

④吉禘于庄公讥——《解诂》："据吉禘于庄公,讥始不三年。"见闵公二年。

⑤曷为不于祭焉讥——指"八月丁卯,大事于大庙",未讥。

⑥三年之恩疾矣——《解诂》："疾,痛。"孔广森《通义》："子生三年,然后免于父母之怀,故三年丧,恩痛之至也。"

⑦人——王引之《经义述闻》："人之言仁也。……以仁心为皆有之者,以哀痛父母之心,为众所同有也。"

⑧娶者,大吉也——《解诂》："合二姓之好,传之于无穷,故为大吉。"

⑨非常吉也——《解诂》："与大事异。"指娶与大事不同。

⑩其为吉者主于己——《解诂》："主于己身,不如祭祀尚有念先人之心。"

⑪以为……变矣——《解诂》："变者,变恸哭泣也。有人心念亲者,闻欲有为己图婚,则当变恸哭泣矣。"

3. 文公三年

三年,丁酉,公元前624年,周襄王二十八年。

3.1 "三年春王正月,叔孙得臣会晋人、宋人、陈人、卫人、郑人伐沈,沈溃。"

[注释]

沈——国名,姬姓,始祖为周公之后,在今安徽省阜阳县。

3.2 "夏五月,王子虎①卒。"

"王子虎"者何?天子之大夫也。外大夫不"卒",此何以"卒"?新使乎我也②。

[译文]"王子虎"是谁?是周天子的大夫。鲁国以外的大夫"经"文不写其"卒",此处为什么写"王子虎卒"?因为他新近出使我国[参加会葬]。

[注释]

①王子虎——周宗室，左氏说是王叔文公，《解诂》说即叔服。参见上1.3注①。

②新使乎我也——《解诂》："王子虎即叔服也，新为王者使来会葬。"见上1.3"天王使叔服来会葬"。

3.3"秦人伐晋。"

3.4"秋，楚人围江。"

[注释]

江——国名，参看5.2.4注②。

3.5"雨螽①于宋。"

"雨螽"者何？死而坠也。何以书？记异也。外异不书，此何以书？为王者之后②记异也。

[译文]"雨螽"是什么？是螽死了坠落下来。"经"文为什么书写？是记载奇异现象的。鲁国以外的奇异现象不书写，此处为什么书写？这是为王者之后的国家记载其所出现的奇异现象的。

[注释]

①雨螽——螽像雨一样落下；螽，飞蝗，即2.5.8之"螽"。

②王者之后——指宋国，其始祖为成汤之后。

3.6"冬，公如晋。十有二月己巳，公及晋侯盟。"

3.7"晋阳处父①帅师伐楚②救江。"

此伐楚也，其言"救江"何？为谖③也。其为谖奈何？伐楚为救江也。

[译文]这是伐楚，"经"文说"救江"为什么？这是谎言。那说是谎言是怎么回事？将伐楚说成为了救江。

[注释]

①阳处父——晋臣。

②帅师伐楚——左氏作"帅师以伐楚"，穀梁无"以"。

③谖——音宣 xuān，欺诈。

4. 文公四年

四年，戊戌，公元前623年，周襄王二十九年。

4.1 "四年春，公至自晋。"

[注释]

公至自晋——文公去年冬如晋，现归来。

4.2 "夏，逆妇姜①于齐。"

其谓之"逆妇姜于齐"何②？略③之也。高子④曰："娶乎大夫者，略之也。"

[译文]"经"文称之为"逆妇姜于齐"为什么？是为了轻忽这次婚礼。高子说："娶于大夫之女，所以就轻忽这次婚礼。"

[注释]

①妇姜——出姜，文公夫人。

②其谓之……何——《解诂》："据不书逆者主名、不言如齐、不称女。"桓公三年，"公子翚如齐逆女"和庄公二十四年"公如齐逆女"书主名、"如齐""女"。

③略——简忽。

④高子——传公羊学的经师之一。

4.3 "狄侵齐。"

4.4 "秋，楚人灭江。"

[注释]

江——嬴姓，参看5.2.4注②。

4.5 "晋侯伐秦。"

[注释]

晋侯——晋襄公。

4.6 "卫侯①使宁俞②来聘。"

[注释]

①卫侯——卫成公。

②宁俞——宁武子,卫臣。

4.7 "冬十有一月壬寅,夫人风氏薨。"

[注释]

夫人风氏——风氏,成风,僖公母。毛奇龄说:"夫人者,庄子媵、僖之母也。媵,无称夫人者,惟其子嗣位,则母以子贵,正名夫人,以子既为君,则邦人上下不敢于君之母有异成也。"(《春秋传》)

5. 文公五年

五年,己亥,公元前 622 年,周襄王三十年。

5.1 "五年春王正月,王使荣叔①归②含③且赗④。"

"含"者何?口实⑤也。其言"归含且赗"何?兼之⑥。兼之,非礼也。

[译文] "含"是什么?是死者口中所实之物。"经"文说"归含且赗"为什么?是因为一个使臣送来含和赗。一个使臣送来含和赗,是不合乎礼仪的。

[注释]

①荣叔——庄公元年"王使荣叔来锡桓公命"(见 3.1.6),距今已七十一年,此荣叔盖为该荣叔之后人。

②归——同"馈",赠送。

③含——以珠玉等物实死者口中名含,所实之物也称含。

④赗——助葬用的车马等,参看 3.1.4 注⑤;此处作动词用,指归赗,因"且"须用于动词之间。

⑤口实——《解诂》:"孝子所以实亲口也,缘生以事死,不忍虚其口。天子以珠,诸侯以玉,大夫以碧,士以贝,春秋之制也。"

⑥兼之——指一使兼送含与赗。《解诂》:"且,兼辞,以言'且'知几兼之也。"

[评析]左氏说"五年春,王使荣叔来含且赗",是重述"经"文之事。穀梁说"含,一事也;赗,一事也。兼归之非正也",这同于公羊。针对公、穀之说,赵匡评道:"据礼,含、赗、禭止一人兼行尔。若每事须一人,则罄王朝之臣,不足以充丧礼之使也。"(陆淳《春秋集传辩疑》)

5.2 "三月辛亥,葬我小君成风。"
"成风"者何?僖公之母也。
[译文]"成风"是谁?是僖公的母亲。
[注释]
小君——讣告中对国君夫人的称呼,参看3.22.2"评析"。

5.3 "王使召伯来会葬。"
[注释]
召伯——召昭公,召氏世为周王室之卿。穀梁作"毛伯",前人考是误字。

5.4 "夏,公孙敖如晋。"
5.5 "秦人入鄀。"
[注释]
鄀——音若ruò,秦、楚界上小国,初都今河南省淅川县,后迁都今湖北省宣城县。

5.6 "秋,楚人灭六。"
[注释]
六——国名,皋陶之后,故城在今安徽省六安县。

5.7 "冬十月甲申,许男业卒。"
[注释]
许男业——许僖公。

6. 文公六年

六年，庚子，公元前621年，周襄王三十一年。

6.1 "六年春，葬许僖公。"
[注释]
许僖公——许男业，上年冬卒。

6.2 "夏，季孙行父如陈。"
[注释]
季孙行父——季文子，桓公子季友之孙，继公子遂执鲁政，至襄公五年死。

6.3 "秋，季孙行父如晋。"
6.4 "八月乙亥，晋侯谨卒。"
[注释]
晋侯谨——晋襄公；谨，左氏、穀梁作"骧"。

6.5 "冬十月，公子遂如晋。"
6.6 "葬晋襄公。"
6.7 "晋杀其大夫阳处父，晋狐射①姑奔狄。"

晋杀其大夫阳处父，则狐射姑曷为出奔？射姑杀也。射姑杀，则其称国以杀何？君漏言也。其漏言奈何？君将使射姑将②。阳处父谏曰："射姑民众不说③，不可使将。"于是废将。阳处父出，射姑入。君谓射姑曰："阳处父言曰：'射姑民众不说，不可使将。'"射姑怒，出刺阳处父于朝而走。

[译文]晋国杀死他自己的大夫阳处父，那狐射姑为什么出逃？因为是狐射姑杀死的。是狐射姑杀死的，那"经"文称晋杀死为什么？因为是晋君泄露了话。晋君泄露话是怎么回事？晋君将要使狐射姑为将，阳处父进谏言说："狐射姑此人，民众不喜欢，不可使他为将。"晋君于是取消让狐射姑为将的打算。阳处父出宫去，狐射姑进宫来。晋君对狐

第六章　鲁文公

射姑说："阳处父言道：'狐射姑此人，民众不喜欢，不可使他为将。'"狐射姑大怒，在朝堂之上杀死阳处父后出逃。

[注释]

①射——音夜 yè，穀梁作"夜"。

②将——为将；《解诂》"谓作中军大夫"。

③说——同"悦"。

6.8"闰月不告月，犹朝于庙①。"

"不告月"者何？不告朔也。曷为不告朔？天无是月也。闰月矣，何以谓之天无是月？是月非常月也。"犹"者何？通②可以已也。

[译文]"不告月"是什么意思？就是不告朔？为什么不告朔。因为上天没有这一月。已经是闰月了，为什么说上天没有这一月？因为是非正常的一个月。"犹"是什么意思？是表示说可以终止。

[注释]

①告月，犹朝于庙——告月，即告朔，《解诂》："礼，诸侯受十二月朔政于天子，藏于太祖庙，每月朔朝庙，使大夫南面奉天子命，君北面而受之，比时使有司先告朔，谨之至也。"告朔之后，听治政事，称为听朔（又名视朔）；听朔之后朝庙。告朔、听朔、朝庙于一日之内进行。前二者于太庙，朝庙是朝祖庙。

②通——道，言，参看5.31.3注㉑。

7. 文公七年

七年，辛丑，公元前620年，周襄王，三十二年。

7.1"七年春，公伐邾娄。"

[注释]

邾娄——左氏、穀梁例作"邾"。

7.2"三月甲戌，取须朐①。"

取邑不日，此何以日？内辞也，使若他人然②。

[译文]取得城邑不书日期，此处为什么书日期？这是为鲁国避讳的

用词，使得好像他人这样做［非文公要取须朐］似的。

［注释］

①取须朐——杜预《集解》："须句，鲁之封内属国也。僖公反其君后，邾复灭之。"僖公二十一年，邾娄人灭须朐，二十二年僖公伐邾娄取须朐，返其君（参看 5.22.1）；后邾娄人又灭之，现文公再伐邾娄，取须朐。须朐，左氏、穀梁作"句"，参看 5.22.1 注②。

②使若他人然——《解诂》："使若公春伐邾娄而去，他人自以甲戌日取之。"

7.3 "遂城郚。"

［注释］郚——音吾 wú，鲁邑，在今山东省泗水县。

7.4 "夏四月，宋公王臣卒。"

［注释］

宋公王臣——宋成公。

7.5 "宋人杀其大夫。"

何以不名？宋三世无大夫，三世内娶也。

［译文］"经"文为什么不书出大夫的名字？对宋国［襄公、成公、昭公］三代"经"文不书其大夫的名字，因为三代国君都是在国内娶的夫人。

［评析］此"经"跟 5.25.4 "宋杀其大夫"，仅一字之差，"传"则完全相同，参看该注释。

7.6 "戊子，晋人及秦人战于令狐①。晋先眜以师奔秦②。"

此偏战③也，何以不言"师败绩"④？敌⑤也。此晋先眜也，其称"人"何？贬。曷为贬？外也。其外奈何？以师⑥外也。何以不言"出"⑦？遂在外也。

［译文］这是偏战，经文为什么不说"师败绩"？因为相互匹敌，不分胜负。这是晋国的先眜，"经"文称"晋人"为什么？为了贬低。为什么贬低？他跑到国外去了。他跑到国外是怎么回事？是从统帅的军队中跑到

国外去了。"经"文为什么不说"出奔"？因为他出逃之前已经在国外了。

[注释]

①令狐——晋邑，在今山西省临猗县。

②晋先眜以师奔秦——左氏、穀梁作"晋先蔑奔秦"。眜、蔑同音假借。"以师"，杨伯峻《注》说，疑是公羊涉其"传"文衍文。

③偏战——见 2.10.4 注⑥。

④何以不言"师败绩"——《解诂》《疏》说明，据上二年"晋侯及秦师战于彭衙，秦师败绩"而发问。

⑤敌——《解诂》："俱无胜负。"

⑥以师——以师中，即从所率领之师中。

⑦何以不言"出"——《解诂》《疏》说明，据定公四年蔡侯、吴子及楚人战于伯莒"楚囊瓦出奔郑"而发问。

7.7 "狄侵我西鄙。"

7.8 "秋八月，公会诸侯、晋大夫盟于扈①。"

诸侯何以不序？大夫何以不名？公失序也。公失序奈何？诸侯不可使与公盟，眅②晋大夫使与公盟也。

[译文] 众诸侯为什么不书出次序？晋国大夫为什么不书出名字？因为文公失去了列序的资格。文公失去列序资格是怎么回事？众诸侯都不肯与文公盟会，使眼色让晋国大夫与文公盟会。

[注释]

①扈——郑地，在今河南省原阳县。

②眅——音顺 shùn，以目示意。

7.9 "冬，徐伐莒。"

7.10 "公孙敖如莒莅盟。"

[注释] 莅——莅临，参加。

8. 文公八年

八年，壬寅，公元前 619 年，周襄王三十三年。

8.1 "八年春王正月。"

8.2 "夏四月。"

8.3 "秋八月戊申，天王崩。"

［注释］

天王——周襄王。

8.4 "冬十月壬午，公子遂会晋赵盾盟于衡雍。"

［注释］

衡雍——郑地，在今河南省原阳县。

8.5 "乙酉，公子遂会伊雒戎①盟于暴②。"

［注释］

①伊雒戎——居于伊水、雒水（今河南省洛阳市西南伊河、洛河）之间的戎人；左氏、穀梁作"雒戎"。

②暴——郑地，在今河南省原阳县西旧原武县，相距衡雍不远。

8.6 "公孙敖如京师，不至复①。丙戌，奔莒。"

"不至复"者何？"不至复"者，内辞也，不可使往。不可使往则其言"如京师"何？遂公意也。何以不言"出"②？遂在外也。

［译文］"不至复"是什么意思？"不至复"是为鲁国避讳的用词，实际上是不可使他前往。既然是不可使他前往，那"经"文说"如京师"为什么？这是顺从文公的心意。"经"文为什么不说"出奔"？因为他出逃之前已经在鲁国之外了。

［注释］

①不至复——左氏、穀梁作"不至而复"，指未至京师而返回。

②何以不言"出"——《解诂》《疏》说明，据闵公二年"庆父出奔莒"而发问。

8.7 "螽。"

［注释］螽——左氏、穀梁例作"蟲"，指发生蝗灾。

第六章　鲁文公

8.8 "宋人杀其大夫司马①。宋司城②来奔。"

"司马"者何？"司城"者何？皆官举③也。曷为皆官举④？宋三世无大夫，三世内娶也。

[译文] "司马"是什么？"司城"是什么？都是以官名指称。为什么以官名指称［而不书名字］？对宋国［襄公、成公、昭公］三代"经"文不书其大夫的名字，因为三代国君都是在国内娶的夫人。

[注释]

①②司马、司城——《解诂》："天子有大司徒、大司马、大司空，皆三公官名也。诸侯有司徒、司马、司空，皆卿官也。宋变司空为司城者，避先君武公名也。"宋武公名司空。《春秋》大夫书官职，仅此一例。

③官举——《解诂》："皆以官名举言之。"

④曷为皆官举——《解诂》："据宋杀其大夫山，不官举。"在成公十五年。

9. 文公九年

九年，癸卯，公元前618年，周顷王元年。

9.1 "九年春，毛伯①来求金②。"

"毛伯"者何？天子之大夫也。何以不称"使"③？当丧未君也④。逾年矣，何以谓之未君⑤？即位矣，而未称王也。未称王，何以知其即位？以诸侯之逾年即位，亦知天子之逾年即位也。以天子三年然后称王，亦知诸侯于其封内三年称"子"也，逾年称"公"矣。则曷为于其封内三年称"子"？缘民臣之心，不可一日无君；缘终始⑥之义，一年不二君⑦，不可旷年无君⑧；缘孝子之心，则三年不忍当也⑨。毛伯来求金，何以书？讥。何讥尔？王者无求⑩，求金非礼也。然则是王者与？曰："非也。"非王者，则曷为谓之（王者）王者无求⑪？"是子也"。继文王之体，守文王之法度。文王之法无求，而求，故讥之也。

[译文] "毛伯"是谁？是周天子的大夫。"经"文为什么不说"天王使毛伯来求金"？正当丧期，周朝尚未立君。［襄王崩］已过去一年了，为什么还称未立君？周天子已经即位了，只是还未称王。既然是未称王，如何知道他已经即位？依据诸侯是过了一年之后就即位，也就知道天子

也是过了一年就即位。依据天子三年之后称王，也就知道诸侯于其封地内三年之后称"子"，有的诸侯过一年之后就称"公"了。为什么又于其封地内三年后称"子"？这是从民众、臣子之心情考虑，国家不可一日无君；从君位交接之大义考虑，国家一年之内不能有二君，也不能长年无君；从孝子之心情考虑，三年丧期之内不忍心代替先君掌管国政。毛伯来求贡金一事，"经"文为什么要书写？为了谴责。谴责什么？天子无所求之物［一切由诸侯供奉］，来求贡金是不合乎礼法的。那么这是天子吗？回答说："不是。"既然不是天子，那为什么称天子无所求？说天子无所求，这说的是"子"。继承了先王的王位，就应当遵守先王的法度。先王的法度是天子对诸侯无所求，而他却征求，所以对他加以谴责。

［注释］

① 毛伯——见上 1.5 注①。

② 求金——杜预《集解》："求金以供葬事。"指为葬周襄王。

③ 何以不称"使"——《解诂》《疏》说明，据隐公九年"天王使南季来聘"而发问。杜预《集解》："虽逾年而未葬，故不称王使。"

④ 当丧未君也——《解诂》："时王新有三年丧。"

⑤ 逾年……未君——《解诂》："据崩在八年，逾年当即位。"

⑥ 终始——旧君终、新君始，指君位交接。

⑦ 一年不二君——《解诂》："故君薨称子某，既葬称子。"见庄公三十二年。

⑧ 不可旷年无君——《解诂》："故逾年称公。"

⑨ 三年不忍当也——《解诂》："孝子三年志在思慕，不忍当父位，故虽即位犹于其封内三年称子。"

⑩ 王者无求——见 2.15.1 注③。

⑪ 谓之王者，王者无求——俞樾《群经平议》："'王者'字不当叠。盖因上文云'王者无求'，故此发问云既非王者，何以言王者无求也。误叠'王者'字，义不可通。"

［评析］ 公羊说"王者无求，求金非礼"，既表现其"尊王"思想，又说明周王室衰困，需向诸侯国求金（参看 2.15"评析"）。

9.2 "夫人姜氏如齐。"

[注释]

夫人姜氏——即上4.2"夏,逆妇姜于齐"之妇姜。文公夫人。

9.3 "二月,叔孙得臣如京师①。辛丑,葬襄王。"

王者不书葬②,此何以书?不及时书③,过时书④,我有往者则书⑤。

[译文] 对周天子,《春秋》不书写其葬礼,此处为什么书写呢?[出现三个情况是书写的:]不到停殡期限入葬书写,过了停殡期限入葬书写,我国有使参加葬礼书写。

[注释]

①叔孙得臣如京师——参加襄王葬礼;《春秋》书周王葬者五(见下③④⑤),唯襄王、景王(昭公二十二年崩)鲁派使会葬;他王不书,或史有缺略,或无使前往。叔孙得臣,见上1.7注释。

②王者不书葬——孔广森《通义》:"据平、惠、定灵不书葬。"

③④不及时书、过时书——按周礼,天子停殡七月而葬(见1.3.2注③。七月指死、葬共经历七个月份,非中间相隔七月),不及时书的有匡王(宣公二年十月崩,三年正月葬)、简王(襄公元年九月崩,二年正月葬)、景王(昭公二十二年四月崩,六月葬),过时书的是桓王(桓公十五年三月崩,庄公三年五月葬)。

⑤我有往者则书——指本"经"(和昭公二十二年"叔鞅如京师,葬景王")。

9.4 "晋人杀其大夫先都。"

9.5 "三月,夫人姜氏至自齐。"

[注释]

夫人姜氏至自齐——正月,姜氏如齐,现归来行告庙之礼,故书。孔颖达《正义》:"苏氏云:夫人归宁书至,唯有此耳。余不书者,或礼仪不备,或淫纵不告庙也。"

9.6 "晋人杀其大夫士縠及箕郑父。"

9.7 "楚人伐郑。公子会晋人、宋人、卫人、许人救郑。"

9.8 "夏，狄侵齐。"

9.9 "秋八月，曹伯襄卒。"

[注释]

曹伯襄——曹共公。

9.10 "九月癸酉，地震。"

"地震"者何？动地也。何以书？记异也。

[译文] "地震"是什么？是阴阳相击让大地发生震动。为什么书写？是记载异常现象的。

[注释]

动地——使地动。《解诂》："动者，震之，故'传'先言'动'者，喻若物之动地以晓人也。"孔广森《通义》："地动，自动也；动地，有动之者也，大气动之也。阳伏而不能出，阴迫而不能烝，于是有地震。"

9.11 "冬，楚子①使椒②来聘。"

"椒"者何？楚大夫也。楚无大夫，此何以书？始有大夫也。始有大夫，则何以不氏③？许④夷狄者，不一而足⑤也。

[译文] "椒"是什么人？是楚国的大夫。[对楚国这样夷狄国家]"经"文不书写其大夫，此处为什么书写？这是开始书写。既然开始书写，那为什么不书写他的姓氏？这是因为赞许夷狄之人[须逐渐提升]，不因其一事而就彻底、足量赞许[故书大夫仅书名不书氏]。

[注释]

①楚子——楚穆王。

②椒——姓斗，字子樾，称子樾椒；不书氏，杜预《集解》说"史略文"。穀梁作"萩"，古音相近得通。

③何以不氏——《解诂》"据屈完氏"，指僖公四年"楚屈完来盟于师"。

④许——《解诂》："许，与也。"

⑤不一而足——《解诂》："足其氏，则当纯以中国礼贵之，嫌夷狄质薄，不可卒备，故且以渐。"孔广森《通义》："当进之以渐，不就其一事遽盈量而与也。"

第六章 鲁文公

9.12"秦人来归①僖公、成风②之襚③。"

其言"僖公、成风"何？兼之。兼之，非礼也④。曷为不言"及成风"⑤？成风尊也⑥。

［译文］"经"文说"僖公、成风"为什么？是因为秦国一个使臣送来两人襚。一个使臣送来两人襚是不合乎礼仪的。"经"文为什么不说"僖公及成风"，因为成风尊贵。

［注释］

①归——同"馈"，见 1.1.4 注③。

②成风——僖公母，卒于文公四年。

③襚——音遂 suì，送给死者的衣被。

④兼之，非礼也——《解诂》："礼主于敬，当各使一使，所以别尊卑。"

⑤曷为不言"及成风"——《解诂》："据及者，别公、夫人尊卑之文也。"如僖公十一年"公及夫人姜氏会齐侯于阳谷"。

⑥成风尊也——《解诂》："不可使卑及尊也。母尊序在下者，明妇人有三从之义，少系父，既嫁系夫，夫死系子。"

［评析］公羊所说"兼之，非礼"，赵匡指出不能成立，见上 5.1 "评析"；孔颖达《正义》也说："《杂记》，诸侯吊礼，有含、襚、赗、临，可以一使兼行。"（临，哭吊死者）

9.13"葬曹共公。"

10. 文公十年

十年，甲辰，公元前 617 年，周顷王二年。

10.1"十年春王三月辛卯，臧孙辰卒。"

［注释］

臧孙辰——鲁臣，庄公二十八年"臧孙辰告籴于齐"，当时为卿至今已五十年，盖老死。

10.2 "夏,秦伐晋。"

10.3 "楚杀其大夫宜申。"

[注释]

宜申——氏斗,字子西。

10.4 "自正月不雨,至于秋七月。"

10.5 "及苏子①盟②于女栗③。"

[注释]

①苏子——周臣。

②及苏子盟——杨柏峻《注》:"及苏子盟者,未译何人,疑是鲁文公。"

③女栗——杨伯峻《注》:"不译何地。"女,音汝 rǔ。

10.6 "冬,狄侵宋。"

10.7 "楚子、蔡侯①次②于屈貉③。"

[注释]

①楚子、蔡侯——楚穆王、蔡庄公。

②次——停驻,参看3.3.5注①。

③屈貉——地名,在今河南省项城县;左氏、穀梁作"厥貉"。

11. 文公十一年

十一年,乙巳,公元前616年,周顷王三年。

11.1 "十有一年春,楚子①伐圈②。"

[注释]

①楚子——楚穆王。

②圈——国名,在今湖北省郧县;左氏、穀梁作"麇",二字音近得通假。

11.2 "夏,叔彭生①会晋郤缺于承匡②。"

[注释]

①叔彭生——叔仲惠伯,鲁臣。

②承匡——宋地，在今河南省睢县。

11.3"秋，曹伯来朝。"
[注释]
曹伯——曹文公。

11.4"公子遂如宋。"
11.5"狄侵齐。"
11.6"冬十月甲午，叔孙得臣①败狄于咸②。"
"狄"者何？长狄③也。兄弟三人，一者之齐，一者之鲁，一者之晋。其之齐者，王子成父④杀之；其之鲁者，叔孙得臣杀之；则未知其之晋者也。其言"败"何？大之也⑤。其日何？大之也⑥。其地何？大之也⑦。何以书？记异也。

[译文]"狄"是什么人？是指个子极高的狄人。他们兄弟三人，一个到齐国去了，一个到鲁国来了，一个到晋国去了。其中到齐国去的那个，王子成父杀了他；到鲁国来的这个，叔孙得臣杀了他；就不知道到晋国去的那个怎么样了。"经"文说"败"为什么？是为了重视这件事。"经"文书出日期为什么？是为了重视这件事。"经"文书出地点为什么？是为了重视这件事。"经"文为什么书写？是记载奇异现象的。

[注释]
①叔孙得臣——见上1.7注释。
②咸——鲁地，在今山东省巨野县南。
③长狄——《解诂》："盖长百尺。"杨伯峻《注》："狄有赤狄、白狄与长狄，长狄为狄之一种。……何休《公羊注》谓'盖长百尺'，盖不足为信史。"
④王子成父——齐臣。
⑤大之也——《解诂》："如大战，故就其事言'败'。"
⑥大之也——《解诂》："如结日大战。"
⑦大之也——《解诂》："如大战，故地。"

12. 文公十二年

十二年，丙午，公元前615年，周顷王四年。

12.1 "十有二年春王正月,盛^①伯来奔。"

"盛伯"者何?失地之君也。何以不名?兄弟^②辞也。

[译文]"盛伯"是什么人?是失地的国君。"经"文为什么不书出他的名字?这是对同姓兄弟国间的用词。

[注释]

①盛——左氏、穀梁作"郕",姬姓国,参看 1.5.3 注①。

②兄弟辞也——《解诂》"与郜子同义",指与僖公二十年"郜子来朝""传"文相同(见 5.20.2)。

12.2 "杞伯来朝。"

[注释]

杞伯——杞桓公。

12.3 "二月庚子,子叔姬^①卒。"

此未适^②人,何以"卒"?许嫁矣。妇人许嫁,字而笄^③之,死则以成人之丧治之。其称"子"何?贵也。其贵奈何?母弟也。

[译文]这是未出嫁之人,为什么要书其"卒"?已经许嫁了。女子许嫁就要给她取字并举行结发加簪的仪式,死了就按照成人的丧礼办理。"经"文称"子叔姬"为什么?因为她尊贵。她尊贵是怎么回事?她是文公同母所生的妹妹。

[注释]

①叔姬——即上"经"左氏所说文公之妹,杞桓公夫人,遭离弃。

②适——出嫁。

③笄——音鸡 jī,女子绾发用的簪子,古时女子许嫁行笄礼。《礼记·士昏礼》:"女子许嫁,笄而醴之,称字。"

12.4 "夏,楚人围巢。"

[注释]

巢——巢国,殷商旧国,在今安徽省巢县。

第六章 鲁文公

12.5 "秋,滕子来朝。"

12.6 "秦伯①使遂②来聘。"

"遂"者何?秦大夫也。秦无大夫,此何以书?贤③缪公也。何贤乎缪公?以为能变也。其为能变奈何?"惟④诶诶⑤善竫⑥言,俾⑦君子易怠,而况⑧我多有之⑨。惟一介⑩断断⑪焉,无他技,其心休休⑫,能有容⑬。"是难也⑭。

[译文]"遂"是谁?是秦国的大夫。[对于秦这样夷狄之国]"经"文不书其大夫,此处为什么书写?这是认为秦缪公贤明。秦缪公怎么贤明?认为他能改变态度。他能改变态度是怎么回事?[秦缪公说:]"那些浅薄之人善于编撰花言巧语,使君子轻忽怠惰,而我自己过去十分偏爱他们。如果有一个用心专一、性情耿介之臣,虽无其他技能,只要他心地美好宽大,能宽纳贤者,[我是要重用他的]。"这种态度的改变是很难得的啊!

[注释]

①秦伯——秦康公。

②遂——左氏、穀梁作"术",西乞术。

③贤——意动用,认为贤。

④"惟……容"——秦缪(穆)公的话,引自《尚书·秦誓》。

⑤诶诶——《解诂》:"浅薄之貌。"

⑥竫——《解诂》:"竫犹撰也。"陈立《义疏》:"作撰者,巧言之人凭空结撰,易以动人。"

⑦俾——使。

⑧况——皇,大。

⑨有之——王引之《经义述闻》:"有之,谓亲之也;古者谓相亲曰有。"

⑩一介——一人。

⑪断断——《解诂》:"断断犹专一也。"

⑫休休——《解诂》:"休休,美大貌。"

⑬能有容——《解诂》:"能含容贤者。"

⑭是难也——《解诂》:"是难行也。秦缪公自伤前不能用百里子、蹇叔子之言,感而自变悔,遂霸西戎。故因其能聘中国,善而与之,使有大夫。"参看5.33.3。

12.7"冬，十有二月戊午，晋人、秦人战于河曲①。"

此偏战②也，何以不言"师败绩"？敌③也。曷为以水地④？河⑤曲⑥疏矣，河千里而一曲也。

[译文] 这是偏战，"经"文为什么不说"师败绩"？因为相互匹敌，不分胜负。为什么以靠水之处作为交战地点？因为黄河弯疏旷开阔，黄河一千里之远才形成一个弯。

[注释]

①河曲——公羊解为河弯。其实是地名，在今山西省永济县；黄河自此东折，故称河曲。

②偏战——见2.10.4注⑥。

③敌——匹敌，力量对等；参看上7.6注⑤。

④曷为以水地——《解诂》："以水地者，谓以水曲折起地远近所在也。"

⑤河——黄河；《尔雅·释水》："河出昆仑虚……百里一小曲，千里一曲一直。"

⑥曲——弯曲之处。

12.8"季孙行父①，帅师城诸②及运③。"

[注释]

①季孙行父——见上6.2注释。

②诸——见3.29.5注①。

③运——鲁邑。鲁有两运，此为东运，在今山东省沂水县，靠近莒国；西运见8.4.8注。"运"，左氏、穀梁作"郓"，二字同音通假。

13. 文公十三年

十三年，丁未，公元前614年，周顷王五年。

13.1"十有三年春王正月。"

13.2"夏五月壬午，陈侯朔卒。"

[注释]

陈侯朔——陈共公，陈穆公款之子。

第六章 鲁文公

13.3"邾娄①子蘧篨②卒。"

[注释]

①邾娄——左氏、穀梁例作"邾"。

②蘧篨——穀梁同;左氏作"蘧蒢",杨伯峻《注》:"《说文》艸部,蘧与蒢是不同之物;而竹部,蘧篨为粗竹席。此盖假物为名,当以从竹者为正。"

13.4"自正月不雨,至秋七月。"

[注释]

至秋七月——左氏、穀梁作"至于秋七月",公羊盖脱文。

13.5"世室①屋坏。"

"世室"者何?鲁公②之庙也。周公称太庙,鲁公称世室,群公称宫。此鲁公之庙也,曷为谓之世室?世室犹世室也,世世不毁也。周公何以称太庙于鲁③?封鲁公以为周公也④。周公拜乎前,鲁公拜乎后⑤。曰⑥:"生以养周公⑦,死以为周公主⑧。"然则周公之鲁乎?曰"不之鲁也"。封鲁公以为周公主,然则周公曷为不之鲁⑨?欲天下之一乎周也⑩。鲁祭周公,何以为牲⑪?周公用白牡⑫,鲁公用骍犅⑬,群公不毛⑭。鲁祭周公,何以为盛⑮?周公盛⑯,鲁公熹⑰,群公廩⑱。"世室屋坏",何以书?讥。何讥尔?久不修也⑲。

[译文]"世室"是什么?是鲁公的庙。周公的庙称为太庙,鲁公的庙称为世室,其他各公的庙称为宫。这是鲁公的庙,为什么要称它为世室?世室就等于说是世世敬奉之室,是世世代代不能毁坏的。周公的庙为什么在鲁国称为太庙?因为周成王封鲁公就是为了后来祭祀周公。[开始受封时,于文王庙里]周公拜在前,鲁公拜在后。成王说:"周公生前以鲁国来奉养,周公死后以鲁国为主祭人。"那么周公来鲁国吗?回答说:"不来鲁国"。封鲁公作为周公的主祭人,那周公为什么不到鲁国?这是想表明天下人心所向,统一于周室。鲁国王祭周公用什么作牺牲呢?主祭周公用白色牛,祭祀鲁公用脊背红色的牛,祭祀其他各公用杂色的牛。鲁国主祭周公用什么作为放在祭器里的食物?主祭周公在祭器中装上专供祭祀用的新谷;祭祀鲁公,祭器中新谷在上、陈谷在下,各有一

267

半；祭祀其他各公祭器中全用陈谷，只在表面覆盖一层新谷。"世室屋坏"一事，"经"文为什么书写？为了谴责。谴责什么？谴责长时间不进行修缮。

[注释]

①世室——左氏、穀梁作"大室"。

②鲁公——《解诂》："鲁公，周公子伯禽。"

③周公何以称太庙于鲁——《解诂》："据鲁公始封也。"陈立《义疏》："此难不以鲁公为太庙之故，又周公未尝就封，何以称太庙。"

④封鲁公以为周公也——《礼记·明堂位》："成王以周公为有勋劳于天下，是以封周公于曲阜，地方七百里，革车千乘。命鲁公世世祀周公以天子之礼乐。"（郑玄注：鲁公谓伯禽）

⑤周公……乎后——《解诂》："始受封时拜于文王庙也。……父子俱拜者，明以周公之功封鲁公也。"

⑥曰——指周成王曰。

⑦生以养周公——《解诂》："生以鲁国供养周公。"

⑧死以为周公主——《解诂》："如周公死，当以鲁公为祭祀主。"

⑨然则周公曷为不之鲁——《解诂》："据……周公不之鲁，则不得供养为主。"

⑩欲天下之一乎周也——《解诂》："周公圣人，德至重功至大……故封伯禽命使遥供养，死则奔丧为主，所以一天下之心于周室。"

⑪鲁……牲——《解诂》"据庙异也"，指因庙不同，故问。

⑫白牡——白色牛。

⑬骍犅——《解诂》："骍犅，赤脊，周牲也。"犅，音刚 gāng，公牛。

⑭不毛——《解诂》："不毛，不纯色。"

⑮何以为盛——《解诂》"据公异也"，指因公不同，故问。

⑯盛——放在祭器中的谷物，《说文·皿部》"盛，黍稷在器中以祀者也"。《疏》："言周公盛者，谓新谷满其器。"

⑰焘——同"帱"，音到 dào，覆盖；《解诂》"焘者，冒也，故上一新也"（冒，覆），《疏》"言鲁公焘者，谓下故上新，裁可半平。"

⑱廪——《疏》："廪谓全是故谷，但在上少有新谷。"

⑲久不修也——《解诂》："简忽久不以时修治，至令败坏。"

13.6"冬，公如晋。卫侯会①于沓②。"

[注释]

①卫侯会——左氏、穀梁作"卫侯会公"；杨伯峻《注》："《公羊》'会'下无'公'字，疑脱。"

②沓——卫地，今地不详。

13.7"狄侵卫。"

13.8"十有二月己丑①，公及晋侯②盟。"

[注释]

①己丑——乙丑之误，十二月无己丑。

②晋侯——晋灵公。

13.9"还自晋①，郑伯②会公于斐③。"

"还"者何？善辞也。何善尔？往党④，卫侯会公于沓；至得与晋侯盟；反党，郑伯会公于斐，故善之也。

[译文]"还"是什么意思：是褒奖文公的美好用词。为什么褒奖？去晋之前，卫侯与文公在沓地相会；到了晋国，成功地跟晋侯盟会；返回时，郑伯又与文公在裴地相会。[一次外出，完成三件事]所以褒奖文公。

[注释]

①还自晋——穀梁同。左氏作"公还自晋"；公羊、穀梁盖是承前"公及晋侯盟"省略。

②郑伯——郑穆公。

③斐——郑地，在今河南省新郑县；左氏、穀梁作"棐"，二字通假。

④党——时；《解诂》："党，所也，所犹时，齐人语也。"

14. 文公十四年

十四年，戊申，公元前613年，周顷王六年。

· 269 ·

14.1 "十有四年春王正月，公至自晋。"

[注释]

公至自晋——上年冬，公如晋。

14.2 "邾娄①人伐我南鄙，叔彭生②帅师伐邾娄。"

[注释]

①邾娄——左氏、穀梁例作"邾"。

②叔彭生——见上 11.2 注释。

14.3 "夏五月乙亥，齐侯潘卒。"

[注释]

齐侯潘——齐昭公。

14.4 "六月，公会宋公、陈侯、卫侯、郑伯、许男、曹伯①、晋赵盾。癸酉，同盟于新城②。"

[注释]

①宋公、陈侯、卫侯、郑伯、许男、曹伯——宋昭公、陈灵公、卫成公、郑穆公、许昭公、曹文公。

②新城——郑地，在今河南省新密市。

14.5 "秋七月，有星孛①入于北斗②。"

"孛"者何？彗星也。其言"入于北斗"何？北斗有中③也。何以书？记异也。

[译文] "孛"是什么？就是彗星。"经"文说"入于北斗"是什么意思？北斗七星的四颗魁星有中空[彗星进入]。为什么书写？是记载奇异现象的。

[注释]

①孛——音勃 bó，星芒四出扫射，为动词；因以为彗星的别称，为名词。《释名·释天》："孛星，星旁气孛孛然也。"

②北斗——北斗星，共七颗：1—4 为星魁，称魁星；5—7 为星柄，称柄星。

③中——《解诂》："中者，魁中。"

第六章　鲁文公

14.6"公至自会。"

[注释]

公至自会——指从六月新城之会归来。

14.7"晋人纳①接菑②于邾娄③，弗克纳。"

"纳"者何？入辞④也。其言"弗克纳"何？大其弗克纳也⑤。何大乎其弗克纳？晋郤缺帅师，革车八百乘，以纳接菑于邾娄，力沛⑥若有余而纳之。邾娄人言曰："接菑，晋出⑦也；貜且⑧，齐出也。子⑨以其指⑩，则接菑也四，貜且也六⑪。子以大国压之⑫，则未知齐、晋孰有之也⑬。贵则皆贵矣，虽然，貜且也长⑭。"郤缺曰："非吾力不能纳也，义实不尔克也⑮。"引师而去之。故君子⑯大其弗克纳也。此晋郤缺也，其称"人"何？贬。曷为贬？不与大夫专废置君也。易为不与？实与而文不与⑰。文曷为不与？大夫之义，不得专废置君也。

[译文]"纳"是什么意思？是使之入国继位的用词。"经"文说"弗克纳"为什么？是为了称赞晋人没有让接菑入国继位。为什么要称赞晋人没有让接菑入国继位。晋大夫郤缺率领军队[入邾娄]，计有兵车八百辆，目的是让接菑进入邾娄执政；力量强大，让接菑入国沛然有余。邾娄人说："接菑是晋国的外孙，貜且是齐国的外孙。您如果掐算一算，那么接菑是四，貜且是六，二人均不是嫡子。您如果倚仗大国之势来压服我国，[而如果齐国也来压服]那就不知道齐晋两国哪能占有这个君位。接菑、貜且论尊贵是同样的尊贵，不过即使如此，貜且年纪更大些。"郤缺说："不是我的力量不能让接菑回国继位，而按大义实在不能这样做。"于是，带领部队离开。所以君子称赞晋人没有让接菑入国继位。这是晋国的郤缺，"经"文称"晋人"为什么？为了贬低。为什么贬低？是不赞许大夫专权废置国君。为什么不赞许？实际上是赞许的，而行文不赞许。行文为什么不赞许？因为大夫的本分，是不得专权擅自废置国君的。

[注释]

①纳——引进，参看3.9.3注①。

②接菑——邾文公子，第二夫人晋姬生，左氏、穀梁作"捷菑"。

③邾娄——左氏、穀梁例作"邾"。

271

④入辞——使进入继位的用词，参看3.9.3注③。

⑤大其弗克纳也——孔广森《通义》："先言'纳接菑于邾娄'，致晋君之意也；后言'弗克纳'，专郤缺之义也。"

⑥沛——《解诂》："沛，有余貌。"

⑦出——《解诂》："出，外孙也。"《尔雅·释亲》："男子谓姊妹之子为出。""晋出""齐出"即晋女所生、齐女所生。

⑧貜且——音决居juéjū，邾文公第一夫人齐姜生，即邾定公。

⑨子——《疏》："子，谓郤缺。"

⑩指——《解诂》："指，手指。"

⑪接菑也四，貜且也六——四、六，地数，《周易·系辞上》："天一，地二，天三，地四，天五，地六，天七，地八，天九，地十。""天数五，地数五。五位相得而各有合。"《解诂》："言俱不得天之正性。"《疏》："地四生金于西方，地六成水于北方，皆非天数也。言此者，喻皆庶子矣。"

⑫子以大国压之——《解诂》："压，服也；服邾娄使从命。"

⑬未知齐、晋孰有之也——《解诂》："设齐复兴兵来纳貜且，亦欲服邾娄使从命，未知齐、晋谁能使外孙有邾娄者。"

⑭貜且也长——《解诂》："既两不得正性，又皆贵，唯当以年长故立之。"

⑮义实不尔克也——《解诂》"如邾娄人言义不可夺也，故云尔"；不尔克，"不克尔"之倒装，指不能这样做。

⑯君子——指孔子。

⑰实与而文不与——孔广森《通义》："弗克纳者，与之实也；称人者，不与之文也。"

[评析] 公羊说："不与大夫专废置君"。赵匡评道："纵令诸侯岂得专废置他国君乎？"（陆淳《春秋集传辨疑》）又，关于"子以其指，则接菑也四，貜且也六"，前人有种种解释。这里据《解诂》《疏》之说。

14.8 "九月甲申，公孙敖卒于齐。"

[注释]

公孙敖于八年奔莒（见上8.6），准备回鲁途中死于齐。

第六章　鲁文公

14.9"齐公子商人①弑其君舍②。"

此未逾年之君也，其言"弑其君舍"何③？己立之、己杀之④，成死者而贱生者⑤也。

[译文] 这是即位未过一年的国君，"经"文说"弑其君舍"为什么？商人自己立了舍，又自己杀了舍，这样书是既成全了死者的名位，又卑贱了生者的为人。

[注释]

①商人——齐昭公潘之弟，桓公之子，即懿公。

②舍——齐昭公子，五月昭公卒，当月即位。

③其言"弑其君舍"何——《解诂》《疏》说明，僖公九年书"弑其君之子奚齐"，故问。

④己立之、己杀之——《解诂》："商人本正，当立；恐舍缘潘意为害，故先立而杀之。"（潘，齐昭公）

⑤成死者而贱生者——《解诂》："恶商人怀诈无道，故成舍之君号，以贱商人之所为。"

14.10"宋子哀来奔。"

"宋子哀"者何？无闻焉尔。

[译文] "宋子哀"是何人？未听说过［不知是什么人］。

[注释]

无闻焉尔——参看1.2.7注③、2.14.3"评析"。

14.11"冬，单伯①如齐。齐人执单伯。齐人执子叔姬②。"

执者曷为或称"行人"③，或不称"行人"？称"行人"而执者，以其事执也④；不称"行人"而执者，以己执也⑤。单伯之罪何？道淫也。恶乎淫？淫乎子叔姬⑥。然则曷为不言"齐人执单伯及子叔姬"？内辞也，使若异罪然⑦。

[译文] "经"文对被拘捕之人，为什么或称"行人"，或不称"行人"？称"行人"被拘捕的，是因为国家公事而被拘捕；不称"行人"被拘捕的，是因为个人私事而被拘捕。单伯的罪行是什么？是在［护送叔姬］路上淫乱。跟谁淫乱？跟叔姬淫乱。既然如此，那"经"文为

· 273 ·

什么不说"齐人执单伯及子叔姬"？这是为鲁国避讳的用词，使得好像两人因别的罪过而被捕。

[注释]

①单伯——周卿，参看3.1.3注①；此单伯当是该单伯之后人，因为庄公元年至今已八十一年。

②叔姬——杜预《集解》："鲁女，齐侯舍之母。不称夫人，自鲁录之父母辞。"孔颖达《疏》："不知是何公之女，鲁是其父母家。"

③行人——外交官员的名称；参看下④。

④称"行人"……执也——《解诂》："以其衔奉国事执之，晋人执我行人叔孙舍是也。"晋人执我叔孙舍在昭公二十三年。

⑤不称……执也——《解诂》："己者，己大夫；自以大夫之罪执之。"

⑥淫乎子叔姬——《解诂》："时子叔姬嫁，为当齐夫人，使单伯送之。"

⑦使若异罪然——《解诂》："深讳使若各自以他事见执者。"

15. 文公十五年

十五年，己酉，公元前612年，周匡王元年。

15.1"十有五年春，季孙行父如晋。"

[注释]

季孙行父——见上6.2注释。

15.2"三月，宋司马华孙来盟。"

[注释]

司马华孙——司马，官名；华孙，名耦，华是氏。

15.3"夏，曹伯来朝。"

[注释]

曹伯——曹文公。

15.4 "齐人归公孙敖之丧①。"

何以不言"来"②？内辞也。胁我而归之，筍③将④而来也。

[译文]"经"文为什么不说"来归"？说"归"是为鲁国避讳的用词，其实是齐人为了威胁我国而送来公孙敖的遗体。他们是用竹编的车子载着遗体送来的。

[注释]

①丧——指入柩的尸体，参看 2.18.3 注释；公孙敖上年九月卒于齐。

②何以不言"来"——《解诂》《疏》说明，据下"十有二月，齐人来归子叔姬"书"来归"。

③筍——音训 xùn，竹子编的车或轿；《解诂》："筍者，竹箯也，一名编舆，齐鲁以此名之曰筍。"（箯，biān 编，竹子编的车、床等）

④将——《解诂》："将，送也。"

[评析]"筍将而来"之"筍"，译注据《解诂》，此说似不可能为实。俞樾《群经平议》说："公孙敖之死至此已阅八月，岂其尸犹可置编舆中？何解非也，今按筍（音笋 sǔn）者，以横木悬其棺，使人舁（音余 yú）之也。《考工记》'梓人为笋虡（音据 jù）'，郑注曰'乐器所悬横曰笋，纵曰虡'。凡事理之相近者，名即相通。横木以悬钟鼓谓之筍，故横木以悬棺亦谓之筍。"

15.5 "六月辛丑朔，日有食之，鼓，用牲于社。"

[注释]

注释、译文见 3.25.3。

15.6 "单伯至自齐。"

[注释]

单伯至自齐——十四年冬"单伯如齐，齐人执单伯"，本年春"季孙行父如晋"，求晋说合；现齐人放单伯来鲁，《解诂》"喜患祸解也"。

15.7 "晋郤缺率师伐蔡。戊申，入蔡。"

"入"不言"伐"，此其言"伐"何？至之日也。其日何？至之日也。

[译文]"经"文说"入"不说"伐"，此处[说"入"又]说"伐"

为什么？因为出兵攻伐之日即是到达蔡国进入之日。"经"文书出日期为什么？也是因为出兵攻伐之日即是到达蔡国进入之日。

15.8 "秋，齐人侵我西鄙。"

15.9 "季孙行父如晋。"

15.10 "冬十有一月，诸侯盟于扈。"

[注释]

扈——见上7.8注①。

15.11 "十有二月，齐人来归子叔姬。"

其言"来"何①？闵之也②。此有罪③，何闵尔？父母之于子，虽有罪，犹若其不欲服罪然④。

[译文]"经"文说"来"为什么？是怜悯她。这是有罪的人，为什么还怜悯她？父母对于自己的子女，即使是子女有罪过，也仍然像子女不愿服罪样对待。

[注释]

①其言"来"何——《解诂》："据'齐人归公孙敖之丧'不言'来'。"

②闵之也——《解诂》："闵伤其弃绝来归。"其夫齐昭公卒，其子舍被弑。参看上14.3"齐侯潘卒"，14.9"齐公子商人弑其君舍"。

③此有罪——指与单伯淫乱，见上14.11"传"。

④犹若其不欲服罪然——《解诂》："孔子曰：'父为子隐，子为父隐，直在其中矣。'所以崇父子之亲也。"

15.12 "齐侯①侵我西鄙，遂伐曹，入其郛②"。

"郛"者何？恢郭③也。入郛书乎？曰"不书"。入郛不书，此何以书？动我④也。动我者何？内辞也。其实我动焉尔。

[译文] "郛"是什么？是城的外郭。[别国作战]进入城的外郭《春秋》书写此事吗？回答说"不书写"。既然[别国作战]进入城的外郭不书写，此处为什么书写？是齐国威吓我国。说[齐人曹郛]是威吓我国为什么？这是为鲁国避讳的用词。其实是我国惧怕[齐国也进入自己的外郭]罢了。

[注释]

①齐侯——齐懿公，商人。

②郛——音浮 fú，外城。

③恢郭——《解诂》："恢，大也；郭，城外大郭。"郭，外城。

④动我——《解诂》："动惧我也。"

16. 文公十六年

十六年，庚戌，公元前611年，周匡王二年。

16.1 "十有六年春，季孙行父会齐侯①于阳谷②，齐侯弗及③盟。"

其言"弗及盟"何？不见④与盟也。

[译文]"经"文说"弗及盟"是什么意思？就是季孙行父不被允许参加盟会。

[注释]

①齐侯——齐懿公。

②阳谷——见5.3.5注③。

③及——杜预《集解》："及，与也。"一起参加。

④见——被。

16.2 "夏五月，公四①不视朔②。"

公曷为四不视朔？公有疾也。何③言乎"公有疾不视朔"？自是公无疾不视朔也。然则曷为不言"公无疾不视朔"？有疾，犹可言也；无疾，不可言也④。

[译文] 文公为什么连着四个月不视朔？文公有病了。为什么不说"公有疾不视朔"？自然是因为文公没病而不视朔。既然如此，那为什么不说"公无疾不视朔"？有病[不视朔]，还可以言说；没病[不视朔]，就不可言说了。

[注释]

①四——指四个月。

②视朔——又名听朔，指每月初一于太庙听取臣子报告，处治决断当月政务；视朔于告朔（告月）之后进行。告朔，见上6.8注①。

③何——同"盍",何不。
④无疾,不可言也——《解诂》:"言无疾,大恶,不可言也。"

16.3 "六月戊辰,公子遂及齐侯盟于犀丘。"
[注释]
犀丘——齐地,在今山东省淄博市临淄区;犀,左氏作"鄐(音西 xī)"、穀梁作"师",三字古音相近,可通假。

16.4 "秋八月辛未,夫人姜氏①薨。毁泉台。"
"泉台"者何?郎台②也。郎台则曷为谓之泉台?未成为郎台③,既成为泉台④。"毁泉台"何以书?讥。何讥尔?筑之讥⑤,毁之讥。先祖为之,己毁之,不如勿居而已矣⑥。
[译文] "泉台"是什么?就是郎台。既然是郎台,为什么又称它为泉台呢?未建成时称为郎台,建成之后就称为泉台。"毁泉台""经"文为什么要写?为了谴责。谴责什么?修筑时谴责过,现在毁掉也要谴责。[为什么?] 先祖建成了它,自己却毁掉他,不如不住在那里[让它自己毁坏]算了。
[注释]
①夫人姜氏——声姜;杜预《集解》:"僖公夫人,文公母也。"
②郎台——在鲁南近郊郎地之台,见庄公三十一年"筑台于郎"。
③未成为郎台——《解诂》:"未成时,但以地名之。"
④既成为泉台——《解诂》:"既成,更以所置名之。"
⑤筑之讥——见 3.31.1 "何以书?讥。何讥尔?临民之所漱浣也。"
⑥不如勿居而已矣——《解诂》:"但当勿居令自毁坏,不当故毁暴,扬先祖之恶也。"

16.5 "楚人,秦人、巴①人灭庸②。"
[注释]
①巴——国名,姬姓,在今湖北省襄樊市。
②庸——国名,在今湖北省竹山县;据《尚书·牧誓》,周武王伐纣有庸师,则立国已久。

16.6"冬十有一月，宋人弑其君处臼[1]。"

弑君者曷为或称名氏，或不称名氏？大夫弑君称名氏，贱者[2]穷[3]诸[4]人。大夫相杀称"人"，贱者穷诸盗[5]。

[译文] 弑杀国君的人为什么或是称呼其姓名，或是不称呼其姓名？如果是大夫弑杀国君就称呼姓名，如果是地位卑贱者弑杀国君，最高称之为"人"。如果是大夫之间相互杀害称"人"；如果是地位卑贱的人杀了大夫，最高称为"盗"。

[注释]

①处臼——宋昭公，处，左氏、穀梁作"杵"；处、杵音近。

②贱者——《解诂》："贱者，谓士也，士自当称人。"

③穷——极端，到顶点。

④诸——之于，表示比较。

⑤贱者穷诸盗——《解诂》："降大夫使称人，降士使称盗者，所以别刑有轻重也。"

17. 文公十七年

十七年，辛亥，公元前610年，周匡王三年。

17.1"十有七年春，晋人、卫人、陈人、郑人伐宋。"

17.2"四月癸亥，葬我小君[1]圣姜[2]。"

"圣姜"者何？文公之母也。

[译文]"圣姜"是谁？是文公的母亲。

[注释]

①小君——对外讣告中对夫人的称呼，参看3.22.2"评析"。

②圣姜——左氏、穀梁作"声姜"；圣、声通假。

17.3"齐侯[1]伐我西鄙[2]。六月癸未，公及齐侯盟于谷[3]。"

[注释]

①齐侯——齐懿公。

②鄙——左氏作"北鄙"，杜预《集解》："西当为北，盖经误。"

③谷——齐地，参看3.7.4注释。

17.4 "诸侯会于扈。"

[注释]

扈——郑地,参看上7.8注①。

17.5 "秋,公至自谷。"

[注释]

公至自谷——从谷地六月与齐侯盟会归来。

17.6 "冬,公子遂如齐。"

[注释]

冬——原文脱。

18. 文公十八年

十八年,壬子。公元前609年,周匡王四年。

18.1 "十有八年春王二月,公薨于台下。"

[注释]

台下——何义不详,前人解说不一。沈钦韩说:"台下非寝疾之所,卒然而薨,或升高而殒,俱未可知。"(《春秋左传补注》)

18.2 "秦伯䓨卒。"

[注释]

秦伯䓨——《解诂》:"秦穆公也。"前人考证乃是康公,《史记·秦本纪》:"穆公子四十人,其太子䓨代立,是为康公。"䓨,音英 yīng。"经"文书秦君卒自此始。

18.3 "夏五月戊戌,齐人弑其君商人。"

[注释]

商人——齐懿公。

第六章　鲁文公

18.4"六月癸酉，葬我君文公。"

18.5"秋，公子遂，叔孙得臣如齐。"

18.6"冬十月，子①卒。"

"子卒"者孰谓？谓子赤也。何以不日②？隐③之也。何隐尔？弑也。弑则何以不日？不忍言也。

[译文]"子卒"说的是谁[死]？说的是子赤[死]。为什么不书出日期？是为之哀痛。为什么哀痛？他是被杀的。被杀为什么就不书出日期？是不忍心说明。

[注释]

①子——名赤，文公子；左氏说名恶。左氏僖公九年"凡在丧……公侯曰子"，则赤即位称"子"。

②何以不日——《解诂》"据子般卒日"，指庄公三十二年"冬十月乙未，子般卒"。

③隐——见3.1.1注②。

[评析]《史记·鲁世家》说："文公有二妃，长妃齐女，为哀姜，生子恶及视。次妃敬嬴，嬖爱，生子俀。"（俀，音涡wō，即宣公）左氏说，文公二妃敬嬴生宣公。敬嬴私交公子遂欲立己子，怂恿公子遂（也得到齐惠公支持），杀死恶及视，立宣公。

18.7"夫人姜氏①归于齐②。"

[注释]

①夫人姜氏——文公夫人出姜，又名哀姜，文公四年嫁鲁，参看上4.2。

②归于齐——《解诂》："归者，大归也，夫死子杀，贼人立，无所归留，故去也。"[大归，归娘家永不返回]指子恶、视为公子遂杀，宣公立。见上"评析"。

18.8"季孙行父如齐。"

18.9"莒弑其君庶其①。"

称国以弑何②？称国以弑者，众弑君之辞③。

[译文]"经"文称莒国弑杀其国君为什么？称莒国弑杀国君，是表示众人弑杀国君的用词。

[注释]

①庶其——莒纪公。

②称国以弑何——《解诂》《疏》说明,据襄公三十二年"十有一月,莒人弑其君密州"。

③众弑君之辞——《解诂》:"一人弑君,国中人人尽喜,故举国以明失众,当坐绝也。"

第七章 鲁宣公

宣公，名倭（音涡 wō，一作"倭"），文公子，母为敬嬴。

1. 宣公元年
元年，癸丑，公元前608年，周匡王五年。

1.1 "元年春王正月，公即位。"
继弑君不言"即位"，此其言"即位"何？其意也。
［译文］继承被弑之君的君位，《春秋》不说"即位"，此处说"即位"为什么？是为了表示宣公［欲即位］的意愿。
［注释］
弑君——指文公长妃之子赤（又名恶），文公死当年即位被公子遂杀死。

1.2 "公子遂如齐逆女。"
1.3 "三月，遂以夫人妇姜①至自齐。"
"遂"何以不称"公子"？一事而再见者，卒②名也。夫人何以不称"姜氏"③？贬。曷为贬？讥丧④娶也。丧娶者公也，则曷为贬夫人？内无贬于公之道也⑤。内无贬于公之道，则曷为贬夫人？夫人与公一体也⑥。其称"妇"何⑦？有姑之辞也⑧。
［译文］"遂"为什么不称为"公子遂"？办同一件事再见其人，后面就直称呼名字了。"夫人"为什么不称为"夫人姜氏"？是为了谴责。为什么谴责？谴责在丧事中迎娶夫人。在丧事中迎娶夫人的是宣公，那为什么要谴责夫人呢？因为在鲁国自己说来没有谴责鲁公的道理。既然

·283·

在鲁国自己说来没有谴责鲁公的道理，那为什么谴责夫人？这是因为夫人与鲁公荣辱是一体的。"经"文称为"妇"为什么？是表示有婆婆的用词。

[注释]

①夫人妇姜——宣公夫人。

②卒——《解诂》："卒，竟也；竟但举名者，省文。"（竟，径直）。

③夫人何以不称"姜氏"——《解诂》《疏》说明，据成公十四年"九月，侨如以夫人妇姜氏至自齐"。

④丧——指文公之丧。

⑤内无贬于公之道也——《解诂》："明下无贬上之义。"

⑥夫人与公一体也——《解诂》："耻辱与公共之，夫人贬则公恶明矣。"

⑦其称"妇"何——《解诂》《疏》说明，据桓公三年"九月，夫人姜氏至自齐"。

⑧有姑之辞也——《解诂》："有姑当以妇礼至，无姑当以夫人之礼至，故分别言之。"

1.4 "夏，季孙行父如齐。"

1.5 "晋放①其大夫胥甲父于卫。"

"放之"者何？犹曰无去是②云尔。然则何言尔？近正也。此其为近正奈何？古者大夫已去，三年待放③。君放之，非也④；大夫待放，正也⑤。古者臣有大丧，则君三年不呼其门⑥。已练⑦可以弁冕⑧，服金革之事⑨。君使之，非也；臣行之，礼也。闵子⑩要绖⑪而服事，既而曰："若此乎，古之道不即人心。"⑫退而致仕⑬。孔子盖善之也⑭。

[译文]"放胥甲父于卫"是什么意思？如同说不要离开这里。那为什么这样说呢？因为这是近于正规的做法。说是近于正规的做法是怎么回事呢？古时候大夫被免去职位以后，在三年之内留在放居之地。国君下令不要离开，是不合乎礼的；大夫自愿听君不离开，是合乎礼的。古时候臣有父母之丧，那么国君就三年不呼叫他的家门。在举行周年的祭礼之后，就可以让臣子看弁冕，从事军旅兵革之务。国君命令臣子这样做，是不合乎礼的；臣子主动这样做，是合乎礼的。闵子骞腰系服丧用的麻带而从事公务，事后说："像这样，古时候的行为准则不近人情。"

于是他就隐退，将禄位归还给国君。孔子大概很赞赏他。

［注释］

①放——放逐。胥甲父，晋臣，左氏说因不听命，被放逐。

②是——指代词，指卫地。

③古者……待放——古者大夫去职，三年须留在放居之地，不得离开。见《孟子·离娄下》。

④君放之，非也——《解诂》："曰无去是，非也。"

⑤大夫待放，正也——《解诂》："听君不去是，正也。"

⑥古者……不呼其门——《解诂》："重夺孝子之恩也。礼，父母之丧，三年不从政。"

⑦练——周年祭穿的丧服；作动词用，指周年祭。

⑧弁冕——古代礼帽的通称，吉礼之服着冕，通常礼服着弁。

⑨服金革之事——《解诂》："谓以兵事使之。"

⑩闵子——闵子骞，孔子弟子，以孝闻名。

⑪要绖——要，同"腰"；绖，音迭dié，古时服丧期间系在头上或腰间的麻带，作动词用。

⑫既而……人心——《解诂》："既，事毕，言古者，不敢斥君；即，近也。"

⑬退而致仕——《解诂》："退，退身也；致仕，还禄位于君。"陈立《公羊义疏》："闵子屈于君命，要绖服事，既葬事之后，知不即人心，退而致仕。"

⑭孔子盖善之也——《解诂》："善其服事，外得事君之义；致仕，内不失亲亲之恩。"

［评析］公羊此"传"，于事于义皆含糊不清；又扯到闵子"要绖服事"，离"经"太远。

1.6"公会齐侯①于平州②。"

［注释］

①齐侯——齐惠公。

②平州——齐地，在今山东省莱芜市。

1.7 "公子遂如齐。"

1.8 "六月，齐人取济西田[①]。"

外取邑不书，此何以书？所以赂齐也。曷为赂齐？为弑子赤之赂也[②]。

[译文] 鲁国以外的国家占取城邑"经"文不书写，此处为什么书写？是用之来贿赂齐国的。为什么要贿赂齐国？因为弑杀了子赤而向齐国行贿。

[注释]

①济西田——原为曹国占领他国之地，僖公三十一年，晋侯执曹伯，分与鲁国；见5.31.1。

②为弑子赤之赂也——《解诂》："子赤，齐外孙，宣公篡弑之，恐为齐所诛，为是赂。"参看6.18.6注①及"评析"。

1.9 "秋，郯娄子来朝。"

[注释]

郯娄——左氏、穀梁例作"郯"。

1.10 "楚子[①]、郑人侵陈，遂[②]侵宋。"

[注释]

①楚子——楚庄王。楚国征伐，书"楚子"自此始。

②遂——《解诂》："微者不得言'遂'，遂者，楚子之遂也。"指楚子遂侵宋，郑人未与。

1.11 "晋赵盾帅师救陈。宋公、陈侯、卫侯、曹伯[①]会晋师于斐林[②]，伐郑。"[③]

此晋赵盾之师也[④]，曷为不言"赵盾之师"[⑤]？君不会大夫之辞也。

[译文] 这是晋国赵盾的军队，"经"文为什么不说"赵盾之师"[而说"晋师"]？这是国君不与大夫相会的用词。

[注释]

①宋公、陈侯、卫侯、曹伯——宋文公、陈灵公、卫成公、曹文公。

②斐林——郑地，在今河南省新郑县；斐，左氏、穀梁作"棐"。

③宋公……伐郑——孔颖达《疏》："晋本兴师为救陈、宋，但楚师

已去，故四国之君往会晋师与共伐郑。"

④曷为不言"赵盾之师"——《解诂》《疏》说明，据文公八年"公子遂会晋赵盾盟于衡雍"。

1.12 "冬，晋赵穿帅师侵柳①。"
"柳"者何？天子之邑也②。曷为不系乎周③？不与伐天子④也。"
[译文]"柳"是什么？是周天子的闲田。那为什么[不书为"王柳"]让它系属于周？是不赞许攻伐周天子。
[注释]
①柳——左氏、穀梁作"祟"，公羊作"柳"误（见毛奇龄《春秋简书刊误》）；祟，秦之与国，近晋。
②天子之邑也——《解诂》："天子之闲田也。"闲田，指天子封余之田地。
③曷为不系乎"周"——《解诂》《疏》说明，据庄公元年"秋，王师败绩于贸戎"。
④不与伐天子也——《解诂》："使若两国自相伐。"
[评析]公羊误将"祟"作"柳"，并借此发挥其"尊王"思想。

1.13 "晋人、宋人伐郑。"

2. 宣公二年

二年，甲寅，公元前607年，周匡王六年。

2.1 "二年春王二月壬子，宋华元帅师及郑公子归生帅师，战于大棘①。宋师败绩，获宋华元②。"
[注释]
①大棘——宋地，在今河南省睢县。
②获宋华元——郑人俘获宋国华元。

2.2 "秦师伐晋。"
2.3 "夏，晋人、宋人、卫人、陈人侵郑。"

2.4 "秋九月乙丑，晋赵盾弑其君夷獔。"

[注释]

夷獔——晋灵公；獔，音豪 háo；左氏、穀梁作"皋"，二字得通。

2.5 "冬十月乙亥，天王崩。"

[注释]

天王——周匡王。

3. 宣公三年

三年，乙卯，公元前606年，周定王元年。

3.1 "三年春王正月，郊牛①之口伤，改卜牛②。牛死，乃不郊③。犹三望④。"

其言"之"何⑤？缓⑥也。曷为不复卜？养牲养二卜⑦；帝牲⑧不吉，则扳⑨稷牲⑩而卜之。帝牲在于涤⑪三月，于稷者唯具⑫是视⑬。郊则曷为必祭稷⑭？王者必以其祖配。王者则曷为必以其祖配？自内出者⑮，无匹不行⑯。自外至者⑰，无主不止。

[译文]"经"文["郊牛之口伤"中间]用"之"为什么？这是表示宽缓的用词[原谅养牛不慎]。为什么不再占卜呢？每次喂养供祭祀的牛共两头；如果备祭祀天帝用的牛占卜不吉祥，就牵来备祭祀后稷用的牛占卜。祭祀天帝用的牛在涤宫喂养三个月，对祭祀后稷用的牛，只看其身体完美[如无缺陷，就可以用]。祭祀天地为什么必须同时祭祀后稷呢？天子祭祀天地必须以他的先祖配享。天子祭祀天地为什么必须以他的先祖配享？天子的先祖，没有匹配不能行礼。天神必须有迎神的主人才会停下接受祭祀。

[注释]

①郊牛——祭天用的牛。郊，祭天的祭名，参看5.31.3注①。郊祭必先择牛而卜之，吉则养之，然后卜郊祭之日，未卜日之前称牛，既卜日之后改称牲。

②改卜牛——牛口伤不能用，于是另择他牛再卜，吉则养之备用。

③牛死，乃不郊——改卜之牛又死，于是不进行郊祭。

· 288 ·

④三望——指遥望祭祀泰山、淮水、东海；参看5.31.3注④。

⑤其言"之"何——《解诂》"据食角不言'之'"，指成公七年"鼷鼠食郊牛角"无"之"。

⑥缓——《解诂》："辞间容'之'，故为缓。"《疏》："'之'为缓辞。"所谓"缓辞"，指表示宽缓的用词，即是说伤由牛自身，无责鲁侯养牛不谨慎之意。

⑦二卜——两次占卜之牛，即两头牛。

⑧牲——准备祭祀用之牛的名称，见注①。

⑨扳——引，牵。

⑩稷牲——祭祀后稷用的牛。后稷，周的始祖。

⑪涤——涤宫，专门饲养供祭祀用的牛、猪、羊的地方。

⑫具——具备，完整。

⑬唯……是……——古汉语句式，宾语前置，表示强调。

⑭曷为必祭稷——《解诂》："据郊者主为祭天。"

⑮自内出者——指天子的先祖；内，皇宫，《古今韵会举要·队韵》："天子宫禁谓之内。"

⑯无匹不行——《解诂》："匹，合也；无所与会合则不行。"

⑰自外至者——孔广森《通义》："自外至者，谓天神也。"

[评析] 公羊就"之"字发"传"；赵匡评道："之，助语辞尔，何烦妄辞。"（陆淳《春秋集传辩疑》）

3.2 "葬匡王。"

[注释]

匡王——周匡王，上年十月崩。

3.3 "楚子①伐贲浑戎②。"

[注释]

①楚子——楚庄王。

②贲浑戎——左氏作"陆浑之戎"、穀梁作"陆浑戎"，少数民族部落名，原居瓜州（在今甘肃敦煌），近迁至河南伊水、洛水一带。公羊之"贲"，前人研究认为是"陆"字传写之误。

3.4 "夏，楚人侵郑。"

3.5 "秋，赤狄侵齐。"

[注释]

赤狄——狄之一种，另有白狄（见宣公八年）。

3.6 "宋师围曹。"

3.7 "冬十月丙戌，郑伯兰卒。"

[注释]

郑伯兰——郑缪公。

3.8 "葬郑缪公。"

[注释]

缪——左氏、穀梁作"穆"。

4. 宣公四年

四年，丙辰，公元前 605 年，周定王二年。

4.1 "四年春王正月，公及齐侯①平莒②及郯③。莒人不肯④，公伐莒，取向⑤。"

此平莒也，其言"不肯"何？辞取向⑥也。

[译文] 这是为莒国调和，"经"文说"不肯"为什么？是为宣公取向制造借口。

[注释]

①齐侯——齐惠公。

②莒——见 1.2.2 注①。

③郯——音谈 tán，国名，己姓，故址在今山东省郯城县。

④不肯——指莒不肯接受调停，跟郯媾私。

⑤向——原国名，隐公二年为莒所灭，见 1.2.2 注③，今又归鲁。

⑥辞取向也——《解诂》："为公取向作辞也"；辞，口实，作动词用。

4.2 "秦伯稻率"。
[注释]
秦伯稻——秦共公。

4.3 "夏六月乙酉，郑公子归生弑其君夷。"
[注释]
夷——郑灵公，在位一年。

4.4 "赤狄侵齐。"
[注释]
见上3.5注释。

4.5 "秋，公如齐。公至自齐。"
4.6 "冬，楚子伐郑。"

5. 宣公五年

五年，丁巳，公元前604年，周定王三年。

5.1 "五年春，公如齐。"
5.2 "夏，公至自齐。"
5.3 "秋九月，齐高固来逆子叔姬。"
[注释]
子叔姬——穀梁同，左氏无"子"。按书"子"表示已嫁，未嫁不得书"子"。前人考究，认为公、穀书"子"误。下经"冬，齐高固及子叔姬来"，书"子"则是已嫁。

5.4 "叔孙得臣卒。"
[注释]
叔孙得臣——鲁宗室，桓公子叔牙之孙。参看6.1.7注释。

5.5 "冬，齐高固及子叔姬来。"
何言乎高固之来？言叔姬之来而不言高固之来，则不可。子公羊子曰:"其诸^①为其双双而俱至者与^②!"

[译文] 为什么说高固来?仅说叔姬来而不说高固来,就不可以。子公羊子说:"这大概是他们成双成对地一起回鲁国来的原因吧!"

[注释]

①其诸——语首副词,表示推测。

②其诸……与——《解诂》:"言其双行匹至,似于鸟兽。"

5.6 "楚人伐郑。"

6. 宣公六年

六年,戊午,公元前603年,周定王四年。

6.1 "六年春,晋赵盾、卫孙免侵陈。"

赵盾弑君^①,此其复见何^②?亲弑君者,赵穿^③也。亲弑君者赵穿,则曷为加之赵盾?不讨贼^④也。何以谓之不讨贼?晋史书贼曰:"晋赵盾弑其君夷獳^⑤。"赵盾曰:"天乎,无辜^⑤!吾不弑君,谁谓吾弑君者乎?"史曰:"尔为仁为义,人弑尔君而复国不讨贼,此非弑君如何^⑥?"赵盾之复国奈何?灵公为无道,使诸大夫皆内朝^⑦,然后处乎台上,引弹而弹之。己^⑧趋而避丸,是乐而已矣^⑨。赵盾已朝而出,与诸大夫立于朝。有人荷畚^⑩,自闺而出者^⑪。赵盾曰:"彼何也?夫畚曷为出乎闺^⑫?"呼之^⑬。不至,曰:"子大夫也,欲视之,则就而视之。"赵盾就而视之,则赫然^⑭死人也。赵盾曰:"是何也?"曰:"膳宰^⑮也。熊蹯^⑯不熟,公怒,以斗擊^⑰而杀之,支解将使我弃之。"赵盾曰:"嘻!"趋而入。灵公望见赵盾,愬^⑱而再^⑲拜。赵盾逡巡^⑳北面再拜稽首^㉑,趋而出。灵公心怍^㉒焉,欲杀之;于是使勇士某者^㉓往杀之。勇士入其大门,则无人门焉^㉔者;入其闺,则无人闺焉^㉕者;上其堂,则无人焉;俯而窥其户^㉖,方食鱼飧^㉗。勇士曰:"嘻!子诚仁人也!我入子之大门,则无人焉;入子之闺,则无人焉;上子之堂,则无人焉,是子之易^㉘也。子当晋国重卿而食鱼飧,是子之俭也。君将使我杀子,吾不忍杀子也。虽然,吾亦不可复见吾君矣!"遂刎颈而死^㉙。灵公闻之怒,滋^㉚欲杀之甚,众莫可使往者。于是伏甲于宫中,召赵盾而食之。赵盾之车右^㉛祁弥明者,国之力士也,仡然^㉜

第七章 鲁宣公

从乎赵盾而入，放[33]乎堂下而立。赵盾已食，灵公谓盾曰："吾闻子之剑，盖利剑也；子以示我，吾将观焉[34]。"赵盾起将进剑，祁弥明自下呼之曰："盾食饱则出，何故拔剑于君所？"赵盾知之，躇阶[35]而走。灵公有周狗[36]，谓之獒[37]，呼獒而属之，獒亦躇阶而从之。祁弥明逆而踆[38]之，绝其颔。赵盾顾曰："君之獒，不若臣之獒也。"然而宫中甲鼓而起[39]。有起于甲中者，抱赵盾而乘之[40]。赵盾顾曰："吾何以得此于子[41]？"曰："子某时[42]所食活我于暴桑[43]下者也。"赵盾曰："子为谁[44]？"曰："吾君孰为介[45]？子之乘矣，何问吾名？"赵盾驱而出，众无留之者。赵穿缘民众不说，起弑灵公；然后迎赵盾而入，与之立于朝[46]，而立成公黑臀[47]。

[译文] 赵盾弑杀了国君，此处他的名字又出现为什么？亲手弑杀国君的，是赵穿。既然亲手弑杀国君的是赵穿，那为什么将罪名加给赵盾呢？因为赵盾没有讨伐弑君的贼人。为什么说赵盾没有讨伐弑君的贼人？晋国史官记载弑君的贼人时写道："晋赵盾弑其君夷獔。"赵盾说："天哪！我没有罪啊！谁说我弑杀了国君呢？"史官说："你是行仁行义之人，别人弑杀你的国君，你回到国都后却不讨伐，这不等于是你弑君而是什么呢？"赵盾回到国都是怎么回事呢？晋灵公做不合道义之事，让众大夫都到内朝上朝，然后站在台上，拉弹弓射出弹丸击打上朝的大夫。他的大夫左奔右跑躲避弹丸，而他本人不过借此取乐罢了。赵盾上朝回来，与众大夫一起站在外朝。见有人肩扛着畚，从内朝宫内小门走出。赵盾问："那是什么物件？[细一看，是畚]畚这种民间俗物怎么能从内朝宫门内拿出来呢？"赵盾喊扛畚的人近前。扛畚的不过来，说："您是大夫，要想看，就走近来看吧！"赵盾走过去一看，是一个被肢解得血肉模糊的死人。赵盾问："这是谁？"回答说："是膳宰。熊掌没有熟，国君大怒，用饮酒的大斗狠砸他的脑袋，将他杀死。又肢解他的尸体，让我扔掉。"赵盾大吃一惊说："啊！"疾步走入宫中。晋灵公看见赵盾，惊慌地向他拜了两拜。赵盾后退几步面北对着灵公两次揖拜叩头，然后快步走出。灵公内心惭愧，想杀赵盾，于是派勇士某人去行刺。勇士进了赵盾家的大门，却发现无人把守；进入内院的小门，却发现也无人把守；拾阶上到厅堂前，厅堂同样无人把守；勇士低头从窗户向屋内窥视，见赵盾正在吃鱼粥。勇士说："唉，您真是一位仁人哪！我进入您家的大门，那里没有把守的人；进入您家的内院小门，那里也没有把守的人；上到您家

· 293 ·

的堂房前，还是没有把守的人。这说明您的差役很少。您是晋国的重臣，却吃鱼粥，说明您生活俭朴。国君派我来刺杀您，我不忍心下手。虽然如此，我也不能再见我的君主了。"于是自刎而死。灵公听说此事，大怒，更想杀赵盾了，但是灵公手下众人没有能被派去杀赵盾的。于是灵公在宫中埋伏甲兵，传唤赵盾伪为赐他食物。赵盾的车右祁弥明是晋国的著名大力士，威武地跟着赵盾进宫，到了堂下站定。赵盾进完食，灵公对赵盾说："我听说您的宝剑十分锋利，请把它给我，我要看看。"〔灵公想在赵盾将剑柄递给自己时，趁势推杀之〕赵盾起身正准备把剑交给灵公，祁弥明在堂下呼喊道："赵盾吃饱了就出来吧！为什么在国君的住所拔剑呢？"赵盾明白了，就大步跨下台阶逃跑。灵公有一条随己如心、指使如意的狗，名为獒。灵公喊来獒，嗾它去咬赵盾，獒就蹿下台阶追赶赵盾。祁弥明迎头踹了獒一脚，踢断了它的下巴。赵盾回头对灵公说："你的獒比不上我的獒。"然而埋伏在宫中的甲兵击鼓冲了出来。在冲出来的甲兵中，有一个人抱起赵盾帮他上车逃跑。赵盾回头对这个士兵说："我为什么会得到您的救命之恩？"这个士兵说："我是有一次在枝叶茂盛的桑树底下您给饭吃、救活的那个人。"赵盾说："您的名字是什么？〔过后我好报答。〕"这个士兵说："我们的国君为谁埋伏下甲兵呢？〔难道不是为了杀您吗？〕您快上车逃跑吧！为什么还要问我的名字呢？"赵盾驱车驰出宫，众甲兵没有阻拦他的。赵穿因为民众对灵公不满，起兵弑杀灵公；然后迎赵盾回来，与赵盾一道在朝执政，立了成公黑臀为晋君。

[注释]

①赵盾弑君——见上2.4"秋九月乙丑，晋赵盾弑其君夷獳"。

②此其复见何——《解诂》："据宋督、郑归生、齐崔杼弑其君后不复见。"宋督弑君在桓公二年、郑归生弑君在四年、齐崔杼弑君在襄公二十五年；弑君后"经"文不再见其名。

③赵穿——赵盾从父昆芽。

④贼——乱臣贼子，指弑君者。

⑤天乎，无辜——《解诂》："辜，罪也。呼天告冤。"

⑥如何——阮元《校勘记》："如当读而。"

⑦内朝——对外朝而言。《解诂》："礼，公族朝于内朝，亲亲也；虽有贵者以齿，明父子也。"

第七章　鲁宣公

⑧己——指晋灵公自己。《解诂》："己，己诸大夫也。"

⑨是乐而已矣——《解诂》："以是为笑乐。"

⑩荷畚——《解诂》："荷，负也；畚，草器。"畚，音本 běn。

⑪自闺而出者——《解诂》："宫中之门谓之闺，其小者得之闺；从内朝出立于外朝。"

⑫彼何……乎闺——《解诂》："彼何者，始怪何等物之辞，熟视知其为畚，乃言夫畚者贱器，何故乃出尊者之闺乎？"

⑬呼之——《解诂》："怪而呼，欲问之。"

⑭赫然——《解诂》："赫然，已支解之貌。"

⑮膳宰——官名；《解诂》："主宰割杀膳者，若今官宰人。"

⑯蹯——音凡 fán，兽足掌。

⑰以斗擀——用斗猛击。斗，饮酒器，大斗柄长三尺；擀，音敖 áo，旁击。

⑱愬——《解诂》："愬者，惊貌。"

⑲再——两次。

⑳逡巡——后退，迟疑不前。

㉑稽首——《解诂》："头至地曰稽首，头至手曰拜手。"

㉒怍——《解诂》："怍，惭貌；惭盾知己过。"

㉓某者——《解诂》："某者，本有姓字，记传者失之。"

㉔门焉——阮元《校勘记》引段玉裁说："门焉"及下"闺焉"当是"焉门""焉闺"。

㉕无人闺焉——《解诂》："焉者，于也；是无人于门守视者也。"

㉖俯、户——《解诂》："俯，俯首；户，室户。"

㉗飧——音孙 sūn，简陋的食物。

㉘易——《解诂》："易犹省也。"

㉙刎颈而死——《解诂》："勇士自断头也。"

㉚滋——更、益。

㉛车右——位于车驾驭者右边的武士。

㉜仡然——《解诂》："仡然，壮勇貌。"仡，音义 yì。

㉝放——至。

㉞子以示我，吾将观焉——《解诂》："授君剑当拔而进其首，灵公

· 295 ·

因欲以推杀之。”

㉟躇阶——越阶。《解诂》：“躇犹超，遽不暇以次。”

㊱周狗——《解诂》：“周狗，可以比周之狗，所指如意。”一说产于周地之狗。

㊲獒——音敖 áo，一种凶猛的狗，体大善斗。《尔雅·释畜》：“狗四尺为獒。”《说文·犬部》：“獒，犬如人心可使者。”

㊳踆——音村 cūn，踢。

㊴宫中甲鼓而起——《解诂》：“甲，即上所道伏甲，约勒闻鼓声当起杀盾。”

㊵乘之——使上乘车。

㊶吾何以得此于子——《解诂》：“犹曰吾何以得此救急之恩于子邪。”

㊷某时——《解诂》：“某时者，记传者失之。”

㊸暴桑——《解诂》：“暴桑，蒲苏桑。”陈立《公羊义疏》：“蒲苏犹扶疏。”扶疏，枝叶茂盛，上下疏密相间。

㊹子为谁——《解诂》：“后欲报之。”

㊺吾君孰为介——《解诂》：“介，甲也；犹曰我晋君谁为兴此甲兵；岂不为盾乎？”

㊻与之立于朝——《解诂》：“复大夫位也，即所谓复国不讨贼。”

㊼成公黑臀——晋襄公弟，赵盾派赵穿从周迎入。

6.2“夏四月。”

6.3“秋八月，螺。”

［注释］

螺——左氏、穀梁例作“螽”。

6.4“冬十月。”

［评析］ 公羊记赵盾弑君详于左氏；左氏记此事在上 2.4，随“经”；而公羊是通过解“书法”叙事。

7. 宣公七年

七年，己未，公元前 602 年，周定王五年。

第七章　鲁宣公

7.1"七年春，卫侯使孙良夫来盟。"

7.2"夏，公会齐侯①伐莱②。"

［注释］

①齐侯——齐惠公。

②莱——国名，姓不可考，在今山东省昌邑县。

7.3"秋，公至自伐莱。"

7.4"大旱。"

7.5"冬，公会晋侯、宋公、卫侯、郑伯、曹伯①于黑壤②。"

［注释］

①晋侯、宋公、卫侯、郑伯、曹伯——晋成公、宋文公、卫成公、郑襄公、曹文公。

②黑壤——晋地，在今山西省翼城县。

8．宣公八年

八年，庚申，公元前601年，周定王六年。

8.1"八年春，公至自会。"

［注释］

公至自会——指公自上年黑壤之会归来告庙。

8.2"夏六月，公子遂如齐，至黄①乃复②。"

其言"至黄乃复"何？有疾也。何③言乎"有疾乃复"？讥。何讥尔？大夫以君命出，闻丧④徐行⑤而不反。

［译文］"经"文说"至黄乃复"为什么？因为［公子遂］生病了。那为什么不说"有疾乃复"？是为了谴责。谴责什么呢？大夫奉君命出使他国，即使听说父母之丧，也只能慢慢向前走而不能返回。

［注释］

①黄——齐地，参看2.17.1注②。

②至黄乃复——到了黄地就回来。

③何——同"盍"，何不。

· 297 ·

④闻丧——《解诂》："闻丧者，闻父母之丧。"
⑤徐行——《解诂》："徐行者，不忍疾行又为君当使。"

8.3 "辛巳，有事于太庙。"

[注释]

有事——举行禘祭，即宗庙之大祭，参看5.8.4"禘于太庙"。

8.4 "仲遂①卒于垂②。"

"仲遂"者何？公子遂也。何以不称"公子"③？贬。曷为贬？为弑子赤④贬。然则曷为不于其弑焉贬⑤？于文则无罪⑥，于子则无年⑦。

[译文]"仲遂"是谁？就是公子遂。"经"文为什么不称"公子遂"呢？是为了贬责。为什么贬责？因为他弑杀了［文公之后、宣公之前的］国君子赤。那么为什么不在他弑杀时［于文公十八年］贬责？因为他在文公时代没有罪过，而子赤［于即位当年被弑没有改元］无可记载之年，［所以在这里进行贬责］。

[注释]

①仲遂——公子遂，称仲遂犹公子友称季友，仲、季皆表示行次。
②垂——齐邑，今地不详（《春秋》之"例"，卒于国内者不书地名）。
③何以不称"公子"——《解诂》："据公子季友卒，虽加字，犹称公子也。"公子季友卒在僖公十六年。
④弑子赤——见6.18.6"冬十月，子卒"及"评析"；赤左氏作"恶"，为公子遂所弑。
⑤曷为……焉贬——公子遂于文公十八年弑赤，而是年"公子遂、叔孙得臣如齐"仍书"公子"。
⑥于文则无罪——文公于十八年春二月薨，弑子赤在冬十月，故曰于文无罪。
⑦于子则无年——子赤即位，于当年被弑，未曾改元，故曰"无年"。

8.5 "壬午，犹绎①；万②入，去籥②。"

"绎"者何？祭之明日也③。"万"者何？干舞④也。"籥"者何？籥舞⑤也。其言"万入，去籥"何？去其有声者⑥，废⑦其无声者，存其心焉

·298·

尔。存其心焉尔者何？知其不可而为之也⑧。"犹"者何？通可以已也⑨。

[译文]"绎"是什么？是在正祭的第二天举行的祭祀名。"万"是什么？是持着盾牌表演的舞蹈名。"籥"是什么？是吹着籥器表演的舞蹈名。"经"文说"万入，去籥"是什么意思？是去掉有声的伴奏，保留无声的舞蹈，将籥器演奏的节拍默存于心中［暗暗按着节拍而舞］。将籥器演奏的节拍默存于心中为什么？是因为知道不可以而仍然这样做了。"犹"是什么意思？等于说可以停止。

[注释]

①犹绎——仍然进行绎祭；绎，音义 yì，指正祭后的次日再祭。

②万——舞名，分文武与武舞，文舞执籥与翟，故亦名籥舞或羽舞；武舞执干（盾）与戚（斧），故亦名干舞。公羊将万舞解为干舞。

②万入，去籥——表演万舞的人进来，去掉籥这种吹奏乐器。

③"绎"……明日也——《解诂》："礼，绎继昨日事。"

④干舞——《解诂》："干谓盾也；能为人扞难而不使害人，故圣王贵之，以为武舞。"

⑤籥舞——《解诂》："籥，所吹以节舞也，吹籥而舞，文乐之长。"

⑥去其有声者——《解诂》："不欲令人闻之也。"

⑦废——《解诂》："废，置也；置者，不去也。"

⑧知其不可而为之也——《解诂》："明其心犹存于乐，知其不可，故去其有声者而为之。"

⑨犹……已也——《解诂》："礼，大夫死，为废一时之祭，有事于庙而闻者，去乐卒事［去乐卒事，停乐止祭］。"

8.6"戊子，夫人熊氏薨。"

[注释]

熊氏——穀梁同，左氏作"嬴氏"，即文公次妃，宣公母敬嬴（见6.18.6"评析"）；公、穀作"熊"，前人考究，因字形近"嬴"讹成。

8.7"晋师、白狄伐秦。"

[注释]

白狄——狄人之一种；别于赤狄（见上 3.5）。

8.8 "楚人灭舒蓼。"

[注释]

舒蓼——舒的一种，参看 5.3.3 注②；蓼，穀梁作鄝，二字从翏，得通。

8.9 "秋七月①甲子，日有食之，既②。"

[注释]

①七月——前人考证，本年七月无日食，当是"十月"之误。

②既——指食尽，即全食。

8.10 "冬十月己丑，葬我小君①顷熊②；雨，不克葬。庚寅，日中而克葬。"③

"顷熊"，者何？宣公之母也。"而"者何？难也。"乃"者何④？难也。曷为或言"而"，或言"乃"？"乃"难乎"而"也。

[译文] "顷熊"是谁？是宣公的母亲。["日中而克葬"]用"而"字是什么意思？表示难葬。[下定公十五年"日下昃，乃克葬"]用"乃"字是什么意思？也是表示难葬。为什么或用"而"，或用"乃"？用"乃"表示比用"而"字更难葬。

[注释]

①小君——国君夫人死，对外讣告中的称呼，参看 3.22.2 "评析"。

②顷熊——穀梁同，左氏作敬嬴，宣公母（参见 6.18.6 "评析"）；前人考究，公、穀误。

③己丑、庚寅——杨伯峻《注》："古代以甲、丙、戊、庚、壬五奇日为刚日，乙、丁、己、辛、癸五偶日为柔日。春秋时，埋葬均以柔日，此因雨，改用明日，盖不得已，非用刚日也。"

④"乃"者何——《解诂》《疏》说明，据定公十五年"九月丁巳，葬我君定公，雨，不克葬。戊午，日下昃，乃克葬"而问。

[评析] 此处"日中而克葬"、定公十五年"日下昃，乃克葬"，"经"文如实记载了两次安葬时间有先后的些微差别（一在日中、一在日西斜），这或许与不葬难易有关。但是与用"而"、用"乃"毫无关系；而、乃在这里皆是副词，句法作用相同（做状语），不能说"乃"比

"而"表示更难下葬。

8.11"城平阳。"
[注释]
平阳——鲁邑，在今山东省新泰县。

8.12"楚师伐陈。"

9. 宣公九年

九年，辛酉，公元前600年，周定王七年。

9.1"九年春王正月，公如齐。"

9.2"公至自齐。"

9.3"夏，仲孙蔑如京师。"
[注释]
仲孙蔑——孟献子，鲁宗室孟孙氏，庆父之子公孙敖（见5.15.4注①）之孙。庆父是庄公孟（长）弟，故曰"孟"；庆父称其仲，故曰"仲"。鲁孟、叔、季氏继位者俱称"孙"。

9.4"齐侯伐莱。"
[注释]
莱——国名，在今山东省黄县。

9.5"秋，取根牟①。"
"根牟"者何？邾娄之邑也。曷为不系乎邾娄？讳亟②也。
[译文]"根牟"是什么？是邾娄国的一个城邑。那为什么[不书为"邾娄根牟"]让它系属于邾娄？避讳占取得太快了［距上年冬顷熊之葬还不到一年］。
[注释]
①根牟——国名，在今山东省沂水县。公羊认为是邾娄之邑，前人考究，此说不确。因邾娄在鲁之南，根牟在鲁之东北，邾娄小国，幅员

不会到此。

②亟——《解诂》："亟，疾也。属有小君之丧，邾娄子来加礼，未期而取其邑，故讳不系邾娄也。"

9.6 "八月，滕子卒。"

[注释]

滕子——滕昭公，未书名。杜预《集解》说"未同盟"，是因"鲁、滕未盟，故不书"。

9.7 "九月，晋侯、宋公、卫侯、郑伯、曹伯①会于扈②。晋荀林父帅师伐陈。辛酉，晋侯黑臀③卒于扈。"

"扈"者何？晋之邑也。诸侯卒其封内不地，此何以地④？卒于会，故地也。未出其地，故不言会也。

[译文] "扈"是什么地方？是晋国的一个城邑。诸侯死在其封地内，"经"文不书死的地点，此处为什么书出地点？因为晋侯死在诸侯的盟会上，所以此处写出地点。又因为他未曾离开扈这个地方，所以不谈盟会之事。

[注释]

①晋侯、宋公、卫侯、郑伯、曹伯——晋成公、宋文公、卫成公、郑襄公、曹文公。

②扈——郑地，参看6.7.8注①；公羊认为晋邑，误。

③晋侯黑臀——晋成公。

④诸侯……何以地——《解诂》"据陈侯鲍卒，不地"，在桓公五年。

9.8 "冬十月癸酉，卫侯郑卒。"

[注释]

卫侯郑——卫成公。

9.9 "宋人围滕。"

9.10 "楚子伐郑。晋郤缺帅师救郑。"

[注释]

楚子——楚庄王。

9.11 "陈杀其大夫泄冶。"

[注释] 左氏宣九年，陈灵公与孔宁、仪行父通于夏姬，皆衷其衵服以戏于朝。泄冶谏曰："公卿宣淫，民无效焉，且闻不令，君其纳之。"公告二子，二字请杀之，公弗禁，遂杀泄冶。

10. 宣公十年

十年，壬戌，公元前599年，周定王八年。

10.1 "十年春，公如齐。"
10.2 "公至自齐。"
10.3 "齐人归我济西田①。"

齐已取之矣，其言"我"何？言"我"者，未绝于我也。曷为未绝于我？齐已言取之矣②，其实未之齐也③。

[译文] 齐国已经占取了，"经"文说"我济西田"为什么？说"我济西田"，是表示这片地未断绝与我国的隶属关系。为什么未断绝与我国的隶属关系？齐国在口头上表示占取这片土地，而实际上它并未归于齐国。

[注释]
①济西田——原为曹地，晋与鲁，鲁又赂齐，参看5.31.1和上1.8。
②齐已言取之矣——《解诂》："齐已言语许取之。"
③其实未之齐也——《解诂》："其人民贡赋尚属于鲁，实未归于齐。"

10.4 "夏四月丙辰，日有食之。"
10.5 "己巳，齐侯元卒。"

[注释]
齐侯——齐顷公无野。

10.6 "齐崔氏出奔卫。"

"崔氏"者何？齐大夫也。其称"崔氏"何？贬。曷为贬①？讥世卿②，世卿非礼也。

[译文] "崔氏"是谁？是齐国的大夫。"经"文称"崔氏"为什么？为了谴责。为什么谴责？谴责世卿，世卿制度，是不符合礼的。

[注释]

①曷为贬——《解诂》:"据外大夫奔不贬。"

②世卿——世袭国卿,参看1.3.3注③。

[评析] 本"传"公羊再次表现其反世卿制度的"尊王"思想。参看1.3.3"评析"。

10.7 "公如齐。"

10.8 "五月,公至自齐。"

10.9 "癸巳,陈夏征舒弑其君平国。"

[注释]

平国——陈灵公,与其大夫孙宁、仪行父共与夏征舒母夏姬通奸,见上9.11左氏说。

10.10 "六月,宋师伐滕。"

10.11 "公孙归父①如齐。葬齐惠公②。"

[注释]

①公孙归父——鲁宗室,杜预《集解》:"归父,襄仲之子。"襄仲,公子遂,庄公子。

②葬齐惠公——参加齐惠公葬礼。

10.12 "晋人、宋人、卫人、曹人伐郑。"

10.13 "秋,天王使王季子来聘。"

"王季子"者何?天子之大夫也。其称"王季子"何①?贵也。其贵奈何?母弟②也。

[译文] "王季子"是谁?是周天子的大夫。"经"文称"王季子"为什么?因为他尊贵。他尊贵是怎么回事?他是周天子的同母弟。

[注释]

①其称"王季子"何——《解诂》"据叔服不系王不称子、王札子不称季"。指文公元年"天王使叔服来会葬"、下十五年"王札子杀召伯、毛伯"。

②母弟——同母弟。

第七章 鲁宣公

10.14"公孙归父率师伐邾娄①,取蘱②。"

[注释]

①邾娄——左氏、穀梁例作"邾"。

②蘱——左氏、穀梁作"绎",邾邑,在今山东省邹县。公羊何以作"蘱",不详其由。

10.15"大水。"

10.16"季孙行父如齐。"

10.17"冬,公孙归父如齐。"

10.18"齐侯①使国佐②来聘。"

[注释]

①齐侯——齐顷公,新立。按《春秋》之例,旧君死,新君立,当年称子、逾年称爵;此称爵,杜预《集解》:"既葬成君,故称君。"

②国佐——齐卿,国武子。

10.19"饥。"

何以书?以重书也。

[译文]"经"文为什么书写?因为重视[此事]而书写。

10.20"楚子伐郑。"

[注释]

楚子——楚庄王。

11. 宣公十一年

十一年,癸亥,公元前598年,周定王九年。

11.1"十有一年春王正月。"

11.2"夏,楚子、陈侯、郑伯①盟于辰陵②。"

[注释]

①楚子、陈侯、郑伯——楚庄王、郑襄公;陈侯当是陈夏征舒,时陈灵公死,陈成公尚未立。

· 305 ·

②辰陵——陈地，在今河南省淮阳县；穀梁作"夷陵"，或说隶变之讹，或说方音之转。

11.3 "公孙归父会齐人伐莒。"
11.4 "秋，晋侯①会狄于攒函②。"
[注释]
①晋侯——晋景公。
②会狄于攒函——杜预《集解》："晋侯往会之，故以狄为会主。攒函，狄地。"孔颖达《疏》："晋侯自往，故以狄为会主。成十五年'会吴于钟离'、襄十年'会吴于柤'。其意与此同。"攒函，今地不详。

11.5 "冬十月，楚人杀陈夏征舒①。"
此楚子也，其称"人"何？贬。曷为贬②？不与外讨也。不与外讨者，因其讨乎外而不与也，虽内讨亦不与也③。曷为不与？实与而文不与。文曷为不与？诸侯之义，不得专讨也。诸侯之义，不得专讨，则其曰实与之何？上无天子，下无方伯④，天下诸侯有为无道者，臣弑君，子弑父，力能讨之，则讨之可也⑤。

[译文] 这是楚子，"经"文称"楚人"为什么？为了贬责。为什么贬责？因为不赞许[一国诸侯]向外讨伐其他诸侯国。所以不赞许[一国诸侯]向外讨伐其他诸侯国，是因为楚子向外讨伐陈国，因而表示不赞许，[不仅如此]即使诸侯在国内诛讨臣下也不赞许。为什么不赞许？实际上是赞许的，而行文不赞许。行文为什么不赞许？因为诸侯的本分，是不得专权擅自讨伐的。既然诸侯的本分，不得专权擅自讨伐，那说实际赞许为什么？上无圣明天子，下无仗义方伯，天下诸侯有做无道之事的，如臣子弑杀国君、儿子弑杀父亲，谁的力量能讨伐，谁就去讨伐，这是许可的。

[注释]
①陈夏征舒——上十年弑其君灵公，见上10.9。
②曷为贬——《解诂》："据征舒有罪。"
③虽内讨亦不与也——《解诂》："虽自讨其臣下，亦不得与也。"
④方伯——一方诸侯之长，参看3.4.4注㉒。
⑤力能讨之，则讨之可也——《解诂》："与齐桓专封同义。"指与僖

公元年"齐师……救邢"下"传"文相同。

[评析] 公羊此说与5.1.2"传"同样是矛盾的，既说"不许外讨"，又说"讨之可也"。

11.6 "丁亥，楚子入陈①。纳公孙宁，仪行父②于陈。"

此皆大夫也，其言"纳"何③？纳公④党与也。

[译文] 此二人皆是陈国大夫，"经"文说"纳"为什么？因为这是送陈灵公的同党回国[执政]。

[注释]

①丁亥，楚子入陈——上"经"杀陈夏征舒，揆之审理，先入陈后杀，然"经"书此次序，杜预《集解》说："楚子先杀征舒而欲县陈，后得申叔时谏乃复封陈，不有其地，故书入在杀在征舒之后。"

②公孙宁、仪行父——陈大夫，与陈灵公共与夏征舒之母通奸；夏征舒弑灵公后，二人奔楚。参看上10.9。

③此大夫……何——《春秋》书"纳"，均是指侯室成员，公子世子等，如庄公九年"纳子纠"、文公十四年"纳捷菑"、哀公二年"纳卫世子蒯聩"，此为大夫，故问。

④公——陈灵公。

12. 宣公十二年

十二年，甲子，公元前597年，周定王十一年。

12.1 "十有二年春，葬陈灵公①。"

讨此贼者，非臣子也②，何以书"葬"？君子辞也。楚已讨之矣，臣子虽欲讨之，而无所讨也。

[译文] 讨伐弑杀陈灵公贼子的人，不是陈灵公的臣子，"经"文为什么书写"葬陈灵公"？这是君子[遮掩臣子不讨贼]的用词。因为楚国已经讨伐了弑杀陈灵公的贼人夏征舒，陈灵公的臣子即使想讨伐，也没有讨伐的对象了。

[注释]

①陈灵公——十年五月为夏征舒所弑，见上10.9。

②讨此……子也——上年十月，楚人杀夏征舒，见上 11.5 和 11.6。

12.2"楚子围郑。"
［注释］
楚子——楚庄王。

12.3"夏六月乙卯，晋荀林父帅师及楚子战于邲①。晋师败绩。"
大夫不敌君，此其称名氏以敌楚子何②？不与晋而与楚子（为礼）③也。曷为不与晋而与楚子？为礼也。庄王伐郑，胜乎皇门④，放乎路衢⑤。郑伯肉袒⑥，左执茅旌⑦，右执鸾刀⑧，以逆庄王，曰："寡人无良边陲之臣⑨，以干天祸⑩，是以使君王沛焉⑪，辱到敝邑。君如矜⑫此丧人⑬，锡⑭之不毛之地⑮，使帅一二耋老而绥焉⑯。请唯君王之命。"庄王曰："君之不令臣交易⑰为⑱言，是以使寡人得见君之玉面⑲，而微至乎此。"庄王亲自手旌⑳，左右㧈军，退舍㉑七里。将军子重谏曰："南郢㉒之与郑，相去数千里。诸大夫死者数人，厮役扈养㉓死者数百人。今君胜郑而不有，无乃㉔失民臣之力乎？"庄王曰："古者杅㉕不穿，皮不蠹㉖，则不出于四方。是以君子笃㉗于礼而薄于利，要其人而不要其土。告从，不赦，不详㉘。吾以不详道民，灾及吾身。何日之有㉙？"既则晋师之救郑者至。曰："请战㉚。"庄王许诺。将军子重谏曰："晋，大国也！王师淹㉛病矣，君请勿许也！"庄王曰："弱者吾威之，强者吾避之，是以使寡人无以立乎天下。"令之还师㉜，而逆晋寇。庄王鼓之，晋师大败。晋众之走者，舟中之指可掬矣㉝！庄王曰："嘻！吾两君不相好，百姓何罪？"令之还师，而佚㉞晋寇。

［译文］大夫不能与国君对等交战，此处书晋国大夫荀林父的名字而与楚庄王对等交战为什么？这是不赞许晋国而赞许楚国。为什么不赞许晋国而赞许楚国？因为楚庄王有礼。楚庄王攻伐郑国，败敌于郑国国都外城，直到其大街上。郑伯肉袒，左手拿着茅旌，右手拿着鸾刀，迎接楚庄王，说道："我没有善待您的边境臣子，而招下天祸，所以惹大王大怒，屈辱下临敝国。大王如果怜悯我这个已经丧亡之人，恩赐我一片瘠薄、不毛之地，让我带几个年迈老朽到那里安居［我将感激涕零］。请答应我能唯大王之命是从。"楚庄王说："您的不良臣下经常往来制造恶言，

· 308 ·

进行诽谤挑唆，所以才使得我能见到尊面。您的臣下恶言累积甚多，以致到了现在这个地步。"楚庄王亲自举着旌旗，左右指挥军队，后退七里安寨。楚国将军子重进谏道："从楚国都南郢到郑国相距几千里，［来到不易］。这次战争，大夫死了好几位，厮役厮养等一般士兵杂役死了数百名。现在大王战胜郑国而不占取其地，岂不是挫折了民众臣子的力量吗？"楚庄王说："古代王侯军队，如果饮水用具不穿裂，军服裘衣不虫蛀，就不能远征四方［哪有作战不受损失的］。所以君子重礼仪而轻利益，只是迫使该国民众服从，而不强占该国的土地。郑国国君已表示屈服，而我们仍不宽恕，那就是用心不善了。我们用心不善的做法引导民众，那灾难落到我身上就没有多长时间了。"没多久，晋国救援郑国的军队来到。晋军主帅荀林父说："请与楚军一决胜负。"楚庄王答应决战。楚将子重又进谏道："晋国是大国，大王的军久已疲惫，请不要同意跟晋军作战。"楚庄王说："对弱小国家我用武力威胁，而对强大国家我却畏惧避其锋，这样是使我无法立功名于天下。"楚庄王命令楚军回师郑国都，迎战晋国军队。楚庄王亲自击鼓，晋军大败。晋将士纷纷乘船逃跑，先上船的不让后来的上船，砍断扒在船边人的手指，船上被砍下的手指多得可以用双手来捧。楚庄王说："哎哟！楚、晋两国国君不相友好，两国民众有什么罪过呢？"于是楚庄王命令楚军班师，让晋军渡过邲水逃走。

［注释］

①邲——音必 bì，郑地，在今河南省郑州市、荥阳县之间；邲本水名。

②大夫……楚子何——《解诂》《疏》说明，僖公二十八年楚子玉得臣书"楚人"不书名，"传"说大夫不敌君，见 5.28.5。

③为礼——俞樾《群经平议》说二字衍文，"今上句因下句而误衍'为礼'二字，遂作一句连读之，义不可通"，译文据此。

④胜乎皇门——《解诂》："胜，战胜；皇门，郑郭门。"（郭，外城）

⑤放乎路衢——《解诂》："路衢，郭内衢；道四达谓之衢。"放，至。

⑥肉袒——去衣露上身，表示谢罪时的恭敬或惶恐。

⑦茅旌——《解诂》："茅旌，祭祀宗庙所用。"

⑧鸾刀——《解诂》："鸾刀，宗庙割切之刀。"

⑨寡人……臣——《解诂》："诸侯自称曰寡人，天子自称曰朕。良，善也；无良，喻有过。言己有过于楚边垂之臣。"

⑩以干天祸——《解诂》："干,犯也;谦不敢斥庄王,归之于天。"

⑪沛焉——《解诂》："沛焉者,怒有余之貌。"

⑫矜——同情,怜悯。

⑬丧人——《解诂》："自谓已丧亡。"

⑭锡——赐。

⑮不毛之地——《解诂》："（垗）堨不生五谷曰不毛。"

⑯使帅……绥焉——《解诂》："六十称耋,七十称老;绥,安也。谦不敢多索丁夫,愿得主帅一二老夫以自安。"

⑰交易——《解诂》："交易,犹往来也。"

⑱为——俞樾《群经平议》："为当读为讹……言小人好诈伪,为交易之言。"

⑲玉面——尊容;玉,形容美好。

⑳亲自手旌——《解诂》："自以手持旌也。"

㉑舍——止息。

㉒南郢——楚国都。

㉓厮役扈养——《解诂》："艾草为防者曰厮,汲水浆者曰役,养马者曰扈,炊烹者曰养。"

㉔无乃——《解诂》："无乃,犹得无。"

㉕杅——音于 yú,同"盂",盛水或饮水之器具。

㉖蠹——虫咬。

㉗笃——厚。

㉘详——《解诂》："善用心曰详。"

㉙何日之有——《解诂》："何日之有,犹无有日。"

㉚请战——《解诂》："荀林父请战。"

㉛淹——久。

㉜令之还师——《解诂》："言还者,时庄王胜郑去矣,会晋师至,复还战也。"

㉝舟中之指可掬矣——《解诂》："时晋乘舟渡郯水战,兵败返走,欲急去,先入舟者斩后扳舟者指,指堕舟中,身堕郯水中而死。可掬者,言其多也,以两手曰掬。"

㉞佚——同逸,使动用法。

[评析]公羊说:"不与晋而与楚",认为"经义"在于美化楚庄王,这与其"攘夷"思想不合。楚庄王不占有郑国,实由当时形势与实力难以吞并。又,"经"文荀林父在前乃有襄晋之义。

12.4"秋七月。"

12.5"冬十有二月戊寅,楚子灭萧。"

[注释]

萧——国名,在今安徽省萧县,本宋之附庸。

12.6"晋人、宋人、卫人、曹人同盟于清丘。"

[注释]

清丘——卫地,在今河南省濮阳县。

12.7"宋师伐陈。卫人救陈。"

13. 宣公十三年

十三年,乙丑,公元前596年,周定王十一年。

13.1"十有三年春,齐师伐卫。"

[注释]

伐卫——左氏、穀梁作"伐莒",考之"经"文,前后无齐、卫友怨之事,据左氏,当是"伐莒"。

13.2"夏,楚子伐宋。"

[注释]

楚子——楚庄王。

13.3"秋,蝝。"

[注释]

蝝——左氏、穀梁例作"螽"。

13.4 "冬，晋杀其大夫先縠。"

[注释]

縠——左氏同，穀梁作"穀"，字音近。

14. 宣公十四年

十四年，丙寅，公元前 595 年，周定王十二年。

14.1 "十有四年春，卫杀其大夫孔达。"

14.2 "夏五月壬申，曹伯寿卒。"

[注释]

曹伯寿——曹文公。

14.3 "晋侯伐郑。"

[注释]

晋侯——晋景公。

14.4 "秋九月，楚子围宋。"

[注释]

楚子——楚庄王。

14.5 "葬曹文公。"

14.6 "冬，公孙归父①会齐侯②于谷③。"

[注释]

①公孙归父——公子遂之子，参看上 10.11 注。
②齐侯——齐顷公。
③谷——齐地，参看 3.7.4 注。

15. 宣公十五年

十五年，丁卯，公元前 594 年，周定王十三年。

第七章 鲁宣公

15.1 "十有五年春，公孙归父会楚子于宋。"
15.2 "夏五月，宋人及楚人平。"

外平不书，此何以书？大其平乎己①也。何大乎其平乎己？庄王围宋，军有七日之粮尔，尽此不胜，将去而归尔。于是使司马子反乘堙②而窥宋城。宋华元亦乘堙而出见之。司马子反曰："子之国何如？"华元曰："惫矣！"曰："何如③？"曰："易子而食之，析骸④而炊之。"司马子反曰："嘻！甚矣，惫！虽然，吾闻之也：围者⑤钳马而秣之，使肥者应客⑥。是何子之情也⑦？"华元曰："吾闻之：君子见人之厄则矜，小人见人之厄则幸。吾见子之君子也，是以告情于子也。"司马子反曰："诺。勉之矣⑧！吾军亦有七日之粮尔，尽此不胜，将去而归尔。"揖而去之，反于庄王。庄王曰："何如？"司马子反曰："惫矣！"曰"何如？"曰："易子而食之，析骸而炊之。"庄王曰："嘻！甚矣，惫。虽然，吾今取此，然后而归尔"。司马子反曰："不可。臣已告之矣，军中有七日之粮尔。"庄王怒曰："吾使子往视之，子曷为告之"？司马子反曰："以区区之宋，犹有不欺人之臣，可以楚而无乎？是以告之也。"庄王曰："诺。舍而止⑨。虽然⑩，吾犹取此然后归尔。"司马子反曰："然则君请处于此，臣请归尔。"庄王曰："子去我而归，吾孰与处于此？吾亦从子而归尔。"引师而去之。故君子大其平乎己也。此皆大夫也，其称"人"何？贬。曷为贬？平者在下也。

[译文] 鲁国以外的诸侯国之间媾和，"经"文不书写，此处为什么书写？是为了称赞其媾和全是靠他们自己［无第三国调解］。为什么要称赞其媾和全是靠他们自己呢？楚庄王包围了宋国都城，军中仅有够七天吃的粮食了，如果吃完这些粮食而仍不能取胜，楚军就要离开这里回国。于是庄王派司马子反登上为攻城而筑的土山悄悄侦察宋国都城里的情况。宋国华元也登上土山出来见他。司马子反问道："您的国家情况怎样？"华元回答："已经疲惫了！"司马子反又问："疲惫的具体情形怎样？"华元答道："人们相互交换孩子来吃，劈开死人的骨头来烧火做饭。"司马子反说："哎呀！真是疲惫得很哪！即使如您所说，但我听人说过这样的事：被包围的人，用木棍钳马口，再喂马粮食使它想吃不能进食，再将肥马让敌方使者看，以表示储粮很多。可您为什么这样坦露实情呢？"华元讲道："我听说过：君子看见别人的困厄就怜悯同情，小人看见别人的

· 313 ·

困厄就幸灾乐祸。我知道您是君子，所以将实情相告。"司马子反说："好。你们努力坚守吧！我们的军队也仅有七天的粮食了。如果吃完这些粮食而仍不能战胜你们，就要离开回国。"司马子反向华元作揖行礼而别，回去报告楚庄王。庄王问："宋国都城内情况怎样？"司马子反回答："他们已经疲惫了。"庄王又问："疲惫的具体情形怎样？"司马子反说："他们相互交换孩子吃，劈开死人的骨头烧火做饭。"庄王说："哈！真是疲惫得很哪！虽然我们的军粮也不多了，但我现在还是要攻取下宋国都城，然后再班师回国。"司马子反说："不能这样啊！我已经告诉华元，我们军中仅有七天的粮食了。"庄王听了大怒，说："我是派你去侦察宋国都城里的情况，你怎么将我军的实情告诉给他们？"司马子反说："拿一个区区的小宋国，还能有不欺瞒别人的臣子，难道堂堂的大国楚国就可以没有吗？所以我将实情告诉了华元。"庄王说："好吧，那就让部队后退三十里再筑营驻扎下来。即使宋国知道我们军粮不多，我仍然要攻取下宋国都城后再班师回国。"司马子反说："那么请大王留在这里，我请求返国。"庄王说："您离开我返国，我还能与谁一起在这里呢？我也跟着您回国吧！"于是楚庄王率领军队离开宋国都城。所以君子称赞楚、宋两国媾和靠他们自己。华元、司马子反二人皆是大夫，"经"文称"宋人""楚人"为什么？是为了贬责。为什么要贬责？是因为楚、宋两国的媾和是由君主的手下人完成的。

[注释]

①己——自己，指靠自己的力量，俞樾《群经平议》："平乎己对平乎人而言，不待人之为平而自为平，斯谓之平乎己矣。"

②堙——音因 yīn，环城堆的土山。

③何如——《解诂》："问惫意也。"

④析骸——《解诂》："析，破；骸，人骨也。"

⑤围者——《解诂》："古有见围者。"

⑥使肥者应客——《解诂》："示饱足也。"

⑦是何子之情也——《解诂》："犹曰何大露情。"

⑧勉之矣——《解诂》："勉，犹努力，使努力坚守之。"

⑨舍而止——《解诂》："受命筑舍而止，示无去计。"俞樾《群经平议》："军行三十里为一舍……舍为止者，命引军而去之三十里然后止也。"

⑩虽然——《解诂》:"虽宋已知我粮短。"

[评析] 公羊说:"平者在下",难能成立;国君不同意媾和,大夫能作主吗?

15.3 "六月癸卯,晋师灭赤狄潞氏①,以潞子②婴儿归③。"

潞何以称"子"? 潞子之为善也躬④,足以亡尔。虽然,君子不可不记也。离于夷狄⑤,而未能合于中国⑥。晋师伐之,中国不救,狄人不有⑦,是以亡也。

[译文] 对于潞氏这样的夷狄之国"经"文为什么称"子"? 因为潞子为善之道穷,自身足以使国家灭亡。即使如此,君子是不可不记载此事的。潞子别离于夷狄各族的习俗,却又未能合同于华夏各国的礼仪。晋师攻伐它,华夏各国对它不援救,夷狄各族对之不友好,所以就灭亡了。

[注释]
①潞氏——赤狄别种;赤狄,见上3.5注。
②潞子——杨伯峻《注》:"《春秋》于当时所谓夷狄之国皆以'子'称之,杜《注》以'子'为爵,非。"
③以潞子婴儿归——俘获潞子婴儿带回。
④躬——《解诂》:"躬,身。"王引之《经义述闻》:"躬行善事,无取灭亡之理,此非传意也。躬当读为穷;潞子之为善也穷,言潞子之为善,其道穷也。"
⑤离于夷狄——《解诂》:"疾夷狄之俗而去离之。"
⑥未能合于中国——《解诂》:"未能与中国合同礼义相亲比也。"
⑦有——同"友"。

15.4 "秦人伐晋。"

15.5 "王札子①杀召伯、毛伯②。"

"王札子"者何? 长庶③之号也。

[译文] "王札子"是什么人? 是王室庶子中长子的称呼。

[注释]
①王札子——王子捷。
②召伯、毛伯——周卿士。召伯,召戴公;毛伯,见6.1.5注①。

·315·

③长庶——庶子中的长子。

15.6 "秋，螽。"
[注释]
螽——左氏、穀梁例作"蟊"。

15.7 "仲孙蔑①会齐高固于牟娄②。"
[注释]
①仲孙蔑——见上9.3注。
②牟娄——左氏、穀梁作"无娄"，杜预《集解》、范宁《集解》均说"杞邑"，今地不详；无、牟，古相通。1.4.1"莒人伐杞，取牟娄"之"牟娄"，绝非此牟娄，因时莒恃晋不事齐，鲁、齐不可能在其地相会。

15.8 "初税亩。"
"初"者何？始也。"税亩"者何？履①亩而税也。"初税亩"何以书？讥。何讥尔？讥始履亩而税也。何讥乎始履亩而税？古者什一而藉②。古者曷为什一而藉？什一者，天下之中正也。多乎什一，大桀小桀③；寡乎什一，大貉小貉④。什一者，天下之中正也。什一行，而颂声作矣⑤。

[译文] "初"是什么意思？是"开始"。"税亩"是什么意思？是丈量百姓耕种的田亩面积，让百姓按实际亩数多少交税。"初税亩"此事为什么书写？为了谴责。谴责什么？谴责鲁国开始丈量百姓耕种土地的面积，并按实际亩数多少交税的做法。古时候是按十取一的比例而征税的。古时候为什么按十取一的比例而征税？这是因为十取一的比例是天下最适中的税制。多于十取一，那是夏桀这类大小暴君的横征暴敛；少于十取一，那是蛮貉这类不开化民族的无知无识。十取一的比例，是天下最适中的税制。十取一的税制施行，百姓的歌颂赞美之声就兴起来了。

[注释]
①履——丈量土地面积。
②藉——藉法，古代一种税收制度。藉是"借"的意思，指借民力耕田。殷、周行井田制，有公田、私田，农奴于公田进行无偿劳动，作

· 316 ·

为一种税收方法，因名之为"藉法"。

③大桀大桀——《解诂》："奢泰多取于民，比于桀也。"

④大貉小貉——《解诂》："蛮貉无社稷宗庙、百官制度之费，税薄。"

⑤颂声——《解诂》："颂声者，太平歌颂之声，帝王之高致也。"

［评析］公羊谴责"初税亩"，这是站在保守立场上的发言。"初税亩"废除藉法，按田亩多少征税，是对古代制度的大改革，具有进步意义。

15.9 "冬，蝝生①。"

未有言蝝生者，此其言"蝝生"何？蝝生不书，此何以书？幸之也。幸之者何②？犹曰受之云尔。受之云尔者何？上变古易常③，应是而有天灾。其诸则宜于此焉变矣。

［译文］此前未讲过蝝虫出现，此处"经"文说"蝝生"为什么？蝝虫出现不书写，此处为什么书写？是因为对其出现感到庆幸。对之感到庆幸是为什么？如同说受到警告。受到警告是怎么回事呢？宣公变易古制常法［履亩而税］，上天回应此事而降天灾。也许宣公由此而有所醒悟，再改变新法而恢复旧制。

［注释］

①蝝——音元 yuán，蝗虫的幼子。《解诂》"蝝即蟓也；始生曰蟓，大曰蝝。"

②幸之者何——《解诂》："闻灾当惧，反喜，非其类，故执不知问。"

③上变古易常——《解诂》："上谓宣公变易公田古常旧制而税亩。"

［评析］这是公羊再对"初税亩"进行谴责，认为宣公"履亩而税"受到上天惩罚而遭此蝝灾。这是董仲舒天人感应说的具体表现。

15.10 "饥。"

［注释］

饥——发生饥荒。

16. 宣公十六年

十六年，戊辰，公元前 593 年，周定王十四年。

16.1 "十有六年春王正月，晋人灭赤狄甲氏及留吁。"

[注释]

甲氏、留吁——杜预《集解》："甲氏、留吁，赤狄别种，晋既采潞氏，今又并尽其余党。"甲氏、留吁在今山西省屯留县一带。晋灭潞氏见上15.3。

16.2 "夏，成周宣谢①灾②。"

"成周"③者何？东周也。"宣谢"者何？宣宫④之谢也。何言乎"成周宣谢灾"？乐器藏焉尔⑤。"成周宣谢灾"何以书？记灾也。外灾不书，此何以书？新周⑥也。

[译文]"成周"是什么？是周王朝东迁后的都城。"宣谢"是什么？是周宣王庙中的台榭。为什么说："成周宣谢灾"？因为周宣王中兴周朝时制作的乐器存放在那里。"成周宣谢灾"此事为什么书写？是为了记载灾害。鲁国以外的国家发生灾害不书写，此处为什么书写？这是孔子把东周看作新兴的周王朝。

[注释]

①谢——左氏、穀梁作"榭"，二字相通；指台上的堂式建筑，原用作习武，后作游观之用。

②灾——穀梁同，左氏作"火"。

③成周——周的东都洛邑，在王城之东；周平王都王城，到周敬王因避王子朝之乱都成周。《解诂》："后周公分为二，天下所名为东周，名为成周者，本成王所定名，天下初号之云尔。"

④宣宫——《解诂》："宣宫，周宣王之庙也；至此不毁者，有中兴之功。"

⑤乐器藏焉尔——《解诂》："宣王中兴所作乐器。"

⑥新周——以周为新；新，意动用法。《解诂》说明，"新周"是孔子作《春秋》的目的之一，是让周室复兴。

16.3 "秋，郯①伯姬来归②。"

[注释]

①郯——国名，参看上4.1注③。

· 318 ·

②来归——3.27.4"传":"大归曰归。"

16.4 "冬,大有年。"
[注释]
大有年——穀梁说"五谷大熟为大有年",这是与桓公三年之"有年"相较而言的。

17. 宣公十七年

十七年,己巳,公元前592年,周定王十五年。

17.1 "十有七年春王正月庚子,许男锡我卒。"
[注释]
许男锡我——许昭公。

17.2 "丁未,蔡侯申卒。"
[注释]
蔡侯申——蔡文公。

17.3 "夏,葬许昭公。"
17.4 "葬蔡文公。"
17.5 "六月癸卯,日有食之。"
17.6 "己未,公会晋侯、卫侯、曹伯①、邾娄子②同盟于断道③。"
[注释]
①晋侯、卫侯、曹伯——晋景公、卫穆公、曹宣公。
②邾娄——左氏、穀梁例作"邾"。
③断道——晋地,在今河南省济源县。

17.7 "秋,公至自会。"
17.8 "冬十有一月壬午,公弟叔肸卒。"
[注释]
叔肸——宣公母弟;肸,音西 xī。

· 319 ·

18. 宣公十八年

十八年，庚午，公元前591年，周定王十六年。

18.1 "十有八年春，晋侯、卫世子臧伐齐。"
［注释］
晋侯——晋景公。

18.2 "公伐杞。"
18.3 "夏四月。"
18.4 "秋七月，邾娄①人戕②鄫③子于鄫。"
"戕鄫子于鄫"者何？残贼而杀之也④。
［译文］"戕鄫子于鄫"是什么意思？是用肢解的手段将他杀死的。
［注释］
①邾娄——左氏、谷梁例作"邾"。
②戕——古称他国之臣来杀本国之君，《说文·戈部》："它国臣来弑君曰戕。"
③鄫——见5.14.2注②，谷梁作"缯"。
④残贼而杀之也——《解诂》："支解节断之，故变杀言戕。"

18.5 "甲戌，楚子旅①卒②。"
何以不书"葬"？吴③楚之君不书葬，避其号也④。
［译文］"经"文为什么不写"葬楚庄王"？吴、楚之君［称王］，死了不记载其葬礼，这是避开其称"王"的僭号。
［注释］
①楚子旅——楚庄王。
②楚子旅卒——书楚君卒始于此，盖因与中原各国少来往，君死不赴告。终《春秋》不书楚君之葬。
③吴——吴始见，参看8.7.2注①。
④吴楚……号也——《解诂》："葬从臣子辞当称'王'，故绝其葬。"
［评析］公羊此"传"，向为《春秋》研究者注意；因为它讲了《春

· 320 ·

秋》一条重要"书法"。《春秋》书外诸侯"葬"共一百八十四次，未书楚、越、吴君之"葬"。这是因为楚越、吴君自称"王"，书其"葬"，必书"葬某王"；这样就与周王相等。《礼记·坊记》说："子云：'天无二日，土无二王，家无二主，示民有君臣之别也。《春秋》不称楚、越之王丧……恐民之惑也。'"

18.6 "公孙归父如晋。"

18.7 "冬十月壬戌，公薨于路寝。"

[注释]

路寝——见 3.1.4 注⑤及 3.32.4 注。

18.8 "归父还自晋，至柽①。遂奔齐。"

"还"者何？善辞也。何善尔？归父使于晋，还自晋，至柽，闻君薨、家遣②，墠③帷④，哭君成踊⑤，反命乎介⑥。自是走之齐。

[译文] "还"是什么意思？是褒奖的用词。为什么褒奖？公孙归父出使晋国，从晋国回来，到了柽地，听说宣公死了和自己的家人被放逐，便就地清扫出一片地方作为祭坛，用帐帷圈起，在里面顿足痛哭悼念宣公，然后将出使晋国的情况告诉给一起出使的副手〔好让他回国后代自己在宣公灵前禀报〕。自己就从柽地逃到齐国去了。

[注释]

①柽——音称 chēng，穀梁同，左氏作"笙"，今地不详，一说在今山东省曹县。

②家遣——《解诂》："家为鲁所逐遣，以先人弑君故也。"

③墠——音善 shàn，除草、整治野外土地作为祭坛。

④帷——作动词用，指设帷。

⑤踊——《解诂》："踊，辟（擗）踊也。"辟（擗）踊，搥胸顿足，哀痛之极。《孝经·丧亲》："擗踊哭泣，哀以送之。"邢昺《疏》："男踊女擗。"

⑥反命乎介——《解诂》："因介反命。礼，卿出聘以大夫为上介，以士为众介。"介，副手。

第八章 鲁成公

成公，名黑肱，宣公子。公羊成公十五年说"宣公死，成公幼"，则是年幼为君。

1. 成公元年

元年，辛未，公元前590年，周定王十七年。

1.1 "元年春王正月，公即位。"
1.2 "二月辛酉，葬我君宣公。"
1.3 "无冰。"
1.4 "三月，作丘①甲②。"

何以书？讥。何讥尔？讥始丘使也③。

[译文] 为什么书写？为了谴责。谴责什么？谴责开始让丘民制造铠甲。

[注释]

①丘——《解诂》"四井为邑，四邑为丘"，则丘为此方百姓的基层组织单位。

②甲——《解诂》："甲，铠也。"

③讥始丘使也——《解诂》："讥始使丘民作铠也。"

[评析] 左氏说"为齐难故，作丘甲"，则作丘甲是为了防齐入侵。本"经"难点是"作丘甲"究为何义。据《解诂》说，让一丘之民皆作铠甲，势不可能。前人对此多有异议，众说纷纭。杨伯峻《注》说："范文澜《中国通史简编》云：'就是一丘出一定数量的军赋，丘中之人各按所耕田数分摊，不同于公田制农夫同等的军赋。'视之为军赋改革，且与

·322·

宣公十五年'初税亩'联系，较为合理。"

1.5 "夏，臧孙许①及晋侯②盟于赤棘③。"
［注释］
①臧孙许——鲁臣，臧孙辰之子，见 3.28.5 和 6.10.1。
②晋侯——晋景公。
③赤棘——晋地，今地不详。

1.6 "秋，王师败绩于贸戎①。"
孰败之？盖晋败之②，或曰贸戎败之③。然则曷为不言晋败之？王者无敌，莫敢当也。

［译文］谁战败周天子的军队？大概是晋国战败了周天子的军队；也有人说，是贸戎战败了周天子的军队。那"经"文为什么不说"晋败王师"？因为周天子无敌于天下，没有人敢抵挡。

［注释］
①贸戎——戎的一种，在今河南省修武县一带，距洛邑不远；贸，穀梁同，左氏作"茅"。
②盖晋败之——《解诂》："以晋比侵柳围郊，知王师讨晋而败之。"侵柳指宣公元年"冬，晋赵穿帅师侵柳"。
③或曰贸戎败之——《解诂》："以地贸戎故。"
［评析］公羊说"王者无敌，莫敢当也"，明显表现其"尊王"思想。

1.7 "冬十月。"

2. 成公二年

二年，壬申，公元前 589 年，周定王十八年。

2.1 "二年春，齐侯伐我北鄙。"
［注释］
齐侯——齐顷公。

2.2 "夏四月丙戌,卫孙良夫帅师及齐师战于新筑。"
[注释]
新筑——卫地,在今河北省魏县。

2.3 "六月癸酉,季孙行父、臧孙许、叔孙侨如①、公孙婴齐②帅师会晋郤克、卫孙良夫、曹公子手③及齐侯战于鞌④,齐师败绩。"
曹无大夫⑤,"公子手"何以书?忧内也。
[译文] [对曹国这样的小国]"经"文不书其大夫,"公子手"为什么书写?因为曹国为鲁国分忧。
[注释]
①叔孙侨如——鲁宗室臣,叔孙得臣(见6.1.7注)之子,字宣伯。
②公孙婴齐——鲁宗室臣,宣公弟叔肸(见7.17.8注)之子。
③曹公子手——穀梁同,左氏作"曹公子首";手、首音同通用。
④鞌——音安 ān,齐地,在今山东省济南市。
⑤曹无大夫——见3.24.8"曹无大夫"及该注②。

2.4 "秋七月,齐侯使国佐如师①。己酉,及国佐盟于袁娄②。"
君不使③乎大夫,此其行使乎大夫何?佚获也④。其佚获奈何?师还⑤齐侯,晋郤克投戟,逡巡⑥再拜稽首马前。逢丑父者,顷公之车右⑦也,面目与顷公相似,衣服与顷公相似,代顷公当左⑧,使顷公取饮。顷公操饮而至,曰:"革取清者⑨。"顷公用是佚而不反。逢丑父曰:"吾赖社稷之神灵,吾君已免矣。"郤克曰:"欺三军者,其法奈何?"⑩曰:"法斮⑪。"于是斮逢丑父。己酉,及齐国佐盟于袁娄。曷为不盟于师而盟于袁娄⑫?前此者,晋郤克与臧孙许同时而聘于齐。萧同侄子者,齐君之母也,踊于棓⑬而窥客,则客或跛或眇⑭。于是使跛者迓跛者,使眇者迓眇者。二大夫出,相与踦闾⑮而语,移日⑯然后相去。齐人皆曰:"患之起,必自此始。"二大夫归,相与率师为鞌之战,齐师大败。齐侯使国佐如师⑰,郤克曰:"与我纪侯之甗⑱,反鲁卫之侵地,使耕者东亩⑲;且以萧同侄子为质,则吾舍子矣。"国佐曰:"与我纪侯之甗,请诺;反鲁卫之侵地,请诺。使耕者东亩,是则土齐也⑳。萧同侄子者,齐君之母也;齐君之母,犹晋君之母也,不可㉑。请战㉒;壹战不胜,请再;再战不胜,请三。三战不胜，则齐国尽子之有也，何必以萧同侄子为质！"揖而去之。郤克(眣)[23]鲁卫之使，使以其辞而为之请[24]，然后许之。逮于袁娄而与之盟[25]。

[译文] 国君于亲行时不派大夫出使，这次君亲行而派大夫出使为什么？是齐侯被抓住又逃走了。齐侯被抓住又逃走了是怎么回事？晋师包围了齐侯，晋国郤克扔掉手中的戟，后退几步在齐侯马前两次揖拜叩首。逢丑父是齐顷公的车右，相貌跟齐顷公相似，服饰也跟齐顷公相似。他代替顷公坐在车的左边，并派齐顷公去为他取水。齐顷公取水回来送给逢丑父。逢丑父说："倒掉！再去取清水来。"［示意顷公趁机逃走］顷公会意装作去远处取水，顺便逃走，就未再回来。逢丑父说："我们依赖社稷神灵的保佑，我们的国君已经除免灾祸了。"郤克［回头问执法者］说："欺骗三军的人，依据法律当该怎样处置？"执法者回答："依法当斩。"晋人于是斩了逢丑父。己酉这天，晋人与齐国国佐在袁娄这个地方结盟。为什么不在两军交战的鞌地结盟而在袁娄结盟呢？在此之前，晋国的郤克与鲁国的臧孙许同时到齐国聘问。齐侯的母亲萧同侄子登上一块跳板偷偷观看来访的两位客人，她看见一个瘸腿，一个瞎一只眼，于是让瘸腿的人迎接瘸腿的人、瞎一只眼的人迎接瞎一只眼的人。两个大夫出来，在门口一个站在门里、一个站在门外低声相谈，过了好久才离开。齐国人都说："祸患的出现，必定从这件事开始。"两大夫各自回国，一起率兵来发动了在鞌地的这次战役，结果齐师大败。齐侯派国佐到在鞌地的晋师中探问，郤克说："送给我国你国得来的纪侯的甗，退还你国侵占的曹国和卫国的土地，让全国耕地的田埂走向从南北向改为东西向［以与晋国一致］；并且让萧同侄子来晋国当人质，这样，我们就放过你。"国佐说："将我国得到的纪侯玉甗交出，可以答应；退还侵占的鲁国和卫国的土地，可以答应。但是，将我齐国耕地的田埂走向全都改为东西向，这是把齐国的土地作为晋国的土地了。再说萧同侄子是我君顷公的母亲，齐侯的母亲如同晋侯的母亲，以君国之至尊绝不可去作人质。［如果你们坚持要我国的田埂改为东西向、坚持要萧同侄子作人质］那么，就请重新开战吧！我们一战打不胜，请再战；我们再战打不胜，请三战。如果三战仍不能胜，那我们齐国就完全属于您了，何必一定要萧同侄子去做人质呢？"国佐说完向郤克作揖行礼后离开。郤克以目光向鲁国、卫国的使者示意，让他们以国佐讲的条件代国佐向自己请求，然后

郤克接受了国佐的意见。晋国的郤克和鲁、卫、曹国人在袁娄这个地方赶上国佐与他结盟。

[注释]

①如师——指到在鞌地作战的晋师中。

②袁娄——齐地，在今山东省淄博市临淄区；袁，穀梁作"爰"。

③使行——于亲行中派使臣。

④佚获也——《解诂》："佚获者，已获而逃亡也。"佚，同"逸"。

⑤还——同"环"，围绕。

⑥逡巡——却退。

⑦车右——坐在御者右边的力士；古车乘三人，主将居左，御者居中。

⑧当左——在左位。

⑨革取清者——《解诂》："革，更也；军中人多，水泉浊，欲使远取清者，因亡去。"

⑩郤克曰："……"——《解诂》："顾问执法者。"

⑪斫——斩。

⑫曷为……袁娄——《解诂》："据国佐如师。"

⑬棓——晋棓pǒu，铺在高下不平处的跳板，陈立《义疏》："高下悬绝，有板横其间，可登，如今匠氏之跳矣。"

⑭眇——一只眼瞎。

⑮踦闾——《解诂》："闾，当道门；闭一扇、开一扇，一人在外、一人在内曰踦闾。"

⑯移日——日影移动，指经过长时间。

⑰齐侯使国佐如师——《解诂》："怪师胜犹不解，往问之。"

⑱甗——音演yǎn，《解诂》、杜预《集解》均注"玉甑"，为玉制之器；今考实误，甗为古代炊饪器，青铜或陶制。

⑲使耕者东亩——《解诂》："使耕者东西如晋地。"《疏》："盖晋地谷川宜东亩者多，故言此，是以下传云'使耕者东亩，是则土齐也'。"杨伯峻《注》说："晋在齐之西，若齐之垄亩多为南北向，别沟渠与道路亦多南北向，于晋之往东向齐进军，地形与道路有所不利。"

⑳是则土齐也——《解诂》："则晋悉以齐为土地，是不可行。"

㉑不可——《解诂》："言至尊不可为质。"

㉒请战——《解诂》:"如欲使耕者东西亩、质齐君之母,当请战。"
㉓眣——见6.7.8注②。
㉔使……请——《解诂》:"郤克耻伤其威,故使鲁卫大夫以国佐辞为国佐请。"
㉕逮……盟——《解诂》:"逮,及也;追及国佐于袁娄也。"

2.5 "八月壬午,宋公鲍卒。"
[注释]
宋公鲍——宋文公。

2.6 "庚寅,卫侯速卒。"
[注释]
卫侯——卫缪公。

2.7 "取①汶阳田②。"
"汶阳田"者何?鞌之赂也③。
[译文]"汶阳田"是什么?是鞌之战后齐国向鲁国行的贿赂。
[注释]
①取——杜预《集解》:"晋使齐还鲁,故书'取'。"
②汶阳田——汶水北岸之田,僖公元年赐季氏,后被齐夺,现又归鲁。参看3.13.4注⑳。
③鞌之赂也——《解诂》:"以国佐言反鲁卫之侵地,请诺。"

2.8 "冬,楚师、郑师侵卫。"
2.9 "十有一月,公会楚公子婴齐于蜀。"
[注释]
蜀——鲁邑,在今山东省泰安县。

2.10 "丙申,公及楚人、秦人、宋人、陈人、卫人、郑人、齐人、曹人、邾娄①人、薛人、鄫②人,盟于蜀。"
此楚公子婴齐也,其称"人"何③?得一贬焉④。

[译文] 参加这次盟会的是楚公子婴齐，"经"文说"楚人"为什么？仅此一处就可以贬责他上次与这次以大夫身份与成公相会、相盟的无礼。

[注释]

①邾娄——左、穀梁例作"邾"。

②鄫——穀梁作"缯"。

③此……何——《解诂》"据会而盟一处，知一人也"，指此盟与上会同在蜀地，可知楚人即是婴齐。

④得一贬焉尔——《解诂》："得一贬者，独此一事得具见其恶。"上"经"称"公子婴齐"未说"贬"，此书"楚人"是两事合为一事，贬责婴齐以大夫身份与成公盟会。

3. 成公三年

三年，癸酉，公元前 588 年，周定王十九年。

3.1 "三年春王正月，公会晋侯、宋公、卫侯、曹伯伐郑。"

[注释]

晋侯、宋公、卫侯、曹伯——晋景公、宋共公、卫定公、曹宣公。

3.2 "辛亥，葬卫缪公。"

[注释]

卫缪公——卫侯速，上年九月卒；缪，左氏、穀梁作"穆"。

3.3 "二月，公至自伐郑。"

3.4 "甲子，新宫灾，三日哭。"

"新宫"者何？宣公之宫也。则曷为谓之"新宫"？不忍言也①。其言"三日哭"何？庙灾三日哭，礼也②。"新宫灾"何以书？记灾也。

[译文] "新宫"是什么？是宣公的宫庙。那为什么称它为"新宫"［而不称"宣宫"］？因为不忍心这样说。"经"文说"三日哭"为什么？国君的庙发生火灾哭三天，是合乎礼的。"新宫灾"此事为什么书写？是记载灾害的。

第八章　鲁成公

[注释]

①不忍言也——《解诂》："亲之精神所依而灾，孝子隐痛，不忍正言也。"

②三日哭，礼也——《礼记·檀弓下》："'有焚其先人之室，则三日哭。'故曰：新宫灾，亦三日哭。"

3.5 "乙亥，葬宋文公。"

[注释]

宋文公——宋公鲍，上年八月卒。

3.6 "夏，公如晋。"

3.7 "郑公子去疾率师伐许。"

3.8 "公至自晋。"

3.9 "秋，叔孙侨如①率师围棘②。"

"棘"者何？汶阳之不服邑也。其言"围之"何③？不听也④。

[译文] "棘"是什么地方？是汶水北岸鲁国的一个不听从鲁君命令的城邑。"经"文说"围棘"为什么？是该地人不听从鲁君的命令。

[注释]

①叔孙侨如——见上2.3注①。

②棘——在今山东省泰安县与肥城县之间。

③其言"围"何——《解诂》："据国内兵不举。"

④不听也——《解诂》："不听者，叛也；不言叛者，为内讳。"

3.10 "大雩。"

[注释]

雩——天旱求雨祭名，参看2.5.7注。

3.11 "晋郤克、卫孙良夫伐将咎如。"

[注释]

将咎如——赤狄之别种，在今河南省安阳市一带。将，左氏作"廧"（qiáng 强），穀梁作"墙"，三字音近相通；咎，音高 gāo。

· 329 ·

3.12 "冬十有一月，晋侯使荀庚来聘。"

3.13 "卫侯使孙良夫来聘。"

3.14 "丙午，及荀庚盟。"

3.15 "丁未，及孙良夫盟。"

此聘也，其言"盟"何？"聘"而言"盟"者，寻旧盟也。

[译文] 这是来聘，"经"文说"盟"为什么？说"聘"而又说"盟"，是重温旧的盟约之好。

[注释]

旧盟——指上元年"夏，臧孙许及晋侯盟于赤棘"和宣公七年"卫侯使孙良夫来盟"。

3.16 "郑伐许。"

4. 成公四年

四年，甲戌，公元前587年，周定王二十年。

4.1 "四年春，宋公使华元来聘。"

[注释]

宋公——宋共公。

4.2 "三月壬申，郑伯坚卒。"

[注释]

郑伯坚——郑襄公。

4.3 "杞伯来朝。"

[注释]

杞伯——杞桓公。

4.4 "夏四月甲寅，臧孙许卒。"

[注释]

臧孙许——鲁臣，参看上1.5注①。

4.5 "公如晋。"

4.6 "葬郑襄公。"

4.7 "秋,公至自晋。"

4.8 "冬,城运。"

[注释]

运——左氏、穀梁作"郓",二字同音;鲁有二郓,此为西郓,在今山东省郓城县,东郓见 6.12.8 注③。

4.9 "郑伯伐许。"

[注释]

郑伯——郑悼公;郑襄公葬,悼公即位。

5. 成公五年

五年,乙亥,公元前 586 年,周定王二十一年。

5.1 "五年春,王正月,杞叔姬来归。"

[注释]

来归——3.27.4 "传":"大归曰来归。"(大归,被夫家休弃)

5.2 "仲孙蔑如宋。"

[注释]

仲孙蔑——鲁宗室臣,参看 7.9.3 注。

5.3 "夏,叔孙侨如①会晋荀秀②于谷③。"

[注释]

①叔孙侨如——鲁宗室臣,参看上 2.3 注①。

②荀秀——左氏、穀梁作"荀首";秀、首古韵部同,可通假。

③谷——齐地,参看 3.7.4 注。

5.4 "梁山①崩。"

"梁山"者何?河②上之山也。"梁山崩"何以书?记异也。何异尔?大也。何大尔?壅③河三日不流。外异不书,此何以书?为天下记异也。

[译文]"梁山"是什么山？是黄河边上的一座山。"梁山崩"此事为什么要书写？是为了记载奇异现象的。如何奇异？奇异得特大。如何奇异得特大？梁山崩塌堵塞了黄河，使河水三天不流。鲁国以外发生的奇异现象，"经"文不书写，此事为什么书写？是为天下记载奇异现象的。

[注释]

①梁山——山名，在今陕西省韩城县，靠近黄河。

②河——指黄河，参看 5.14.3 注①。

③雍——堵塞。

5.5 "秋，大水。"

5.6 "冬十有一月己酉，天王崩。"

[注释]

天王——周定王。

5.7 "十有二月己丑，公会晋侯、齐侯、宋公、卫侯、郑伯、曹伯、邾娄子、杞伯①，同盟于虫牢②。"

[注释]

①晋侯、齐侯、宋公、卫侯、郑伯、曹伯、邾娄子、杞伯——晋景公、齐顷公、宋共公、卫定公、郑悼公、曹宣公、杞桓公；邾娄，左氏、穀梁作"邾"。

②虫牢——郑地，在今河南省封丘县。

6. 成公六年

六年，丙子，公元前 585 年，周简王元年。

6.1 "六年春王正月，公至自会。"

[注释]

公至自会——上年公会诸侯于郑地虫牢，归来告庙，故书。

6.2 "二月辛巳，立武宫。"

"武宫"者何？武公之宫也①。"立"者何？"立"者，不宜立也。立武宫，非礼也^②。

[译文]"武宫"是什么？是武公的庙。"立"是什么意思？说"立"是表示不应该建立。建立武公庙，是不符合礼的。

[注释]

①"武公"……宫也——《解诂》："在春秋前。"《疏》："春秋之内未有武公之文，而立武宫，故执不知问。"武公，名敖，据《史记·鲁世家》为鲁之第九代君，隐公之曾祖父。

②立武宫，非礼也——《解诂》："礼，天子、诸侯立五庙，受命始封之君立一庙，至于子孙过高祖不得复立庙。"诸侯只能有五代祖之庙，过了五代就要毁庙；武公至成公，早过五代，故云"非礼"。

[评析] 本"经"的关键是"武宫"作何解释。左氏说"季文子以鞌之功立武宫，非礼也。听于人以救其难，不可以立武，立武由己，非由人也"（武宫，指纪念军功的建筑物；立武，立武宫），是说季文子以鞌之战（在上二年）之战功立武宫以表示纪念，这是非礼的；鞌之战是鲁求晋以解齐入侵之难，不可以立武宫来显示自己，立武宫应该是靠自己本国的力量，而不能靠他人之功。左氏认为武宫是纪念军功的建筑，而公羊认为是武公之庙。前人考究，公羊误。

6.3 "取鄟^①。"

"鄟"者何？邾娄之邑也。曷为不系于邾娄？讳亟也^②。

[译文] "鄟"是什么地方？是邾娄的一个城邑。那为什么［不书为"邾娄鄟"］让它系属于邾娄？这是避讳占取得太快了［距上年与邾娄子虫牢之会还不到半年］。

[注释]

①鄟——附庸小国，在今山东省郯城县，杨伯峻《注》说"《春秋经》取邑，必系所属国，独书某者，皆国也"。公羊认为是邾娄之邑，误。

②讳亟——《解诂》："讳鲁背信亟也，属相与为虫牢之盟，旋取其邑，故使若非虫牢人矣。"

6.4 "卫孙良夫率师侵宋。"

6.5 "夏六月，邾娄子来朝。"

[注释]

邾娄——左氏、穀梁例作"邾"。

6.6 "公孙婴齐如晋。"

[注释]

公孙婴齐——宣公弟叔肸之子，参看上2.3注②。

6.7 "壬申，郑伯费卒。"

[注释]

郑伯——郑悼公。

6.8 "秋，仲孙蔑、叔孙侨如率师侵宋。"

6.9 "楚公子婴齐率师伐郑。"

6.10 "冬，季孙行父如晋。"

6.11 "晋栾书率师侵郑。"

[注释]

侵郑——左氏、穀梁作"救郑"，前人据史实考究，公羊误。

7. 成公七年

七年，丁丑，公元前584年，周简王二年。

7.1 "七年春王正月，鼷鼠①食郊牛②角，改卜牛③。鼷鼠又食其角，乃免牛④。"

[注释]

①鼷鼠——《解诂》："鼷鼠者，鼠中之微者。"鼷，音奚xī。
②郊牛——备郊祭所用之牛；郊祭，祭天之祭，参看5.31.3注①。
③改卜牛——改用再占卜吉利的另外之牛，参看5.3.1注②。
④免牛——郊祭时免用牛，参看5.31.3注③。

7.2"吴①伐郯②。"

[注释]

①吴——姬姓，周太王之子太伯、仲雍之后，初都梅里（在今江苏省无锡市），后迁都吴（今江苏省苏州市）。吴见"经"始于此，《解诂》说"吴国见者，罕与中国交。"

②郯——国名，见7.4.1注③。

7.3"夏五月，曹伯来朝。"

[注释]

曹伯——曹宣公。

7.4"不郊，犹三望。"

[注释]

三望——见5.31.3"传"。

7.5"秋，楚公子婴齐率师伐郑。"

7.6"公会晋侯、齐侯、宋公、卫侯、曹伯、莒子、邾娄子、杞伯①救郑。八月戊辰，同盟于马陵②。"

[注释]

①晋侯、齐侯、宋公、卫侯、曹伯、杞伯、邾娄子——晋景公、齐顷公、宋共公、卫定公、曹宣公、杞桓公；邾娄，左氏、穀梁例作"邾"。

②马陵——卫地，在今河北省大名县。

7.7"公至自会。"

7.8"吴入州来。"

[注释]

州来——国名，在今安徽省凤台县。

7.9"冬，大雩。"

[注释]

雩——天旱求雨祭名。

7.10"卫孙林父出奔晋。"

8. 成公八年

八年，戊寅，公元前583年，周简王三年。

8.1"八年春，晋侯①使韩穿来言汶阳之田②，归之于齐。"

"来言"者何？内辞也，胁我使我归之也。曷为使我归之③？鞌之战④，齐师大败。齐侯⑤归，吊死视疾，七年不饮酒，不食肉⑥。晋侯闻之，曰："嘻！奈何使人之君七年不饮酒，不食肉？请皆反其所取侵地。"

[译文] 说"来言"是什么意思？这是为鲁国避讳的用词，实际是胁迫我国、让我国将汶水北岸的土地还给齐国。为什么让我国将汶水北岸的土地还给齐国？鞌地这次战役，齐师大败，齐顷公回国后，吊唁死者，探视病人，七年不饮酒，不吃肉。晋景公听说此事，说"唉呀！怎么能让别人的国君一连七年不饮酒，不吃肉？请各国全部退还所得到的齐国原来所侵占的土地吧！"

[注释]
①晋侯——晋景公。
②汶阳之田——汶水北岸之土地，参看3.13.4注⑳；原属鲁，后为齐占有，鞌之战后，晋强迫齐还鲁，参看上2.4。
③曷为使我归之——《解诂》："据本鲁邑。"
④鞌之战——见上2.3、2.4。
⑤齐侯——齐顷公。
⑥齐侯归……不食肉——《史记·齐世家》说："十一年……顷公弛苑囿，薄赋敛，振孤问疾，虚积聚以救民，民亦大悦，厚礼诸侯。竟顷公卒，百姓附，诸侯不犯。"

[评析] 公羊说晋侯怜悯齐侯让鲁退汶阳田。据左氏说，实际情况是晋怕齐报复，牺牲鲁国讨好齐国。

8.2"晋栾书帅师侵蔡。"

8.3"公孙婴齐如莒。"

8.4"宋公使华元来聘。"

[注释]

宋公——宋共公；来聘伯姬。

8.5"夏，宋公使公孙寿来纳币①。"
"纳币"不书，此何以书②？录伯姬也③。

[译文]"纳币"一事"经"文不书写，此处为什么书写？是为了录记伯姬的。

[注释]

①纳币——订亲送礼，参看 3.22.6 注①。

②"纳币"……何以书——《解诂》："据纪履緰来逆女，不书纳币。"在隐公二年。

③录伯姬也——《解诂》："伯姬守节，逮火而死，贤，故详录其礼，所以殊于众女。"事见襄公三十年。伯姬，左氏称共姬，杜预《集解》："穆姜之女，成公姊妹，为宋共公夫人。"称伯姬，从排行；称共姬，从宋共公。

8.6"晋杀其大夫赵同、赵括。"
8.7"秋七月，天子使召伯①来锡②公命③。"
其称"天子"何④？元年春王正月，正也；其余皆通矣⑤。

[译文]"经"文称"天子"为什么？在鲁国一个公即位的元年，书"春王正月"，说"天王"是正规的称呼；[不在一个公即位的元年的]其余时间，说"王"、"天王"或"天子"是通用的称呼。

[注释]

①召伯——周卿士，召桓公，与 6.5.3"召伯"（召昭公）、7.15.5"召伯"（召戴公，被杀）非一人；召氏世为周室之卿。

②锡——穀梁同，左氏作"赐"；锡，赐义。

③命——天子赐给诸侯的一种宠命，参看 3.1.6 注③。

④其称"天子"何——《解诂》《疏》说明，文公元年"天王使毛伯来锡公命"书"天王"，故问。

⑤其余皆通矣——《解诂》："其余谓不系于元年者，或言王，或言天王，或言天子，皆相通矣。"

8.8"冬十月癸卯,杞叔姬卒。"

[注释]

杞叔姬——成公五年来归,见上5.1。

8.9"晋侯使士燮来聘。"

8.10"叔孙侨如①会晋士燮、齐人、邾娄②人伐郯③。"

[注释]

①叔孙侨如——鲁宗室臣,参看上2.3注①。

②邾娄——左氏、穀梁例作"邾"。

③郯——国名,参看7.4.1注③。

8.11"卫人来媵①。"

"媵"不书,此何以书②?录伯姬也③。

[译文]"媵"事"经"文不书写,此处为什么书写?是为了记录伯姬的。

[注释]

①媵——见3.19.3注②,这里指送陪嫁(共姬之)女,3.19.3公羊说"诸侯娶一国,则二国往媵之",而共姬出嫁,除卫来媵外,尚有晋、齐两国来媵(见下九年、十年);这可能是两国来媵为古国礼,到春秋时代,此礼破坏。

②"媵"……书——《解诂》:"据逆女不书媵也;言来媵者,礼,君不求媵,诸侯自媵夫人。"

③录伯姬也——《解诂》:"伯姬以贤闻诸侯,诸侯争欲媵之,故善而详录之。"伯姬即共姬,参看上5注③。

9. 成公九年

九年,己卯,公元前582年,周简王四年。

9.1"九年春王正月,杞伯来逆叔姬①之丧②以归。"

杞伯曷为来逆叔姬之丧以归?内辞也,胁而归之也。

[译文]杞伯为什么来迎接叔姬的灵柩回国呢?这是为鲁国避讳的用

词；实际上是鲁国胁迫杞伯，让他将叔姬的灵柩接回去的。

[注释]

①叔姬——五年来归，八年卒；见上 5.1、8.8。

②丧——尸体，灵柩。

9.2 "公会晋侯、齐侯、宋公、卫侯、郑伯、曹伯、莒子、杞伯①，同盟于蒲②。"

[注释]

①晋侯、齐侯、宋公、卫侯、郑伯、曹伯、杞伯——晋景公、齐顷公、宋共公、卫定公、郑成公、曹宣公、杞桓公。

②蒲——卫地，参看 2.3.2 注③。

9.3 "公至自晋。"

9.4 "二月，伯姬归于宋。"

[注释]

伯姬——见上 8.5 注③。

9.5 "夏，季孙行父如宋致女。"

未有言"致女"者，此其言"致女"何？录伯姬也。

[译文]《春秋》全书未说过"致女"之事的，此处说"致女"为什么？是为了录记伯姬的。

[注释]

致女——杜预《集解》："女嫁三月，又使大夫随加聘问，谓之致女。"

9.6 "晋人来媵。"

"媵"不书，此何以书？录伯姬也。

[译文]"媵"事"经"文不书写，此处为什么写？是为了录记伯姬的。

[注释]

媵——见上 8.11 注①。

9.7 "秋七月丙子,齐侯无野卒。"
[注释]
齐侯无野——齐顷公。

9.8 "晋人执郑伯,晋栾书帅师伐郑。"
[注释]
郑伯——郑成公。

9.9 "冬十有一月,葬齐顷公。"
9.10 "楚公子婴齐帅师伐莒。庚申,莒溃。楚人入运。"
[注释]
运——左氏、穀梁作"郓",鲁邑;参看6.12.8注③。

9.11 "秦人、白狄伐晋。"
[注释]
白狄——狄的一种,参看7.8.7注释。

9.12 "郑人围许。"
9.13 "城中城。"
[注释]
中城——鲁都曲阜之内城;杜预《集解》说是"鲁邑",据考不实。

10. 成公十年

十年,庚辰,公元前581年,周简王五年。

10.1 "十年春,卫侯①之弟黑背率②师侵郑。"
[注释]
卫侯——卫定公。

10.2 "夏四月,五卜郊,不从,乃不郊。"
其言"乃不郊"何?不免牲,故言"乃不郊"也。

[译文]"经"文说"乃不郊"是什么意思？因为没有免去供郊祭用的牲，所以说"乃不郊"。

[注释]

郊——见5.31.3注①。

10.3 "五月，公会晋侯、齐侯、宋公、卫侯、曹伯伐郑。"

[注释]

晋侯、齐侯、宋公、卫侯、曹伯——晋厉公、齐灵公、宋共公、卫定公、曹宣公。

10.4 "齐人来媵。"

"媵"不书，此何以书？录伯姬也。三国来媵①，非礼②也。曷为皆以"录伯姬"之辞言之③？妇人以众多为侈④也。

[译文]"媵"事"经"文不书写，此处为什么书写？是为了录记伯姬的。三个国家来送女陪嫁，是不合乎礼的。为什么［三次"来媵"］都用"录伯姬"这样的词语来解说此事？这是因为作为国君夫人以媵妾众多可以表示自己宽容大度。

[注释]

①三国来媵——本"经"齐国外，尚有卫、晋两国，见上8.11、9.6。

②非礼——3.19.3公羊说"诸侯娶一国，而二国往媵之"，今三国来媵，故云"非礼"；参看上8.11注①。

③曷为……言之——指本"经"和上8.11、9.6"传"文均有"录伯姬"。

④侈——《解诂》："侈，大也。朝廷侈于妒上，妇人侈于妒下；伯姬以至贤，为三国所争媵，故大其能容之。唯天子娶十二女。"3.19.3公羊说"诸侯壹聘九女"，现三国来媵，各媵三女，加上鲁国三女，则共十二女。

10.5 "丙午，晋侯獳卒。"

[注释]

晋侯獳——晋景公。

10.6 "秋七月，公如晋。"

10.7 "冬十月。"

［注释］

此条公羊"经"无，穀梁"经"有；左氏"经"现本有，前人考为后人所加。

11. 成公十一年

十一年，辛巳，公元前580年，周简王六年。

11.1 "十有一年春王三月，公至自晋。"

［注释］

公至自晋——成公上年七月如晋，在晋历九个月返国。

11.2 "晋侯使郤州来聘。己丑，及郤州盟。"

［注释］

郤州——晋大夫，左氏、穀梁作"郤犫"（犫音抽chōu），二字音近通用。

11.3 "夏，季孙行父如晋。"

11.4 "秋，叔孙侨如如齐。"

11.5 "冬十月。"

12. 成公十二年

十二年，壬午，公元前579年，周简王七年。

12.1 "十有二年春，周公[①]出奔晋。"

"周公"者何？天子之三公[②]也。王者无外[③]，此其言"出"何？自其私土[④]而出也。

［译文］"周公"是谁？是周天子的三公之一。周天子一统天下没有国外［四海之内，莫非王土］；此处"经"文说"出"为什么？因为他是从自己的封地上出逃的。

[注释]

①周公——名楚，周臣，上年奔晋。原因是不满于周惠王、周襄王族人的威逼，又与他臣争权不胜，怒而出逃。见上年左氏"传"。

②三公——辅佐天子分掌朝政的三位最高官吏；参看1.5.4注⑬。

③王者无外——见1.1.6注⑥及"评析"。

④私土——《解诂》："私土者，谓其国也。"指周公之封地。

12.2 "夏，公会晋侯，卫侯①于沙泽②。"

[注释]

①晋侯、卫侯——晋厉公、卫定公。

②沙泽——晋地，在今河北省涉县；"沙"，左氏、穀梁作"琐"，二字古声、韵同，得通。

12.3 "秋，晋人败狄于交刚。"

[注释]

交刚——杨伯峻《注》："交刚不详所在，或以为即今山西隰县。"

12.4 "冬十月。"

13. 成公十三年

十三年，癸未，公元前578年，周简王八年。

13.1 "十有三年春，晋侯①使郤锜来乞师②。"

[注释]

①晋侯——晋厉公。

②乞师——请出兵，求援。

13.2 "三月，公如京师。"

13.3 "夏五月，公自京师，遂会晋侯、齐侯、宋公、卫侯、郑伯、曹伯、邾娄①人滕人伐秦。"

其言"自京师"何？公凿行②也。公凿行奈何？不敢过天子也③。

· 343 ·

[译文]"经"文说"自京师"是什么意思?是说成公在伐秦路上改道而行,去朝见周天子。成公改道而行是什么原因呢?是不敢路过国都而不去朝见周天子。

[注释]

①晋侯、齐侯、宋公、卫侯、郑伯、曹伯、邾娄——晋厉公、齐灵公、宋共公、卫定公、郑成公、曹宣公;邾娄,左氏、公羊例作"邾"。

②凿行——改道而行;《解诂》:"凿行,更造之意。"

③不敢过天子也——《解诂》:"时本欲直伐秦,途过京师,不敢过天子而不朝。"

13.4 "曹伯庐卒于师。"

[注释]

曹柏庐——曹宣公,卒于伐秦师中;庐,穀梁同,左氏作"卢",二字通用。

13.5 "秋七月,公至自伐秦。"

13.6 "冬,葬曹宣公。"

14. 成公十四年

十四年,甲申,公元前577年,周简王九年。

14.1 "十有四年春王正月,莒子朱卒。"

[注释]

莒子朱——渠丘公(见左氏成公八年"传");宣公元年即位,在位三十二年。

14.2 "夏,卫孙林父自晋归于卫。"

14.3 "秋,叔孙侨如齐逆女。"

[注释]

逆女——为成公迎接夫人。

14.4"郑公子喜率师伐许。"

14.5"九月，侨如①以夫人②妇③姜氏至自齐。"

[注释]

①侨如——叔孙侨如。

②夫人——成公夫人。

③妇——书"妇"，同于7.1.3"夫人妇姜"，该"传"说"其称'妇'何？有姑之辞也"，时宣公夫人穆姜尚在。

14.6"冬十月庚寅，卫侯臧卒。"

[注释]

卫侯臧——卫定公。

14.7"秦伯卒。"

[注释]

秦伯——秦桓公。

15. 成公十五年

十五年，乙酉，公元前576年，周简王十年。

15.1"十有五年，春王二月，葬卫定公。"

[注释]

卫定公——卫侯臧，去年十月卒。

15.2"三月乙巳，仲婴齐①卒。"

"仲婴齐"者何？公孙婴齐也。公孙婴齐则曷为谓之"仲婴齐"？为兄后也。为兄后则曷为谓之"仲婴齐"②？为人后者，为之子也。为人后者，为其子，则其称"仲"何③？孙以王父④字为氏也⑤。然则婴齐孰后？后归父也。归父使于晋而未反⑥，何以后之？叔仲惠伯⑦，傅子赤⑧者也。文公死，子幼。公子遂谓叔仲惠伯曰："君幼，如之何？愿与子虑之。"叔仲惠伯曰："吾夫相之，老夫抱之，何幼君之有？"公子遂知其不可与谋，退而杀叔仲惠伯，弑子赤而立宣公⑨。宣公死，成公幼，臧宣叔⑩者，相也。君死不哭，聚诸大夫而问焉，曰："昔者叔仲惠伯之事，孰为之？"诸大夫皆杂然曰："仲氏也，其然乎？"于是遣归父之家，然后哭君。归父使乎晋，还自晋，至柽⑪，闻君薨、家遣，墠⑫帷⑬，哭君成踊，反命于介，自是走之齐⑭。鲁人徐⑮伤归父之无后也，于是使婴齐后之也。

[译文]"仲婴齐"是什么人？就是公孙婴齐。既是公孙婴齐，那为什么称他为"仲婴齐"？因为他做了哥哥的后代。做了哥哥的后代为什么就要称他为"仲婴齐"？做了人家的后代，就成了人家的儿子。做了人家的后代，就成了人家的儿子，那"经"文称他氏"仲"为什么？做孙子的，用祖父的字作为氏。那么婴齐是谁的后代呢？是公孙归父的后代。公孙归父出使晋国并未回来，婴齐怎么做了他的后代呢？叔仲惠伯是辅佐子赤的人。鲁文公死了，他的儿子年幼。公子遂对叔仲惠伯说："新君子赤年幼，怎样对待此事？愿跟你一同商量。"叔仲惠伯说："您辅佐他，我抚育他，这哪里还会有年幼的国君呢？"公子遂知道不能跟叔仲惠伯一道谋划弑君另立之事，回头就杀了叔仲惠伯，又杀了新君子赤，立宣公为君。宣公死了，成公年幼。臧宣叔此人，是新君的辅佐，宣公死后，他没有哭祭，将鲁国的众大臣召集在一起，向他们发问道："当初，杀死叔仲惠伯之事，是谁干的？"众大臣乱纷纷说："是仲氏，大概是这样吧！"臧宣叔于是放逐公孙归父家人，然后哭祭宣公。公孙归父出使晋国，从晋国回来，到了柽地，听说宣公死了和自己的家人被放逐，便就地清扫出一片地方作为祭坛，用帐帷围起，在里面顿足痛哭悼念宣公，然后将出使晋国的情况回报给一起出使的副手〔好让他回国后代自己在宣公灵前禀报〕。自己就从柽地逃到齐国去了。鲁国人都哀伤公孙归父没有后代，于是让婴齐做了他的后代继享其禄位〔故他以"仲"为氏〕。

[注释]

①仲婴齐——公子仲遂之子，公孙归父之弟，仲遂之死在宣公八年（见7.8.4）；婴齐为其后，故氏"仲"。

②……曷谓之"仲婴齐"——《解诂》："据本公孙"，即本氏公孙，故问。

③……则其称"仲"何——《解诂》"据氏非一"，指其兄是公孙归父，而弟氏"仲"，故问。

④王父——祖父；《尔雅·释亲》："父之考为王父。"

⑤孙以王父字为氏也——指仲婴齐以公子遂之字"仲遂"为氏；弟既以兄为父，则以父为祖父。

⑥归父使于晋而未反——见宣公十八年（7.18.8）。

⑦叔仲惠伯——叔彭生，见6.11.2注①。

⑧子赤——文公子，左氏说名恶，见6.18.6"传"及"评析"。

⑨公子遂……杀叔仲惠伯，弑子赤而立宣公——参看6.18.6"评析"。

⑩臧宣叔——原文是"臧宣公"，前人考"公"是"叔"之误；左氏宣公十八年说，放逐归父家人的是季文子，臧宣叔反而反对。参看7.18.8。

⑪柩——见7.18.8注①。

⑫⑬堲、帷——见7.18.8注③④。

⑭归父……自是走之齐——见7.18.8"经""传"。

⑮徐——《解诂》："徐者，皆共之辞也。"

15.3 "癸丑，公会晋侯、卫侯、郑伯、曹伯[①]、宋世子成[②]、齐国佐、邾娄[③]人，同盟于戚[④]。晋侯执曹伯[⑤]，归（之[⑥]）于京师。"

[注释]

①晋侯、卫侯、郑伯、曹伯——晋厉公、卫献公、郑成公、曹成公。

②宋世子成——宋共公在病中，六月卒，世子成出席盟会。

③邾娄——左氏、穀梁例作"邾"。

④戚——卫地，参看6.1.9注②。

⑤晋侯执曹伯——左氏十三年说，曹公子负刍（曹成公）杀太子自立，当时诸侯请讨，晋侯主张容后，故至此讨伐。

⑥之——现本有"之"，据考为衍文。僖公二十八年"晋人执卫侯，归之于京师"，就"归之于"发"传"，说"'归于'者何"，《解诂》说"归于"指本"经"；可证。

15.4 "公至自会。"

15.5 "夏六月，宋公固卒。"

[注释]

宋公固——宋共公。

15.6 "楚子伐郑。"

[注释]

楚子——楚共王。

15.7 "秋八月庚辰,葬宋共公。"

15.8 "宋华元出奔晋。"

15.9 "宋华元自晋归于宋。"

15.10 "宋杀其大夫山。"

15.11 "宋鱼石出奔楚。"

15.12 "冬十有一月,叔孙侨如①会晋士燮、齐高无咎、宋华元、卫孙林父、郑公子鳅②、邾娄③人会吴于钟离④。"

曷为殊"会吴"?外吴也。曷为外也?《春秋》内其国而外诸夏,内储夏而外夷狄。王者欲一乎天下,曷为以外、内之辞言之⑤?言自近者始也⑥。

[译文]"经"文[于会晋士燮等人外]为什么另外再说"会吴"呢?是以吴国为外。为什么以吴国为外?《春秋》一书以鲁国为内时,就以华夏诸国为外;以华夏诸国为内时,夷狄民族为外。作为周天子想一统天下,为什么要用"外""内"这样的言辞来称呼呢?意思是一统天下,要从近处开始。

[注释]

①叔孙侨如——见上2.3注①。

②鳅——音求 qiú。

③邾娄——左氏、穀梁例作"邾"。

④钟离——吴邑,在今安徽省凤阳县。

⑤王者……言之——《解诂》"据大一统",见隐公元年"传"。

⑥言自近者始也——《解诂》:"明当先正京师乃正诸夏,诸夏正乃正夷狄。"

[评析] 公羊此说反映其"大一统"思想。杨伯峻《注》引明王樵《春秋辑传》说,诸侯先约集会,然后会吴,故书两"会"。

15.13 "许①迁于叶②。"

[注释]

①许——姜姓国，原在今河南省许昌市；参看 1.11.3 注②。

②叶——叶城，在今河南省叶县。

16. 成公十六年

十六年，丙戌，公元前 575 年，周简王十一年。

16.1 "十有六年春王正月，雨木冰。"

"雨木冰"者何？雨而木冰也。何以书？记异也。

[译文] "雨木冰"是什么意思？是天上下雨而树木结了冰。为什么书写？是记载奇异现象的。

[注释]

木冰——雾淞，有雾或毛毛雨时，附着于树木枝叶上的冻结物，一般呈白色而质松脆。

16.2 "夏四月辛未，滕子卒。"

[注释]

滕子——未书名，参看 7.9.6 注释。

16.3 "郑公子喜帅师侵宋。"

[注释]

公子喜——穀梁作"公孙喜"。

16.4 "六月丙寅朔，日有食之。"

16.5 "晋侯使栾黡来乞师。"

[注释]

晋侯——晋厉公。

16.6 "甲午，晦。"

"晦"者何？冥也。何以书？记异也。

[译文]"晦"是什么意思?"晦"是昏暗的意思。为什么书写?是记载奇异现象的。

16.7 "晋侯及楚子、郑伯①战于鄢陵②。楚子、郑师败绩。"

败者称"师"③,楚何以不称"师"?王痍④也。王痍者何?伤乎矢⑤也。然则何以不言"师败绩"?末言尔⑥。

[译文] 战败的一方"经"文称"师",对战败的楚国为什么[称"楚子"]不称"楚师"?是楚王受伤了。楚王受伤是怎么回事?是被箭射伤的。那么"经"文为什么不说"楚师败绩"?[既然楚王受了伤]无须这样说了。

[注释]

①晋侯、楚子、郑伯——晋厉公、楚共王、郑成公。

②鄢陵——即1.1.3注③之鄢。

③败者称"师"——《解诂》《疏》说明,僖公二十二年宋公及楚人战于泓,"宋师败绩"称"师"。

④痍——创伤。

⑤伤乎矢——《解诂》:"时为飞矢所中。"

⑥末言尔——《解诂》"末,无也;无所取言于师败绩也",即是君为重,既然君受伤,当然是师败绩。

16.8 "楚杀其大夫公子侧。"

[注释]

公子侧——子反,楚宗室臣。

16.9 "秋,公会晋侯、齐侯、卫侯①、宋华元、邾娄②人于沙随③,不见公。公至自会。"

"不见公"者何?公不见④见也。公不见见,大夫执⑤,何以致会?不耻也。曷为不耻?公幼也。

[译文]"不见公"是什么意思?是成公不被他国诸侯会见。成公不被他国会见,鲁国大夫被他国拘捕,为什么还要记载"公至自会"拜祭祖庙呢?是不以此事为耻。为什么不以此事为耻?是因为成公还年幼。

[注释]

①晋侯、齐侯、卫侯——晋厉公、齐灵公、卫献公。

②邾娄——左氏、榖梁例作"邾"。

③沙随——宋地，在今河南省宁陵县。

④见——助动词，表示被动义。

⑤大夫执——指下九月"晋人执季孙行父"。

[评析] "公不见见""大夫执"乃是国家的奇耻大辱；公羊认为"不耻"，以"公幼"为由。这实是为鲁开托。

16.10 "公会尹子、晋侯、齐国佐、邾娄人伐郑。"

[注释]

尹子——尹武公，周王室大臣。

16.11 "曹伯①归自京师。"

执而归者名，曹伯何以不名？而②不言"复归于曹"何③？易也。其易奈何？公子喜时④在内也。公子喜时在内，则何以易？公子喜时者，仁人也，内平其国而待之⑤，外治诸京师而免⑥。其言"自京师"何？言甚易也，舍是无难矣。

[译文] 被拘捕以后而回到国内的国君应该写出他的名字，此"经"曹伯为什么不写出他的名字？并且，"经"文也不说"复归于曹"为什么？因为回国容易。那回国容易是怎么回事？因为公子喜时在国内。公子喜时在国内那怎么就回国容易？公子喜时是仁善的人，他在曹国之内设法安定臣民使其专心等待曹伯，在曹国之外，于京师为曹伯申诉雪冤使其免于刑罚。"经"文说"自京师"是什么意思？是说回国十分容易；除此之外，没有任何危难了。

[注释]

①曹伯——曹成公负刍，十三年杀宣公太子自立；十五年诸侯讨伐为晋侯执之于京师。见上15.3"晋侯执曹伯"及注⑤。

②而——连词，表示又、并且。

③执而……"复归于曹"何——《解诂》："据曹伯襄复归于曹"书名、书"复归"，在僖公二十八年。

④公子喜时——左氏作"欣时",曹成公兄弟,两人皆曹宣公庶子。成公十五年,晋侯执曹成公于京师,欲使他为曹君,他辞奔宋国。

⑤内平其国而待之——《解诂》:"和平其臣氏,令专心于负刍。"

⑥外治诸京师而免之——《解诂》:"讼治于京师,解免使来归。"

16.12 "九月,晋人执季孙行父①,舍②之于招丘③。"

执未可言"舍之"者,此其言"舍之"何?仁之也。曰:"在招丘悕矣!"④执未有言仁之者,此其言仁之何?代公执也。其代公执奈何?前此者,晋人来乞师⑤而不与⑥。公会晋侯⑦将执公,季孙行父曰:"此臣之罪也。"于是执季孙行父。成公将会晋厉公⑧,会不当期,将执公。季孙行父曰:"臣有罪,执其君;子有罪,执其父:此听⑨失之大者也。今此臣之罪也,舍臣之身而执臣之君,吾恐听失之为宗庙羞也。"于是执季孙行父。

[译文] "经"文于拘捕没有说"舍之"的,此处说"舍之"为什么?因为季孙行父仁义,似说在招丘是令人悲叹的。对拘捕没有说认为他仁义的,此处说认为他仁义为什么?因为是季孙行父代替成公被拘捕的。季孙行父代替成公被拘捕是怎么回事呢?在此之前,晋国派人来向鲁求出兵援助,鲁国没有同意出兵。后成公会见晋侯,晋国要拘捕成公,季孙行父说:"这是我的罪过。"于是拘捕了季孙行父。又,成公会见晋厉公,没有按定好的时间到达。晋国要拘捕成公,季孙行父说:"臣子有罪,却拘捕他的国君;儿子有罪,却拘捕他的父亲:这是讼案判决失误中的最大失误。现在是我的罪过,却要放过我自己而拘捕我的君主,我担心这种讼案判决会成为国家社稷的重大羞辱。"于是晋国拘捕了季孙行父。

[注释]

①季孙行父——鲁宗室臣,时执鲁政;参看6.6.2注。

②舍——释放。

③招丘——晋地,今地不详;左氏、穀梁作"苕丘",二字相通。

④曰在招丘悕矣——《解诂》:"悕,悲也;仁之者若曰"在招丘可悲矣"。

⑤晋人来乞师——指上5"晋侯使栾黡来乞师"。

⑥不与——不答应出兵;《解诂》"不书者,不与无恶",指"经"文未书"不与",因"不与"不是恶事。

⑦公会晋侯——指上9沙随之会。
⑧会晋厉公——指上10"公会尹子、晋侯……"；原文无"晋"字，据阮元"校勘记"补。
⑨听——狱讼。

16.13 "冬十月乙亥，叔孙侨如出奔齐。"
[注释]
左氏说，叔孙侨如与成公母穆姜通奸，又攻击、陷害季孙行父、仲孙蔑，阴谋独揽鲁政，致被驱逐；奔齐后又奔卫。

16.14 "十有二月乙丑，季孙行父及晋郤州①盟于扈②。"
[注释]
①郤州——左氏、穀梁作"郤犫"；参看上11.2注释。
②扈——郑地，参看6.7.8注①。

16.15 "公至自会。"
[注释]
公至自会——指上10"公会尹子……伐郑"归来。

16.16 "乙酉，刺①公子偃②。"
[注释]
①刺——杀；5.28.2"传"："内讳杀大夫，谓之'刺之'也"。
②公子偃——公子偃、公子鉏皆成公庶弟，二人是穆姜指定拟代成公而立之人。杜预《集解》："偃与鉏俱为姜所指而独杀偃，偃与谋。"

17. 成公十七年

十七年，丁亥，公元前574年，周简王十二年。

17.1 "十有七年春，卫北宫结①率②师侵郑。"
[注释]
①北宫结——左氏、穀梁作"北宫括"，杜预《集解》："括，成公

353

曾孙。"

②率——左氏、穀梁作"帅"。

17.2 "夏，公会尹子、单子①、晋侯、齐侯、宋公、卫侯、曹伯②、邾娄③人伐郑。"

[注释]

①尹子、单子——尹武公、单襄公，周王室大臣。

②晋侯、齐侯、宋公、卫侯、曹伯——晋厉公、齐灵公、宋平公、卫献公、曹成公。

③邾娄——左氏、穀梁例作"邾"。

17.3 "六月乙酉，同盟于柯陵。"

[注释]

柯陵——郑地，在今河南省许昌市南。

17.4 "秋，公至自会。"

17.5 "齐高无咎出奔莒。"

17.6 "九月辛丑，用郊①。"

"用"者何？"用"者不宜用也。九月非所用郊也。然则郊何用？郊用正月上辛②。或曰"用然后郊③"。

[译文] "经"文书"用"是什么意思？书"用"是表示不应该举行。九月不是举行郊祭的时候。那么郊祭应该在何时举行呢？郊祭的举行应该在正月上旬天干为"辛"的这一天。有人说["用郊"是］"卜中而后即可郊祭"［不必在正月上旬辛日］。

[注释]

①用郊——举行郊祭，用，举行；郊，祭天，于春季举行，参看5.31.3。

②上辛——上旬天干有"辛"之日。

③用然后郊——俞樾《群经平议》："此承上文'郊用正月上辛'而言……'用而后郊'谓卜中而后郊也。《说文·用部》'用，可施行也；从卜、中'，是'用'字本从卜、中，会意。故其义即为卜中，卜中而后郊，是不必正月上辛矣。"

17.7"晋侯使荀䓨来乞师。"

[注释]

荀䓨——晋执政大臣，自襄公七年（晋悼公八年）将中军；䓨，音英 Yīng。

17.8"冬，公会单子、晋侯、宋公、卫侯、曹伯、齐人、邾娄人伐郑。"

[注释]

本"经"较上 2 少"尹子"，多"齐人"。

17.9"十有一月，公至自伐郑。"

17.10"壬申①，公孙婴齐②卒于狸轸③。"

此非月日也，曷为以此月日卒之④？待君命然后卒大夫。曷为待君命然后卒大夫？前此者，婴齐走之晋⑤，公会晋侯，将执公⑥。婴齐为公请，公许之，反为大夫，归至于狸轸而卒。无君命，不敢卒大夫⑦。公至⑧，曰"吾固许之，反为大夫。"然后卒之。

[译文] 壬申不是公孙婴齐死的月、日，为什么在此月、此日书他的死呢？这是因为等待国君的命令然后书大夫的死。为什么要等待国君的命令然后书大夫的死？在此之前，公孙婴齐逃到了晋国。成公会见晋侯，晋侯将要拘捕成公，公孙婴齐为成公说情。成公答应公孙婴齐，在他回国之后让他当大夫，公孙婴齐回国走到狸轸这个地方就死了。没有国君的命令，史官不敢记载他的死。成公回国后，说："我已答应他，在他回国后让他当大夫。"这样，史官才书下了公孙婴齐的死。

[注释]

①壬申——杜预《集解》"十一月无壬申，日误也"，按壬申为十月十五日。

②公孙婴齐——见上 2.3 注②。

③狸轸——今地不详；"轸"，左氏作"脤"、穀梁作"蜃"，三字音近相通。

④曷为以此月日卒之——《解诂》："据下'丁巳朔'知壬申在十月。"

⑤婴齐走之晋——《解诂》"不书者，以为公请，除出奔之罪也"。是说因婴齐为公请，故"经"不书其奔。

· 355 ·

⑥公会晋侯，将执公——见上 16.12。

⑦无君命，不敢卒大夫——《解诂》："国人未被君命，不敢使从大夫礼。"

⑧公至——《解诂》："十一月至，是也。"

17.11"十有二月丁巳朔，日有食之。"

17.12"邾娄子貜且卒。"

[注释]

貜且——杨伯峻注："邾定公也，在位四十年，子牼嗣立，为宣公。"邾娄，左氏、穀梁例作"邾"。

17.13"晋杀其大夫郤锜、郤州、郤至。"

[注释]

郤州——左氏、穀梁作"郤犨"，参看上 11.2 注释。

17.14"楚人灭舒庸。"

[注释]

舒庸——群舒之一，参看 5.3.3 注②；《解诂》："舒庸，东夷，道吴围巢。"

18. 成公十八年

十八年，戊子，公元前 573 年，周简王十三年。

18.1"十有八年春王正月，晋杀其大夫胥童。"

[注释]

胥童——晋厉公宠臣，左氏说参与谋杀郤锜、郤州、郤至。

18.2"庚申，晋弑其州蒲。"

[注释]

州蒲——晋厉公。

第八章　鲁成公

18.3"齐杀其大夫国佐。"

18.4"公如晋。"

18.5"夏，楚子、郑伯①伐宋。宋鱼石②复入于彭城③。"

［注释］

①楚子、郑伯——楚共王、郑成公。

②鱼石——宋大夫，十五年奔楚，见上 15.11。

③彭城——宋地，今江苏省徐州市。

18.6"公至自晋。"

18.7"晋侯①使士匄②来聘。"

［注释］

①晋侯——晋悼公。

②士匄——范宣子；匄，丐的异体。

18.8"秋，杞伯来朝。"

［注释］

杞伯——杞桓公。

18.9"八月，邾娄子来朝。"

［注释］

邾娄——左氏、穀梁例作"邾"。

18.10"筑鹿囿。"

何以书？讥。何讥尔？有囿矣，又为也。

［译文］为什么书写？为了谴责。谴责什么？已经有了园囿了，现在又修筑一个。

［注释］

鹿囿——鹿地园林；《春秋》三书筑囿，除此之外，昭公九年"筑郎囿"、定公十三年"筑蛇囿"。郎、蛇皆地名，鹿也当是地名。

18.11 "己丑，公薨于路寝。"

[注释]

路寝——正寝，参看 3.32.4 "传" 及注释。

18.12 "冬，楚人、郑人侵宋。"

18.13 "晋侯使士彭①来乞师②。"

[注释]

①士彭——左氏、穀梁作"士鲂"；彭、鲂，二字古音相近，故得通假。

②乞师——为了救宋，紧接上"经"。

18.14 "十有二月，仲孙蔑①会晋侯、宋公、卫侯②、邾娄子、齐崔杼，同盟于虚朾③。"

[注释]

①仲孙蔑——孟献子，参看 7.9.3 注释。

②晋侯、宋公、卫侯——晋悼公、宋平公、卫献公。

③虚朾——2.12.5 "公会宋公于郯"之"郯"，左氏、穀梁作"虚"，前人考证此"虚朾"即郯地，在今河南省延津县。

18.15 "丁未，葬我君成公。"

第九章　鲁襄公

《史记·鲁世家》："成公卒，子午立，是为襄公；是时襄公三岁也。"母成公妾（成公夫人齐姜无子）定姒（弋）。

1. 襄公元年

元年，己丑，公元前572年，周简王十四年。

1.1 "元年春王正月，公即位。"

1.2 "仲孙蔑①会晋栾黡、宋华元、卫宁殖、曹人、莒人、邾娄人、滕人、薛人围宋彭城②。"

宋华元曷为与诸侯围宋彭城③？为宋讨也④。其为宋讨奈何？鱼石走之楚，楚为之伐宋，取彭城以封鱼石⑤。鱼石之罪奈何？以入是为罪也。楚已取之矣，曷为系之宋？不与诸侯专封也⑥。

[译文] 宋国的华元为什么跟诸侯一起围攻宋国的彭城？是为宋国讨伐的，他为宋国讨伐是怎么回事呢？鱼石逃到了楚国，楚国为了鱼石攻打宋国，占取彭城并封给了鱼石。鱼石的罪是什么？是因为进入彭城而构成他的罪状。楚国已经占取了彭城，"注"文为什么还把它系属于宋[而书为"宋彭城"]？这是不赞许诸侯专权擅自封赏土地。

[注释]

①仲孙蔑——孟献子，参看7.9.3注释。

②彭城——见8.18.5。

③宋华元……彭城——宋人围宋城，故问。

④为宋讨也——《解诂》"故华元无恶文"，说明华元无过。

⑤鱼石走之楚……封鱼石——参看8.15.11、8.18.5。

⑥不与诸侯专封也——见5.1.2注⑬。

[评析]公羊说"不与诸侯专封",是表现其"大一统"的"尊王"思想。

1.3 "夏,晋韩屈帅师伐郑。"
[注释]
韩屈——左氏、穀梁作"韩厥"。

1.4 "仲孙蔑会齐崔杼、曹人、邾娄人、杞人、次于合。"
[注释]
合——左氏、穀梁作"鄫",郑地,在今河南省睢县。

1.5 "秋,楚公子壬夫帅师侵宋。"
1.6 "九月辛酉,天王崩。"
[注释]
天王——周简王。

1.7 "邾娄子来朝。"
[注释]
邾娄——左氏、穀梁例作"邾"。

1.8 "冬,卫侯使公孙剽来聘。"
1.9 "晋侯使荀䓨来聘。"

2. 襄公二年

二年,庚寅,公元前571年,周灵王元年。

2.1 "二年春王正月,葬简王。"
2.2 "郑师伐宋。"
2.3 "夏五月庚寅,夫人姜氏薨。"

[注释]

夫人姜氏——成公夫人齐姜。

2.4 "六月庚辰,郑伯睔卒。"

[注释]

郑伯睔——郑成公,睔,音棍 gùn。

2.5 "晋师、宋师、卫宁殖侵郑。"

2.6 "秋七月,仲孙蔑会晋荀䓨、宋华元,卫孙林父、曹人、邾娄人①于戚②。"

[注释]

①邾娄——左氏、穀梁例作"邾"。

②戚——卫地,参看 6.1.9 注②。

2.7 "己丑,葬我小君①齐姜②。"

"齐姜"者何?齐姜与缪姜③,则未知其为宣夫人与?成夫人与?

[译文]"齐姜"是谁?齐姜与缪姜二人,就不知道谁是宣公夫人呢?谁是成公夫人呢?

[注释]

①小君——对外讣告中对国君夫人的称呼,参看 3.22.2 "评析。"

②齐姜——成公夫人,五月薨。

③缪姜——左氏作"穆姜",宣公夫人。

[评析]左氏说,穆姜是宣公夫人,齐姜是成公夫人,二人是婆媳关系。《公羊传》成书于汉初,盖因年代久远难定,故存疑。

2.8 "叔孙豹如宋。"

[注释]

叔孙豹——穆叔,鲁宗室臣,叔孙侨如(见 8.2.3 注①)之弟。

2.9 "冬,仲孙蔑会晋荀䓨、齐崔杼、宋华元、卫孙林父、曹人、邾娄人、滕人、薛人、小邾娄①人于戚②;遂城虎牢③。"

"虎牢"者何？郑之邑也。其言"城之"何。取之也。取之，则曷为不言"取之"？为中国讳也。曷为为中国讳？讳伐丧④也。曷为不系乎郑？为中国讳也。大夫无遂事，此其言"遂"何？归恶乎大夫也⑤。

[译文]"虎牢"是什么？是郑国的城邑。"经"文说"城虎牢"是什么意思？就是攻取了它。既然是攻取了它，那"经"文为什么不说"取虎牢"？这是为中原国家避讳。为什么为中原国家避讳？避讳讨伐有国君之丧的国家。为什么不［书为"郑虎牢"］让它系属于郑国？是为中原国家避讳。大夫没有［办一件事后无天子命令］遂就自己做主办另一件事的权利，此处"经"文说"遂城虎牢"为什么？这是将罪恶推到大夫身上。

[注释]

①小邾娄——附庸国名，参看3.5.3注③；邾娄，左氏、穀梁例作"邾"。

②戚——卫地，参看6.1.9注②。

③虎牢——虎牢关，在今河南省荥阳县，原郑地，后为晋所占领。

④丧——指郑成公之丧，见上4。

⑤归恶乎大夫也——《解诂》："使若大夫自生事取之者。"

2.10 "楚杀其大夫公子申。"

3. 襄公三年

三年，辛卯，公元前570年，周灵王二年。

3.1 "三年春，楚公子婴齐帅师伐吴。"

3.2 "公如晋。"

3.3 "夏四月壬戌，公及晋侯①盟于长樗②。"

[注释]

①晋侯——晋悼公。

②长樗——杨伯峻《注》："疑是晋都郊区地名。"

3.4 "公至自晋。"

3.5 "六月，公会单子①、晋侯、宋公、卫侯、郑伯②、莒子、邾娄③子，齐世子光。己未，同盟于鸡泽④。"

[注释]

①单子——单项公，周臣。

②晋侯、宋公、卫侯、郑伯——晋悼公、宋平公、卫献公、郑僖公。

③邾娄——左氏、穀梁例作"邾"。

④鸡泽——古泽名，在今河北省邯郸市。

3.6 "陈侯①使袁侨如会②。"

其言"如会"何？后会也。

[译文] "经"文说"如会"是什么意思？是表示袁侨在盟会结束之后才到。

[注释]

①陈侯——陈成公。

②会——鸡泽之会。

3.7 "戊寅，叔孙豹及①诸侯之大夫及②陈袁侨盟。"

曷为殊"及陈袁侨"？为其③与袁侨盟也。

[译文] "经"文为什么特别书"及陈袁侨"？因为是叔孙豹和诸侯之大夫与陈之袁侨结盟。

[注释]

①及——和，连词。

②及——跟、与，介词。

③其——指代词，代叔孙豹及与诸侯之大夫。

[评析] 公羊注意到了"经"文的两个"及"字，从句法结构解说，甚当。

3.8 "秋，公至自会。"

3.9 "冬晋荀䓨帅师伐许。"

[注释]

许——国名，参看1.11.3注②。

4. 襄公四年

四年，壬辰，公元前569年，周灵王三年。

4.1"四年春王三月己酉,陈侯午卒。"

[注释]

陈侯午——陈成公。

4.2"夏,叔孙豹如晋。"

4.3"秋七月戊子,夫人弋氏薨。"

[注释]

弋氏——左氏、穀梁作"姒氏",弋、姒字音相近,得通假;杜预《集解》:"成公妾,襄公母。"

4.4"葬陈成公。"

4.5"八月辛亥,葬我小君[①]定弋[②]。"

"定弋"者何?襄公之母也。

[译文]"定弋"是谁?是襄公的母亲。

[注释]

①小君——见 3.22.2"评析"。

②定弋——定,谥号;《解诂》:"定弋,莒女也;襄公者,成公之妾子。"公羊说是鄫女,见下 5.3"传";杜预《集解》说是杞女。

4.6"冬,公如晋。"

4.7"陈人围顿。"

[注释]

顿——近陈之小国,参看 5.25.5 注①。

5. 襄公五年

五年,癸巳,公元前 568 年,周灵王四年。

5.1"五年春,公至自晋。"

[注释]

公至自晋——上年冬,公如晋。

第九章 鲁襄公

5.2 "夏,郑伯^①使公子发^②来聘。"

[注释]

①郑伯——郑僖公,即位三年。

②公子发——杜预《集解》:"发,子产父。"

5.3 "叔孙豹、鄫^①世子巫如晋。"

外相如不书,此何以书?为叔孙豹率而与之俱也。叔孙豹则曷为率而与之俱^②?盖舅出^③也。莒将灭之^④,故相与往殆^⑤乎晋也。莒将灭之,则曷为相与往殆乎晋?取后^⑥乎莒也。其取后乎莒奈何?莒女有为鄫夫人者,盖欲立其出也^⑦。

[译文] 鲁国以外的国君、大夫相互往来"经"文不书写,此处为什么书写?是因为叔孙豹带着鄫世子巫并且跟他一起去晋国的。叔孙豹为什么要带着鄫世子巫并跟他一起去晋国?大概是因为巫是襄公的舅父所生的。莒国将要灭掉鄫国,所以叔孙豹跟鄫世子巫一起到晋国去讼理。莒国将要灭亡鄫国,那叔孙豹为什么跟鄫世子一起到晋国去讼理?这是因为鄫子娶莒国女子为后夫人。鄫子娶莒国女子为后夫人是怎么回事呢?后夫人无子,莒国女子有为鄫国夫人的,她的姊妹嫁于莒大夫有子,鄫子想舍弃世子巫而立她姊妹的儿子。

[注释]

①鄫——穀梁作"缯",国名,参看5.14.2注②;现已为鲁之属国。

②叔孙豹……俱——《解诂》"据非内大夫",指鄫世子巫非鲁大夫,故问。

③舅出——《解诂》:"巫者,鄫前夫人襄公母姊妹之子也,俱莒外孙,故曰舅出。"这也说明襄公母定弋(姒)为鄫女。

④莒将灭之——指鄫子将立莒国人为国君,断鄫祭祀,故言。

⑤殆——《解诂》:"殆,疑,疑谳于晋,齐人语。"(谳,音艳yàn,议罪)王引之《经义述闻》:"何训殆为疑,往疑乎晋,则为不辞。……今按殆读为治,治谓讼理也。以鄫子欲立异姓为后,故相与往讼理于晋也。"

⑥后——后夫人,指继室;巫为前夫人子。

⑦莒女有为鄫夫人者,盖欲立其出也——《解诂》:"时莒女嫁为鄫后夫人、夫人,无男有女,还嫁之于莒,有外孙,鄫子爱后夫人而无子,欲

立其外孙。"俞樾《群经平议》:"传文但曰'莒女有为鄫夫人者',不言夫人有女还嫁莒也。且古谓姊妹之子为出,不谓外孙为出也。……莒女为鄫夫人而欲立其出,盖莒女无子而其姊妹适莒人夫者有子,因欲立为鄫子之后也。传不言鄫子欲立其出,则所谓其出者,从夫人而言之,明也。"

[评析] 公羊此说不当,叔孙豹是鲁宗室臣,"如晋"根本不是"外相如"。

5.4 "仲孙蔑、卫孙林父会吴①于善稻②。"

[注释]

①吴——左氏说,吴子,名乘,字寿孟。

②善稻——吴地,在今安徽省盱眙县;穀梁同,左氏作"善道"。

5.5 "秋,大雩。"

5.6 "楚杀其大夫公子壬夫。"

5.7 "公会晋侯、宋公、陈侯、卫侯、郑伯、曹伯①、莒子、邾娄子②、滕子、薛伯、齐世子光、吴人、鄫③人于戚④。"

吴何以称"人"⑤?"吴、鄫人"云则不辞⑥。

[译文] 吴国为什么称"人"?[如果不这样说]书写成"吴、鄫人"就文辞不通。

[注释]

①晋侯、宋公、陈侯、卫侯、郑伯、曹伯——晋悼公、宋平公、陈哀公、卫献公、郑僖公、曹成公。

②邾娄——左氏、穀梁例作"邾"。

③鄫——穀梁作"缯"。

④戚——卫地,参看6.1.9注②。

⑤吴何以称"人"——《解诂》:"据上善稻之会不称'人'。"

⑥"吴、鄫人"云则不辞——《解诂》:"孔子曰:'言不顺,则事不成。'方以吴抑鄫国,列在称人上,不以顺辞,故进吴称人。"

[评析] 公羊说"'吴、鄫人'云不辞",从语法分析角度看,相当正确。"吴""鄫人"语义、构造不相等,不能组织成并列词组。所谓"不辞",意即文辞不通、不成言语。"不辞"提法为后世训诂学家沿用,

这可以说是不合语法规范的最早提出。

5.8"公至自会。"
5.9"冬，戍陈[1]。"
孰戍之？诸侯戍之。曷为不言诸侯戍之？离[2]至，不可得而序，故言我也[3]。
[译文]谁戍守陈国？是诸侯戍守陈国。"经"文为什么不说出哪些诸侯"戍陈"？因为诸侯是陆续到达，不能分出先后次序，所以说成鲁戍守。
[注释]
①戍陈——杜预《集解》："诸侯在戚会，皆受命戍陈。各还国遣戍，不复有告命，故独书鲁戍。"
②离——分散。
③故言我也——按例"经"文动词前无主语者，均是指鲁国。

5.10"楚公子贞帅师伐陈。"
5.11"公会晋侯、宋公、卫侯、郑伯、曹伯、莒子、邾娄子、滕子、薛伯、齐世子光救陈。"
[注释]
莒子、邾娄子、滕子、薛伯——穀梁同，左氏无；前考究，左氏传写讹夺。

5.12"十有二月，公至自救陈。"
5.13"辛未，季孙行父卒。"
[注释]
季孙行文——季文子，文公六年始见于"经"，见6.6.2。宣公八年公子遂卒，见7.8.4，季文子为相，历宣、成、襄三公。

6. 襄公六年

六年，甲午，公元前567年，周灵王五年。

6.1"六年春王三月壬午，杞伯姑容卒。"
[注释]
杞伯姑容——杞桓公。

6.2 "夏，宋华弱来奔。"

6.3 "秋，葬杞桓公。"

6.4 "滕子来朝。"

6.5 "莒人灭鄫。"

[注释]

鄫——穀梁作"缯"，国名，见 5.14.2 注②，现为莒所灭，归莒；昭公四年又为鲁所取，归鲁，见 10.4.6。

6.6 "冬，叔孙豹如邾娄。"

[注释]

邾娄——左氏、穀梁例作"邾"。

6.7 "季孙宿如晋。"

[注释]

季孙宿——季武子，季孙行父（上年卒）之子；鲁国宗室之卿，子孙相继。宿继父为卿，此时仲孙蔑（孟献子）当政；宿自襄公十二年至昭公七年执政。

6.8 "十有二月，齐侯①灭莱②。"

曷为不言"莱君出奔"③？国灭，君死之，正也。

[译文]"经"文为什么不说"莱君出奔"？[莱君死了]国家被灭，国君为之殉身，是符合做君的正道的。

[注释]

①齐侯——齐灵公。

②莱——国名，参看 7.7.2 注②。

③曷不言"莱君出奔"——《解诂》"据谭子言奔"，指庄公十年"冬十月，齐师灭谭，谭子奔莒"。

[评析]左氏说齐侯灭莱，莱共公浮柔奔棠（在今山东省平度县）。公羊说国君殉身，验之左氏，不确。

7. 襄公七年

七年，乙未，公元前566年，周灵王六年。

7.1"春，郯子来朝。"
［注释］
郯——国名，己姓，一说嬴姓，故城在今山东省郯城县。

7.2"夏四月，三卜郊，不从，乃免牲。"
［注释］
本"经"与5.31.3"经"只是"四"与"三"一字之别。

7.3"小邾娄子来朝。"
［注释］
小邾娄——见3.5.3注③、5.7.2"注"；左氏、穀梁例作"邾"。

7.4"城费。"
［注释］
费——鲁邑，在今山东省鱼台县，僖公元年赐于季氏，为季氏私邑。

7.5"秋，季孙宿如卫。"
7.6"八月螽。"
［注释］
螽——左氏、穀梁例作"螽"。

7.7"冬十月，卫侯使孙林父来聘。壬戌，及孙林父盟。"
［注释］
卫侯——卫献公。

7.8"楚公子贞帅师围陈。"
7.9"十有二月，公会晋侯、宋公、陈侯、卫侯、曹伯①、莒子、邾娄子②于鄬③。"

[注释]

①曹侯、宋公、陈侯、卫侯、曹伯——晋悼公、宋平公、陈哀公、卫献公、曹成公。

②邾娄——左氏、穀梁例作"邾"。

③鄬——音韦 wéi，郑地，在今河南省鲁山县。

7.10 "郑伯髡原①如会，未见诸侯；丙戌，卒于操②。"

"操"者何？郑之邑也。诸侯卒于其封内不地，此何以地③？隐之④也。何隐尔？弑也。孰弑之？其大夫弑之。曷为不言其大夫弑之⑤？为中国讳也。曷为为中国讳⑥？郑伯将会诸侯于鄬，其大夫谏曰："中国不足归也，则不若与楚。"郑伯曰："不可。"其大夫曰："以中国为义，则伐我丧⑦；以中国为强，则不若楚⑧。"于是弑之⑨。郑伯髡原何以名⑩？伤而反，未至乎舍而卒也。未见诸侯，其言"如会"何？致其意也。

[译文]"操"是什么地方？是郑国的一个城邑。诸侯死在其封地内，按例不书出死的地点，此处为什么书出地点？有所遮掩。遮掩什么？遮掩郑伯被杀之事。谁杀了郑伯？他的大夫杀了他。[既然是他的大夫杀了他]那"经"文为什么不说"郑大夫弑郑伯"？是为中原各国避讳。为什么要为中原各国避讳？郑伯将在鄬地会见诸侯。他的大夫进谏说："中原各国是不足归附的，还不如依附楚国。"郑伯说："不能这样。"他的大夫说："如果认为中原各国为仁为义，那他们却趁我国国君死时来攻打我们；如果认为中原各国强大，那他们还不如楚国。"于是郑国的大夫杀了郑伯。那"经"文对郑伯为什么要书出他的名字"髡原"？是因为他受伤后返回都城，没到住处就死了。郑伯没见到诸侯，"经"文说"如会"为什么？这是为了表达郑伯想如会的意愿。

[注释]

①髡原——郑僖公；"原"，穀梁同，左氏作"顽"，二字通。

②操——郑地，今地不详；穀梁同，左氏作"鄵"。

③此何以地——《解诂》"据陈侯鲍卒不地"，在桓公五年。

④隐之——见 1.11.4 注③。

⑤曷为……弑之——《解诂》《疏》说明，宣公四年"郑公子归生弑其君夷"书大夫名。

⑥曷为为中国讳——《解诂》："据归生弑君不为中国讳。"

⑦伐我丧——见上2.9"冬，仲孙蔑……城虎牢"，指郑成公卒，诸侯伐郑。

⑧不若楚——《解诂》《疏》说明，上"经"楚公子贞伐陈，诸侯不能救。

⑨于是弑之——《解诂》："祸由中国无义，故深讳，使若自卒。"指讳中原诸侯伐丧；不书大夫弑，书卒。

⑩郑伯髡原何以名——《解诂》说明，僖公二十八年"陈侯如会"（5.28.9）不书名。

7.11 "陈侯逃归。"

[注释]

陈侯——陈哀公。左氏说，陈哀公参加鄬之会，闻听国内要推翻他，另立其弟公子黄，于是从鄬地逃归。

8. 襄公八年

八年，丙申，公元前565年，周灵王七年。

8.1 "八年春王正月，公如晋。"

[注释]

公如晋——上年十二月襄公会诸侯于鄬，尚未回鲁，此是自鄬如晋（据杨伯峻《注》）。

8.2 "夏，葬郑僖公①。"

贼未讨，何以书"葬"②？为中国讳也。

[译文] 弑杀郑僖公的贼子尚未讨伐，"经"文为什么书写"葬郑僖公"？这是为中原各国诸侯遮掩［不讨伐贼子］。

[注释]

①郑僖公——上年十二月被臣下弑杀，现安葬。

②何以书"葬"——隐公元年"传":"《春秋》君弑,臣不讨,不书'葬'。"(参见1.11.4)

8.3 "郑人侵蔡,获①蔡公子燮②。"
此侵也,其言"获"何③?侵而言"获"者,适④得之也。
[译文]这是侵袭,"经"文说"获蔡公子燮"为什么?凡侵袭而说"俘获"的,是说碰巧抓到了某人。
[注释]
①获——俘获。
②燮——左氏同,穀梁作"湿",音近相通。
③其言"获"何——《解诂》:"据宋师败绩,获宋华元。"(7.2.1)指师败绩才言"获"。
④适——恰巧。

8.4 "季孙宿会晋侯、郑伯①、齐人、宋人、卫人、邾娄②人于邢丘③。"
[注释]
①晋侯、郑伯——晋悼公、郑简公。
②邾娄——左氏、穀梁例作"邾"。
③邢丘——晋地,在今河南省温县。

8.5 "公至自晋。"
8.6 "莒人伐我东鄙。"
8.7 "秋九月,大雩。"
8.8 "冬,楚公子贞帅师伐郑。"
8.9 "晋侯使士匄来聘。"

9. 襄公九年
九年,丁酉,公元前564年,周灵王八年。

9.1 "九年春,宋火①。"
曷为或言"灾",或言"火"②?大者③曰"灾",小者④曰"火",然则内何以不言"火"⑤？内不言"火"者，甚之也⑥。何以书？记灾也。外灾不书，此何以书？为王者之后⑦记灾也。

[译文]"经"文为什么或说"灾"，或说"火"？正寝、宗庙、朝廷等重要地方发生火灾称"灾"，其他非重要地方发生火灾称"火"。那么鲁国非重要的地方［如西宫］，发生火灾为什么称"灾"而不称"火"呢？这是为了强调它的严重性。"经"文为什么书写此事？是为了记载灾害。鲁国以外的国家发生灾害按例不书写，此处为什么书写？这是为王者之后的国家记载其发生的灾害的。

[注释]

①宋火——左氏、穀梁作"宋灾"，公羊据"火"发传。

②曷为……"火"——陈立《义疏》："襄三十年宋灾之属，是或言灾也。或曰火者，此经是也。"又昭公九年，公羊书"陈火"。

③④大者、小者——《解诂》："大者谓正寝、社稷、宗庙、朝廷也，下此则小矣。"

⑤内何以不言"火"——《解诂》"据西宫灾，不言火"，指僖公二十年"西宫灾"书"灾"；西宫为小寝，当书"火"。

⑥甚之也——《解诂》："《春秋》以内为天下法，动作当先自克责，故小有火，如大有灾。"

⑦王者之后——指宋为王者成汤之后，宋见1.3.5注①。

9.2 "夏，季孙宿如晋。"

9.3 "五月辛酉，夫人姜氏薨。"

[注释]

夫人姜氏——缪（穆）姜，成公母，襄公祖母；与叔孙侨如私通，曾想废立成公，参看8.16.13"注释"。

9.4 "秋八月癸未，葬我小君缪姜。"

[注释]

缪姜——左氏、穀梁作"穆姜"；小君、见3.22.2"评析"。

9.5"冬会晋侯、宋公、卫侯、曹伯①。莒子、邾娄②子、滕子、薛伯、杞伯、小邾娄③子、齐世子光伐郑。十有二月己亥,同盟于戏④。"

[注释]

①晋侯、宋公、卫侯、曹伯——晋悼公、宋平公、卫献公、曹成公。

②邾娄——左氏、穀梁例作"邾"。

③小邾娄——见3.5.3注③。

④戏——郑地,在今河南省巩县、登封县之间。

9.6"楚子伐郑。"

[注释] 楚子——楚共王。

10. 襄公十年

十年,戊戌,公元前562年,周灵王九年。

10.1"十年春,公会晋侯、宋公、卫侯、曹伯①、莒子、邾娄②子、滕子、薛伯、杞伯、小邾娄③子、齐世子光会吴于柤④。"

[注释]

①晋侯、宋公、卫侯、曹伯——晋悼公、宋平公、卫献公、曹成公。

②邾娄——左氏、穀梁例作"邾"。

③小邾娄——见3.5.3注③。

④柤——音渣zhā,楚地,在今江苏省邳县。

10.2"夏五月甲午,遂①灭偪阳②。"

[注释]

①遂——"遂者何?生事也""遂,继事之辞也"(2.8.6公羊、穀梁),书"遂"表示紧接前"会吴于柤"。

②偪阳——小国名,妘姓,在今江苏省邳县;偪,音福fú,左氏同,穀梁作"傅"。

10.3"公至自会。"

10.4"楚公子贞、郑公孙辄帅师伐宋。"

10.5 "晋师伐秦。"

10.6 "秋,莒人伐我东鄙。"

10.7 "公会晋侯、宋公、卫侯、曹伯、莒子、邾娄子、齐世子光、滕子、薛伯、杞伯、小邾娄子伐郑。"

[注释]

齐世子光——左氏说:"诸侯伐郑,齐崔杼使太子光先至于师,故长于滕。"这说明较之上租之会,齐太子光何以书在滕、薛、杞、小邾娄子之上。

10.8 "冬,盗①杀郑公子斐②、公子发、公孙辄。"

[注释]

①盗——"经"文书"盗",始于此。

②斐——穀梁同,左氏作"騑"。

10.9 "戍郑虎牢①。"

孰戍之?诸侯戍之。曷为不言诸侯戍之?离②至,不可得而序,故言我也③。诸侯已取之矣,曷为系之郑?诸侯莫之主有,故反系之郑。

[译文] 谁戍守虎牢?是诸侯戍守虎牢。"经"文为什么不说出哪些诸侯"戍虎牢"?因为诸侯是陆续到达,不能分出先后次序,所以说成鲁戍守。诸侯已经占取了虎牢,为什么还[书为"郑虎牢"]让它系属于郑国?因为诸侯中没有哪一个能主掌此地,故反过来让它系属于郑国[而书为"郑虎牢"]。

[注释]

①虎牢——见上 2.9 注③。

②离——见上 5.9 注②。

③故言我也——见上 5.9 注③。

10.10 "楚公子贞帅师救郑。"

10.11 "公至自伐郑。"

11. 襄公十一年

十一年,己亥,公元前 562 年,周灵王十年。

11.1"十有一年春王正月，作①三军。"

"三军"者何？三卿②也。"作三军"何以书？讥，何讥尔？古者上卿、下卿③、上士、下士。

[译文]"三军"是什么？是三个卿官。"作三军"此事为什么书写？为了谴责。谴责什么？按古制，[像鲁国这样的国家]只能有上卿、下卿、上士、下士。

[注释]

①作——设立、编制。

②三卿——指上卿、中卿、下卿。

③古者上卿、下卿——《解诂》说，古者诸侯有司徒、司空为上卿，司马为下卿；襄公时国家内乱，兵革四起，乃益司马为中卿，官逾王制，故讥之。

11.2"夏四月，四卜郊，不从，乃不郊。"

[注释]

参看5.31.3、上7.2。

11.3"郑公孙舍之帅师侵宋。"

11.4"公会晋侯、宋公、卫侯、曹伯①、齐世子光、莒子、邾娄②子、滕子、薛伯、杞伯、小邾娄子伐郑。"

[注释]

①晋侯、宋公、卫侯、曹伯——晋悼公、宋平公、卫献公、曹成公。

②邾娄——左氏、穀梁例作"邾"。

11.5"秋七月己未，同盟于京城北。"

[注释]

京城——穀梁同，左氏作"亳城"，杜预《集解》"亳城，郑地"；一说亳城又名京城。

11.6"公至自伐郑。"

11.7"楚子、郑伯伐宋。"

11.8"公会晋侯、宋公、卫侯、曹伯、齐世子光、莒子、邾娄子、滕子、薛伯、杞伯、小邾娄子伐郑,会于萧鱼①。"

此伐郑也,其言"会于萧鱼"何②?盖郑与会尔?

[译文]"经"文说"会于萧鱼"为什么?大概是因为郑国也参加了会见的缘故吧!

[注释]

①萧鱼——郑地,在今河南省许昌市。

②其言"会于萧鱼"何——前4"伐郑"下不书"会",故问。

11.9"公至自会。"

11.10"楚人执郑行人①良霄②。"

[注释]

①行人——使者,外交官员。

②良霄——左氏同,穀梁作"良宵"。

11.11"冬,秦人伐晋。"

12. 襄公十二年

十二年,庚子,公元前561年,周灵王十一年。

12.1"十有二年春王三月,莒人伐我东鄙,围台①。"

邑不言"围"②,此其言"围"何?"伐"而言"围"者,取邑之辞也③。"伐"而不言"围"者,非取邑之辞也。

[译文]对城邑"经"文不说"围",此处说"围"为什么?说"伐"又说"围",是为占取城邑避讳的用词。说"伐"而不说"围",不是为占取城邑避讳的用词。

[注释]

①台——鲁邑,在今山东省费县;左氏同,穀梁作"邰"。

②邑不言"围"——见1.5.8注②。

③取邑之辞也——《解诂》:"外取邑有嘉、恶当书,不直言取邑者,深耻中国之无信也。"这是说,外国取邑或嘉、或恶,如实书写,此次莒

取台而不书"取",是"深耻中国之无信"。所谓"无信"是指上年襄公、莒子共参与伐郑、又共参与萧鱼之会,而今年又自相争伐。

[评析] 公羊说书"伐"、书"围"是取邑之辞;而台并未为莒人所取,这从下"经"可证明。伐、围、取是战争的三个阶段;书"伐"、书"围"据战争进程,与取不取无必然关系。

12.2 "季孙宿帅师救台,遂入运①。"

大夫无遂事②,此其言"遂"何?公不得为政尔。

[译文] 大夫没有[办一件事后没有国君命令]遂就自己做主办另一件事的权利,此处"经"文说"遂入运"为什么?这是表示襄公不能掌握朝政大权了!

[注释]

①运——左氏、穀梁作"郓",在今山东省沂水县,原属鲁(见6.12.8),现归莒。

②大夫无遂事——参看2.8.6注②⑧⑨。

[评析] 季孙宿救台是反侵略行动,入运也未必不是襄公之命。公羊认为"经义"在于表示"公不得为政",欠当。不过也反映出这时季孙氏已掌握朝政了。

12.3 "夏,晋侯①使士彭②来聘。"

[注释]

①晋侯——晋悼公。

②士彭——左氏、穀梁作"士鲂";彭、鲂,声母相近,可得通假。

12.4 "秋九月,吴子乘卒。"

[注释]

乘——寿梦;吴,祖泰伯。

12.5 "冬,楚公子贞帅师侵宋。"

12.6 "公如晋。"

13. 襄公十三年

十三年，辛丑，公元前560年。周灵王十二年。

13.1"十有三年春，公至自晋。"

13.2"夏，取诗①。"

"诗"者何？邾娄之邑也。曷为不系乎邾娄，讳亟②也。"

[译文]"诗"是什么地方？是邾娄的一个城邑。既然是邾娄的城邑，那为什么[不书为"邾娄诗"]让它系属于邾娄？这是避讳占取得太快了[距前年与邾娄子萧鱼之会才两年]。

[注释]

①诗——左氏、穀梁作"邿"，两字音同；小国名，妊姓，在今山东省济宁市。

②讳亟也——《解诂》《疏》说明，前年襄公与邾娄子会于萧鱼（上11.8），两年之后就取其邑。

13.3"秋九月庚辰，楚子审卒。"

[注释]

楚子审——楚共王。

13.4"冬，城防。"

[注释]

防——1.9.6之邴；庄公二十九年曾城之，现再城。

14. 襄公十四年

十四年，壬寅，公元前559年，周灵王十三年。

14.1"十有四年春王正月，季孙宿、叔老①会晋士匄、齐人、宋人、卫人、郑公孙虿②、曹人、莒人、邾娄③人、滕人、薛人、杞人、小邾娄人，会吴于向④。"

[注释]

①叔老——宣公母弟叔肸（见7.17.8）之孙。

②虿——蚩（chài）的或体，左氏、穀梁作"蚩"。

③邾娄——左氏、穀梁例作"邾"。

④向——吴地，在今安徽省怀远县。

14.2 "二月乙未朔，日有食之。"

14.3 "夏四月，叔孙豹会晋荀偃、齐人、宋人、卫北宫结、郑公孙虿、曹人、莒人、邾娄人、滕人、薛人、杞人、小邾娄人伐秦。"

[注释]

北宫结——结，左氏、穀梁作"括"。

14.4 "己未，卫侯衎出奔齐。"

[注释]

卫侯衎——卫献公，衎，音看kàn；左氏、穀梁无"衎"。

14.5 "莒人侵我东鄙。"

14.6 "秋，楚公子贞帅师伐吴。"

14.7 "冬，季孙宿会晋士匄、宋华阅、卫孙林父、郑公孙虿、莒人、邾娄人于戚。"

[注释]

戚——卫地，在今河南省濮阳市。

15. 襄公十五年

十五年，癸卯，公元前558年，周灵王十四年。

15.1 "十有五年春，宋公①使向戌来聘。二月己亥，及向戌盟于刘②。"

[注释]

①宋公——宋平公。

②刘——鲁都曲阜外之近地。

15.2 "刘夏①逆王后②于齐。"

"刘夏"者何？天子之大夫也。"刘"者何？邑也。其称"刘"何？以邑氏也。外逆女不书，此何以书？过我也。

[译文] "刘夏"是谁？是周天子的大夫。"刘"是什么？是邑的名称。"经"文称"刘"为什么？是以邑的名称作为他的氏。鲁国以外迎娶夫人按例不书写，此处为什么书写？是因为迎亲路过我国。

[注释]

①刘夏——公羊说是周之大夫，左氏说是周之官师（官师，据《礼记·祭法》）郑玄注为中士、下士。

②逆王后——杨伯峻《注》："《春秋》二百四十二年，周室历十二王，而书逆王后者仅二次，一在桓八年，一即此。"

15.3 "夏，齐侯①伐我北鄙，围成②。公救成，至遇③。"

其言"至遇"何？不敢进也④。

[译文] "经"文说"至遇"是什么意思？是襄公［感到兵力不敌］不敢前进了。

[注释]

①齐侯——齐灵公。

②成——鲁邑，参看2.6.2注释。

③遇——鲁地，在曲阜与宁阳之间。

④不敢进也——《解诂》："兵不敌，不敢进也。"

15.4 "季孙宿、叔孙豹帅师城成郛。"

[注释]

郛——外城。

15.6 "秋八月丁巳，日有食之。"

15.7 "邾娄人伐我南鄙。"

[注释]

邾娄——左氏、穀梁例作"邾"。

15.8"冬十有一月癸亥,晋侯周卒。"

［注释］

晋侯周——晋悼公。

16. 襄公十六年

十六年,甲辰,公元前557年,周灵王十五年。

16.1"十有六年春王正月,葬晋悼公。"

［注释］

晋悼公——上年冬十一月卒。

16.2"三月,公会晋侯、宋公、卫侯、郑伯、曹伯①、莒子、邾娄②子、薛伯、杞伯、小邾娄子于溴梁③。戊寅,大夫盟。"

诸侯皆在是,其言"大夫盟"何?信在大夫也。何言乎信在大夫?遍刺天下之大夫也。曷为遍刺天下之大夫?君若赘旒④然。

［译文］诸侯皆出席盟会在场,"经"文书"大夫盟"为什么?［诸侯失权］信义落在大夫身上了。为什么说信义落在大夫身上?这是为了普遍指责天下的大夫。为什么要普遍指责天下的大夫?［因为大夫专权］国君仿佛成了赘旒一样。

［注释］

①晋侯、宋公、卫侯、郑伯、曹伯——晋平公、宋平公、卫殇公、郑简公、曹成公。

②邾娄——左氏、穀梁例作"邾"。

③溴梁——溴水的堤梁;溴,音菊 jú,水名,在今河南省济源县一带。

④赘旒——比喻徒有虚名而无实权者。《解诂》:"旒,旗旒;赘,系属之辞。"赘,多余的;旒,音流 liú,旗子下的附饰物。

［评析］公羊此说,表现出对春秋末期,诸侯丧权、政在公室的哀叹。

16.3"晋人执莒子、邾娄子以归。"

16.4"齐侯伐我北鄙。"

［注释］

齐侯——齐灵公。

16.5"夏,公至自会。"

[注释]

公至自会——公自溴梁之会归来。

16.6"五月甲子,地震。"

16.7"叔老①会郑伯、晋荀偃、卫宁殖、宋人伐许②。"

[注释]

①叔老——鲁臣,参看上14.1。

②许——本在今河南省许昌市(见1.11.3注②),成公十五年迁于叶(见8.15.13)。

16.8"秋,齐侯伐我北鄙,围成。"

[注释]

本"经"跟上15.3"经"前半同。

16.9"大雩。"

16.10"冬,叔孙豹如晋。"

17. 襄公十七年

十七年,乙巳,公元前556年,周灵王十六年。

17.1"十有七年春王二月庚午,邾娄子瞷卒。"

[注释]

邾娄子瞷——邾娄,左氏、穀梁例作"邾";杜预《集解》:"宣公也";瞷,音见jiàn,穀梁同,左氏作"牼"(音坑kēng),二字古声母同,相通。

17.2"宋人伐陈。"

17.3"夏,卫石买帅师伐曹。"

17.4"秋,齐侯①伐我北鄙,围洮②。齐③高厚帅师伐我北鄙,围防④。"

[注释]

①齐侯——齐灵公。

②洮——在今山东省汶上县；左氏、榖梁作"桃"，二字同声母相通。

③齐——榖梁同，左氏无；前人认为此蒙上文，故不系齐，公、榖误衍。

④防——位曲阜东，在今泗水县；参看5.14.2注③，为臧氏采邑。

17.5"九月，大雩。"

17.6"宋华臣出奔陈。"

17.7"冬，邾娄人伐我南鄙。"

［注释］

邾娄——左氏、榖梁例作"邾"。

18. 襄公十八年

十八年，丙午，公元前555年，周灵王十七年。

18.1"十有八年春，白狄来。"

"白狄"者何？夷狄之君也。何以不言"朝"？不能朝也。

［译文］"白狄"是谁？是夷狄的国君。［既然是国君］"经"文为什么不说"来朝"？这是因为他［不懂仪规］不能行朝见的礼节。

［注释］

白狄——狄之一种，参看7.8.7注释。

［评析］本"传"同于5.29.1"介葛庐来""传"。公羊此说表现其鄙夷思想。

18.2"夏，晋人执卫行人石买。"

［注释］

石买——上年帅师伐曹（见上17.3），左氏说，曹人诉之于晋，晋人执之。

18.3"秋，齐师伐我北鄙。"

18.4"冬十月，公会晋侯、宋公、卫侯、郑伯、曹伯①、莒子、邾娄②子、滕子、薛伯、杞伯、小邾娄子同围③齐。"

[注释]

①晋侯、宋公、卫侯、郑伯、曹伯——晋平公、宋平公、卫殇公、郑简公、曹成公。

②邾娄——左氏、穀梁例作"邾"。

③同围——《春秋》书"同围",仅此一次;杜预《集解》:"齐数行不义,诸侯同心俱围之。"

18.5 "曹伯负刍卒于师。"

[注释]

曹伯负刍——曹成公,卒于围齐师中。

18.6 "楚公子午帅师伐郑。"

19. 襄公十九年

十九年,丁未,公元前554年,周灵王十八年。

19.1 "十有九年春王正月,诸侯①盟于祝阿②。晋人执邾娄子③。"

[注释]

①诸侯——指上年十月围齐之诸侯。

②祝阿——齐地,在今山东省长清县;阿,左氏、穀梁作"柯",两字同声母,相通。

③邾娄子——邾悼公,左氏、穀梁例作"邾"。

19.2 "公至自伐齐①。"

此"同围齐"也,何以致伐②?未围齐也。未围齐,则其言"围齐"何?抑齐也。曷为抑齐?为其亟伐也。或曰:为其骄蹇③,使其世子处乎诸侯之上也④。

[译文] 这是襄公从"同围齐"归来,为什么〔不书为"至自围齐"〕而说成"至自伐齐"?因为未曾包围齐国都城。既然未曾包围齐国都城,那"经"文说"围齐"为什么?这是为了贬抑齐国。为什么要贬抑?因为它屡屡侵伐别的国家。有人说,因为齐侯傲慢,故将其世子光

位序在其他诸侯之上。

[注释]

①公至自伐齐——指自上年十月"同围齐"归来。

②何以致伐——《解诂》《疏》说明，僖公二十八年书"诸侯遂围许"（5.28.20）、二十九年书"公至自围许"（5.29.2），故问。

③骄蹇——骄慢不顺。

④使其世子处乎诸侯之上也——《疏》："即上十一年公会晋侯以下伐郑之时齐世子光在于莒子之上之属是也。"指上11.4、11.8齐世子光位序莒子、邾娄子、滕子等之前。

[评析] 公羊此说甚为不当。上18.4"同围齐"左氏说晋师已围攻齐都，齐侯拟弃城出奔，怎能"未围齐"？至于上11.4书齐世子光位莒等之前乃是伐陈，与此伐齐毫无关系；公羊生将二者联系起来。

19.3 "取邾娄①田，自漷水②。"

其言"自漷水"何？以漷为竟也。何言乎以漷为竟？漷移也③。

[译文] "经"文说"自漷水"是什么意思？是以漷水为边界。为什么说以漷水为边界？因为漷水改道［鲁国好乘势占取邾娄的土地］。

[注释]

①邾娄——左氏、穀梁例作"邾"。

②漷水——源出今山东滕县，南入运河，为鲁、邾娄之界。

③漷移也——《解诂》："鲁本与邾娄以漷为竟，漷移入邾娄界，鲁随而有之。诸侯土地，本有度数，不得随水。随水取之，当坐取邑，故云尔。"

19.4 "季孙宿如晋。"

19.5 "葬曹成公。"

[注释]

曹成公——曹伯负刍，上年冬卒于师。

19.6 "夏，卫孙林父帅师伐齐。"

19.7 "秋七月辛卯，齐侯瑗卒。"

第九章 鲁襄公

[注释]

齐侯瑗——齐灵公；瑗，左氏、穀梁作"环"，二字同韵，得通。

19.8 "晋士匄帅师侵齐，至谷①，闻齐侯卒，乃还。"

"还"者何？善辞也。何善尔？大其不伐丧②也。此受命乎君而伐齐，则何大乎其不伐丧？大夫以君命出，进退在大夫也。

[译文]"还"是什么意思？是褒奖的用词。褒奖什么？是尊大他不讨伐有国丧的国家。这是奉国君之命去讨伐齐国，那为什么要尊大他不讨伐有国丧的国家？大夫奉君命出征，进退之权则是由大夫掌握的。

[注释]

①谷——齐地，参看3.7.4注释。
②丧——指国丧，即齐灵公之卒。

19.9 "八月丙辰，仲孙蔑卒。"

[注释]

仲孙蔑——庆父之子公孙敖之孙（参看5.15.4、7.9.3注释）；仲孙（孟、孙）氏自蔑始书卒，其后仲孙遫、仲孙羯等相继执鲁政，死均书卒。

19.10 "齐杀其大夫高厚。"

19.11 "郑杀其大夫公子喜。"

[注释]

公子喜——左氏、穀梁作"公子嘉"，赵坦《春秋异文笺》认为"喜"或是嘉字之讹。

19.12 "冬，葬齐灵公。"

19.13 "城西郛。"

[注释]

郛——外城；西郛，指鲁都西城墙。

19.14"叔孙豹会晋士匄于柯。"

[注释]

柯——在今河南省内黄县。

19.15"城武城。"

[注释]

武城——鲁近齐之邑，在今山东省嘉祥县。

20. 襄公二十年

二十年，戊申，公元前553年，周灵王十九年。

20.1"二十年春王正月，仲孙遫[1]会莒人盟于向[2]。"

[注释]

[1]仲孙遫——孟庄子，鲁国宗室仲孙氏，继仲孙蔑执政；遫，左氏、穀梁作"速"，二字音同。

[2]向——莒地，在今山东省莒县。

20.2"夏六月庚申，公会晋侯、齐侯、宋公、卫侯、郑伯、曹伯[1]、莒子、邾娄[2]子、滕子、薛伯、小邾娄子，盟于澶渊[3]。"

[注释]

[1]晋侯、齐侯、宋公、卫侯、郑伯、曹伯——晋平公、齐庄公、宋平公、卫殇公、郑简公、曹武公。

[2]邾娄——左氏、穀梁例作"邾"。

[3]澶渊——宋地，在今河南省濮阳市。

20.3"秋，公至自会。"

20.4"仲孙遫帅师伐邾娄。"

[注释]

遫、邾娄——左氏、穀梁例作"速""邾"。

20.5 "蔡杀其大夫公子燮。蔡公子履出奔楚。"

20.6 "陈侯①之弟光②出奔楚。"

[注释]

①陈侯——陈哀公。

②光——穀梁同,左氏作"黄";赵坦《春秋异文笺》说,光、黄二字古形体相似,音义相近。

20.7 "叔老如齐。"

[注释]

叔老——鲁臣,参看上14.1注①。

20.8 "冬十月丙辰朔,日有食之。"

20.9 "季孙宿如宋。"

21. 襄公二十一年

二十一年,己酉,公元前552年,周灵王二十年。

21.1 "二十有一年春王正月,公如晋。"

21.2 "邾娄①庶其以漆、闾丘②来奔。"

"邾娄庶其"者何?邾娄大夫也。邾娄无大夫,此何以书?重地也。

[译文] "邾娄庶其"是什么人?是邾娄的大夫。[对邾娄这样的国家]"经"文不书其大夫,此处为什么书写?这是重视他给鲁国进献漆、闾丘两地。

[注释]

①邾娄——左氏、穀梁例作"邾"。

②漆、闾丘——庶其之采邑,在今山东省邹县。

21.3 "夏,公至自晋。"

21.4 "秋,晋栾盈出奔楚。"

21.5 "九月庚戌朔,日有食之。"

21.6 "冬十月庚辰朔,日有食之。"

21.7 "曹伯来朝。"

[注释]

曹伯——曹武公。

21.8 "公会晋侯、齐侯、宋公、卫侯、郑伯、曹伯①、莒子、邾娄② 子于商任③。"

[注释]

①晋侯、齐侯、宋公、卫侯、郑伯、曹伯——晋平公、齐庄公、宋平公、卫殇公、郑简公、曹武公。

②邾娄——左氏、穀梁例作"邾"。

③商任——一说在今河北省任县,一说在今河南省安阳县。

21.9 "十有一月庚子,孔子生。"

[评析] 穀梁作"庚子,孔子生",一本作"十月庚子",阮元《校勘记》:"按作十月者,是也。考杜氏《长历》,十月庚辰小,十一月己酉大,十一月无庚子,庚子乃十月二十一日也。"《史记·孔子世家》说"鲁襄公二十二年而孔子生",司马贞《索引》说:《公羊传·襄公二十一年》"十有一月庚子,孔子生",今以为二十二年,盖以周正十一月属明年,故误也。

左氏无此"经",也就是左氏《春秋》未记载孔子生。这历来为《春秋》学者认为左氏"经"跟公羊、穀梁"经"的一个重大区别;并被否定《春秋》为孔子所作主张者的一条重要根据。

22. 襄公二十二年

二十二年,庚戌,公元前551年,周灵王二十一年。

22.1 "二十有二年春王正月,公至自会。"

[注释]

公至自会——襄公上年冬参加商任之会归来。

22.2 "夏四月。"

22.3 "秋七月辛酉,叔老卒。"

[注释]

叔老——鲁臣，襄公十四年始见于"经"（上 14.1）。

22.4 "冬，公会晋侯、齐侯、宋公、卫侯、郑伯、曹伯①、莒子、邾娄②子、滕子③、薛伯、杞伯、小邾娄子于沙随④。"

[注释]

①晋侯、齐侯、宋公、卫侯、郑伯、曹伯——晋平公、齐庄公、宋平公、卫殇公、郑简公、曹武公。

②邾娄——左氏、穀梁例作"邾"。

③滕子——穀梁同；赵坦《春秋异文笺》："谨按：左氏经'邾'下无'滕子'，或缺文。"

④沙随——见 8.16.9 注③。

22.5 "公至自会。"

22.6 "楚杀其大夫公子追舒。"

[注释]

追舒——子南，楚令尹，是当时在位的康王之叔父。

23．襄公二十三年

二十三年，辛亥，公元前 550 年，周灵王二十二年。

23.1 "二十有三年春王二月癸酉朔，日有食之。"

23.2 "三月己巳，杞伯匄卒。"

[注释]

杞伯匄——杞孝公。

23.3 "夏，邾娄鼻我来奔。"

"邾娄鼻我"者何？邾娄大夫也。邾娄无大夫，此何以书？以近书也。

[译文] "邾娄鼻我"是什么人？是邾娄的大夫。[对邾娄这样的国家] "经"文不书其大夫，此处为什么书写？是因为邻近我国，故书写。

[注释]

郏娄鼻我——左氏、穀梁作"畀我";鼻、畀,古音同。郏娄,左氏、穀梁例作"郏"。

23.4 "葬杞孝公。"

23.5 "陈杀其大夫庆虎及庆寅。"

[注释]

庆虎、庆寅——庆虎、庆寅讼告陈公子光(光时在楚,见上20.6)。

23.6 "陈侯之弟光,自楚归于陈。"

[注释]

光——左氏作"黄",参看上20.6注②;光于二十年奔楚。

23.7 "晋栾盈①复入于晋,入于曲沃②。"

"曲沃"者何?晋之邑也。其言"入于晋,入于曲沃"何?栾盈将入晋,晋人不纳,由乎曲沃而入也。

[译文]"曲沃"是什么地方?是晋国的城邑。"经"文说"入于晋,入于曲沃"为什么?是栾盈要进入晋国,晋人不接受,他是由曲沃这个地方进入的。

[注释]

①栾盈——二十一年奔楚(见上21.4)。

②曲沃——晋地,栾氏采邑,在今河南省陕县。

23.8 "秋,齐侯伐卫,遂伐晋。"

[注释]

齐侯——齐庄公。

23.9 "八月,叔孙豹帅师救晋,次于雍渝①。"

曷为先言"救"而后言"次"?先通君命也②。

[译文]"经"文为什么先说"救"而后说"次"?这是先表现襄公救晋之命[而后说明叔孙豹自己作主停驻不进的]。

[注释]

①雍渝——晋地,在今河南省浚县、滑县之间;渝,穀梁同,左氏作"榆"。

②先通君命也——《解诂》:"恶其不遂君命而专止次,故先通君命言救。"

[评析] 穀梁说"言'救'后'次',非救也",是说鲁师救晋是故作姿态,公羊把停兵不前的责任推到叔孙豹身上。

23.10"己卯,仲孙遬卒。"

[注释]

仲孙遬——孟庄子,见上20.1注①。

23.11"冬十月乙亥,臧孙纥①出奔邾娄②。"

[注释]

①臧孙纥——臧武仲,鲁臣。

②邾娄——左氏、穀梁例作"邾"。

23.12"晋人杀栾盈。"

曷为不言杀其大夫?非其大夫也。

[译文]"经"文为什么不说"晋人杀大夫栾盈"?因为栾盈已不是晋国的大夫了。

23.13"齐侯袭莒。"

[注释]

齐侯——齐庄公。

24. 襄公二十四年

二十四年,壬子,公元前549年,周灵王二十三年。

24.1"二十有四年春,叔孙豹如晋。"

[注释]

叔孙豹如晋——杜预《集解》"贺克栾氏",说明叔孙如晋目的(上

· 393 ·

年冬晋人杀栾盈)。

24.2"仲孙羯帅师侵齐。"
[注释]
仲孙羯——孟孝伯,仲孙遽幼子,参看上23.10。羯,音竭jié。

24.3"夏,楚子伐吴。"
[注释]
楚子——楚康王。

24.4"秋七月甲子朔,日有食之,既。"
[注释]
既——尽,指全食。

24.5"齐崔杼帅师伐莒。"
24.6"大水。"
24.7"八月癸巳朔,日有食之。"
24.8"公会晋侯、宋公、卫侯、郑伯、曹伯①、莒子、邾娄②子、滕子、薛伯、杞伯、小邾娄子于陈夷③。"
[注释]
①晋侯、宋公、卫侯、郑伯、曹伯——晋平公、宋平公、卫殇公、郑简公、曹武公。
②邾娄——左氏、穀梁例作"邾"。
③陈夷——左氏、穀梁作"夷仪",晋地,在今河北省邢台市。

24.9"冬,楚子、蔡侯、陈侯、许男伐郑。"
[注释]
楚子、蔡侯、陈侯——楚康王、蔡景公、陈哀公。

24.10"公至自会。"

[注释]

公至自会——襄公自陈夷之会归来。

24.11"陈鍼宜咎出奔楚。"

[注释]

鍼宜咎——陈庆氏之党,庆虎、庆寅于上年被杀(见上 23.5)。

24.12"叔孙豹如京师。"

24.13"大饥。"

25. 襄公二十五年

二十五年,癸丑,公元前 548 年,周灵王二十四年。

25.1"二十有五年春,齐崔杼帅师伐我北鄙。"

25.2"夏五月乙亥,齐崔杼弑其君光。"

[注释]

光——齐庄公。左氏说,崔杼弑庄公,立景公杵臼。"大史书曰:'崔杼弑其君。'崔子杀之。其弟嗣书,而死者二人。其弟又书,乃舍之。南史氏闻大史尽死,执简以往。闻既已书矣,乃还。"

25.3"公会晋侯、宋公、卫侯、郑伯、曹伯①、莒子、邾娄②子、滕子、薛伯、杞伯、小邾娄子于陈夷③。"

[注释]

①晋侯、宋公、卫侯、郑伯、曹伯——晋平公、宋平公、卫殇公、郑简公、曹武公。

②邾娄——左氏、穀梁例作"邾"。

③陈夷——见上 24.8 注③。

25.4"六月壬子,郑公孙舍之帅师入陈。"

25.5"秋八月己巳,诸侯①同盟于重丘②。"

[注释]

①诸侯——指上会于陈仪之诸侯。

②重丘——杨伯峻《注》：一说在今山东省聊城县，一说在今山东省德州市，一说在今山东省巨野县，一说在今河北省吴桥县。

25.6 "公至自会。"

25.7 "卫侯①入于陈仪。"

"陈夷"者何？卫之邑也②。曷为不言"入于卫"？谖③君以弑也④。

[译文] "陈夷"是什么地方？是卫国的一个城邑。"经"文为什么不说"入于卫"［而说"入于陈仪"］？这是为了欺骗卫君剽，好下一步将他杀死。

[注释]

①卫侯——卫献公衎，襄公十四年奔齐，时卫殇公剽当国；参看上14.4。

②卫之邑也——陈仪原属卫，现归晋。

③谖——欺诈。

④谖君以弑也——《解诂》："时卫侯为剽所篡逐，不能以义自复，诈愿居是邑为剽臣，然后侯间伺便使宁喜弑之。"（下年宁喜弑剽）

25.8 "楚屈建帅师灭舒鸠。"

[注释]

舒鸠——群舒国（见5.3.3注②）之一，在今安徽省舒城县。

25.9 "冬，郑公孙囆帅师伐陈。"

[注释]

公孙囆——见上14.1注②，左氏、穀梁作"公孙夏"；杨伯峻《注》说，此公羊之误，左氏襄公十九年已载其卒。

25.10 "十有二月，吴子谒①伐楚，门于巢②卒。"

"门于巢卒"者何？入门乎巢而卒也。入门乎巢而卒者何？入巢之门而卒也。吴子谒何以名③？伤而未至乎舍而卒也。

[译文]"门于巢卒"是什么意思?是"入门乎巢而卒"。"入门乎巢而卒"是什么意思?是进入巢国之门的时候而死的。对吴子为什么书其名谒?因为受伤归来未到住处就死了。

[注释]

①吴子谒——诸樊,吴子寿梦长子;谒,榖梁同,左氏作"遏",二字声母同,相通。

②巢——国名,在今安徽省巢县。

③吴子谒何以名——《解诂》"据诸侯伐,人不名",指诸侯伐国不书名、卒书名,故问。

26. 襄公二十六年

二十六年,甲寅,公元前547年,周灵王二十五年。

26.1 "二十有六年春王二月辛卯,卫宁喜弑其君剽。"

[注释]

剽——卫殇公;卫献公衎于襄公十四年(见上14.4)奔齐,同年殇公立。

26.2 "卫孙林父入于戚以叛。"

[注释]

戚——卫地,参看6.1.9注②。

26.3 "甲午,卫侯衎复归于卫。"

此谖君以弑①也,其言"复归"何②?恶剽也。曷为恶剽?剽之立,于是未有说③也。然则曷为不言剽之立④?不言剽之立者,以恶卫侯也⑤。

[译文]这是为了欺骗剽好将他杀死,"经"文说"复归"为什么?是因为痛恨剽。为什么痛恨剽?剽立为国君,卫人没有喜悦的。那么"经"文为什么不说"卫人立剽"呢?不说"卫人立剽",也是表示痛恨卫侯衎。

[注释]

①谖君以弑——见上25.7注④。

②其言"复归"何——2.15.5"传":"'复归'者出恶,归无恶。"

③未有说也——《解诂》："卫人未有说喜。"说，悦。

④曷为不言剽之立——《解诂》《疏》说明，据隐公四年"卫人立晋"而问。

⑤恶卫侯也——《解诂》："欲起卫侯失众出奔，故不书剽立。"

26.4"夏，晋侯使荀吴来聘。"

[注释]

晋侯——晋平公。

26.5"公会晋人、郑良霄、宋人、曹人于澶渊。"

[注释]

澶渊——见上 20.2 注③。

26.6"秋，宋公①杀其世子痤②。"

[注释]

①宋公——宋平公。

②痤——音嵯 cuó，左氏同；穀梁作"座"，二字同声母，相通。

26.7"晋人执卫宁喜①。"

此执有罪，何以不得为伯讨②？不以其罪执之也。

[译文]这是拘捕有罪之人，为什么不按伯讨之例［书"晋侯"而书"晋人"］？这不是按其弑君之罪拘捕他的［是因他攻伐孙氏而拘捕他的］。

[注释]

①宁喜——弑杀卫殇公剽并攻打孙林父（据左氏说，参看下 27.3），迎卫献公复位。

②伯讨——5.4.4 公羊说："称'侯'而执者，伯讨也；称'人'而执者，非伯讨也。"伯讨，见该注⑨。

26.8"八月壬午，许男宁卒于楚。"

[注释]

许男宁——许灵公。

· 398 ·

第九章　鲁襄公

26.9"冬，楚子、蔡侯、陈侯伐郑。"

[注释]

楚子、蔡侯、陈侯——楚康王、蔡景公、陈哀公。

26.10"葬许灵公。"

27. 襄公二十七年

二十七年，乙卯，公元前546年，周灵王二十六年。

27.1"二十有七年春，齐侯使庆封来聘。"

27.2"夏，叔孙豹会晋赵武、楚屈建、蔡公孙归生、卫石恶、陈孔瑗、郑良霄、许人、曹人于宋。"

[注释]

孔瑗——左氏、穀梁作"孔奂"；瑗（音院 yuàn）、奂同韵相通。

27.3"卫杀其大夫宁喜。卫侯①之弟鱄②出奔晋。"

卫杀其大夫宁喜，则卫侯之弟鱄曷为出奔晋？为杀宁喜出奔也。曷为为杀宁喜出奔？卫宁殖与孙林父逐卫侯而立公孙剽③。宁殖病将死，谓喜曰："黜④公者，非吾意也，孙氏为之。我即死，女能固纳公乎⑤？"喜曰："诺。"宁殖死，喜立为大夫，使人谓献公曰："黜公者，非宁氏也，孙氏为之。吾欲纳公，何如？"献公曰："子苟纳我，吾请与子盟。"⑥喜曰："无所用盟⑦，请使公子鱄约之⑧。"献公谓公子鱄曰："宁氏将纳我，吾欲与之盟，其言曰：'无所用盟，请使公子鱄约之。'子固为我与之约矣。"公子鱄辞曰："夫负羁絷⑨，执铁锧⑩，从君东西南北，则是臣仆庶孽之事也。若夫约言为信，则非臣仆庶孽⑪所敢与也。"献公怒曰："黜我者，非宁氏与孙氏，凡⑫在尔！"公子鱄不得已而与之约。已约，归至，杀宁喜⑬。公子鱄挈其妻子而去之⑭。将济于河，携其妻子而与之盟⑮，曰："苟有履卫地、食卫粟者，昧雉彼视⑯！"

[译文]卫国杀了他的大夫宁喜，那卫侯的弟弟为什么要出逃到晋国？是因为杀宁喜一事而出逃的。为什么为杀宁喜一事而出逃？卫国宁殖与孙林父共同驱逐卫献公而立了公孙剽。宁殖病重将死，对儿子宁喜

· 399 ·

说:"驱逐献公并不是我的主意,而是孙氏干的。我如果死了,你能一定将献公接纳回国吗?"宁喜说:"好。"宁殖死,宁喜立为大夫,使人对献公说:"驱逐您的,不是我们宁氏,而是孙氏干的。我想接纳您回国,您看怎么样?"献公说:"您如果真想接纳我回国,我请求与您盟誓。"宁喜说:"没必要起什么盟誓,请让公子鱄与我订约。"献公对公子鱄说:"宁氏将要接纳我回国,我想跟他盟誓,他讲道:'没必要起什么盟誓,请让公子鱄与我订约。'您一定要为我跟他订约。"公子鱄推辞说:"肩扛羁縶、手铁锧、追随您到四面八方,那么是我们臣仆、卑贱之人的事情;至于订约为凭信,那就不是我们臣仆、卑贱之人所敢参与做的事了。"献公大怒道:"驱逐我的不是孙氏和宁氏,全是因为你!"公子鱄不得已与宁喜订约。订约之后,献公回到卫国国都,杀了宁喜。公子鱄带着妻子儿女离开了献公。将渡黄河时,牵扶着妻子、儿女一起[宰杀野鸡]盟誓:"如果有踏卫国土地、吃卫国粮食的,就像现在这只被宰杀的野鸡一样。"

[注释]

①卫侯——卫献公,襄公十四年奔齐,上年复国,见上14.4、26.3。

②鱄——音专zhuān,左氏同;穀梁作"专",杨伯峻《注》:"以其字子鲜,则正字当作'鱄',专乃借字。"

③立公孙剽——十四年立,见上26.1注释。

④出——《解诂》:"出,犹出逐。"

⑤女能固纳公乎——《解诂》:"固,犹必也;喜者,殖子,殖本与孙氏共立剽,而孙氏独得其权,故有此言。"

⑥盟——《解诂》:"盟者,欲坚固喜意。"

⑦无所用盟——《解诂》:"时喜见献公多诈,欲使公子鱄保之,故辞不肯盟,曰:'臣纳君,义也,无用为盟矣。'"

⑧请使公子鱄约之——《解诂》:"喜素信鱄,以为鱄能保献公。"

⑨羁縶——羁,马笼头;縶,音直zhí,马绊,拴缚马足。

⑩铁锧——刑具;铁同"斧",锧,音质zhì,斩人的垫板。

⑪仆庶孽——《解诂》:"仆,从者;庶孽,众贱子,犹树之有孽生。"

⑫凡——总,全。

⑬归至,杀宁喜——《解诂》:"献公归至国,背约杀宁喜。"

⑭公子……去之——《解诂》:"惭恚不能保献公。"

⑮携……盟——《解诂》:"恐乘舟有风波之害,己意不得展,故将济,豫与之盟。"

⑯昧雉彼视——《解诂》:"昧,割也;时割雉以为盟,犹曰视彼割雉,负此盟则如彼矣。"昧,音稳 wěn,同"刎",昧雉,一曰死鸡。

[评析] 左氏说明,宁喜专权,献公患之;又说明公子鱄恨献公无信而出走。

27.4"秋七月辛巳,豹及诸侯之大夫盟于宋。"

曷为再言"豹"①?殆②诸侯也。曷为殆诸侯?为石恶③在是也。曰:"恶人④之徒在是矣。"

[译文] [上"经"已书"叔孙豹"]此"经"为什么再说"豹"?是替诸侯感到危险。为什么替诸侯感到危险?因为卫国的石恶参加这次盟会;都说:"弑君恶人宁喜的同党在这里。"

[注释]

①曷为再言"豹"——指上"经"已书"叔孙豹会",本"经"为何再书"豹";《解诂》《疏》说明,僖公五年先书"公及……"后不书"公",故问;见5.5.4、5.5.5。

②殆——《解诂》:"危也。"

③石恶——宁喜同党,参加本盟会,见上"经"文;《解诂》:"卫侯衎不信,而使恶臣石恶来,故深为诸侯危惧其将负约为祸。"

④恶人——指宁喜。

27.5"冬十有二月乙亥朔,日有食之。"

28. 襄公二十八年

二十八年,丙辰,公元前545年,周灵王二十七年。

28.1"二十有八年春,无冰。"

[评析] 周之春,为夏(即今农历)之十一月、十二月及次年正月,正值冬季,无冰当属反常。

28.2 "夏，卫石恶出奔晋。"

[注释]

石恶——见上 27.4 注③。

28.3 "邾娄子来朝。"

[注释]

邾娄——左氏、穀梁例作"邾"。

28.4 "秋八月，大雩。"

28.5 "仲孙羯如晋。"

28.6 "冬，齐庆封来奔。"

28.7 "十有一月，公如楚。"

28.8 "十有二月甲寅，天王崩。"

[注释]

天王——周灵王。

28.9 "乙未①，楚子昭②卒。"

[注释]

①乙未——《解诂》："乙未与甲寅相去四十二日，盖闰月也。"杜预《集解》："十二月无乙未，日误。"前人考，当年无闰月，当为日误。

②楚子昭——楚康王。

29. 襄公二十九年

二十九年，丁巳，公元前 544 年，周景王元年。

29.1 "二十有九年春王正月，公在楚①。"

何言乎"公在楚"②？正月以存君也③。

[译文]"经"文为什么说"公在楚"？这是表示于一年之始的正月臣子存念国君。

[注释]

①公在楚——上年十一月襄公如楚。

②何言乎"公在楚"——《解诂》《疏》说明,成公十年"秋七月公如晋",十一年"春王三月公至自晋",则知正月成公在晋,而"经"不书"公在晋",故问。

③正月以存君——《解诂》:"正月岁终而复始,臣子喜其君父,与岁终而复始,执贽存之,故言在。"

29.2 "夏五月,公至自楚。"

29.3 "庚午,卫侯衎卒。"

[注释]

卫侯衎——卫献公;衎,音看 kàn。

29.4 "阍①弑吴子余祭。"

"阍"者何?门人也,刑人也。刑人则曷谓之阍?刑人非其人也②。君子不近刑人;近刑人,则轻死之道也。

[译文]"阍"是什么?是守门的人,是受过刑的人。既然是受过刑的人,那为什么称之为守门人?刑人是不适合做守门人的。君子不接近受过刑的人,接近受过刑的人,就是轻视死亡之道。

[注释]

①阍——守门人;《解诂》:"守门人号。"

②刑人非其人也——《疏》:"《祭统》云:'古者不使刑人守门。'然则刑人不合为阍,故曰以刑人为阍,非其人也。"译文据此。俞樾《群经平议》说"非其人者,谓非吴人也",此说与左氏相符;可参。

29.5 "仲孙羯会晋荀盈、齐高止、宋华定、卫世叔齐①、郑公孙段、曹人、莒人、邾娄人②、滕人、薛人、小邾娄人城杞。"

[注释]

①世叔齐——左氏、穀梁作"世叔仪"。

②邾娄人——左氏、穀梁例作"邾人";本"经"左氏无"邾人"。

29.6 "晋侯使士鞅来聘。"

29.7 "杞子来盟。"

29.8"吴子①使札②来聘③。"

吴无君、无大夫,此何以有君、有大夫④?贤季子也。何贤乎季子?让国也。其让国奈何?谒也、余祭也、夷昧也,与季子同母者四⑤。季子弱而才,兄弟皆爱之,同欲立之为君。谒曰:"今若是迮⑥而与季子国,季子犹不受也。请勿与子而与弟,弟兄迭⑦为君,而致国乎季子。"皆曰:"诺。"故诸为君者皆轻死为勇⑧,饮食必祝⑨,曰:"天苟有吴国⑩,尚速有悔⑪于予身。"故谒也死,余祭也立;余祭也死,夷昧也立。夷昧也死⑫,则国宜之季子者也。季子使而亡焉。僚者长庶也⑬,即之。季子使而反,至,而君之尔。阖庐⑭曰:"先君之所以不与子国而与弟者,凡为季子故也。将从先君之命与,则国宜之季子者也;如不从先君之命与,则我宜立者也。僚恶得为君乎!"于是使专诸刺僚⑮,而致国乎季子。季子不受,曰:"尔弑吾君,吾受尔国,是吾与尔为篡也。尔杀吾兄,吾又杀尔,是父子兄弟相杀,终身⑯无已也。"去之延陵⑰,终身不入吴国⑱。故君子以其不受为义,以其不杀为仁。贤季子,则吴何以有君,有大夫?以季子为臣,则宜有君者也。札者何?吴季子之名也。《春秋》贤者不名,此何以名,许夷狄者,不一而足也⑲。季子者,所贤也,曷为不足乎"季子"?许人臣者,必使臣;许人子者,必使子也。

[译文]"经"文对吴[这样夷狄之国]不书其国君、不书其大夫,此处为什么书国君与大夫?是由于认为季子贤明。为什么认为季子贤明?因为他辞让君位。他辞让君位是怎么回事?谒、余祭、夷昧与季子是同母所生的四弟兄。季子年少而有才能,兄长们都喜爱他,都想立他为君。长兄谒说:"现在像这样仓促交给季子君位,季子恐怕不会接受。那么就请将君位不传子而传弟,咱们弟兄依次相继为君,这样好将君位传给季子。"余祭、夷昧都说:"好吧。"所以几个备做君主的都轻视死亡、行为勇敢,吃饭时必祷告,说:"上天如果想吴国存在[就应让季子为君];尽快将灾殃降临到我们身上吧!"所以,谒死了,余祭为君;余祭死了,夷昧为君。夷昧死了,那君位就应该传给季子。季子借口出使别国而远去。僚是庶子中的长者,即位为君。季子出使返回,到了国都,认僚为君了。阖庐说:"先君之所以不将君位传子而传弟,都是为了季子的缘故。如果遵从先君的命令呢,就应当将君位给季子;如果不遵从先君的命令呢,我就应当立为君。僚怎么能成为国君呢!"于是阖庐派专诸刺杀

·404·

了僚,要将君位给季子。季子不接受,说:"你弑杀我的国君,如果我接受你的君位,那就成为我和你一道篡夺君位。你杀死我兄,如果我再杀死你,那这是父子兄弟相互残杀,始终没个完了。"季子离开阖庐住到吴地延陵,终生不回国都朝见国君。所以君子将他的不受君位看为有道义,将他的不杀亲人看为仁善。认为季子贤明,对吴国为什么就书写国君、大夫?将季子作为臣,那当然应该就有国君。"札"是什么人?是季子的名。《春秋》对贤者不书名[只书写字],此处为什么书他的名?因为赞许像吴这样夷狄国家之人[须逐渐提升],不因其一事而就彻底、足量赞许。季子是君子所认为的贤者,对他为什么不彻底、足量赞许直书其字"季子"[而仍书他的名"札"]?这是因为赞许人臣,必须使他像臣的样子;赞许人子,必须使他像子的样子[所以,上书"吴子"下书"札",如果上书"吴子"下书"季子",就不像臣了]。

[注释]

①吴子——余祭,吴王寿梦第二子。

②札——季札,吴王寿梦第四子。

③吴……聘——吴聘始于此。

④此何以有君、有大夫——《解诂》《疏》说明,上 14.1 向之会书"吴"不书君和大夫,故问。

⑤与季子同母者四——《解诂》"与,并也;并季子四人",指谒、余祭、夷昧、季子为同母所生弟兄四人。

⑥迮——音责 zé;《解诂》:"迮,起也,仓卒意。"

⑦迭——更替。

⑧轻死为勇——《疏》:"言其或轻其死,或为勇事,即余祭不远刑人,谒为巢门所杀是也。""余祭不远刑人"被杀见上4,"谒为巢门所杀"见上 25.10。

⑨祝——祷,《解诂》:"祝,因祭祝也。"

⑩天苟有吴国——《解诂》:"犹曰'天城欲有吴国,当与贤者'。"

⑪悔——《解诂》:"悔,咎。"

⑫夷昧也死——夷昧死于昭公十五年,僚继位。

⑬僚者长庶也——僚是寿梦庶子中的长者,与谒弟兄四人(嫡夫人生)非同母。

⑭阖庐——《解诂》"谒之长子光",一说夷昧之子。
⑮专诸刺僚——《解诂》:"专诸,膳宰;僚嗜炙鱼,因进鱼而刺之。"详见昭公二十七年左氏说。
⑯终身——王引之《经义述闻》:"家大人曰:父子兄弟非一人,不得言'终身'也。……终,竟也,竟无已时也。"
⑰延陵——在今江苏省常州市;《解诂》:"延陵,吴下邑;礼,公子无去国之义,故不越竟。"
⑱不入吴国——《解诂》:"不入吴朝。"
⑲不一而足也——《解诂》"故降字而名",指降级不书字而书名;参看6.9.11注⑤"不一而足"。

29.9"秋九月,葬卫献公。"
29.10"齐高止出奔北燕。"
[注释]
北燕——燕国,在今北京市一带。

29.11"冬,仲孙羯如晋。"

30. 襄公三十年

三十年,戊午,公元前543年,周景王二年。

30.1"三十年春王正月,楚子①使薳颇②来聘。"
[注释]
①楚子——楚子卷(麇),上年即位,昭公元年被弑。
②薳颇——左氏、穀梁作"薳罢",罢,音皮pí;颇、罢同声相通。

30.2"夏四月,蔡世子般弑其君固。"
[注释]
固——蔡景公。

第九章　鲁襄公

30.3 "5月甲午，宋灾，伯姬卒。"

［注释］

伯姬——成公九年归宋（见8.9.4），为宋共公夫人，因称共姬；宋共公于鲁成公十五年卒（见8.15.5），寡居至今，约六十岁。"伯姬"上左氏有"宋"字。关于伯姬的死见下"葬共姬"。

30.4 "天王杀其弟年夫。"

［注释］

年夫——周景王弟、灵王子；左氏、穀梁作"佞夫"；二字声同相通。

30.5 "王子瑕奔晋。"

30.6 "秋七月，叔弓①如宋，葬共姬②。"

外夫人不书"葬"，此何以书？隐③之也。何隐尔？宋灾，伯姬卒焉。其称谥何④？贤也。何贤尔？宋灾，伯姬存焉。有司复曰："火至矣，请出。"伯姬曰："不可。吾闻之也：妇人夜出，不见傅母⑤不下堂。傅至矣，母未至也！"逮乎火而死⑥。

［译文］鲁国以外的夫人死了，按例不书写其"葬"，此处为什么书写"葬共姬"？是为共姬哀痛。为什么哀痛？宋国发生火灾，伯姬死于此灾。对她［不书"伯姬"］而称其谥号"共姬"为什么？因为她贤德。她怎么贤德？宋国发生火灾，伯姬在宫里。有关官员回报说："火烧来了，请您赶快出去吧！"伯姬说："不可以。我听说过：妇人夜里外出，不见到傅父、保母是不走到堂外的。现在傅父到了，而保母还未到。"结果，她被大火环绕而烧死。

［注释］

①叔弓——宣公弟叔肸（见7.17.8）之曾孙，叔老（见上14.1）之子；杜预《集解》："伤伯姬之遇灾，故使卿共葬。"

②共姬——见上3"注释"。

③隐——见3.1.1注②。

④其称谥何——《解诂》《疏》说明3.4.5"齐侯葬纪伯姬"不书谥，故问。

⑤傅母——《解诂》："礼，后夫人必有傅母，所以辅正其行、卫其身也；选老大夫为傅，选老大夫妻为母。"

⑥逮乎火而死——《疏》："逮乎火而死者，为火所逮环而死也。"

[评析] 伯姬死于火灾，三《传》所述大致相同。但公羊认为称"共姬"是因为其"贤"而给了的谥号，实误。毛奇龄评道："共姬，从夫谥也。公羊以为贤而谥之，则不知共姬为共公之姬，又不知妇人无谥共者，谬又谬矣。"（《春秋传》）

30.7"郑良霄出奔许，自许入于郑，郑人杀良霄。"
[注释]
①良霄——郑执政大臣，郑穆公曾孙。
②许——国名，见1.11.3注②。

30.8"冬十月，葬蔡景公①。"
贼未讨，何以书"葬"②？君子辞③也。
[译文] [蔡君固被弑] 贼子未讨伐，"经"文为什么书写"葬蔡景公"？这是君子[遮掩贼未讨]的用词。
[注释]
①蔡景公——为其世子般所弑，见上2。
②贼……"葬"——隐公十一年说"《春秋》君弑，臣不讨，不书'葬'"（见1.11.4），故问。
③君子辞也——《解诂》："君子为中国讳……故足讳辞。"

30.9"晋人、齐人、宋人、卫人、郑人、曹人、莒人、邾娄①人、滕人、薛人、杞人、小邾娄人会于澶渊②，宋灾③故。"
"宋灾故"者何？诸侯会于澶渊，凡为宋灾故也。会未有言其所为者，此言所为何？录伯姬也④。诸侯相聚，而更⑤宋之所丧，曰："死者不可复生，尔财复⑥矣。"此大事也，曷为使微者？卿也。卿则其称"人"何？贬。曷为贬⑦？卿不得忧诸侯也。

[译文] "宋灾故"是什么意思？是说明诸侯在澶渊会见，都是因为宋国发生火灾的缘故。《春秋》书写会见没有说所为之目的的，此"经"说所为[宋灾故]为什么？是为了录记伯姬。诸侯相聚，是为了补偿宋国[因火灾而造成]的丧失，说："人死去不可复生，不过你们丧失的财

· 408 ·

物还可以再恢复。"这是大事，为什么使卑微之人与会呢？与会的实际上是各国的卿。既然是卿，"经"文书"人"为什么？这是为了贬责。为什么贬责？因为作为本国之卿不应当为他国诸侯担忧。

[注释]

①邾娄——左氏、穀梁例作"邾"。
②澶渊——见上20.2注③。
③宋灾——见上3。
④录伯姬也——《解诂》："重录伯姬之贤，为诸侯所闵忧。"
⑤更——偿。
⑥复——《解诂》："复者如故，时诸侯共偿，复其所丧。"
⑦曷为贬——《解诂》"据善事也"，指是善事为何贬。

31. 襄公三十一年

三十一年，己未，公元前542年，周景王三年。

31.1 "三十有一年春王正月。"

31.2 "夏六月辛巳，公薨于楚宫。"

[注释]

楚宫——《解诂》："公朝楚，好其宫，归而作之，故名之云尔。"

31.3 "秋九月癸巳，子野卒。"

[注释]

子野——襄公妾、归姓胡国（在今安徽省阜阳市）之女敬归生。

31.4 "己亥，仲孙羯卒。"

[注释]

仲孙羯——见上24.2注释。

31.5 "冬十月，滕子来会葬。"

31.6 "癸酉，葬我君襄公。"

31.7 "十有一月，莒人弑其君密州。"

第十章　鲁昭公

昭公，名裯，襄公妾敬归之妹齐归所生；即位时年十九岁，在位三十二年，后八年寄居齐、晋。

1. 昭公元年

元年，庚申，公元前541年，周景王四年。

1.1 "元年春王正月，公即位。"

1.2 "叔孙豹会晋赵武、楚公子围、齐国酌①、宋向戌、卫石恶②、陈公子招、蔡公孙归生、郑轩虎③、许人、曹人于漷④。"

此陈侯之弟招也，何以不称"弟"⑤？贬。曷为贬？为杀世子偃师贬⑥。曰："陈侯之弟招杀陈世子偃师。"⑦大夫相杀称"人"，此其称名氏以杀何？言将自是弑君也⑧。今将尔⑨，词曷为与亲⑩弑者同？君亲⑪无将⑫，将而必诛焉。然则曷为不于其弑焉贬⑬？以亲者弑，然后其罪恶甚。《春秋》不待贬绝而罪恶见者，不贬绝以见罪恶也。贬绝然后罪恶见者，贬绝以见罪恶也。今招之罪已重矣，曷为复贬乎此⑭？著招之有罪也。何著乎招之有罪？言楚之托乎讨招以灭陈⑮也。

[译文]这是陈侯之弟招，经文为什么不称"陈侯之弟招"？为了贬责。为什么贬责？是因为他杀死了太子偃师而贬责。[下八年]说："陈侯之弟招杀陈世子偃师。"大夫相互杀戮称"人"，该处"经"文称他的名氏杀世子偃师为什么？是说他将由此事进一步弑杀国君。现在招是将要这样做[而实际未弑]，用词为什么跟亲手弑君相同？对国君和父母不得有想要弑杀的企图，有此企图就要诛伐。那么为什么不于[下八年]书写他弑君时贬责？按亲自弑君的书法来书写，那他的罪恶就大了。《春

秋》所以不等待贬绝一个人的称谓而让其罪恶显现,是贬绝一个人的称谓而表现其罪恶。所以要贬绝一个人的称谓然后让其罪恶显现,是贬绝一个人的称谓而表现其罪恶。现在招的罪恶已经很重了,为什么又预先在这里贬责?是为了让招的罪恶昭著。为什么要让招的罪恶昭著?是说楚国因此假借讨昭的名义而灭亡了陈国。

[注释]

①国酌——左氏、穀梁作"国弱";酌、弱古音同韵相通。

②石恶——左氏、穀梁作"齐恶";前人考当是齐恶,因石恶已于襄公二十八年奔晋。

③轩虎——左氏、穀梁作"罕虎";轩、罕均从于得声,相通。

④溴——郑地,在今河南省郑州市北古荥镇;左氏作"虢",穀梁作"郭",虢是古文,郭是今文,溴是郭的假借。

⑤何以不称"弟"——《解诂》《疏》说明,下八年书"陈侯之弟招",故问。

⑥杀世子偃师——详见下八年左氏说。

⑦"陈侯……偃师"——下八年者"经"文。

⑧大夫……弑君也——陈立《义疏》:"庄二十二年'陈人杀其公子御冠'称人也。……彼非世子,故仍从大夫相杀称'人',招杀世子,《春秋》之例,杀世子者与君同罪,故与文十四年'齐公子商人弑其君舍'文同矣。为其先有无君之心,即可阶成弑君之祸,故与弑君同文也。"

⑨尔——指代词,参看3.32.3注㉑。

⑩亲——躬亲,参看3.32.3注㉒。

⑪亲——父母,参看3.32.3注㉓。

⑫将——将欲,参看3.32.3注㉔。

⑬然则……贬——《解诂》:"据未弑也。"《疏》:"据今仍未弑而已贬去其弟,曷为不于八年杀世子时贬之乎?"

⑭曷为复贬乎此——《解诂》《疏》说明,下十一年、十三年对楚公子弃疾不预贬,故问。

⑮灭陈——楚灭陈在下八年。

[评析] 公羊联系下八年"陈侯之弟招杀陈世子偃师"发"传",实名离本"经"太远。又,本"经"不书"弟"是贬,那该"经"书

"弟"难道是褒吗？

1.3 "三月，取运①。"

"运"者何？内之邑也。其言"取之"何②。不听③也。

[译文]"运"是什么地方？是鲁国的一个城邑。[既然是鲁国的一个城邑]那这里说"取运"为什么？是该地不听从鲁君命令叛变了。

[注释]

①运——此东运，参看6.12.8注③。运本鲁地，文公十二年季孙行父鲁师城运（见6.12.8）；靠近莒国，莒常侵占。成公九年，楚婴齐伐莒，莒溃，楚人入运（见8.9.10），说明已为莒占。襄公十二年，莒人伐鲁围台，季孙宿救台入运（见9.12.1、9.12.2），说明莒占后又归鲁。从本"经"看，襄公十二年后，又为莒所占。故左氏说"莒、鲁争郓，为日久矣"。运，左氏、穀梁作"郓"。

②其言"取之"何——《解诂》"据自鲁之有"，指既言内邑，为何再说"取之"。

③不听——《解诂》："不听者，叛也；不言'叛'者为内讳，故书'取'以起之。"

1.4 "夏，秦伯①之弟鍼②出奔晋。"

秦无大夫，此何以书？仕诸晋③也。曷为仕诸晋？有千乘之国而不能容其母弟，故君子谓之"出奔"也④。

[译文][对于秦这样夷狄之国]"经"文不书其大夫，此处为什么书写？因为鍼为官于晋国。为什么要说鍼为仕于晋国？像秦这样有千辆兵车的大国，君主竟然不能容他的同母弟弟，所以君子认为鍼为仕于晋是"出奔"。

[注释]

①秦伯——秦景公。

②鍼——音前qián，秦桓公子，景公母弟。

③仕诸晋——《解读》："为仕之于晋，书。"

④有……"出奔"也——《解诂》："弟贤当任用之，不肖当安处之，乃仕之他国，与逐之无异，故云尔。"

第十章 鲁昭公

1.5 "六月丁巳,邾娄子华卒。"

[注释]

邾娄——左氏、榖梁例作邾。

1.6 "晋荀关帅师败狄于大原①。"

此大卤也,曷为谓之"大原"?地物从中国②,邑人名从主人③,"原"者何?上平曰"原",下平曰"隰"。

[译文] 地点在大卤,为什么称之为"大原"["大卤"是夷狄的称呼,"大原"是中国的定名]?地形和物貌的名字从中国的称谓,邑和人的名字从它原属主人的称谓。"大原"的"原"是什么意思?地面宽广而平坦的地方叫"原",地势低洼而平坦的地方叫"隰"。

[注释]

①大原——榖梁同,左氏作"大卤",一地两名,在今山西省太原市西;卤音鲁lǔ。

②地物从中国——《解诂》:"以中国形名言之,所以晓中国、教殊俗也。"

③邑人名从主人——《解诂》:"邑人名,自夷狄所名也。"《疏》:"此主人,谓夷狄也。"

1.7 "秋,莒去疾①自齐入于莒。莒展②出奔吴。"

[注释]

①去疾——莒侯长之,上年奔齐;据9.31.7左氏说。

②展——榖梁同,左氏作"展舆";莒侯次子,吴女生,上年弑父自立;据9.31.7左氏说。

1.8 "叔弓帅师疆运田②。"

"疆运田"者何?与莒为竟也。与莒为竟,则曷为帅师而往?畏莒③也。

[译文] "疆运田"是什么意思?是与莒国划定边境界线。与莒国划定边境界线,为什么要率军队前往?是因为惧怕莒国。

[注释]

①叔弓——鲁宗族臣,参看9.30.6注①。

· 413 ·

②疆运田——运，左氏、穀梁作"郓"；杜预《集解》："春取郓，今正其封疆。"

③畏莒——《解诂》："畏莒有乱臣贼子，而兴师与之正竟，刺鲁微弱失操，烦扰百姓。"《疏》："贼乱之人，自救无暇，焉能转侵乎？故云微弱失操，烦扰百姓也。"

1.9 "葬邾娄悼公。"

[注释]

邾娄——左氏、穀梁例作"邾"。

1.10 "冬十有一月己酉，楚子卷卒。"

[注释]

楚子卷——卷，音权 quán，穀梁同，左氏作"麇"（君 jūn），两字音近得通。

1.11 "楚公子比出奔晋。"

[注释]

出奔晋——《解诂》："避内难也。"

2. 昭公二年

二年，辛酉，公元前 540 年，周景王五年。

2.1 "二年春，晋侯使韩起来聘。"

[注释]

晋侯——晋平公。

2.2 "夏，叔弓如晋。"

2.3 "秋，郑杀其大夫公孙黑。"

2.4 "冬，公如晋，至河①乃复。"

其言"至河乃复"何？不敢进也②。

[译文]"经"文说"至河乃复"是什么意思？是说昭公不敢前进了。

[注释]

①河——黄河。

②不敢进也——《解诂》:"乃,难辞也;时闻晋欲执之,不敢往。"

2.5"季孙宿如晋。"

3. 昭公三年

三年,壬戌,公元前539年,周景王六年。

3.1"三年春王正月丁未,滕子泉卒。"

[注释]

滕子泉——滕成公;泉,左氏、穀梁作"原",二字同韵相通。

3.2"夏,叔弓如滕。"

3.3"五月,葬滕成公。"

3.4"秋,小邾娄子来朝。"

[注释]

小邾娄——见3.5.3注②。

3.5"八月,大雩。"

3.6"冬,大雨雹。"

3.7"北燕伯款出奔齐。"

[注释]

北燕——见9.29.10注释。

4. 昭公四年

四年,癸亥,公元前538年,周景王七年。

4.1"四年春王正月,大雨雪。"

[注释]

雪——穀梁同,左氏作"雹"。

· 415 ·

4.2"夏,楚子、蔡侯、陈侯、郑伯、许男①、徐子、滕子、顿子②、胡子③、沈子④、小邾娄子、宋世子佐、淮夷⑤会于申⑥。"

［注释］

①楚子、蔡侯、陈侯、郑伯、许男——楚灵王、蔡灵公、陈哀公、郑简公、许悼公。

②顿子——顿国君;顿,见5.25.5注①。

③胡子——胡国君;胡,归姓国,在今安徽省阜阳市,鲁定公十五年为楚所灭。

④沈子——沈国君;沈,国名,今地不详。

⑤淮夷——近楚之国名,一说民族名,今地不详。

⑥申——楚地,在今河南省南阳市。

4.3"楚人执徐子。"

［注释］

徐子——徐君章禹;徐,见3.26.4注释。

4.4"秋七月,楚子、蔡侯、陈侯、许男、顿子、胡子、沈子、淮夷伐吴,执齐庆封①,杀之。"

其言"执齐庆封"何?为齐诛也。其为齐诛奈何?庆封走之吴②,吴封之于防③。然则曷为不言"伐防"④?不与诸侯专封也⑤。庆封之罪何?胁齐君而乱齐国也。

［译文］"经"文说"执齐庆封"是什么意思?是替齐国诛讨［庆封］。对替齐国诛讨［庆封］是怎么回事呢?庆封逃到吴国,吴国将他封在防地。那么"经"文为什么不说"伐防"?这是不赞许诸侯专权擅自封赏土地。庆封的罪过是什么?威胁齐国国君并扰乱了整个国家。

［注释］

①庆封——跟随崔杼弑杀齐庄公,立齐景公并为左相;又,专权好田猎嗜酒,受国人攻伐奔鲁,又奔吴。见9.25.2、9.28.6。

②庆封走之吴——《解诂》:"以襄公二十八年奔鲁,自是走之吴。不书者,以绝于齐。在鲁不复为大夫,贱,故不复录之。"

③防——左氏作"朱方",在今江苏省镇江市丹徒镇。

④曷为不言"伐防"——《解诂》"据防邑为国",指"防"不系国名,已如国。

⑤不与诸侯专封也——《解诂》"故夺言伐吴",陈立《义疏》"谓夺伐防"文言'伐吴'也",指不书"伐防",向书"伐吴";专封,参看 5.1.2 注⑬。

4.5 "遂灭厉"。
[注释]
厉——国名,在今湖北省随县;厉,穀梁同,左氏作"赖",两字同声相通。本"经"按上"经"。左氏说"(楚子)遂以诸侯灭赖"。

4.6 "九月,取鄫①。"
其言"取之"何②?灭之也。灭之,则其言"取之"何?内大恶,讳也。
[译文]"经"文说"取鄫"是什么意思?是灭鄫的意思?既然是灭鄫,那"经"文说"取鄫"为什么?这是鲁国自己的大恶事,为了隐讳。
[注释]
①鄫——原国名,穀梁作"缯",参看 5.14.2 注②;襄公六年,为莒所灭(见 9.6.5)。
②其言"取之"何——《解诂》"据国言灭",《疏》说明,指庄公十年"齐师灭谭"、十三年"齐人灭遂"书"灭"。

4.7 "冬十有二月乙卯,叔孙豹卒。"
[注释]
叔孙豹——见 9.2.8 注释。

5. 昭公五年

五年,甲子,公元前 537 年,周景王八年。

5.1 "五年春王正月,舍①中军。"
"舍中军"者何?复古也②。然则曷为不言"三卿"③?五亦有中,三

· 417 ·

亦有中④。

[译文]"舍中军"为什么？是为了恢复古制。那么为什么不说"舍三卿"[而说"舍中卿"]？五也有中间数目、三也有中间数目[所以襄公十一年"作三军"不能书成"作中军"；现在书"舍中军"即是舍三军中之中军]。

[注释]

①舍——废置。

②复古也——《解诂》"善复古也"，指襄公十一年"作三军"，公羊说"三军者何？三卿也。'作三军'何以书？讥。何讥尔？古者上卿、下卿……"

③曷为不言"三卿"——《疏》："襄十一年传云，三军者何？三卿也。……是以弟子因而难之，云曷为不言舍三卿。"

④五亦有中，三亦有中——《解诂》："此乃解上作三军时意，作时益中军，不可言中军者，五亦有中，三亦有中，不知何中也。今此据上作三军，不言中云三，则益三之中、舍三之中皆可知也。弟子本据上言'作三'，难下'中'不言'三'也。"

[评析]左氏说"舍中军，卑公室也"（公室，指鲁君政权），这是孟孙（仲孙）、叔孙、季孙（所谓三桓，即桓公三子的后代）三家削弱鲁军事力量的措施。公羊说是"复古"，难成立。

5.2"楚杀其大夫屈申。"

5.3"公如晋。"

5.4"夏，莒牟夷以牟娄①及防②、兹③来奔。"

"莒牟夷"者何？莒大夫也。莒无大夫，此何以书？重地也，其言"及防、兹"来奔何④？不以私邑累公邑也⑤。

[译文]"莒牟夷"是谁？是莒国的大夫。[对莒这样国家]"经"文不书其大夫，此处为什么书写？这是重视他给鲁国进献牟娄和防、兹三地。"经"文[于"牟娄"之后]说"及防、兹"为什么？这是不将牟夷的私邑防、兹和莒君的公邑牟娄按平等次序排列。

[注释]

①牟娄——见1.4.1注②。

②防——在今山东省安丘县。

③兹——在今山东省诸城县。

④其言"及防、兹"来奔何——《解诂》《疏》说明,据漆闾丘不言及,高张言及。即襄公二十一年"牟娄庶其以漆、闾丘来奔"(9.21.2)不书"及",故问。

⑤不以私邑累公邑也——《解诂》:"公邑,君邑也。私邑,臣邑也。累,次也。义不可使臣邑与君邑相次序,故言及以绝之。"

[评析]公羊观察到并列成分之间用"及"不用"及"的区别,似有道理。

5.5 "秋七月,公至自晋。"

5.6 "戊辰,叔弓帅师败莒师于濆泉①。"

"濆泉"者何?直泉也。"直泉"者何?涌泉②也。

[译文]"濆泉"是什么?[濆泉]就是直泉。"直泉"是什么?[直泉]就是水向上喷涌而出的泉。

[注释]

①濆泉——濆,穀梁作"蚡",左氏作"蚡",蚡、蚡古音同相通;范宁《集解》"蚡泉,鲁地",杨伯峻《注》"蚡泉,盖莒、鲁交界之地名"。

②涌泉——《解诂》:"盖战而涌,为异也。"

[评析]公羊从"濆泉"定名发传,孔广森《通义》说:"传释其地有涌泉,故泉名尔;何氏谓'盖战而涌''蚡',与'涌'无关。"

5.7 "秦伯①卒。"

何以不名②?秦者,夷也,匿嫡之名也③。其名何④?嫡得之也⑤。

[译文]["秦伯卒"]"经"文为什么不书秦伯的名字?秦国是中原以外的西夷之国,按照夷俗,嫡子出生后隐匿其名字[故不书]。[那文公十八年春"秦伯罃卒"、宣公四年春"秦伯稻卒"]"经"文书秦伯的名字为什么?这是[罃、稻]因是嫡子得立为君的缘故。

[注释]

①秦伯——秦景公。

②何以不名——《解诂》"据诸侯名",指诸侯卒书名,故问。

③匿嫡之名也——《解诂》:"嫡子生,不以名令于四竟,择勇猛者而立之。"

④其名何——《解诂》《疏》说明,文公十八年春"秦伯䓨卒"、宣公四年春"秦伯稻卒"书名,故问。

⑤嫡得之也——《解诂》:"独䓨、稻以嫡得立之。"译文据此。俞樾《群经平议》说,"嫡"乃"適"之误,"两君独名者,乃適得之也。犹云偶然得也。"

[评析] 公羊将秦看为夷狄之国,孔广森《通义》说:"秦居于西陲,杂犬戎之习,非实夷国也,用夷俗尔。"

5.8 "冬,楚子、蔡侯、陈侯、许男①、顿子、沈子、徐人、越②人伐吴。"

[注释]

①楚子、蔡侯、陈侯、许男——楚灵王、蔡灵公、陈哀公、许悼公。
②越——国名,都会稽(在今浙江省绍兴市)。

6. 昭公六年

六年,公元前536年,周景王九年。

6.1 "六年春王正月,杞伯益姑卒。"

[注释]

杞柏益姑——杞文公。

6.2 "葬秦景公。"

[注释]

秦景公——上年秋卒,书"秦伯",未书名。

6.3 "夏,季孙宿如晋。"

6.4 "葬杞文公。"

6.5 "宋华合比出奔卫。"

6.6 "秋九月,大雩。"

6.7"楚薳颇帅师伐吴。"

[注释]

薳颇——左氏、穀梁作"薳罢";颇、罢(音 pí 皮)同声相通。

6.8"冬,叔弓如楚。"

6.9"齐侯①伐北燕②。"

[注释]

①齐侯——齐景公。

②北燕——见 9.29.10 注释。

7. 昭公七年

七年,丙寅,公元前 535 年,周景王十年。

7.1"七年春王正月,暨①齐平②。"

[注释]

①暨——及,与。

②暨齐平——平,媾和;《解诂》:"书者,善录内也;不出主名者,君相与平,国中皆安,故以举国体言之。……时鲁方结婚于吴。外慕强楚,故不汲汲于齐。"

[评析]公羊无传,据《解诂》和左氏说,是鲁与齐平,而据杜预《集解》,是燕与齐平。

7.2"三月,公如楚。"

7.3"叔孙舍如齐莅盟。"

[注释]

叔孙舍——鲁宗室臣,左氏、穀梁作"叔孙婼";舍、婼(音绰 chuò),杨伯峻《注》:"盖古韵部为平入通转。"

7.4"夏四月甲辰朔,日有食之。"

7.5"秋八月戊展,卫侯恶卒。"

· 421 ·

[注释]

卫侯恶——卫襄公。

7.6 "九月,公至自楚。"
7.7 "冬十有一月癸未,季孙宿卒。"
[注释]

季孙宿——见9.6.7注释。

7.8 "十有二月癸亥,葬卫襄公。"

8. 昭公八年

八年,丁卯,公元前534年,周景王十一年。

8.1 "八年春,陈侯之弟招杀陈世子偃师。"
[注释]

陈侯——陈哀公。左氏说,哀公元妃郑姬生太子偃师,二妃生公子留,下妃生公子胜。二妃受宠,哀公欲立留,托之于其两弟公子招与公子过。招、过于是杀世子偃师,立公子留。参看上1.2。

8.2 "夏四月辛丑,陈侯溺卒。"
[注释]

陈侯溺——陈哀公。左氏说自缢而死,盖因长期患病、世子被杀。

8.3 "叔弓如晋。"
8.4 "楚人执陈行人于征师杀之。"
[注释]

行人——外交官员。左氏说,陈派于征师赴楚推陈侯之表且告立公子留。公子胜也到楚控告杀偃师、立留事。楚人执于征师杀之。

8.5 "陈公子留出奔郑。"
8.6 "秋,蒐①于红②。"

"蒐"者何？简车徒③也。何以书？盖以罕④书也。

"蒐"是什么意思？是简阅兵车、步卒。"注"文为什么书写？盖是因不常见而书写。

[注释]

①蒐——检阅，阅兵。

②红——鲁地，今不详何处。

③简车徒——参看2.6.3注②③；王引之《经义述闻》说："简车徒"当是"简徒"，"车"字涉下十一年"大蒐者何？简车徒也"而衍。蒐只简徒，大阅只简车，大蒐简车徒。

④罕——少；参看2.6.3注④。

8.7"陈人杀其大夫公子过。"

[注释]

公子过——见上8.1注释。

8.8"大雩。"

8.9"冬十月壬午，楚师灭陈①。执陈公子招，放之于越②，杀陈孔瑗③。"

[注释]

①灭陈——楚师今年灭陈。五年之后（鲁昭公十三年），楚灵王被杀，弃疾立（又名熊居，而楚平王），为号召诸侯，又复陈国，立偃师之孙惠公吴。陈最后为楚所灭，在《春秋》之后，鲁哀公十七年（前478年）。此据左氏说。

②越——越国，见上5.8注②。

③孔瑗——杜预《集解》说"招之党"；瑗，左氏、穀梁作"奂"，二字古音相通。

8.10"葬陈哀公。"

9. 昭公九年

九年，戊辰，公元前533年，周景王十二年。

9.1 "九年春,叔弓会楚子^①于陈^②。"

[注释]

①楚子——楚灵王。

②陈——《解诂》:"陈已灭,复见者从地名。"

9.2 "许迁于夷。"

[注释]

许初立国于今河南省许昌市辖区,距郑较近,成公十五年迁于叶(今河南叶县),因"畏逼于郑"(见8.15.13),由叶迁夷。夷,又名城父,在今安徽省亳县。许凡四迁,另两次是昭公十八年迁白羽,定公四年迁容城。

9.3 "夏四月,陈火^①。"

陈已灭矣,其言"陈火"何^②?存陈也。曰:"存陈,悕矣^③!"曷为存陈?灭人之国,执人之罪人^④,杀人之贼^⑤,葬人之君,若是则陈存悕矣。

[译文]陈国已经灭亡了,"经"文说"陈火"为什么?是为了保存陈国。公羊子说:"所以保存陈国,是上天悲伤它的灭亡!"〔楚国〕灭亡了别的国家,拘捕了别国的罪人,杀死了别国的贼子,安葬了别国的君主,如此等等,所以说保存陈国,是悲伤它的灭亡。

[注释]

①陈火——榖梁同,左氏作"陈灾";赵匡论道:"按前后未有书外火者,小事若一一书之,固不可胜记,且诸侯亦当不告也,实是天火,事大,故书之"(《春秋集传辩疑》),则书"灾"者为正。

②陈……何——《解诂》:"据灾异,为有国者戒。"

③曰"存陈,悕矣"——《解诂》:"书火存陈者,若曰陈为天所存,悲之。"《疏》:"悕,谓悲也;公羊子曰:'陈为天所存者,天悲痛之故也。'"

④执人之罪人——《解诂》"罪人,招也",见上8.9。

⑤杀人之贼——《解诂》"孔瑗,弑君贼也",见上8.9。

第十章　鲁昭公

9.4"仲孙貜如齐。"
［注释］
仲孙貜——孟僖子，鲁宗室臣；貜，音觉 jué。

9.5"冬，筑郎囿。"
［注释］
郎囿——鲁近郊郎地之苑林；郎，见 1.9.5 注释。

10. 昭公十年

十年，己巳，公元前 532 年，周景王十三年。

10.1"十年春王正月。"
10.2"夏，晋栾施来奔。"
［注释］
晋——左氏、穀梁作"齐"；杨伯峻《注》："'齐'，公羊误作'晋'。"

10.3"秋七月，季孙隐如、叔弓、仲孙貜帅师伐莒。"
［注释］
季孙隐如——季平子，左氏、穀梁作"季孙意如"，鲁宗室大臣，自昭公二十三年代叔孙婼（舍）执鲁政。

10.4"戊子，晋侯彪卒。"
［注释］
晋侯彪——晋平公。

10.5"九月，叔孙舍如晋。葬晋平公。"
［注释］
叔孙舍——左氏、穀梁作"叔孙婼"，见上 7.3 注释。

10.6"十有二月甲子，宋公戌[②]卒。"
［注释］
①十有二月甲子——上无"冬"，《解诂》说"去冬者，孟昭公娶吴

孟子之年，故贬之"；《疏》说："以《礼记》《论语》皆有昭公娶于吴、谓之吴孟子之文，但不指其娶之年岁，今无'冬'者无他罪可知，是以何氏以意当之，以无正文，故言'盖'也。"杜预《集解》说"无'冬'，史缺文"，当以为据。《解诂》之说实属附会，《疏》乃演义；至清陈立《义疏》说"盖事在是年冬十月或十一月，不存其事，故亦不存其目，若移'冬'于'十有二月'之上，则讳意不显"，则更是牵强了。

②宋公成——宋平公；左氏、穀梁作"宋公成"，据考，"成"字误，见杨伯峻《注》。

11. 昭公十一年

十一年，庚午，公元前531年，周景王十四年。

11.1"十有一年春王正月，叔弓如宋。"

[注释]

正月——左氏、穀梁作"二月"；据考，当是"二月"。叔弓如宋，是参加宋平公葬礼，宋平公上年十二月卒，不可能逾月即葬（左氏隐公元年说，天子七月而葬，诸侯五月，大夫三月，士逾月）。赵坦《春秋异文笺》"公羊作正月，或是字之讹"。

11.2"葬宋平公。"

11.3"夏四月丁巳，楚子虔①诱蔡侯般②，杀之于申③。"

"楚子虔"何以名④？绝⑤。曷为绝之？为其诱讨⑥也。此讨贼也⑦，虽诱之，则曷为绝之？怀恶而讨不义，君子不予也⑧。

[译文] 对"楚子虔"因何"经"文写出他的名字？表示当废绝其爵位。为什么要废绝其爵位？因为他用诱骗手段诛杀了蔡侯般。这是讨伐弑父之贼人，即使使用诱骗手段，为什么就应当绝其君位？因为他是抱着有利本国、吞并他国的罪恶目的去讨伐不义之人，这是君子所不赞许的。

[注释]

①楚子虔——楚灵王。

②蔡侯般——蔡灵公，于襄公三十年弑其父固（蔡景公）自立；见

9.30.2。

③申——楚之大邑，在今河南省南阳市。

④"楚……名"——《解诂》《疏》说明，下十六年春"楚子诱戎曼子"不书楚子名，故问。

⑤绝——断绝，罢黜；参见2.6.4注③。

⑥诱讨——《解诂》："使不自知而死，故加诱。"讨，现本是"封"，据常熟瞿氏铁琴铜剑楼藏宋刊《春秋公羊经传解诂》改。左氏说楚子飨蔡侯，醉而执之。

⑦此讨贼也——《解诂》："蔡侯般弑父而立。"

⑧怀恶……予也——《解诂》："内怀利国之心而外托讨贼，故不与其讨贼而责其诱诈也。"

11.4"楚公子弃疾帅师围蔡。"
11.5"五月甲申，夫人归氏薨。"
[注释]
夫人归氏——杜预《集解》："昭公母，胡女，归姓。"

11.6"大蒐于比蒲①。"
"大蒐"者何？简车徒②也。何以书？盖以罕书也③。
[译文]"大蒐"是什么意思？是检阅兵车、步卒。"经"文为什么书写？盖是因不常见而书写。
[注释]
①比蒲——鲁地，今何处不详。
②简车徒——见2.6.3注②③。
③盖以罕书也——《解诂》"说在桓六年"，见2.6.3注④。

11.7"仲孙貜会邾娄①子，盟于侵羊②。"
[注释]
①邾娄——左氏、穀梁例作"邾"。
②侵羊——左氏、穀梁作"祲祥"，古同音通假；在今曲阜城郊。

11.8"秋，季孙隐如①会晋韩起、齐国酌②、宋华亥、卫北宫佗、郑轩虎③、曹人、杞人于屈银④。"

[注释]

①季孙隐如——左氏、穀梁作"意如"，见上 10.3 注释。

②国酌——左氏、穀梁作"国弱"。

③轩虎——左氏、穀梁作"罕虎"。

④屈银——左氏、穀梁作"厥慭（音印 yìn）"，一说卫地，在今河南省新乡县。

11.9"九月己亥，葬我小君①齐归。"

"齐归"者何？昭公之母也②。

[译文]"齐归"是什么人？是昭公的母亲。

[注释]

①小君——讣告中对国君夫人的称呼，参看 3.22.2"评析"。

②昭公之母也——《解诂》"归氏，胡女，襄公嫡夫人"，说"嫡夫人"不当。左氏襄公三十一年说，襄公夫人是敬归，昭公母是敬归之妹、襄公之妾齐归。

11.10"冬十有一月丁酉，楚师灭蔡；执蔡世子有①以归，用之②。"

此未逾年之君也，其称"世子"何③？不君灵公④，不成其"子"也⑤。不君灵公，则曷为不成其"子"⑥？诛君之子不立，非怒也，无继也⑦。恶乎用之？用之防也。其用之防奈何？盖以筑防也⑧。

[译文]这是国君死后未逾年继位之君，[不称"蔡子"] 称"蔡世子"为什么？《春秋》不承认蔡灵公是国君，也就不将"世子"改称"子"以示不当继位。不承认蔡灵公是国君，那为什么就不将"世子"改称"子"以示不当继位？弑君篡位的蔡灵公的儿子不当立为国君，这并非迁怒于其子有，而是由于蔡灵公大逆不道，不应当有继嗣。楚国于何处用蔡世子？是用之于防。用之于防是怎么回事？大概是将有的头、足等碎骨用来筑堤防。

[注释]

①蔡世子有——蔡灵公的世子名有，左氏、穀梁作"友"。

②用之——指用蔡世子；如何用，见"传"及下"评析"。

③其称"世子"何——《解诂》《疏》说明僖公二十八年书"陈子"（5.28.15）。

④不君灵公——不以灵公为君，君，意动用法；《解诂》："不与灵公坐弑父诔，不得为君也。"

⑤不成其"子"也——《解诂》："不成有得称'子'"，继父也。

⑥曷为不成其"子"——《解诂》："据恶恶止其身。"

⑦非怒也，无继也——《解诂》："公诛子当绝。"《疏》："非由恶其父迁怒其子孙，但由灵公大逆，理无继嗣矣。"

⑧盖以筑防也——《解诂》："持其足以头筑防。"（以，与、和）

[评析] 左氏说用蔡世子作牺牲祭祀。公羊说用蔡世子尸骨筑堤防；此与5.19.4"邾娄人执鄫子，用之"之说不一致。该"用之"公羊说是用以祭社。

12. 昭公十二年

十二年，辛未，公元前530年，周景王十五年。

12.1 "十有二年春，齐高偃帅师纳北燕伯①于阳②。"

"伯于阳"者何？公子阳生也。子曰："我乃知之矣③。"在侧者曰："子苟知之，何以不革？"曰："如尔所不知何④？《春秋》之信史也：其序，则齐桓，晋文；其会，则主会者为之也⑤；其词，则丘有罪焉耳⑥。"

[译文] "伯于阳"是谁？是公子阳生。孔子说："我早就知道是怎么回事了［这是'公'字误成'伯'，'子'字误成'于'，'阳'字下脱了'生'字］。"在他旁边的人说："您如果早知道了这些错误，为什么不改正？"说："怎么对待你们所不懂得的事情呢［这是可以强加更改的吗］？《春秋》是一部信史：其中诸侯尊卑秩序，是齐桓、晋文这些方伯之长所定；其中诸侯之会，则是主会者所为；对其中褒贬谴惩义之解释［如有不当］，则是丘我的罪过。"

[注释]

①②北燕伯——北燕伯款，昭公三年出奔齐，昭公六年齐侯欲纳其还国，未果，见上3.7、6.9及左氏说。阳——又名唐，燕邑，在今河北

省完县、唐县之间。公羊释"伯于阳"为人名，误。

③子……知之矣——《解诂》："子谓孔子；乃，乃是岁也。时孔子年二十三，具知其事，后作《春秋》。按史记，知'公'误为'伯'、'子'误为'于'、'阳'在、'生'刊灭缺。"

④如尔所不知何——如……何，固定结构；《解诂》："如，犹奈也，犹曰：奈女所不知何？宁可强更之乎？"

⑤其序……为之也——俞樾《群经平议》："'其序''其会'，两文时举……此盖言诸侯之序皆伯主所定，诸侯之会皆主会者所为。"

⑥其词则丘有罪焉耳——《解诂》："丘，孔子名；其贬绝讥刺之辞。有所失者，是丘之罪。"辞，指孔子对《春秋》的解说。

[评析] 左氏说"十二年春，齐高偃纳北燕伯款于唐，因其众也"，说明因北燕众民要求款回国。穀梁说"纳者，内不受也，燕伯之不名何也？不以高偃挈燕伯也"（挈，携带、护送），说明书"纳"是表示本国不接受（故未入国都，而入阳邑）；不书燕伯之名"款"是表示不赞许高偃纳之返国。穀梁之说虽与左氏相反，但两家均认为"北燕"是国名，"伯"是君名。而公羊将"伯"跟"于阳"连读，解"伯于阳"为人名，又编造孔子的话——说是"经"文字误又脱"生"，实是大谬。毛奇龄《春秋传》说，齐侯之子有名公子阳生，公羊误将"伯于阳"当作此人。不过有学者据公羊此"传"说明孔子不但未作《春秋》，而且未曾修《春秋》（见杨伯峻《注》"前言"）。又，上注③《解诂》"后作《春秋》"之"作"，当理解为"修"，因为公羊家认为孔子只是修《春秋》，参看3.7.2及12.14.1"评析"。

12.2 "三月壬申，郑伯嘉卒。"

[注释]

郑伯嘉——郑简公。

12.3 "夏，宋公使华定来聘。"

[注释]

宋公——宋元公，上年即位。

12.4"公如晋，至河乃复。"

12.5"五月，葬郑简公。"

[注释]

五月——左氏说"六月，葬郑简公"。"经"书"五月"，左氏说"六月"；前人一说"经"误，一说左氏误，杨伯峻《注》"两说俱无据"。

12.6"楚杀其大夫成然。"

[注释]

成然——左氏作"成熊"，穀梁作"成虎"；熊是名，虎是字。公羊作"成然"，赵坦《春秋异文笺》说"熊、然形势相似致讹"。

12.7"秋七月。"

12.8"冬十月，公子整出奔齐。"

[注释]

公子整——鲁宗室臣，左氏、穀梁作"公子慭"（音印 yìn）。

12.9"楚子①伐徐②。"

[注释]

①楚子——楚灵王。
②徐——嬴姓国，参看 3.26.4 注释。

12.10"晋伐鲜虞。"

[注释]

鲜虞——白狄别种之国，在今河北省正定县；战国时为中山国。

13. 昭公十三年

十三年，壬申，公元前 529 年，周景王十六年。

13.1"十有三年春，叔弓帅师围费。"

[注释]

费——季氏私邑，参看 9.7.4 注释；上年季氏家臣南蒯以费叛鲁，奔齐，见上 12.8 左氏说。

13.2 "夏四月，楚公子比[1]自晋归于楚，弑其君虔[2]于乾谿[3]。"

此弑其君，其言"归"何[4]？归无恶于弑、立也。归无恶于弑、立者何？灵王为无道，作乾谿之台，三年不成，楚公子弃疾[5]胁比而立之。然后令于乾谿之役曰："比已立之，后归者不得复其田里。"众罢而去之。灵王经而死。

[译文] 这是弑杀他的国君，"经"文说"归"为什么？因为公子比自晋归楚对于弑杀国君与他立为君没有什罪恶可言。楚灵王为无道之事，在乾谿建台，三年未成，楚公子弃疾要挟公子比而立他为君。然后对在乾谿服劳役的人下令说："公子比已立为国君［都赶快跑回家去吧］！回去晚的就不能再得到自己的田地与宅里。"于是众劳役就罢工回家。楚灵王无奈，自到而死。

[注释]
①公子比——子干，楚共王子，灵王弟，于昭公元年奔晋，见上 1.11。
②虔——楚灵王。
③乾谿——楚地，在今安徽省亳县；谿，穀梁作"溪"。
④其言"归"何——《疏》："正以'归'者，出入无恶之文，今君弑而言'归'，故难之。"指《春秋》书例，出入无恶才书"归"。
⑤公子弃疾——楚平王，楚共王子，公子比弟。

13.3 "楚公子弃疾弑[1]公子比。"

比已立矣，其称"公子"何[2]？其意不当也[3]。其意不当，则曷为加弑焉尔[4]？比之义[5]宜乎效死不立[6]。大夫相杀称"人"[7]，此其称名氏以杀何？言将自是为君也[8]。

[译文] 公子比已立为国君，经文［不称"君"］称"公子"为什么？是因为公子比的本意不想为君。既然公子比的本意不想为君，那给他加个弑君的罪名为什么？是因为按照君臣之大义，公子比应当宁死不立。大夫相互杀戮称"人"，此处称"公子弃疾"为什么？这是说公子弃疾从此将成为楚之国君了。

· 432 ·

第十章　鲁昭公

[注释]

①弑——左氏、穀梁作"杀",盖因"弑"为下杀上之词。此两公子相戮,不当书"弑"。

②此其称"公子"何——《解诂》《疏》说明,文公十四年书"齐公子商人弑其君舍",故问。

③其意不当也——《解诂》"据上传知其胁",指"公子弃疾胁比而立之"。

④曷为加弑焉尔——指上"经"书公子比"弑其君虔"。

⑤义——指君君、臣臣之准则。

⑥效死不立——陈立《义疏》:"效死不立;犹《孟子》之'效死勿去',谓宁死不立也。"

⑦大夫相杀称"人"——参看6.16.6"宋人弑其君处臼"之"传"及注。

⑧自是为君也——公子弃疾自是立为君,即楚平王。

13.4"秋,公会刘子①、晋侯、齐侯、宋公、卫侯、郑伯、曹伯②、莒子、邾娄③子、滕子、薛伯、杞伯、小邾娄子于平丘④。"

[注释]

①刘子——刘献公,周臣。

②晋侯、齐侯、宋公、卫侯、郑伯、曹伯——晋昭公、齐景公、宋元公、卫灵公、郑定公、曹武公。

③邾娄——左氏、穀梁例作"邾"。

④平丘——卫地,在今河南省封丘县。

13.5"八月甲戌,同盟于平丘。公不与盟。"

[注释]

不与盟——未参加结盟;见下"传"。

13.6"晋人执季孙隐如以归。"

[注释]

季孙隐如——季平子,季孙宿(季武子,见9.6.7注释)之孙,自

· 433 ·

昭公二十三年代叔孙舍执鲁政，并驱逐鲁昭公（在二十五年）。隐如，左氏、穀梁作"意如"。此次平丘之会，邾、莒控告鲁对晋不友好，晋昭公不与鲁昭公盟，并执隐如。

13.7"公至自会。"

"公不与盟"[①]者何？公不见与盟也。公不见与盟，大夫执，何以致会[②]？不耻也。曷为不耻？诸侯遂乱，反陈、蔡，君子不耻[③]不与焉[④]。

[译文] 上"经"书"公不与盟"是什么意思？实际是昭公不被允许参加盟会。昭公不被允许参加盟会、鲁国大夫又被拘捕，为什么还书"公至自会"？是不以此二事为耻辱。为什么不以此二事为耻辱？是诸侯促成楚国之乱，楚国复陈、蔡国君之位，诸侯听从陈、蔡国君劝告不再讨楚，所以君子不以公不参加盟会为耻辱。

[注释]

①公不与盟——指公自己主动不与盟；《解诂》："时晋主盟，疑公如楚，不肯与公盟，故讳使若公自不肯与盟。"

②何以致会——《解诂》《疏》说明，3.6.3公羊说"得意致会"；此会不得意，故问。

③不耻——原无"不"字，阮元《校勘记》："唐石经诸本同此本，脱上'不'字，今补正。"

④诸侯……不与焉——《解诂》："时诸侯将征弃疾，弃疾乃封陈、蔡之君使说诸侯，诸侯从陈、蔡之君言还反，不复讨楚，楚乱遂成，故云尔。"

[评析] 公羊说"公不与盟"，实为公不被与盟，本是耻事。其所说"不耻"，乃是据下两"经"蔡侯归蔡、陈侯归陈，实是穿凿附会。

13.8"蔡侯庐[①]归于蔡。陈侯吴[②]归于陈。[③]"

此皆灭国也，其言"归"何[③]？不与诸侯专封[④]。

[译文] 蔡、陈都是被灭亡的国家，"经"文说蔡侯、陈侯"归"为什么？这是不赞许诸侯专权擅自分封。

[注释]

①蔡侯庐——蔡世子有之子，见上11.10"楚师灭蔡，执蔡世子有以归"。

②陈侯吴——陈世子偃师之子；楚灭陈、偃师被杀，在八年，见上

8.1、8.9。

③其言"归"何——《解诂》:"据归者有国辞",指书"归"表示国未灭,如僖公三十年"卫侯郑归于卫"。

④专封——见 5.1.2 注⑬。

13.9 "冬十月,葬蔡灵公。"

[注释]

蔡灵公——蔡侯般,十一年为楚灵王所诱杀,见上 11.3。

13.10 "公如晋,至河乃复。"

13.11 "吴灭州来。"

[注释]

州来——国名,参看 8.7.8 注释。

14. 昭公十四年

十四年,癸酉,公元前 528 年,周景王十七年。

14.1 "十有四年春,隐如至自晋。"

[注释]

隐如——左氏、穀梁作"意如",上年平丘之会,因邾、莒之控诉为晋所执;由于鲁臣子服惠伯向晋说合,晋同意释放。

14.2 "三月,曹伯滕卒。"

[注释]

曹伯滕——曹武公。

14.3 "夏四月。"

14.4 "秋,葬曹武公。"

14.5 "八月,莒子去疾卒。"

[注释]

莒子去疾——莒著丘公。

14.6 "冬，莒杀其公子意恢。"

15. 昭公十五年

十五年，甲戌，公元前 527 年，周景王十八年。

15.1 "十有五年春王正月，吴子夷昧卒。"
[注释]
夷昧——左氏、榖梁作"夷末"。

15.2 "二月癸酉，有事①于武宫②。籥③入，叔弓卒④。去乐，卒事⑤。"
其言"去乐，卒事"何？礼也。君有事于庙，闻大夫之丧，去乐，卒事。大夫闻君之丧，摄主⑥而往。大夫闻大夫之丧，尸事毕而往。

[译文]"经"文说"去乐，卒事"是什么意思？是表示合乎礼。国君在庙里祭祀，如果听说大夫的丧事，就取消奏乐，继续进行完祭祀。大夫祭祀如果听说国君的丧事，就找人代替自己主祭而立即前往。大夫祭祀如果听说大夫的丧事，就祭祀完毕前往。

[注释]
①有事——特指祭祀。
②武宫——鲁始祖伯禽之玄孙敖的庙，参看8.6.2注①。
③籥——管乐器名；古时祭祀必有乐舞，分文舞、武舞，文舞执羽、籥，武舞执干、戚，文舞在先，武舞在后。
④籥入，叔弓卒——孔颖达《疏》："当籥始入，叔弓暴卒。"
⑤卒事——《解诂》："毕其祭祀。"
⑥摄主——代替主祭。《解诂》："主谓己主祭者，臣闻君之丧，义不可以不即行，故使兄弟若宗人摄行主事而往；不废祭者，古礼也。"

15.3 "夏，蔡昭吴奔郑。"
[注释]
昭吴奔——左氏、榖梁作"朝吴出奔"；昭、朝一声之转，奔、出奔同义。

15.4 "六月丁巳朔，日有食之。"

15.5 "秋，晋荀吴帅师伐鲜虞。"

［注释］

鲜虞——见上12.10注释。

15.6 "冬，公如晋。"

16. 昭公十六年

十六年，乙亥，公元前526年，周景王十九年。

16.1 "十有六年春，齐侯伐徐。"

［注释］

齐侯——齐景公。

16.2 "楚子①诱戎曼子②杀之。"

"楚子"何以不名③？夷狄相诱，君子不疾也。曷为不疾④？若不疾，乃疾之也。

［译文］"经"文对楚子为什么不书写他的名字？是因为夷狄之人相互诱骗，君子不痛恨。为什么不痛恨？表面上好像不痛恨，实际上是痛恨的。

［注释］

①楚子——楚平王。

②戎曼子——左氏、穀梁作"戎蛮子"，戎蛮部族首领嘉；在今河南省临汝、汝南县一带。

③"楚子"何以不名——《解诂》《疏》说明，上十一年"楚子虔诱杀蔡侯般"书名，故问。

④曷为不疾——《解诂》："据俱诱也。"

［评析］左氏说，楚平王闻蛮氏有乱，诱戎蛮子嘉杀之。"楚子"不书名，是史记之详略、疏漏问题。公羊借题发挥，表现其"攘夷"思想。

· 437 ·

16.3"夏,公至自晋。"
[注释]
上年冬,公如晋。

16.4"秋八月己亥,晋侯夷卒。"
[注释]
晋侯——晋昭公。

16.5"九月,大雩。"
16.6"季孙隐如如晋。"
[注释]
隐如——左氏、穀梁例作"意如"。

16.7"冬十月,葬晋昭公。"

17. 昭公十七年

十七年,丙子,公元前525年,周景王二十年。

17.1"十有七年春,小邾娄子来朝。"
[注释]
邾娄——左氏、穀梁例作"邾"。

17.2"夏六月甲戌朔,日有食之。"
17.3"秋,郯子来朝。"
[注释]
郯——国名,参看7.4.1注③。

17.4"八月,晋荀吴帅师灭贲浑戎。"
[注释]
贲浑戎——左氏作"陆浑之戎",穀梁作"陆浑戎";见7.3.3注②。

17.5 "冬，有星孛①于大辰②。"

"孛"者何？彗星也。其言"于大辰"何？在大辰也。大辰者何？大火也。大火为大辰，伐为大辰，北辰亦为大辰。何以书？记异也。

[译文] "孛"是什么？就是彗星。"经"文说"于大辰"是什么意思？就是在大辰星旁边。"大辰"是什么？就是大火星。大火星叫大辰，伐星叫大辰，北辰星也叫大辰。"经"文为什么书写？是记载奇异现象的。

[注释]
①孛——见6.14.5注①。
②大辰——星座名。

17.6 "楚人及吴战于长岸①。"

诈战②不言"战"，此其言"战"何③？敌也④。

[译文] 进行突然袭击之作战不说"战"，此处"经"文说"战"为什么？因为双方势均力敌，不分胜负。

[注释]
①长岸——在今安徽省当涂县。
②诈战——见5.33.3注㉒。
③此其言"战"何——《解诂》"据"于越败吴于醉李，在定公十四年。
④敌也——《解诂》："俱无胜负，不可言败，故言敌也。"

18. 昭公十八年

十八年，丁丑，公元前524年，周景王二十一年。

18.1 "十有八年春王三月，曹伯须卒。"

[注释]
曹伯须——曹平公。

18.2 "夏五月壬午，宋、卫、陈、郑火。"

何以书？记异也。何异尔？异其同日而俱火也。外异不书，此何以书？为天下记异也。

[译文] 为什么书写？是为了记载奇异现象。奇异什么？奇异四国同

一天都发生火灾。鲁国以外的奇异现象不书写，此处为什么书写？是为天下记载奇异现象的。

18.3 "六月，邾娄①人入鄅②。"

[注释]

①邾娄——左氏、穀梁例作"邾"。

②鄅——音禹 yǔ，妘姓国，在今山东省临沂县。

18.4 "秋，葬曹平公。"

18.5 "冬，许迁于白羽。"

[注释]

成公十五年，许迁于叶（8.15.13），昭公九年自叶迁于夷（上9.2），十一年楚灵王迁之于楚境内，十三年楚平王复之于叶（见上13.8左氏说），现又由叶迁白羽；白羽，在今河南省西峡县。

19. 昭公十九年

十九年，戊寅，公元前523年，周景王二十二年。

19.1 "十有九年春，宋公①伐邾娄②。"

[注释]

①宋公——宋元公。

②邾娄——左氏、穀梁例作"邾"；上年邾偷袭鄅，尽俘其民，归鄅君夫人而扣留其女。

19.2 "夏五月戊辰，许世子止弑其君买。"

[注释]

君买——许悼公。

19.3 "己卯，地震。"

19.4 "秋，齐高发帅师伐莒。"

19.5 "葬许悼公。"

第十章　鲁昭公

贼未讨，何以书"葬"？不成于弑也。曷为不成于弑？止进药而药杀也[1]。止进药而药杀，则曷为加弑焉尔？讥子道之不尽也。其讥子道之不尽奈何？曰："乐正子春[2]之视疾也；复加一饭，则脱然[3]愈；复损一饭，则脱然愈；复加一衣，则脱然愈；复损一衣，则脱然愈[4]。止进药而药杀，是以君子加弑焉尔。"曰"许世子止弑其君买"，是君子之听止[5]也。"葬许悼公"，是君子之赦止[6]也。赦止者，免止之罪辞也。

[译文] 弑杀国君的贼子来诛讨，"经"文为什么书写"葬许悼公"？因为这不能算是弑君。为什么不能算是弑君？是太子止给悼公进药，药害死了悼公。既然是太子止进药、药害死了悼公，那为什么[书成"许世子止弑其君买"]而给他加上弑君的罪名？这是谴责他做子之道没有尽到。谴责他做子之道没有尽到是怎么回事呢？回答说："曾子的弟子，以孝闻名的乐正子春伺候父母患病是这样：观其颜色，看能消化，就再加一餐，病便顿然痊愈；观其颜色，看难进食，就再减一餐，病便顿然又痊愈；观其颜色，身体似寒，就再加一衣，病便顿然更痊愈；观其颜色，身体似暖，就再减一衣，病便顿然痊愈了。太子止进药，而药害死了悼公，所以给他加上弑君的罪名。说"许世子止弑君买"，是君子听治止之罪。书"葬许悼公是君子赦免止，所谓赦免止，是免除太子止罪过用词。

[注释]

①止进药而药杀也——《解诂》："时悼公病，止进药，悼公饮药而死。"

②正子春——《解诂》："乐正子春，曾子弟子，以孝名闻。"

③脱然——《解诂》："脱然，疾除貌也。"

④复加一饭……复损一衣，则脱然愈——《疏》："言子春视疾之时，消息得其节：观其颜色，力少如可时，更加一饭以与之，其病者脱然加愈；若观其颜色，力少如弱时，则复损一饭以与之，则其病者脱然加愈；又观其颜色，力似寒时，则复加一衣以与之，则病者脱然又加愈；观其颜色，力似如暖，则复损一衣以与之，则病者脱然而愈。"

⑤听止——《解诂》："听，治止罪。"

⑥赦止——《解诂》："原止进药，本欲愈父之病，无害父之意，故赦之。"

20. 昭公二十年

二十年，己卯，公元前522年，周景王二十三年。

20.1 "二十年春王正月。"

20.2 "夏，曹公孙会①自鄸②出奔宋。"

"奔"未有言"自"者③，此其言"自"何？叛也。叛则曷为不言其叛④？为公子喜时之后讳也。《春秋》为贤者讳。何贤乎公子喜时？让国也。其让国奈何？曹伯庐卒于师，则未知公子喜时从与，公子负刍从与，或为主于国，或为主于师⑤。公子喜时见公子负刍之当主⑥也，逡巡⑦而退。贤公子喜时，则曷为为会讳？君子之善善也长，恶恶也短。恶恶止其身⑧，善善及子孙。贤者子孙，故君子为之讳也。

[译文]"经"文书"出奔"没有说"自"某地的，此处说"自鄸"为什么？因为是反叛。既然是反叛，那为什么［不按反叛书例］说反叛？这是为了给公子喜时的后代避讳。《春秋》是为贤者避讳的。公子喜时怎么贤惠？他让出了国君之位。他让出国君之位是怎么回事？曹伯庐死在作战行军之中，当时不知道是公子喜时跟从，还是公子负刍跟从，也不知道谁应该留在国内临时主政，谁应该跟从出征于军中辅佐曹伯。公子喜时看到公子负刍应当立为国君，就退却让位了。称赞公子喜时贤德，那为什么就要为公孙会避讳？君子褒奖善者时间长、方面广，厌恶恶人时间短、方面窄。厌恶恶人只限于当事人自身，褒奖善者延及他的子孙。公孙会是贤者公子喜时的子孙，所以君子为他避讳。

[注释]

①曹公孙会——曹宣公之孙、宣公庶子公子喜时（欣时）之子。曹宣公卒于十三年伐秦师中。喜时同母兄弟负刍杀太子自立，是谓成公。晋侯会诸侯讨曹，执成公归之于京师，诸侯要立喜时，喜时退让逃宋。由于曹人请求，晋侯同意释放成公，但要喜时回国立之为君。喜时由宋返，再次让位，并交出自己的采邑，永远不仕。见8.13.4、8.13.6、8.15.3、8.16.11及左氏说。

②鄸——曹邑，在今山东省菏泽县，穀梁作"梦"。

③"奔"未有言"自"者——《解诂》《疏》说明，此是与下"冬

十月，宋华亥……出奔陈"、二十一年宋华等入宋南里以叛、二十二年宋华亥等自宋南里出奔书法相较而问。

④叛则曷为不言其叛——《解诂》"言叛者当言'以鄨'，如邾娄庶其"，指襄公二十一年"邾娄庶其以漆闾丘来奔"。

⑤或……师——《解诂》《疏》说喜时、负刍谁留国主政、谁随父从征，史无记载，故问。

⑥当主——当立为君；据左氏，是负刍杀太子自立。

⑦逡巡——退却。

⑧恶恶止其身——《解诂》："不迁怒也。"

20.3 "秋，盗杀卫侯①之兄絷②。"

母兄称"兄"，兄何以不立③？有疾④也。何疾尔，恶疾⑤也。

[译文] 对卫侯同母之兄称为"兄"，既是同母所生之兄，为什么不立为国君？因为絷有病残。什么病残，是医治不好的生理缺陷。

[注释]

①卫侯——卫灵公。

②絷——穀梁同，左氏作"縶"。

③兄何以不立——《解诂》"据立嫡以长"，指隐公元年公羊说"立嫡以长不以贤"。

④疾——指病残，有生理缺陷；杜预《集解》"縶足不良"，穀梁说"天疾""两足不能相过"。

⑤恶疾——《解诂》："恶疾，谓喑、聋、盲、疠、秃、跛、伛，不逮人伦之属也。"

20.4 "冬十月，宋华亥、向宁、华定出奔陈。"

20.5 "十有一月辛卯，蔡侯庐卒。"

[注释]

蔡侯庐——蔡平公。

21. 昭公二十一年

二十一年，庚辰，公元前521年，周景王二十四年。

21.1 "二十有一年春王三月,葬蔡平公。"
[注释]
蔡平公——蔡侯庐,上年冬十一月卒。

21.2 "夏,晋侯使士鞅来聘。"
[注释]
晋侯——晋顷公。

21.3 "宋华亥、向宁、华定自陈入于宋南里①以叛。"
"宋南里"者何?若曰因诸②者然。
[译文]"宋南里"是什么地方?就像齐国人称监狱名之为因诸一样。
[注释]
①宋南里——杜预《集解》"南里,宋城内里名",参看下"评析"。
②因诸——《解诂》:"因诸者,齐故刑人之地。公羊子,齐人,故以齐喻也。"
[评析]左氏说,华亥等三人自陈(去年出奔)返宋,住在宋都城郊之卢门,以南里民众叛。公羊释南里为监狱,似为不当;华亥等回国不可能住监狱附近,况且叛变也不会依靠犯人。

21.4 "秋七月壬午朔,日有食之。"

21.5 "八月乙亥,叔痤卒。"
[注释]
叔痤——鲁宗室臣,杜预《集解》说叔弓之子伯张。痤(音嵯cuó),左氏、穀梁作"辄",音近相通。叔弓,见9.30.6注①。

21.6 "冬,蔡侯朱出奔楚。"
[注释]
蔡侯朱——蔡平公之子。左氏说,蔡平公弟东国赂楚,楚威胁蔡若不立东国,则侵蔡。蔡人惧,赶走朱,立东国,即蔡悼公。

21.7 "公如晋,至河乃复。"

第十章　鲁昭公

22. 昭公二十二年

二十二年，辛巳，公元前 520 年，周景王二十五年。

22.1 "二十有二年春，齐侯伐莒。"

[注释]

齐侯——齐景公。

22.2 "宋华亥、向宁、华定自宋南里出奔楚。"

[注释]

参看上 21.3。

22.3 "大蒐①于昌奸②。"

[注释]

①大蒐——见上 11.6。

②昌奸——一说在山东省泗水县。

22.4 "夏四月乙丑，天王崩。"

[注释]

天王——周景王。左氏说：景王太子寿于鲁昭公十五年卒，长庶子王子朝有宠，景王欲立继位。王室大臣刘献公、单穆公反对。景王欲杀刘子、单子未成，心疾暴发而崩。刘子、单子立景王嫡次子猛（太子寿之弟），即悼王；十月卒（见下 8），未得改元。

22.5 "六月，叔鞅①如京师，葬景王。王室乱②。"

何言乎"王室乱"？言不及外也。

[译文] 为什么说"王室乱"？是说王室内部发生变乱，没有涉及王室以外的诸侯国。

[注释]

①叔鞅——鲁臣，叔弓（见 9.30.6 注①）之子。

②王室乱——《解诂》说"谓王猛之事。"左氏叙述甚详：王子猛

· 445 ·

(悼王）立，葬景王；王子朝率领失位官吏及对现状不满的灵、景后代王子作乱，攻伐刘子、单子。刘子出奔，单子将王子猛从王宫接到自己家中，王子朝党羽击败单子。又将王子猛迎回王宫。单子出奔后又返回击败王子朝，王子朝奔京（在今洛阳南）。

22.6 "秋，刘子、单子[1]以王猛[2]居于皇[3]。"

其称"王猛"何[4]？当国[5]也。

[译文] "经"文［不书"王子猛"而］称"王猛"为什么？因为他篡夺了王位。

[注释]

①刘子、单子——见上4注释。

②王猛——王子猛，参看上4、5注释。

③皇——在今洛阳市东。

④其称"王猛"何——《疏》："庄三十二年'传'云'既葬称子，逾年称公'故也。"

⑤当国——见1.1.3注⑪。

[评析] 公羊说王猛"当国"篡位，不能成立。据左氏说，太子寿早丧，作为嫡次子当立。

22.7 "秋，刘子、单子以王猛入于王城[1]。"

"王城"者何？西周[2]也。其言"入"何？篡辞也。

[译文] "王城"是什么地方？就是西周。"经"文说"入"是什么意思？是表示篡位的用词。

[注释]

①王城——在今洛阳市南北隅，自平王东迁至景王十一世居此，敬王避王子朝乱改迁成周（见下二十六年），至赧王复居此。

②西周——东周后期（战国时代）王城名；周考王（前440—前426年在位）封其弟揭于此，号西周桓公，因名王城为西周。

[评析] 左氏说，王师与子朝师混战。互有胜负。后由晋国籍谈、荀跞帅晋师及戎人击败子朝师，迎王猛入王城。公羊说书"入"是篡辞，乃承前"当国"之说，同样不能成立；下二十六年"天王入于成周"书

· 446 ·

"入",难道也是篡辞吗?至于说王城就是西周,更为大误,到战国时代,王城才有此名称。盖公羊家为战国时人,故有此误。

22.8"冬十月,王子猛卒[1]。"

此未逾年之君也,其称"王子猛卒"何[2]?不与当[3]也。不与当者,不与当父死子继、兄死弟及之辞也。

[译文]这是前王崩还未过一年的天王,"经"文称"王子猛卒"为什么?是不赞许他继位,不赞许继位,就是不赞许他以父死子继、兄死弟及的缘由篡夺王位的用词。

[注释]

①王子猛卒——杜预《集解》:"未即位,故不言崩。"左氏说:"十一月乙酉,王子猛卒。己丑,敬王即位,馆于子旅氏。"(杜预《集解》说:"敬王,王子猛母弟王子匄亡";"子旅,周大夫。"盖因王子朝乱,敬王未居王城)

②其称……何——《解诂》:"据子卒不言名",指6.18.6"冬十月,子卒"不书名。

③当——执掌,指即位。

22.9"十有二月癸酉朔,日有食之。"

23. 昭公二十三年

二十三年,壬午,公元前519年,周敬王元年。

23.1"二十有[1]三年春王正月,叔孙舍[2]如晋。"
[注释]
①有——原文脱。
②叔孙舍——左氏、穀梁作"叔孙婼",见上7.3注释。

23.2"癸丑,叔鞅卒。"
[注释]
叔鞅——鲁宗室臣,叔弓(见9.30.6)之子、叔痤(见上21.5)之弟。

23.3 "晋人执我行人叔孙舍。"

[注释]

行人——使者；杜预《集解》："称'行人'，讥晋执使人。"

23.4 "晋人围郊①"

"郊"者何？天子之邑也②。曷为不系乎周？不与伐天子也③。"

[译文] "郊"是什么？是周天子的闲田。那为什么不［书为"王郊"］让它系属于周？是不赞许攻伐周天子。

[注释]

①郊——周邑，在洛阳城外；时为王子朝所据。

②天子之邑也——《解诂》："天子闲田，有大夫主之。"参看 7.1.12 注②。

③不与伐天子也——《解诂》"与侵柳同义"，指同于 7.1.12 "赵穿帅师侵柳"之"传"，"郊"不书"王郊"。

[评析] 公羊说"不与伐天子"，是将事实搞错。据左氏说，时王子朝在郊，晋师、王师（晋师为主）伐郊并非是伐周天子（敬王）。不过这明显表现了公羊家的"尊王"思想。

23.5 "夏六月，蔡侯东国卒于楚。"

[注释]

蔡侯东国——蔡悼公。

23.6 "秋七月，莒子庚舆来奔。"

23.7 "戊辰，吴败顿①、胡②、沈③、蔡、陈、许之师于鸡父④。胡子髡、（沈）子楹⑤灭，获陈夏啮。"

此偏战⑥也，曷为以诈战⑦之辞言之⑧？不与夷狄之主中国也⑨。然则曷为不使中国主之⑩？中国亦新夷狄也⑪。其言"灭""获"何？别君臣也。君死于位曰"灭"⑫，生得曰"获"⑬。大夫生死皆曰"获"⑭。不与夷狄之主中国，则其言"获陈夏啮"何？吴少进也⑮。

[译文] 这是偏战，为什么［不书为"吴及顿、胡、沈、蔡、陈、许战于鸡父，顿、胡、沈、蔡、陈、许败绩"，］按诈战的用词称说此事？

这是不赞许吴这样的夷狄之国为主，位序中原诸侯之上。那么为什么不让中原诸侯为主［书为"顿、胡、沈、蔡、陈、许及吴战于鸡父"］位序吴之上？因为中原诸侯不尊重王室，等于新的夷狄。"经"文说"灭""获"是什么意思？是为了区别国君与臣子。国君死在位上称"灭"，被活捉称"获"；大夫则无论死与活都称"获"。不赞许吴这样的夷狄之国为主、位序中原诸侯之上，那"经"文说"（吴）获陈夏啮"为什么？这是因为吴国能结日偏战，故稍为进其地位［让其为主序上］。

[注释]

①顿——见 5.25.5 注①。

②胡——见上 4.2 注③。

③沈——见上 4.2 注④。

④鸡父——楚地，在今安徽省固始县；父，穀梁作"甫"，两字古通用。

⑤楹——左氏作"逞"，穀梁作"盈"。

⑥偏战——书日、书战，见 2.10.4 注⑥。

⑦诈战——不书日，见 5.33.3 注㉒。

⑧曷为……言之——《解诂》《疏》说明，据哀公十一年"齐国书师师及吴战于艾陵，齐师败绩"而问。

⑨不与夷狄之主中国也——战序上言"及"者为主，不与吴序上；参看 3.28.1 公羊"《春秋》伐者为主，伐者为主"及注⑤⑥。

⑩曷为不使中国主之——《解诂》"据齐国书主吴"，指"齐国书师师及吴……"齐序吴上。

⑪中国亦新夷狄也——《解诂》："中国所以异乎夷狄者，以其能尊尊也。王室乱，莫肯救，君臣上败坏，亦新有夷狄之行。"

⑫君死于位曰灭——《疏》："即此胡子髡、沈子楹灭是也。"据左氏，胡子、沈子被活俘，未死。

⑬生得曰"获"——《疏》"即获晋侯是也"，指僖公十五年"晋侯及秦伯战于韩，获晋侯"。

⑭大夫生死皆曰"获"——《疏》："大夫死曰'获'者，即此获陈夏啮及哀十一年获齐国书之徒是也；其大夫生得曰'获'者，宣二年获宋华元是也。"据左氏，陈夏啮被生得，未死。

⑮吴少进也——《解诂》"能结日偏战,行少进,故从中国辞治之",这是说吴稍进步。译文未从,将"进"解为使进级。

[评析]"偏战""作战"是公羊家之分。其说"不与夷狄之主中国"表现"攘夷",而"中国亦新夷狄"则表现"尊王"。

23.8 "天王居于狄泉①。"

此未三年,其称"天王"何②?著有天子也③。

[译文]景王之丧未满三年,"经"文称敬王为"天王"为什么?表示[王室动乱时期]还有天子存在。

[注释]

①狄泉——在王城之东,参看5.29.3注②。

②此未……何——据6.9.1公羊"天子三年然后称王"。

③著有天子也——《解诂》:"时庶孽并篡,天王失位徙居,微弱甚,故急著正其号,明天下当救其难而事之。"

23.9 "尹氏立王子朝。"

[注释]

尹氏——周世卿,采邑在尹(今河南省宜阳县)。杜预《集解》"书尹氏立子朝,明非周人所欲立",说明王子朝为尹氏擅立,非正统继王位。

[评析]天王何以居狄泉、尹氏怎样立王子朝,公羊、穀梁无说,左氏也未明讲。据当时形势推想,盖是敬王为避王子朝乱,尹氏欲立王子朝代之。

23.10 "八月乙未,地震。"

23.11 "冬,公如晋。至河,公①有疾,乃复。"

何言乎"公有疾,乃复"②?杀③耻也④。

[译文]为什么说"公有疾,乃复"?为了减少耻辱。

[注释]

①公——穀梁同,左氏无。

②何言乎"……复"——《解诂》"据上比'乃复',不言'公',不言'有疾'",指上13.10和21.7书"公如晋,至河乃复"。

③杀——少、省。

④杀耻——《解诂》："因有疾以杀畏晋之耻。"

[评析] 公羊说为了"杀耻"而书"公有疾"。左氏、穀梁皆说昭公确实有疾。据此，公羊说不确。

24. 昭公二十四年

二十四年，癸未，公元前 518 年，周敬王二年。

24.1 "二十有四年春王二月丙戌，仲孙貜卒。"

[注释]

仲孙貜——见上 9.4 注释。

24.2 "叔孙舍至自晋。"

[注释]

叔孙舍——左氏、穀梁无"叔孙"；舍作"婼"。王引之《经义述闻》说：当无"叔孙"。7.1.2"公子遂如齐逆女"，7.1.3"遂以夫人妇姜至自齐"不书"公子"，公羊说"一事而再见者，卒名也"。上 13.6"晋人执季孙隐如以归"，上 14.1"隐如至自晋"不书"季孙"。上年书"晋人执我行人叔孙舍"，故今年书"舍至自晋"。

24.3 "夏五月乙未朔，日有食之。"

24.4 "秋八月，大雩。"

24.5 "丁酉，杞伯郁釐卒。"

[注释] 杞伯郁釐——杞平公。

24.6 "冬，吴灭巢。"

[注释]

巢——见 6.12.4 注释。

24.7 "葬杞平公。"

25. 昭公二十五年

二十五年，甲申，公元前517年，周敬王三年。

25.1 "二十有五年春，叔孙舍如宋。"
[注释]
舍——左氏、穀梁例作"婼"。

25.2 "夏，叔倪①会晋赵鞅、宋乐世心②、卫北宫喜、郑游吉、曹人、邾娄③人、滕人、薛人、小邾娄人于黄父④。"
[注释]
①叔倪——鲁臣。倪，穀梁同，左氏作"诣"。
②乐世心——左氏、穀梁作"乐大心"。
③邾娄——左氏例作"邾"。
④黄父——晋地，在今山西省沁水县、翼城县之间。

25.3 "有鹳鹆①来巢②。"
何以书？记异也？何异尔？非中国之禽也，宜穴又巢也。
[译文]为什么书写？是为了记载奇异现象？为什么奇异？因为鹳鹆本非中原飞禽[异现在来到中原]；它本来是穴居的，现在却筑巢而居。
[注释]
①鹳鹆——左氏、穀梁作"鸲鹆"（音瞿玉 qúyù），即八哥；鸲，繁体为鴝，公羊误为鹳（音贯 guàn）。
②巢——动词用，下"穴"同。
[评析]公羊说鹳鹆"非中国之禽"，左氏、穀梁说同。其实，八哥中原各地也有，也本非穴居。

25.4 "秋七月上辛①，大雩；季辛②，又雩。"
"又雩"者何？"又雩"者，非雩也，聚众以逐季氏③也。
[译文]"经"文书"又雩"是什么意思？书"又雩"不是再一次举行天旱求雨祭社，而是表示昭公聚集众人准备驱逐季氏。

[注释]

①②上辛、季辛——上辛，指上旬之辛卯日，即初三日；季辛，指下旬之辛亥日，即二十三日。

③逐季氏——昭公感于以隐如为首的季孙氏跋扈，听信群下之言（不听子家驹劝告），攻伐季氏；可不自量力，不但未逐驱季氏，反被驱逐，遁齐。参看下"经"。

[评析] 左氏、穀梁均认为书"又雩"，是表示"旱甚"，再举行雩祭，公羊认为书"又雩"是表示昭公拟逐季氏。这非但与"经"文意思不合，且逐季氏是在九月，"聚众"能两三个月不散吗？

25.5 "九月己亥①，公孙②于齐，次于杨州③。"

[注释]

①己亥——穀梁作"乙亥"，前人考，实误；九月无乙亥。

②孙——通"逊"。杜预《集解》"讳奔，故曰孙，若自孙让而去位者"。

③杨州——左氏，穀梁作"阳州"，在今山东省东平县，齐鲁交界之处；原属鲁，据左氏襄公三十一年说，为齐所占领，今属齐。

25.6 "齐侯①唁②公于野井③。"

"唁公"者何？昭公将弑④季氏，告子家驹曰："季氏为无道，僭于公室久矣，吾欲弑之，何如⑤？"子家驹曰："诸侯僭于天子、大夫僭于诸侯，久矣。"昭公曰："吾何僭矣哉⑥？"子家驹曰："设两观⑦，乘大路⑧，朱干、玉戚⑨以舞《大夏》⑩，八佾⑪以舞《大武》⑫，此皆天子之礼也。且夫牛马，维娄委己者⑬也而柔⑭焉。季氏得民众久矣⑮，君无多辱焉。"昭公不从其言，终弑而败焉。走之齐，齐侯唁公于野井，曰："奈何君去鲁国之社稷？"昭公曰："丧人⑯不佞⑰，失守鲁国之社稷，执事以羞⑱。"再拜颡⑲。庆子家驹曰："庆子免君于大难矣。"子家驹曰："臣不佞，陷君于大难，君不忍加之以铁锧⑳，赐之以死。"再拜颡。高子㉑执箪食㉒与四脡脯㉓，国子㉔执壶浆，曰："吾寡君闻君在外，餕飨㉕未就㉖，敢致糗于从者㉗。"昭公曰："君不忘吾先君，延及丧人，锡之以大礼。"再拜稽首，以衽㉘受。高子曰："有夫不祥㉙，君无所辱大礼。"昭公盖祭而不

· 453 ·

尝㉚。景公曰："寡人有不腆㉛先君之服，未之敢服；有不腆先君之器㉜，未之敢用。敢以请㉝。"昭公曰："丧人不佞，失守鲁国之社稷，执事以羞。敢辱大礼，敢辞㉞。"景公曰："寡人有不腆先君之服，未之敢服；有不腆先君之器，未之敢用。敢固以请。"昭公曰："以吾宗庙之在鲁地，有先君之服，未之能以服；有先君之器，未之能以出。敢固辞㉟。"景公曰："寡人有不腆先君之服，未之敢服；有不腆先君之器，未之敢用。请以飧乎从者㊱。"昭公曰："丧人其何称㊲？"景公曰："孰君而无称㊳？"昭公于是噭然㊴而哭，诸大夫皆哭。既哭以人为菑㊵，以幦㊶为席，以鞍为几，以遇礼相见㊷。孔子曰："其礼与！其辞足观矣！㊸"

[译文]"齐侯唁公"是为什么？昭公将要弑杀季氏，对子家驹说："季氏为无道之事，僭越公室已经很久了，我打算杀死他，你看怎么样？"子家驹说："诸侯僭越天子、大夫僭越诸侯，已经很久了［不足为怪］。"昭公说："我什么地方僭越了天子啊？"子家驹说："在宫门外建两座观望台，乘坐大路车，用朱红漆的盾牌、玉石装饰的斧钺表演大夏乐、用八佾舞队表演大武乐，这些都是天子的礼仪。就拿牛马来说吧，只是对长期喂养自己的人驯服。季氏得民心时间很长了，君王您不要［自讨苦吃］再多受屈辱了。"昭公不听从子家驹的话，最终还是采取行动谋杀季氏，结果失败。昭公出奔到齐国，齐景公在野井这个地方对他进行慰问，说："您怎么离开鲁国的社稷？"昭公说："亡国之人不才，丢失鲁国的社稷，以致连累君王受到屈羞。"于是向齐侯两次揖拜叩首。景公祝贺子家驹说："祝贺你能使国君免于大难。"子家驹说："臣不才，陷国君于大难。国君不忍心加我腰斩之刑，赐我以死。"子家驹说完两次揖拜叩首。高子拿着一箪食物和四条肉干，国子拿着一壶米浆，说："我们的国君听说鲁侯您在野外，熟食未备好，我们就大胆地将这些干粮送给您的随从。"昭公说："齐君不忘记与我先君的友谊，并把这种友谊推延到我这个亡国之人身上，赐予我隆重的礼遇。"于是两次揖拜叩首，用衣襟接受食物。高子说："每个人都会遇到不吉祥的事，鲁侯不必行此有辱自己的大礼。"昭公大概是将食物用于祭祀而自己未吃。景公说："我有先君留下的即算是不好的衣服，自己也不敢穿；有先君留下的即算是不好的器物，自己也不敢用。我大胆提出请您用此衣服、器物行礼。"昭公说："亡国之人不才，丢失鲁国的社稷，以致连累君主受到羞辱。不敢有辱大礼，请准

· 454 ·

许我辞退。"景公说:"我有先君留下的即算是不好的衣服,自己也不敢穿;有先君留下的即算是不好的器物,自己也不敢用。我大胆提出请您一定要用此衣服、器物行礼。"昭公说:"我守宗庙在鲁地,有先君留下的衣服,没有能穿上它;有先君留下的器物,没有能将它带出来。请准许我坚决辞退。"景公说:"我有先君留下的即算是不好的衣服,自己也不敢穿;有先君留下的即算是不好的器物,自己也不敢用。请允许我来招待您的随从。"昭公说:"对我这个亡国之人怎样称呼呢?"景公说:"有谁身为国君却没有称呼呢?"〔难道您现在不是国君了吗〕昭公于是放声大哭,跟随昭公的鲁大夫也都痛哭起来。哭罢之后,用人围起来当墙壁,用车帷当席子,用马鞍当桌子,昭公与景公以外出相遇之礼相互拜见。孔子说:"鲁昭公的礼仪与言辞实在值得一看啊!"

[注释]

①齐侯——齐景公。

②唁——慰问;《解诂》:"吊亡国曰唁,吊死国曰吊,吊丧主曰伤,吊所执绋曰綅。"

③野井——齐地,在今山东省齐河县。

④弑——前人考,"杀"字之误,因为"弑"为下杀上之词;《解诂》说"'传'言'弑'者,从昭公之辞",认为因下昭公说"弑"故称"弑",这是就讹字作说。

⑤吾……何如——《解诂》:"昭公素畏季氏,意者以为如人君,故言'弑'。"

⑥吾……哉——《解诂》:"失礼成俗,不自知也。"《疏》:"正以鲁人始僭在春秋前,至昭已久,故不自知。"

⑦设两观——《解诂》:"礼,天子诸侯台门,天子外阙两观,诸侯内阙一观。"

⑧大路——天子所乘之车。

⑨朱干、玉戚——《解诂》:"干,盾也;以朱饰盾。""戚,斧也;以玉饰斧。"

⑩《大夏》——夏禹之乐。

⑪八佾——天子专用的舞乐,八行,每行八人。

⑫《大武》——周武王之乐。

⑬⑭且夫……而柔——王引之《经义述闻》："何读至'娄'字绝句，注曰'系马曰维，系牛曰娄'。"引之谨按：维娄分属牛马，古无明文，且牛马之顺于己者，不待维系而使然，然则'维娄'二字为赘文矣。今按：此当读'且夫牛马'为句，'维娄委己者也而柔焉'为句，'维'与'惟'同，'娄'古'屡'字也。……言牛马非他人是顺，惟屡诿己者而顺焉。"《解诂》："柔，顺。"

⑮季氏……矣——《解诂》："季氏专赏罚，得民众之心久矣；民顺之犹牛马之于委食己者。"

⑯丧人——《解诂》："自谓亡人。"

⑰不佞——《解诂》："不善。"

⑱执事以羞——《解诂》："兼自比齐下执事，言以羞及君。"

⑲颡——音嗓 sǎng，稽颡的省称，即叩首。

⑳铁锧——古时腰斩刑具。

㉑㉔高子、国子——齐大夫。

㉒箪食——用竹筒盛的饭食。

㉓脡脯——干肉；直形曰脡，屈形曰脯。

㉕餕饔——泛指熟食。《解诂》："餕，熟食；饔，熟肉。"

㉖未就——《解诂》："未就，未成也；解所以致糗意。"糗（音 qiǔ），干粮。

㉗从者——《解诂》："谦不敢斥鲁侯，故言从者。"

㉘衽——衣襟。《解诂》："衣下裳当前者。"

㉙有夫不祥——《解诂》："犹曰人皆有夫不善。"

㉚公盖祭而不尝——《解诂》："食必祭者，谦不敢便尝，示有所先。"

㉛不腆——不好，这里是谦辞；《解诂》："腆，厚也。"

㉜器——《解诂》："器谓上所执箪壶。"

㉝敢以请——《解诂》："请行礼。"

㉞敢辞——《解诂》："不敢当大礼，故敢辞。"

㉟敢固辞——《解诂》："已有时，未能以事人；今已无有，义不可受人之礼。"

㊱请以飨乎从者——《解诂》："欲令受之，故益谦言从者。"

㊲丧人其何称——《解诂》："时齐侯以诸侯遇礼接昭公，昭公自谦

失国，不敢以故称自称，故执谦问之。"

㊳孰君而无称——《解诂》："犹曰谁为君者而言无所称乎？昭公非君乎？"

㊴嗷然——《解诂》："嗷然，哭声貌。"嗷，音叫 jiào。

㊵菑——音自 zì，矮墙。

㊶幭——音密 mì，车轼上的覆盖物。

㊷以遇礼相见——《解诂》："以诸侯出相遇之礼相见。"

㊸其……矣——《解诂》："言昭公素能若此，祸不至是。"

[评析] 本"传"子家驹的话，说明春秋末期王权动摇、公室衰微，诸侯、大夫犯上作乱的社会现实。

25.7 "冬十月戊辰，叔孙舍卒。"

[注释]

叔孙舍——见上 7.3 注释。

25.8 "十有一月己亥，宋公佐①卒于曲棘②。"

"曲棘"者何？宋之邑也。诸侯卒其封内不书，此何以书？忧内③也。

[译文] "曲棘"是什么地方？是宋国的城邑。按例，诸侯死在封地内不书写地点，此处书写曲棘为什么？因为宋元公是为鲁国而忧虑。

[注释]

①宋公佐——宋元公。

②曲棘——在今河南省兰考县与民权县之间，为由宋适晋之道。

③忧内——《解诂》："时宋公闻昭公见逐，欲忧纳之，至曲棘而卒，故恩录之。"

25.9 "十有二月，齐侯取运①。"

外取邑不书，此何以书？为公取之也②。

[译文] 鲁国以外的国家占取城邑，"经"文不书写，此处为什么要书写？因为这是为昭公占取城邑的。

[注释]

①运——左氏、榖梁作"郓"，鲁地，在今山东省郓城县；参看 8.4.8

注释。

②为公取之也——《解诂》:"为公取运以居公,善其忧内,故书。"

26. 昭公二十六年

二十六年,乙酉,公元前516年,周敬王四年。

26.1 "二十有六年,春王正月,葬宋元公。"

[注释]

宋元公——宋公佐,上年十一月卒。

26.2 "三月,公至自齐,居于运。"

[注释]

运——左氏、穀梁作"郓",见上25.9注①;表示昭公未到都,但回鲁。

26.3 "夏,公围成。"

[注释]

成——鲁地,在今山东省宁阳县。左氏说,齐侯欲送昭公回国都,成邑大夫为季氏之党,以诈降诱齐师,双方激战。

26.4 "秋,公会齐侯、莒子、邾娄子、杞伯①盟于鄟陵②。"

[注释]

①齐侯、邾娄子、杞伯——齐景公、杞悼公;邾娄,左氏、穀梁例作"邾"。

②鄟陵——今地不详,一说在今山东省郯城县;鄟,音专zhuān。

26.5 "公至自会,居于运。"

26.6 "九月庚申,楚子居卒。"

[注释]

楚子居——楚平王。上十三年左氏说,弃疾弑公子比即位,改名熊居;"熊"为楚君世代之名,故略称"居"。

26.7"冬十月，天王入于成周①。"

"成周"者何？东周②也。其言"入"何③？不嫌也。

[译文]"成周"是什么地方？就是东周。"经"文说"入"是什么意思？是表示无篡位之嫌。

[注释]

①成周——见7.16.2注③。

②东周——对西周而言，参看上22.7注②。

③其言"入"何——《解诂》《疏》说明，据庄公六年"卫侯朔入于卫"，"传"说"其言'入'何？篡辞也"。参看上22.7"传"。左氏说，单子如晋告急，晋知跞、赵鞅率师纳王，召伯盈驱逐王子朝，敬王入成周。

[评析]公羊说"入"是篡辞，难成立。"入"就是进驻，是否为篡位，据事实而定。

26.8"尹氏①、召伯②、毛伯③以王子朝奔楚。"

[注释]

①尹氏——见上23.9"尹氏立王子朝"。

②召伯——召伯盈；杜预《集解》："召伯当言召氏，经误也。"孔颖达《疏》："召伯逆王于尸，与王入于成周，则召氏族出奔，召伯身不奔也。"（尸，在今河南省偃师县）

③毛伯——毛伯得，周臣。

27. 昭公二十七年

二十七年，丙戌，公元前515年，周敬王五年。

27.1"二十有七年春，公如齐。"

[注释]

公如齐——杜预《集解》："自郓行。"郓，公羊作"运"。

27.2"公至自齐，居于运。"

27.3"夏四月，吴弑其君僚。"

[注释]

僚——吴子寿梦第三子夷昧之子；僚被弑原因、经过，公羊于襄公二十九年有详述。左氏于本"传"叙述更具体、生动。

27.4 "楚杀其大夫郤宛。"

[注释]

郤宛——榖梁作"郗宛"，郤、郗同音希 xī。

27.5 "秋，晋士鞅、宋乐祁犁、卫北宫喜、曹人、邾娄①人、滕人会于扈②。"

[注释]

①邾娄——左氏、榖梁例作"邾"。
②扈——郑地，参看 6.7.8 注①。

27.6 "冬十月，曹伯午卒。"

[注释]

曹伯午——曹悼公。

27.7 "邾娄快来奔。"

"邾娄快"者何？邾娄之大夫也。邾娄无大夫，此何以书？以近书也。

[译文]"邾娄快"是什么人？是邾娄的大夫。[对邾娄这样的国家]"经"文不书其大夫，此处为什么书写？是因为邻近我国，故书写。

27.8 "公如齐。"

[注释]

公如齐——杜预《集解》："自郓行。"

27.9 "公至自齐，居于运。"

28. 昭公二十八年

二十八年，丁亥，公元前 514 年，周敬王六年。

28.1 "二十有八年春王三月，葬曹悼公。"

[注释]

曹悼公——曹伯午，上年十月卒。

28.2 "公如晋，次于乾侯。"

[注释]

乾侯——晋地，在今河北省成安县。左氏说，昭公赴晋，晋顷公派使在乾侯相见而未至晋都。这表现了对昭公的无礼。

28.3 "夏四月丙戌，郑伯宁卒。"

[注释]

郑伯宁——郑定公。

28.4 "六月，葬郑定公。"

28.5 "秋七月癸巳，滕子宁卒。"

[注释]

滕子宁——滕悼公。

28.6 "冬，葬滕悼公。"

29. 昭公二十九年

二十九年，戊子，公元前513年，周敬王七年。

29.1 "二十有九年春，公至自乾侯，居于运。"

[注释]

公至自乾侯——《解诂》："不致以晋者，不见容于晋，未至晋。"这说明何以不书"公至自晋"。

29.2 "齐侯使高张来唁公。"

[注释]

唁公——左氏说，昭公在晋受冷遇，齐侯使高张来慰唁，但高张见昭公称"主君"。"主君"是卿大夫家臣对卿大夫的称呼,则这是对昭公的最大不敬。

29.3 "公如晋,次于乾侯。"
[注释]
次于乾侯——昭公受到齐使之辱再次如晋,但晋侯仍不见,故停住在乾侯。

29.4 "夏四月庚子,叔倪卒。"
[注释]
叔倪——鲁臣,见上 25.2 注①。

29.5 "秋七月。"

29.6 "冬十月,运溃①。"
邑不言"溃",此其言"溃"何②?郛③之也。曷为郛之?君存焉耳④。
[译文] 对邑不说"溃"[对国才说"溃"],此处"经"文说"溃"为什么?这是将运邑看成国都外城。为什么要将运邑看为国都之外城?因为国君居住在这里。

[注释]
①运溃——运地民众叛乱背公。杜预《集解》:"民逃其上曰溃,溃散叛公。"
②此其言"溃"何——《解诂》:"据国曰溃,邑曰叛。"指僖公四年书"蔡溃"、文公三年书"沈溃"、襄公二十六年卫孙林父以戚叛、定公十一年宋公之弟辰等人以萧叛。
③郛——音浮 fu,外城,即郭;意动用法。
④君存焉耳——《解诂》:"昭公居之,故从国言溃。"

[评析] 公羊此"传",暗示昭公流亡在外;而穀梁则径直说:"'溃'之为言,上下不相得也。上下不相得,则恶矣,亦讥公也。昭公出奔,民如释重负。"(得,协调,和睦) 这说明昭公在国内已不得人心,失去民众的拥护了。

30. 昭公三十年

三十年，己丑，公元前512年，周敬王八年。

30.1"三十年春王正月，公在乾侯。"
[注释]
乾侯——晋地，参看上28.2注释；上年运（左氏、穀梁作"郓"）溃，昭公流亡于此。

30.2"夏六月庚辰，晋侯去疾卒。"
[注释]
晋侯去疾——晋顷公。

30.3"秋八月，葬晋顷公。"

30.4"冬十有二月，吴灭徐，徐子章禹奔楚。"
[注释]
徐——在今安徽省泗县，参看3.26.4；章禹，穀梁作"章羽"，左氏"经"作"羽"，"传"，作"禹"。

31. 昭公三十一年

三十一年，庚寅，公元前511年，周敬王九年。

31.1"三十有一年，春王正月，公在乾侯。"

31.2"季孙隐如①会晋荀栎②于适历③。"
[注释]
①隐如——左氏、穀梁作"意如"；参看上13.6注释。
②荀栎——穀梁同，左氏作"荀跞"，二字同，音力lì。左氏说，荀跞斥责隐如驱逐国君；隐如"练冠，麻衣，跣行"，向昭公请罪（实是伪装）。
③适历——杜预《集解》"适历，晋地"，今地不详。

· 463 ·

31.3"夏四月丁巳，薛伯谷卒。"
[注释]
薛伯谷——薛献公。

31.4"晋侯使荀栎唁公于乾侯。"
[注释]
荀栎唁公——左氏说，季孙意如随荀栎到乾侯，荀栎和鲁大夫子家子均劝昭公跟季孙一道回国。昭公开始表示誓不见季孙，后又同意回国。但臣群起反对，昭公就没有回去。

31.5"秋，葬薛献公。"
31.6"冬，黑弓①以滥②来奔。"
文何以无"邾娄"？通"滥"③也。曷为通"滥"④？贤者子孙，宜有地也。贤者孰谓？谓叔术⑤也。何贤乎叔术⑥？让国也。其让国奈何？当邾娄颜之时，邾娄女有为鲁夫人者，则未知其为武公与？懿公与⑦？孝公⑧幼，颜淫九公子于宫中，因以纳贼，则未知其为鲁公子与？邾娄公子与？臧氏之母，养公者也。君幼则宜有养者，大夫之妾、士之妻⑨，则未知臧氏之母者，曷为者也？养公者必以其子入养⑩。臧氏之母闻有贼，以其子易公，抱公以逃。贼至，凑⑪公寝而弑之⑫。臣有鲍广父与梁买子者，闻有贼，趋而至。臧氏之母曰："公不死也，在是。吾以吾子易公矣！"于是负孝公之周诉天子，天子为之诛颜而立叔术，反孝公于鲁。颜夫人者，妪盈女也⑬，国色也。其言曰："有能为我杀杀颜者，吾为其妻⑭。"叔术为之杀杀颜者，而以为妻⑮，有子焉，谓之盱⑯。夏父者，其所为有于颜者也⑰。盱幼而皆爱之，食必坐二子于其侧而食。有珍怪之食，盱必先取足焉。夏父曰："以来⑱，人⑲未足而盱有余⑳。"叔术觉焉㉑，曰："嘻！此诚尔国也夫！"起而致国于夏父。夏父受而中分之，叔术曰："不可。"三分之，叔术曰："不可。"四分之，叔术曰："不可。"五分之，然后受之㉒。公扈子者，邾娄之父兄也，习乎邾娄之故㉓。其言曰："恶有言人之国贤若此者乎㉔？"诛颜之时天子死，叔术起而致国于夏父。当此之时，邾娄人常被兵于周，曰："何故死吾天子？"通"滥"，则文何以无"邾娄"？天下未有"滥"也㉕。天下未有"滥"，则其言"以滥来奔"何？叔术者，贤大夫也。绝之则为叔术不欲绝，不绝则世大夫也。大夫

· 464 ·

第十章 鲁昭公

之义不得世，故于是推[26]而通之也。

[译文]"经"文为什么没有"邾娄"[虽然口授相传中有"邾娄"]？这是将"滥"作为一个国家看待。为什么将"滥"作为一个国家看待？因为贤者的子孙，应该拥有土地。贤者说的是谁？说的叔术。叔术如何贤？他辞让君位。他辞让君位是怎么回事呢？在邾娄颜公时，有邾娄女子是鲁君夫人，只是不知是武公还是懿公？孝公年幼，颜公在宫中奸淫鲁君的九个女儿，并乘势接纳贼人进宫［以谋杀害孝公］，只是不知这个贼人是鲁国公子还是邾娄公子？臧氏的母亲，是哺养孝公的乳母。国君年幼就应该有哺养他的乳母。按礼制，大夫之妻、士人之妻都可以做国君的乳母，只是不知臧氏的母亲属于哪一种？哺养幼君的乳母必须将她的儿子带进宫里一起哺养［臧氏的母亲，就将自己的儿子带到宫里来］，臧氏的母亲听说贼人来了，就将她的儿子替换了孝公，抱着孝公出逃。贼人来到，进入孝公寝宫就将臧氏母亲的儿子杀死了。鲁臣中有鲍广父、梁买子二人，听说有贼，急跑赶来。臧氏母亲说："孝公没有死，你们看就在这里。我用我的儿子换了孝公了！"鲍广父、梁买子于是抱起孝公到周王室那里向天子控告，周天子为此事杀死颜公而立了叔术，并让孝公返回鲁国。颜公夫人，是老妇盈氏的女儿，是邾娄国中绝顶的美人，她说："有谁能杀了杀死颜公的人，我就嫁他为妻。"叔术为她杀了杀死颜公的人，就娶她为妻。他们生了个儿子，起名为盱。有个叫夏父的孩子，是这个女人做颜公妻子时为颜公生的。盱年幼，夫妇都非常喜欢他。吃饭时，他们必定让两个孩子坐在身边，照顾他们吃好。如果有珍美鲜奇食品，盱必要先吃饱拿足。夏父就说："放在我前面，我还有没有吃够可盱已各得有剩余。"叔术听了此话顿时醒悟，说："唉！这国家确实是你的啊！"于是起身将君位让给了夏父。夏父接受君位，将邾娄国一分为二，一半留自己，一半给叔术，叔术说："这样做不可。"夏父将国家一分为三，三分之一给叔术，叔术仍说："这样做不可。"夏父将国家一分为四，四分之一给叔术，叔术还是说："这样做不可。"夏父将国家一分为五，五分之一给叔术，他才接受了。有个叫公扈子的，是邾娄国君父兄一辈人，他熟悉该国之往事，说道："哪有说是一个国家的贤者能办此等事呢？诛杀邾娄君颜公的周天子死了，就将邾娄国交给他的儿子夏父。在那个时候，邾娄常被周兵侵扰，侵扰邾娄的周兵说：'为什么周天子死

了就违背周天子的命令？'"将"滥"作为一个国家看待，那"经"文为什么就没有"邾娄"［而口头相传又有"邾娄"］？因为天下没"滥"这个国家。天下没"滥"这个国家，那"经"文说"以滥来奔"为什么？这是因为叔术此人，是贤大夫。断绝与邾娄的关系，为了叔术不愿断绝；不断绝与邾娄的关系，叔术就成了世袭大夫。按做大夫之义，不得世袭，因势就将"滥"看为一个国家［书为"以滥来奔"］。

[注释]

①黑弓——弓，左氏、穀梁作"肱"；杜预《集解》："黑肱，邾大夫；……不书邾，史缺文。"《解诂》"据读言邾娄"，《疏》"冬黑弓者，谓当时公羊子口读邾娄黑弓矣"，指"经"未书"邾娄"，而公羊家口传有"邾娄"。

②滥——在今山东省滕县。

③通"滥"——《解诂》"通滥为国，故使无所系"，指将"滥"看为国家；通，变通。

④曷为通"滥"——《解诂》《疏》说明，襄公二十一年"邾娄庶其以漆、间丘来奔"，不通为国。

⑤叔术——《解诂》："叔术者，邾娄颜公之弟也；或曰群公子。"

⑥何贤乎叔术——《解诂》"据叔术不书"，指"经"未书叔术。

⑦武公、懿公——鲁第九、第十世君。

⑧孝公——鲁第十一世君，隐公之祖父。

⑨大夫之妾、士之妻——《解诂》"礼也"，指依礼制。

⑩养公者必以其子入养——《解诂》："不离人母子，因以娱公也。"

⑪凑——接近。

⑫弑之——《解诂》："弑臧氏子也。"

⑬妪盈女也——俞樾《群经平议》："疏曰：'谓此老妪是盈姓之女。'樾谦按：……疏义非也。妪盈疑是颜夫人之母，以其老故尊之耳。"

⑭吾为其妻——《解诂》："妇人以贞一为行，云尔非德也。"

⑮叔术……以为妻——《解诂》："利其色也。"

⑯盱——音虚 xū。

⑰夏父……者也——《解诂》："为颜公夫人时所生也。"

⑱以来——《解诂》："犹曰以彼物来置我前。"

⑲人——《解诂》:"人,夏父自谓也。"
⑳盱有余——《解诂》:"言盱所得常多。"
㉑叔术觉焉——《解诂》:"觉,悟也;知小争食,长必争国。"
㉒然后受之——《解诂》:"五分受其一。"
㉓故——《解诂》:"故,事也;道所以言也。"
㉔恶有……者乎——《解诂》:"言贤者宁有反妻嫂,杀杀颜者之行乎?"
㉕天下未有"滥"也——《解诂》:"欲见天下实未有滥国,《春秋》新通之尔,故口系于邾娄。"
㉖推——《解诂》:"推,因也;因就大夫窃邑奔文通之。"

[评析] 左氏说"邾黑肱以地来奔。贱而书名,重地故也",这清楚说明黑肱是邾(邾娄)人,且为贱者;所以书名,是重其以滥地来奔。公羊讲述一大片,但不能成立。"滥"是邾娄之邑,公羊也知,不书"邾娄"是缺文(《解诂》《疏》说明,公羊家口授相传中有"邾娄")。而公羊却说"通滥",所以"通滥",因为叔术是贤者。其所属故事,别说于史无据,即使属实,正好说明叔术非贤者。岂有贤者因嫂子色美而为兄报仇再娶嫂为妻的吗?

31.7 "十有二月辛亥朔,日有食之。"

32. 昭公三十二年

三十二年,辛卯,公元前 510 年,周敬王十年。

32.1 "三十有二年春王正月,公在乾侯。"

32.2 "取阚①。"

"阚"者何?邾娄是之邑也。曷为不系乎"邾娄",讳亟也②。

[译文] "阚"是什么地方?是邾娄的一个城邑。既然是邾娄的城邑,那为什么[不书为"邾娄阚"]让它系属于邾娄?这是避讳占取得太快了[上年邾娄黑肱以滥来奔]。

[注释]

①阚——见下"评析"。

②讳亟也——《解诂》"与受滥为亟",《疏》"二年之间比取两邑,故以为亟而讳之矣"。

[评析]公羊认为阚是邾娄之邑,此说不通。时昭公在乾侯,不可能再取他国之邑。杜预《集解》说:"公别居乾侯,遣人诱阚而取之,不用师徒。"桓公十一年"公会宋公于阚"(2.11.9),阚是鲁地,在今山东省汶上县,本"经"之阚,盖当同于该阚;这是桓公为在国内找归宿之地设法取之也。

32.3 "夏,吴伐越。"

32.4 "秋七月。"

32.5 "冬,仲孙何忌①会晋韩不信、齐高张、宋仲几、卫世叔②申、郑国参、曹人、莒人、邾娄人③、薛人、杞人、小邾娄人城成周④。"

[注释]

①仲孙何忌——孟懿子,鲁宗族臣。

②世叔——左氏同,穀梁作"大叔"。

③邾娄人——左氏无,穀梁作"邾人"。

④城成周——杜预《集解》:"子朝之乱,其余党多在王城。敬王畏之,徙都成周。成周狭小,故请城之。"成周,见7.16.2注③。

32.6 "十有二月己未,公薨于乾侯。"

[评析]左氏说:"书曰:'公薨于乾侯,言失其所也。'"此论颇有道理。所谓"失其所",是说昭公死在国外,薨未得其所。

第十一章　鲁定公

定公，名宋，襄公之子，昭公之弟。
孔颖达《疏》："史传不言其母，不知谁所生也。"

1. 定公元年
元年，壬辰，公元前509年，周敬王十一年。

1.1"元年春王。"

定何以无"正月"①？"正月"者，正即位也②。定无"正月"者，即位后也③。即位何以后？昭公在外④，得入不得入未可知也。曷为未可知？在季氏也⑤。定、哀多微辞，主人习其读而问其传⑥，则未知己之有罪焉耳⑦。

[译文] 定公元年"经"文为什么不书"正月"？书"正月"表示诸侯正式即位。定公元年不书"正月"，表示定公在正月之后即位。定公为什么在正月之后即位？因为昭公的灵柩还在国外，能不能回国还不知道。为什么还不知道？因为决定之大权在季氏手里。《春秋》记载定公、哀公时期的文字多有隐晦的批评之词，如果当时的国君习读《春秋》原文，考释文句之义，还不知道自己有罪过在其中呢。

[注释]
①定何以无"正月"——《解诂》："据庄公虽不书'即位'，犹书'正月'。"
②正即位也——《解诂》："本有有正月者，正诸侯之即位。"
③即位后也——定公六月即位，见下"经"。
④昭公在外——《解诂》："昭公丧在外。"

⑤在季氏也——《解诂》:"今季氏迎昭公丧而事之,定公得即位;不迎而事之,则不得即位。"

⑥主人……传——《解诂》:"读谓经,传谓训诂。主人谓定公。"《疏》:"正以上言'定、哀多微辞'……故知此主人者宜知定哀言之也。"

⑦则未知……耳——《解诂》:"此假设而言之,主人谓定、哀也;设使定哀习其经而读之,问其传解诂,则不知己之有罪于是。"

[评析] 左氏无"传",杜预《集解》说"公之始年而不书'正月',公即位在六月故",此说当是。元年为新君即位之年,必须行告庙之礼,书"正月"以示正始。公羊说"无正月",是因"即位后",又说昭公之丧归不归国,权在季氏。两层意思也当。但说"定哀多微辞",则未免"蛇足",《春秋》乃史书,不能因某公而作"微辞"。穀梁说:"不言正'正月',定无正也。定之无正何也?昭公之终,非正终也;定之始,非正始也。昭无正终,故定无正始。不言'即位',丧在外也。"此说亦成立。

1.2 "三月,晋人执宋仲几①于京师。"

仲几之罪何?不蘘城也②。其言"于京师"何?伯讨③也。伯讨则其称"人"何④?贬。曷为贬?不与大夫专执也。曷为不与?实与⑤而文不与⑥。文曷为不与?大夫之义,不得专执也。

[译文] 仲几的罪过是什么?[诸侯给成周筑城时,他对分担的那一段工役不负责]没有用蘘草遮盖城墙。"经"文说"于京师"为什么?表示是方伯的讨伐。既是方伯的讨伐[不书"侯"]而称"人"为什么?为了贬责。为什么贬责?是不赞许大夫专权擅自拘捕人。为什么不赞许?实际上是赞许的而行文不赞许[贬之称"人"]。行文为什么不赞许?因为大夫的本分,是不得专权擅自拘捕人的。

[注释]

①仲几——参与城成周的宋大夫。

②不蘘城也——《解诂》:"若今以草衣城是也。礼,诸侯为天子治城,各有分、丈、尺,宋仲几不治所主。"

③伯讨——见5.4.4注⑨。

④伯讨则其称"人"何——5.4.4公羊说:"称'侯'而执者,伯讨

也，称'人'而执者，非伯讨也。"

⑤实与——《解诂》："言'于京师'是也。"

⑥文不与——《解诂》："文不与者，贬称'人'是也。"

1.3 "夏六月癸亥①，公之丧至自乾侯。戊辰②，公即位。"

癸亥，公之丧至自乾侯，则曷为以戊辰之日然后即位？正棺于两楹之间③，然后即位。子沈子④曰："定君乎国⑤，然后即位。"即位不日，此何以日⑥？录乎内也⑦。

[译文] 癸亥这天，昭公的灵柩已经运回，那为什么定公在戊辰这天才即位。这是因为[按例停殡五天]灵柩安放在殿上的两楹柱之间，嗣君行即位大礼。子沈子说："将国君的灵柩安置在国都的正当位置，嗣君然后即位。"《春秋》对公即位不书日，此处为什么书日？这是对鲁国发生的大事详加记载。

[注释]

①②癸亥、戊辰——六月二十一日、二十六日，相距五天；《礼记·王制》："天子七日而殡，七月而葬；诸侯五日而殡，五月而葬。"

③正棺于两楹之间——孔广森《通义》："正棺者，殡也；周人殡于西阶之上，殷人殡于两楹之间，鲁有王礼，避时天子，故多杂殷法也。"

④子沈子——传公羊学的经师之一，共三见；见1.11.4和3.10.3"传。"

⑤定君乎国——俞樾《群经平议》："《解诂》曰'定昭公之丧礼于国'，樾谨按：定当读为正，古字通用。……'正君乎国'，即所谓正棺于两楹之间。上文云'正棺于两楹之间，然后即位'说其事也；此引子沈子曰'定君乎国，然后即位'说其理也。"

⑥即位不日，此何以日——《解诂》："据即位皆不书日。"国君即位都在正月朔，已为成例，故不书日。定公即位不在正月，故书日。

⑦录乎内也——《解诂》："内事详录。"

1.4 "秋七月癸巳，葬我君昭公。"

1.5 "九月，大雩。"

1.6 "立炀宫。"

"炀宫"者何①？炀公②之宫也。"立"者何？"立"者不宜立也。立炀宫，非礼也③。

[译文]"炀宫"是什么？是炀公的庙。书"立"是什么意思？书"立"是表示不应当建立。建立炀宫是不符合礼的。

[注释]

①"炀宫"者何——《解诂》："据十二公无炀公。"《疏》："正以《春秋》之内更无炀公之称，而立其宫，故执不知问。"

②炀公——《解诂》："春秋前炀公也。"据《史记·鲁世家》："鲁之始祖伯禽卒，子考公酋立；考公卒，弟熙立，是谓炀公；则炀公为鲁之三世祖。春秋前，鲁已历十二世；而隐公至定公已十一世矣。"

③立炀公，非礼也——《礼记·祭法》："诸侯立五庙、一坛、一墠。曰考庙、曰王考庙、曰皇考庙，皆月祭也。显考庙、祖考庙，享尝乃止。去祖为坛，去坛为墠，坛、墠，有祷焉祭之，无祷焉乃止。去墠为鬼。"（坛，坛祭，封土为祭地的祭礼，用于六世祖。墠，墠祭，划平地为祭地的祭礼；用于七世祖；墠，音善 shàn。去墠为鬼，离墠祭更远的祖先八世祖以上就称为"鬼"）炀公距定公远远超过八世，故立炀公庙再进行祭奠，为非礼。

1.7 "冬十月，霣①霜杀菽②。"

何以书？记异也③。此灾菽④也，曷为以异书⑤？异大乎灾也。

[译文]为什么书写？是为了记载奇异现象。这是让豆类作物受到灾害，为什么按奇异现象书写？因为现象之奇异大于灾害之严重。

[注释]

①霣——音允 yǔn，坠落；左氏、穀梁作"陨"。

②菽——大豆，引申为豆类的总称。

③记异也——《解诂》："时独杀菽，不杀他物，故为异。"

④此灾菽也——译文据原文；俞樾《群经平议》说："菽字，衍文也，盖'无麦苗'以灾书，则此经'霣霜杀菽'，亦当以灾书。故弟子问'此灾也，曷为以异书'。"

⑤曷为以异书——《解诂》《疏》说明，庄公七年"秋，大水，无麦、苗"，"传"说"何以书？记灾也"。

2. 定公二年

二年，癸巳，公元前 508 年，周敬王十二年。

2.1 "二年春王正月。"

2.2 "夏五月壬辰，雉门①及两观②灾。"

其言"雉门及两观灾"何？两观微也③。然则曷为不言"雉门灾及两观"？主灾者，两观也④。主灾者两观，则曷为后言之？不以微及大也。何以书⑤？记灾也。

[译文]"注"文说"雉门及两观灾"为什么？因为[雉门重要]两观低微。那么为什么不说"雉门灾及两观"？因为先起火灾的是两观[然后延及雉门]。先起火灾的是两观，那为什么放在雉门之后说？因为不能先说低微的后说重要的。"经"文为什么书写？是为了记载灾害的。

[注释]

①雉门——《礼记·明堂位》："雉门，天子应门。"此处指诸侯之应门，即宫室之南门。

②两观——位雉门之两旁，积土为台，台上有楼形重屋可以观望，故名"观"。

③两观微也——《解诂》："雉门、两观，皆天子之制，门为其主，观为其饰，故微也。"

④主灾者，两观也——《解诂》："时灾从两观起。"

⑤何以书——《解诂》："不复言'雉门及两观灾，何以书'者，上已'问雉门及两观灾'，故但言何以书。"

2.3 "秋，楚人伐吴。"

2.4 "冬十月，新作雉门及两观①。"

其言"新作之"何？修大也。修旧不书，此何以书？讥。何讥尔？不务公室也②。

[译文]"经"文说"新作雉门及两观"是什么意思？是修复扩大。修复旧的建筑按例不书写，此处为什么书写？是为了谴责。谴责什么？谴责季孙氏不勉力于公室的事情。

[注释]

①新作雉门及两观——杨伯峻《注》："为火所烧，不得不作。"新作，重新修建。

②不务公室也——《解诂》："务，勉也。"《疏》"五月有灾，十月乃作"，指季氏怠慢于修复。

3. 定公三年

三年，甲午，公元前507年，周敬王十三年。

3.1 "三年春王正月，公如晋，至河乃复。"

3.2 "三①月辛卯，邾娄子穿②卒。"

[注释]

①三——榖梁同，左氏作"二"。杨伯峻《注》说，三月无辛卯，当是"二"。

②邾娄子穿——邾娄庄公；左氏、榖梁例作"邾"。

3.3 "夏四月。"

3.4 "秋，葬邾娄庄公。"

3.5 "冬，仲孙何忌及邾娄子①盟于枝②。"

[注释]

①邾娄子——邾娄庄公，未死前与仲孙何忌盟。

②枝——榖梁作"拔"；左氏"经"作"拔"，"传"作"郯"，即7.4.1"平莒及郯"之"郯"。

4. 定公四年

四年，乙未，公元前506年，周敬王十四年。

4.1 "四年春王二月癸巳，陈侯吴卒。"

[注释]

陈侯吴——陈惠公。

4.2 "三月，公会刘子①、晋侯、宋公、蔡侯、卫侯、陈子、郑伯、许男、曹伯②、莒子、邾娄子、顿子③、胡子④、滕子、薛伯、杞伯、小邾娄子、齐国夏于召陵⑤，侵楚。"

[注释]

①刘子——刘文公，刘蚠（音坟 fén），周臣。

②晋侯、宋公、蔡侯、卫侯、陈子、郑伯、许男、曹伯——晋定公、宋景公、蔡昭公、卫灵公、陈惠公、郑献公、许男斯、曹隐公。

③顿子——顿国君，参看 5.25.5 注①。

④胡子——胡子豹，参看 10.4.2 注③。

⑤召陵——在今河南省郾城县，参看 5.4.3 注①。

4.3 "夏四月庚辰，蔡公孙归姓①帅师灭沈②，以沈子嘉归，杀之③。"

[注释]

①公孙归姓——左氏、穀梁作"公孙姓"。

②沈——国名，在今安徽省阜阳县；参看 6.3.1 注释。

③蔡公孙归姓……杀之——《解诂》："为不会召陵故也。"

4.4 "五月，公及诸侯盟于浩油。"

[注释]

浩油——左氏、穀梁作"皋鼬"，在今河南省临颍县；杜预《集解》"召陵会刘子、诸侯，总言之也。……复称'公'者，会、盟异处故"，指会、盟分在两地。

4.5 "杞伯戊卒于会。"

[注释]

杞伯戊——杞悼公；左氏、穀梁作"杞伯成"，《解诂》："不日，与盟同日。"《疏》："考诸古本，'日'亦有作'月'者，"即与上五月盟于浩油同月。

4.6 "六月，葬陈惠公。"

4.7 "许迁于容城。"

[注释]

容城——在今河南省鲁山县。

4.8 "秋七月，公至自会。"

4.9 "刘卷①卒。"

"刘卷"者何？天子之大夫也。外大夫不卒，此何以卒？我主之也②。

[译文] "刘卷"是什么人？是周天子的大夫。鲁国以外的大夫死了，按例不书其"卒"，此处为什么书"刘卷卒"？因为召陵、浩油会，我国为盟主。

[注释]

①刘卷——《解诂》："刘卷即上会刘子。"

②我主之也——《解诂》"我主之者，因上王鲁文"，指上"公会刘子、晋侯……"书法。

4.10 "葬杞悼公。"

4.11 "楚人围蔡。"

4.12 "晋士鞅①、卫孔圉②帅师伐鲜虞。"

[注释]

①士鞅——范鞅、范献子。

②孔圉——左氏、榖梁作"孔圉"。

③鲜虞——见 10.12.10 注释。

4.13 "葬刘文公。"

外大夫不书葬，此何以书？录我主也。

[译文] 鲁国以外的大夫死后按例不书写其葬礼，此处为什么书写"葬刘文公"？这是为了记录我国曾经是盟会之主。

[评析] 公羊此说是承继前"经"之义。需要注意的是，召陵之会称"刘子"，是因为以天王代表身份主会；卒书"刘卷"，是据天王讣告；葬称"刘文公"是据谥号。由此也可见《春秋》"书法"有一定之规。

4.14 "冬十有一月庚午，蔡侯以吴子及楚人战于伯莒①，楚师败绩。"

吴何以称"子"②？夷狄也而忧中国。其忧中国奈何？伍子胥父诛乎

· 476 ·

第十一章 鲁定公

楚③,挟弓而去楚④,以干阖间。阖间曰:"士⑤之甚!勇之甚!"将为之兴师而复仇于楚。伍子胥复曰:"诸侯不为匹夫兴师⑥。且臣闻之:'事君犹事父也。'亏君之义,复父之仇,臣不为也。"于是止。蔡昭公朝乎楚,有美裘焉。囊瓦⑦求之,昭公不与。为是拘昭公于南郢⑧,数年然后归之。于其归焉,用事乎河⑨,曰:"天下诸侯苟有能伐楚者,寡人请为之前列!"楚人闻之,怒,为是兴师,使囊瓦将而伐蔡。蔡请救于吴。伍子胥复曰:"蔡非有罪也!楚人为无道,君如有忧中国之心,则若时可矣⑩!"于是兴师而救蔡。曰"事君犹事父也",此其为可以复仇奈何?曰:"父不受诛⑪,子复仇可也。父受诛,子复仇,推刃⑫之道也。复仇不除害⑬;朋友相卫,而不相迿⑬:古之道也。"

[译文]"经"文对吴国为什么称"子"?因为吴虽是夷狄之国,但它担忧中原国家的事情。它担忧中原国家的事情是怎么回事呢?伍子胥的父亲在楚国被杀害,他[满怀复仇的愿望]带着弓箭逃离楚国到吴国投靠阖间。阖间说:"你的孝心太极!勇气太极!"将准备立刻为之兴师报楚国之仇。伍子胥回答说:"诸侯不为一匹之夫兴师报私人之仇。况且我听说过:'事君如同事父。'损伤国君的道义,报自己父亲的仇冤,我是不作此等事的。"阖间于是停止出兵。蔡昭公去楚国朝拜,身着美好的皮衣。楚令尹囊瓦向他索取这件皮衣,昭公没有给。为此事将昭公扣留在楚之南郢,几年之后才放他回国。昭公回后[去往晋国求救]祭祀黄河时发誓说:"天下诸侯有谁能攻伐楚国的,我愿作他的先锋!"楚人听说后大怒,为此事兴师,让囊瓦率兵伐蔡。蔡国向吴国求救,伍子胥回复吴子说:"蔡国没有罪过,楚国行无道之事,大王如果有为中原国家担忧的心思,那此时用兵是可以的。"吴国于是出兵救援蔡国。有人问:"'事君如同事父',这时伍子胥认为可以复仇是怎么回事呢?"回答说:"父亲无罪被杀,儿子复仇是可以的。父亲有罪当杀,儿子要复仇,[对方会再报复]这是拉锯式的来回反复没完没了。朋友之间相互卫护、不冒险效死争前,这是古时就有的规则。"

[注释]

①伯莒——在今湖北省麻城县;左氏作"柏举",穀梁作"伯举"。

②吴何以称"子"——《解诂》《疏》说明,据昭公三十年"吴灭

徐"不称"子"。

③伍子胥父诛乎楚——事见昭公二十年左氏"传"。

④挟弓而去楚——《解诂》："挟弓者，怀格意也。"（格，格斗）

⑤士——俞樾《群经平议》："按'士'当作'大'，《穀梁传》正作'大之甚'，可据以订正。"又，"大之甚，勇之甚"范宁《集解》说："子胥匹夫乃欲复仇于国君，其孝甚大，其心甚勇。"

⑥诸侯不为匹夫兴师——《解诂》："必须因事者，其义可得因公托私，而以匹夫讨诸侯，则不免于乱。"

⑦囊瓦——楚令尹。

⑧南郢——楚都郢，郢在楚国南部，故名。

⑨用事乎河——《解诂》："时（昭公）北如晋，请伐楚，因祭河。"左氏上年载此事说："蔡侯归，及汉，执玉而沉，曰：'余所有济汉而南者，有若大川。'"

⑩若时可矣——《解诂》："犹曰若是时可兴师矣。"

⑪父不受诛——《解诂》："不受诛，罪不当诛也。"

⑫推刃——《解诂》："一往一来曰推刃。"

⑬迅——音迅 xùn，《解诂》："迅，出表辞，犹先也。"《疏》："迅者，谓不顾步伍，勉力先往之意。"

[评析] 公羊以书"吴子"发"传"，说因为其"忧中国"，书"子"表示进吴之意。襄公十二年"吴子乘卒"就书"子"，公羊并无此解说。其实，书"吴"指"国"，书"吴子"指吴王，所指不同而已。

4.15 "楚囊瓦出奔郑。"

4.16 "庚辰，吴入楚①。"

吴何以不称"子"？反②夷狄也。其反夷狄奈何？君舍于君室，大夫舍于大夫室，盖妻楚王之母也③。

[译文]"经"文对吴为什么不书"吴子"？因为吴又恢复了夷狄人的野性。吴恢复夷狄人的野性是怎么回事呢？[吴进入楚都郢后]吴君住进楚君的宫室，吴大夫住进楚大夫的府邸；甚至还有人以楚王之母亲为妻进行奸污。

［注释］

①楚——穀梁同，左氏作"郢"。

②反——同"返"，返回。

③妻楚王之母也——左氏无此记载，《吴越春秋·阖闾内传》说："阖闾妻昭王夫人，伍胥、孙武、白喜亦妻子常、司马城之妻，以辱楚之君臣也。"（子常，囊瓦）。

［评析］公羊极言吴入楚后之野蛮、暴虐，左氏并无此记载，这表现其"攘夷"思想。而就吴不书"子"发传，上"评析"已指出难能成立。

5. 定公五年

五年，丙申，公元前505年，周敬王十五年。

5.1 "五年春王正月辛亥朔，日有食之。"

［注释］

正月——穀梁同，左氏作"三月"。杨伯峻《注》说"正月"误，此为公元前505年二月十六日之日环食。

5.2 "夏，归①粟于蔡。"

孰归之？诸侯归之。曷为不言诸侯归之？离②至，不可得而序，故言我③也。

［译文］谁馈送粮食给蔡国？是诸侯馈送粮食给蔡国。"经"文为什么不说出哪些诸侯"归之"？因为诸侯陆续馈送，不能分出先后次序，所以说成鲁馈送。

［注释］

①归——同"馈"。

②离——分散，参看9.5.9注②。

③故言我也——《解诂》："时为蔡新被强楚之兵，故归之粟。"按《春秋》之例，动词前无主名的，均是指鲁。

［评析］左氏说："夏，归粟于蔡以周亟，矜无资。"（周，周济；亟，急难；资，粮食）杜预《集解》说："蔡为楚国饥乏，故鲁归之粟。"这是明确认为鲁归（馈）粟于蔡。公羊说诸侯归粟，因"离至"而不书"诸

· 479 ·

侯"。对此，赵匡评道："若实如此，则但不列序，何不言'诸侯归粟于蔡'。"（《春秋集传辨疑》）按书法，归粟者当是鲁，公羊是节外生枝发论。

5.3 "于①越入吴。"

"于越"者何？"越"者何②？于越者，未能以其名通也；越者，能以其名通也。

［译文］"于越"是什么意思？"越"是什么意思？于越是不能以此名通外的自称，越是能以此名通外的通称。

［注释］

①于——杜预《集解》："于，发声也。"

②"越"者何——《疏》说明，昭公三十二年"吴伐越"书"越"，故问。

5.4 "六月丙申，季孙隐如卒。"

［注释］

隐如——左氏、穀梁作"意如"；季平子，自昭公二十三年执鲁政并驱逐昭公，参看10.13.6注释。

5.5 "秋七月壬子，叔孙不敢卒。"

［注释］

叔孙不敢——鲁宗室臣叔孙氏家族。

5.6 "冬，晋士鞅帅师围鲜虞。"

［注释］ 参看上4.12注释。

6. 定公六年

六年，丁酉，公元前504年，周敬王十六年。

6.1 "六年春王正月癸亥，郑游遫帅师灭许，以许男斯归。"

［注释］

游遫——左氏、穀梁作"游速"。

· 480 ·

6.2 "二月，公侵郑。"

6.3 "公至自侵郑。"

6.4 "夏，季孙斯①、仲孙何忌②如晋③。"

[注释]

①季孙斯——季桓子，自定公九年至哀公三年执鲁政，历时十年。

②仲孙何忌——孟懿子，参看 10.32.5 注①。

③季孙……如晋——杨伯峻《注》："鲁卿聘晋，始见于僖三十年之公子遂，终于此，共二十四次，此后无闻。"

6.5 "秋，晋人执宋行人乐祁犁。"

6.6 "冬，城中城。"

[注释]

中城——曲阜内城；参看 8.9.13 注释。

6.7 "季孙斯、仲孙忌帅师围运①。"

此仲孙何忌也，曷为谓之"仲孙忌"？讥二名②。二名，非礼也。

[译文] 这是仲孙何忌，"经"文为什么称之为"仲孙忌"？这是谴责名"何忌"用了两字；名字用两字是不合乎礼的。

[注释]

①运——左氏、穀梁作"郓"，此西郓，参看 8.4.8 注释；杜预《集解》"郓贰于齐，故围之"（贰，亲属）。

②二名——两个字的名字。

[评析] 杜预《集解》说："何忌不言'何'，史阙文。"公羊二名说不成立。

7. 定公七年

七年，戊戌，公元前 503 年，周敬王十七年。

7.1 "七年春王正月。"

7.2 "夏四月。"

7.3 "秋，齐侯、郑伯①盟于咸②。"

· 481 ·

［注释］

①齐侯、郑伯——齐景公、郑献公。

②咸——在今河南省濮阳县；参看 5.13.3 注②。

7.4"齐人执卫行人北宫结，以侵卫。"

7.5"齐侯、卫侯①盟于沙泽②。"

［注释］

①卫侯——卫灵公。

②沙泽——左氏、穀梁作"沙"，在今河北省大名县；此沙泽与 8.12.2 "沙泽"非一地。

7.6"大雩。"

7.7"齐国夏帅师伐我西鄙。"

7.8"九月，大雩。"

7.9"冬十月。"

8. 定公八年

八年，己亥，公元前 502 年，周敬王十八年。

8.1"八年春王正月，公侵齐。"

［注释］

公侵齐——杜预《集解》："报前年伐我西部。"

8.2"公至自侵齐。"

8.3"二月，公侵齐。"

［注释］

公侵齐——杜预《集解》"未得志故"，指正月侵齐，目的未达到。

8.4"三月，公至自侵齐。"

8.5"曹伯露卒。"

第十一章 鲁定公

[注释]

曹伯露——曹靖公。

8.6 "夏,齐国夏帅师伐我西鄙。"
8.7 "公会晋师于瓦。"

[注释]

瓦——在今河南省滑县瓦岗寨。

8.8 "公自至瓦。"
8.9 "秋七月戊辰,陈侯柳卒。"

[注释]

陈侯柳——陈怀公。

8.10 "晋赵鞅帅师侵郑,遂侵卫。"

[注释]

赵鞅——左氏、穀梁作"士鞅"。

8.11 "葬曹靖公。"
8.12 "九月,葬陈怀公。"
8.13 "季孙斯、仲孙何忌帅师侵卫。"
8.14 "冬,卫侯、郑伯①盟于曲濮②。"

[注释]

①卫侯、郑伯——卫灵公、郑献公。
②曲濮——濮水之西,在今河南省滑县、延津县境。

8.15 "从祀先公①。"

"从祀"者何?顺祀②也。文公逆祀,去者三人③;定公顺祀,叛者五人④。

[译文] "从祀"是什么意思?是按照过去君主在位的先后顺序对他们进行祭祀。文公逆反君主的先后祭祀顺序[先祭僖公,后祭闵公],因进谏不从而离开的有三人;定公转正君主的先后祭祀顺序[先祭闵公,

· 483 ·

后祭僖公〕，因进谏不从无礼而去的有五人。

[注释]

①从祀先公——杜预《集解》："从，顺也；先公，闵公、僖公也。"文公二年"跻僖公"（见 6.2.6），升僖公牌位于闵公之上，先祭僖公。

②顺祀——《解诂》："复文公之逆祀。"

③去者三人——《解诂》："谏不从而去之。"

④叛者五人——《解诂》："谏不以礼而去曰叛。"

[评析] 公羊肯定"从祀"，是对的；但又提出"去者""叛者"则是节外生枝，无史实根据。

8.16 "盗窃宝玉，大弓。"

"盗"者孰谓？谓阳虎也。阳虎者，曷为者也？季氏之宰也。季氏之宰，则微者也，恶乎得国宝而窃之？阳虎专季氏，季氏专鲁国。阳虎拘季孙①，孟氏与叔孙氏迭②而食之，睋③而锲其板④曰："某月某日，将杀我于蒲圃⑤，力能救我则于是⑥。"至乎日若时而出。临南者，阳虎之出⑦也，御之⑧。于其乘焉，季孙谓临南曰："以季氏之世世有子⑨，子可以不免我死乎？"临南曰："有力不足，臣何敢不勉？"阳越者，阳虎之从弟也，为右⑩。诸阳之从者，车数十乘。至于孟衢⑪，临南投策而坠之。阳越下取策；临南骖⑫马，而由乎孟氏。阳虎从而射之，矢着于庄门⑬。然而甲起于琴如⑭。弑不成，却反舍于郊，皆说然⑮息。或曰："弑千乘之主⑯而不克，舍此可乎？"阳虎曰："夫孺子得国而已⑰，如丈夫⑱何？"睋而曰："彼哉！彼哉！⑲趣驾⑳。"既驾，公敛处父㉑帅师而至，慬㉒然后得免。自是走之晋。宝者何？璋判㉓白，弓绣质㉔，龟青纯㉕。

[译文] 书"盗"说的是谁？说的是阳虎。阳虎此人是干什么的？是季氏的家臣。既然是季氏的家臣，那不过是卑微的小人物，怎么能够见到国宝将它盗走？这是因为阳虎专权季氏，而季氏专权鲁国。阳虎拘捕了季孙，孟氏、叔孙氏轮流给季孙送饭。季孙目光示意，并用指甲在装送食物的器具盖上刻字，说："某月某日将在蒲圃杀我，如果有能力搭救我，就请在这个时候。"到了那月那天，季孙被从拘留处押了出来。有个叫临南的人，是阳虎的外甥，给季氏赶车。在他们上车时，季孙对临南说："凭我们季孙氏世世代代对你家亲厚友好，你可以免我不死吗？"临

· 484 ·

南说:"即使力量不足,但是我怎么敢不勉力去做呢?"有个叫阳越的,是阳虎的从弟,名为车右,实为看护季孙。阳氏随在季孙后面的车乘有数十辆。到了孟氏住处的交叉路口,临南假装手中赶马的鞭子掉在地上,阳越下车去拾鞭子,临南击马疾驰,[载着季孙]冲入孟氏家的大门。阳虎从后面射季孙,[由于及时闭门]箭扎在了孟氏的庄门上。[阳虎想攻打孟氏]可公敛处父从琴如带兵赶来。阳虎弑杀季孙不成,于是退兵停驻在郊外,全部人马悠然休息。有人提醒说:"弑杀千乘之主没有成功;在此处放心休息,可以吗?"阳虎说:"那小子得以免死、继续专权掌国就心满意足了,能把我老子怎么样!"顷刻阳虎[望见孟氏、叔孙氏的部队]惊呼道:"他们(来啦)!他们(来啦)!"他急催驾车。车刚驾好,公敛处父率领的部队来到。阳虎及其随从侥幸逃脱,从这里跑到晋国去了。宝物是什么?是半白色的璋玉,千斤力的绣弓,边缘为青色的龟甲。

[注释]

①阳虎拘季孙——《解诂》:"季氏逐昭公之后,取其宝玉藏于其家。阳虎拘季孙,夺其宝玉。"

②迭——交替。

③睨——视。

④锓其板——《解诂》:"以爪刻其馈敛板。"《疏》:"谓以指爪刻其馈器之上敛藏衣物之板;谓盖板也。"锓,音千qiān,刻。

⑤蒲圃——曲阜东门外地名。

⑥于是——《解诂》:"于是时。"

⑦出——外甥。

⑧御之——《解诂》:"为季孙御。"

⑨季氏之世世有子——《解诂》:"言我季氏累世有女以为臣。"俞樾《群经平议》:"樾谨按:何解未得'有'字之义;有者,相亲有之谓也。"有同友。

⑩为右——《解诂》:"为季孙车右,实卫之。"

⑪孟衢——《解诂》:"孟氏衢四达,可以横去。"

⑫骕——音耸sǒng,掣动马衔令马行;《解诂》:"捶马衔走。"

⑬庄门——《解诂》:"孟氏所入门名。"

⑭琴如——左氏作"上东门",杜预《集解》说是曲阜东城之北门。

· 485 ·

⑮说然——《解诂》:"说,解舍;然,犹如。"俞樾《群经平议》:"说犹脱也;……盖阳虎意中无所畏惮,故与其徒脱然止息耳。"

⑯千乘之主——《解诂》:"时季氏邑至于千乘。"

⑰得国而已——《解诂》:"得免、专国家而已。"

⑱丈夫——《解诂》:"丈夫,大人称也。"

⑲睋而曰:"彼哉!彼哉!"——《解诂》:"望见公敛处父师而曰'彼哉,彼哉',再言之者,切遽意。"王引之《经义述闻》:"何以'睋'字从目,故训为望,其实非也。睋读为俄,俄谓须臾之顷也。"

⑳趣驾——《解诂》:"使疾驾。"

㉑公敛处父——《解诂》:"孟氏、叔孙氏将兵之将。"

㉒慬——音近 jìn,将近,几乎。

㉓判——《解诂》:"判,半也。"

㉔弓绣质——《解诂》:"言大者,力千斤。"

㉕纯——《解诂》:"纯,缘也。"

[评析] 左氏也详叙阳虎杀季孙不成,为公敛处父所败过程,大致与公羊说相同;最后又说明阳虎"入于讙、阳关以叛"(讙、阳关,分属今山东省宁阳县、泰安县)。

9. 定公九年

九年,庚子,公元前 501 年,周敬王十九年。

9.1 "九年春王正月。"

9.2 "夏四月戊申,郑伯囆卒。"

[注释]

郑伯囆——郑献公;囆,左氏、穀梁作"虿",二字同音 chài。

9.3 "得①宝玉,大弓②。"

何以书?国宝也。丧之书,得之书。

[译文] 为什么要书写?因为是国宝。丢掉了要书写,得到了也要书写。

[注释]

①得——左氏说:"凡获器用曰得,得用焉曰获。"杨伯峻《注》:

"意谓得一般器物，《经》用'得'字，得生物曰获。"

②得……弓——左氏说："阳虎归宝玉，大弓。鲁君讨伐阳虎，阳虎先奔齐、又逃宋，后奔晋。"

9.4 "六月，葬郑献公。"

9.5 "秋，齐侯、卫侯①次于五氏②。"

[注释]

①齐侯、卫侯——齐景公、卫灵公。

②五氏——在今河北省邯郸市郊。

9.6 "秦伯卒。"

9.7 "冬，葬秦哀公。"

10. 定公十年

十年，辛丑，公元前500年，周敬王二十年。

10.1 "十年春王三月，及齐平。"

10.2 "夏，公会齐侯①于颊谷②。"

[注释]

①齐侯——齐景公。

②颊谷——穀梁同，左氏作"夹谷"；在今山东省莱芜县。

10.3 "公至自颊谷。"

10.4 "晋赵鞅帅师围卫。"

10.5 "齐人来归运、讙、龟阴①田。"

齐人曷为来归运、讙、龟阴田？孔子行乎季孙，三月不违②，齐人为是来归之。

[译文] 齐人为什么归还运、讙、龟阴三邑的田地于鲁？孔子在鲁国做官，政治理想在季孙执政时期得以实行，三个月内没有失误，齐人为此来归三邑。

· 487 ·

[注释]

①运、讙、龟阴——杜预《集解》："三邑，皆汶阳田也。"运（左氏、榖梁作"郓"）、讙、龟阴分别在今山东省郓城县、宁阳县、新泰县，阳虎于八年奔齐时带去。

②孔子……不违——《解诂》："孔子仕鲁，政事行乎季孙，三月之中不见违。"

[评析] 公羊此说，是表扬孔子治鲁政绩；杜预《集解》也说："孔子相，齐人服义而归鲁田。"

10.6 "叔孙州仇①、仲孙何忌帅师围郈②。"

[注释]

①叔孙州仇——鲁宗室臣叔孙氏家族，父叔孙不敢（上五年卒）。

②郈——杜预《集解》"叔孙氏邑"，在今山东省东平县。

10.7 "秋，叔孙州仇、仲孙何忌帅师围费。"

[注释]

费——左氏、榖梁作"郈"；杨伯峻《注》："围郈两次，而季节不同，故两言之。'郈'公羊作'费'，不足据。"

10.8 "宋乐世心出奔曹。"

[注释]

乐世心——左氏、榖梁作"乐大心"。

10.9 "宋公子池出奔陈。"

[注释]

公子池——左氏、榖梁作"公子地"。

10.10 "冬，齐侯、卫侯①、郑游遬②会于鞌③。"

[注释]

①齐侯、卫侯——齐景公、卫灵公。

②游遬——左氏、榖梁作"游速"。

③ 鄌——左氏、穀梁作"安甫",今地不详。

10.11 "叔孙州仇如齐。"

10.12 "宋①公之弟辰暨宋②仲佗、石䮻出奔陈。"

[注释]

①宋——现中华书局影印《十三经注疏》作"齐",据考当是"宋",左氏、穀梁全作"宋"。

②宋——穀梁同,左氏"无"。

11. 定公十一年

十一年,壬寅,公元前499年,周敬王二十一年。

11.1 "十有一年春,宋公之弟辰及仲佗、石䮻、公子池①,自陈入于萧②,以叛。"

[注释]

①公子池——左氏、穀梁作"公子地"。

②萧——宋邑,在今安徽省萧县。

11.2 "夏四月。"

11.3 "秋,宋乐世心自曹入于萧。"

[注释]

乐世心——左氏、穀梁作"乐大心",上年奔曹(见上10.8)。

11.4 "冬,及郑平。"

[注释]

及郑平——杜预《集解》"平六年侵郑取匡之怨"(见上6.2左氏说)。

11.5 "叔还如郑莅盟。"

[注释]

还——鲁宗族臣,叔弓(见9.30.6注①)曾孙。

12. 定公十二年

十二年，癸卯，公元前498年，周敬王二十二年。

12.1 "十有二年春，薛伯定卒。"

12.2 "夏，葬薛襄公。"

12.3 "叔孙州仇帅师堕①郈②。"

[注释]

①堕——杜预《集解》：堕，毁也；患其险固，故毁坏其城。

②郈——叔孙氏邑；参看上10.6注②。

12.4 "卫公孙孟驱帅师伐曹。"

12.5 "季孙斯、仲孙何忌帅师堕费①。"

曷为帅师堕郈？帅师堕费②？孔子行乎季孙，三月不违，曰："家③不藏甲，邑无百雉之城。"于是帅师堕郈，帅师堕费④。雉者何？五板⑤而堵⑥，五堵而雉⑦，百雉而城⑧。

[译文]［季孙斯、仲孙何忌］为什么率兵毁掉郈邑的城墙？率兵毁掉费邑的城墙？孔子在鲁国做官，政治理想在季孙执政时期得以实行，三个月内没有失误，说："大夫私家不能藏有武器，邑内不能有百雉的城墙。"（季孙、仲孙）于是率兵毁掉郈邑城墙，率兵毁掉费邑城墙。雉是什么？五板是一堵，五堵是一雉，百雉这样规模的城（只有公侯才有，大夫是不能具备的）。

[注释]

①费——季孙氏邑，参看9.7.4注释。

②堕费——《解》《疏》说明，襄公七年书"城费"，故问。

③家——指卿大夫采邑。

④于是……堕费——《解诂》："郈，叔孙氏所食邑；费，季氏所食邑。二大夫宰吏数叛，患之，以问孔子，孔子曰：'陪臣执国，命采长数叛者，坐邑有城池之固、家有甲兵之藏故也。'季氏说其言而堕之。"

⑤⑥板、堵——《解诂》："八尺曰板，堵凡四十尺。"

⑦雉——《解诂》："二百尺。"

· 490 ·

⑧百雉而城——《解诂》:"二万尺,凡周十一里三十三步二尺,公侯之制也;礼,天子千雉。"

12.6 "秋,大雩。"
12.7 "冬十月癸亥,公会晋侯①,盟于黄②。"
[注释]
①晋侯——左氏、穀梁作"齐侯",即齐景公。毛奇龄《春秋简书刊误》:"鲁定与齐景同盟叛晋,此盟又改'齐'作'晋',茫然不知矣。"赵坦《春秋异文笺》:"公羊作'晋侯',方音之讹。"
②黄——齐邑,参看2.17.1注②。

12.8 "十有一月丙寅朔,日有食之。"
12.9 "公至自黄。"
12.10 "十有二月,公围成。"
[注释]
成——《解诂》:"成,仲孙氏邑。"在今山东省宁阳县,靠近齐境。

12.11 "公至自围成。"

13. 定公十三年

十三年,甲辰,公元前497年,周敬王二十三年。

13.1 "十有三年春,齐侯、卫侯①次于垂瑕②。"
[注释]
①齐侯、卫侯——齐景公、卫灵公;穀梁无"卫侯",赵坦《春秋异文笺》说"脱"。
②垂瑕——在今山东省巨野县,左氏、穀梁作"垂葭"。

13.2 "夏,筑蛇渊囿。"
[注释]
蛇渊——在今山东省肥城县汶河北;参看8.18.10"筑鹿囿"注释。

13.3 "大蒐于比蒲。"
[注释]
见10.11.6"传"及注释。

13.4 "卫公孟驱帅师伐曹。"
13.5 "秋,晋赵鞅入于晋阳以叛。"
[注释]
晋阳——在今太原市西南。

13.6 "冬,晋荀寅及①士吉射②入于朝歌以叛。"
[注释]
①及——左氏、穀梁无；公羊有"及",赵坦《春秋异文笺》谓"衍"。
②士吉射——范吉射、范昭子,晋臣。
③朝歌——今河南省淇县。

13.7 "晋赵鞅归于晋。"
此"叛"也①,其言"归"何②？以地正国也③。其以地正国奈何？晋赵鞅取晋阳之甲,以逐荀寅与士吉射。荀寅与士吉射者曷为者也？君侧之恶人也。此逐君侧之恶人,曷为以"叛"言之？无君命也。

[译文] 这是赵鞅"入于晋阳以叛","经"文说"归"为什么？因为赵鞅用井田军队安定国家。他用井田军队安定国家是怎么回事呢？晋赵鞅用晋阳的甲兵驱逐荀寅与士吉射。荀寅与士吉射是干什么的人呢？是晋君身边的坏人。这是驱逐晋君身边的坏人,为什么用"叛"字来指说？因为他到晋阳没有晋君的命令。

[注释]
①此"叛"也——指上5书"赵鞅入于晋阳以叛"。
②其言"归"何——《疏》："桓十五年'传'例云：'……归者,出入无恶。'然则书'叛'者,出入恶同；不宜书'归'作出入无恶之文,故难之。"
③以地正国也——《解诂》："军以井田立数,故言'以地'。"《疏》："赵鞅以此井田之兵逐君侧之恶人,故云'以地正国'也。"又,"以地"径直解为以采地,亦通。

13.8"薛弑其君比。"

14. 定公十四年

十四年，乙巳，公元前496年，周敬王二十四年。

14.1"十有四年春，卫公叔戍来奔。"
14.2"晋赵阳出奔宋。"
[注释]

晋赵阳——穀梁同，左氏作"卫赵阳"。毛奇龄《春秋简书刊误》说："赵阳，卫大夫，赵氏名阳者，以其党于公叔文子之子公叔戍，故卫侯并逐之。……公穀极陋，只知晋有赵氏，他国未必有，遂奋笔改此。此与前'齐栾施来奔'改'晋栾施'同一笑话。"

14.3"三月①辛巳，楚公子结、陈公子②佗人帅师灭顿③，以顿子牂④归。"
[注释]
①三月——左氏、穀梁作"二月"，"三月"误。
②公子——左氏、穀梁作"公孙"，音近通作。
③顿——顿，在今河南省项城县，参看5.25.5注①。
④牂——音枪qiáng；左氏、穀梁作"牂"，牂（zāng 脏）、牂音近通作。

14.4"夏，卫北宫结来奔。"
14.5"五月，于越败吴子醉李。"
[注释]
醉李——吴地，在今浙江省嘉兴县。左氏、穀梁作"檇李"；醉、檇，音同。

14.6"吴子光卒。"
[注释]
吴子光——吴王阖闾。

14.7 "公会齐侯、卫侯①于坚②。"

[注释]

①齐侯、卫侯——齐景公、卫灵公。

②坚——在今河南省浚县。左氏、穀梁作"牵";赵坦《春秋异文笺》:"牵、坚音相近,故公羊作坚。"

14.8 "公至自会。"

14.9 "秋,齐侯、宋公①会于洮②。"

[注释]

①宋公——宋景公。

②洮——曹地,参看5.8.1注③。

14.10 "天子使石尚来归脤①。"

"石尚"者何?天子之士也②。"脤"者何?俎实③也。腥曰脤,熟曰燔。"

[译文]"石尚"是谁?是天子的士。"脤"是什么?是盛在祭器里的祭肉;生的叫作脤,熟的叫作燔。

[注释]

①脤——音慎 shèn,祭祀用的肉。

②天子之士也——《解诂》:"天子上士,以名氏通",指非天子之士不书名氏。

③俎实——《解诂》:"实俎肉也";《疏》:"谓以肉填实于俎上。"俎,祭器。

14.11 "卫世子蒯聩出奔宋。"

14.12 "卫公孟驱出奔郑。"

14.13 "宋公之弟辰自萧来奔。"

14.14 "大蒐于比蒲。"

[注释]

继上年大蒐于比蒲。

14.15 "邾娄①子来会②公。"

[注释]

①邾娄——左氏、穀梁例作"邾"。

②会——杜预《集解》:"会公于比蒲,来而不用朝礼,故曰'会'。"

14.16 "城莒父及霄。"

[注释]

莒父、霄——二邑一说均在山东省莒县。

今年无"冬",杜预《集解》说"史阙文",当属可信。至于《解诂》说"去'冬'者,是岁盖孔子由大司寇摄相事,政化大行",当是附会。

15. 定公十五年

十五年,丙午,公元前495年,周敬王二十五年。

15.1 "十有五年春王正月,邾娄子来朝。"

[注释]

邾娄子——邾隐公,名益;左氏、穀梁例作"邾"。

15.2 "鼷鼠①食郊牛②,牛死,改卜牛③。"

曷为不言所食④?漫⑤也。

[译文]"经"文为什么不说明鼷鼠咬伤郊牛的哪个部位?是全身都咬伤了[这是谴责对祭祀的不敬]。

[注释]

①鼷鼠——小鼠,参看8.7.1注①。

②郊牛——祭天所用之牛,参看8.7.1注②。

③改卜牛——改用再占卜吉利的另外之牛。

④所食——《解诂》《疏》说明据8.7.1"鼷鼠食郊牛角"。

⑤漫——《解诂》:"漫者,遍食其身,灾不敬也。"(灾,惩处)俞樾《群经平议》说,漫同曼,延也,"盖初食虽止一处,而其伤曼延知不能其初食之处,故曰'曼也'"。

· 495 ·

15.3 "二月辛丑，楚子①灭胡②，以胡子豹归。"

[注释]

①楚子——楚昭王。

②胡——在今安徽省阜阳市，参看10.4.2注③。

15.4 "夏五月辛亥，郊①。"

曷为以夏五月郊②？三卜之运也③。

[译文] 为什么在五月举行郊祭？这是三次反复占卜推迟到五月的。

[注释]

①郊——郊祭，祭天；参看5.31.3注①。

②曷为以夏五月郊——《解诂》："据鲁郊，正当卜春三，正也，又养牲不过三月。"成公十七年公羊说"郊用正月"（见8.17.6，此周之正月，夏之三月），指郊祭当在正月。正月鼷鼠食郊牛，未得举行。

③三卜之运也——《解诂》："运，转也；卜春三正，不吉；复转卜；夏三月、周五月得二吉，故五月郊也。"公羊僖公三十一年"求吉之道三"（5.31.3），《解诂》说"卜吉凶必有相奇者，可以决疑，故求吉必三卜"。

15.5 "壬申，公薨于高寝。"

[注释]

高寝——天子、诸侯宫寝之一。僖公三十二年"公薨于路寝"，《解诂》说："天子诸侯皆三寝：一曰高寝、二曰路寝、三曰小寝。父居高寝，子居路寝，孙从王父母，妻从夫寝，夫人居小寝。"

15.6 "郑轩达帅师伐宋。"

[注释]

轩达——左氏、穀梁作"罕达"，毛奇龄《春秋简书刊误》说："此郑公子罕后，为郑穆七族之一，焉得有别出字？"

15.7 "齐侯、卫侯①次于籧篨②。"

[注释]

①齐侯、卫侯——齐景公、卫灵公。

②蘧篨——穀梁作"渠篨";左氏"经"同穀梁,"传"作"蘧挐"(挐,音奴 nú)。杨伯峻《注》:"地未详。"

15.8 "邾娄①子来奔丧②。"
其言"来奔丧"何?奔丧,非礼也③。
[译文] "经"文说"来奔丧"是什么意思?是为了说明一国诸侯到他国去吊丧,是不合乎礼的。
[注释]
①邾娄——左氏、穀梁例作"邾"。
②奔丧——闻丧奔往行服丧之礼,《礼记》有《奔丧》。
③奔丧,非礼也——《解诂》:"礼,天子崩,诸侯奔丧、会葬;诸侯薨,有服者奔丧,无服者会葬。邾娄与鲁无服,故以非礼书。"

15.9 "秋七月壬申,姒氏①卒。"
"姒氏"者何?哀公之母也②。何以不称"夫人"?哀未君也③。
[译文] "姒氏"是什么人?是哀公的母亲。对她为什么不称"夫人"?因为哀公尚未即位为国君。
[注释]
①姒氏——左氏同,穀梁作"弋氏",二字音近相通。
②哀公之母也——《解诂》:"姒氏,杞女;哀公者,即定公之妾子。"
③哀未君也——《解诂》:"未逾年,不称公。"

15.10 "八月庚辰朔,日有食之。"
15.11 "九月,滕子来会葬。"
15.12 "丁巳,葬我君定公;雨,不克葬,戊午,日下昃,乃克葬。"
[注释]
昃——音仄 zè,《解诂》:"昃,日西也。《易》曰'日中则昃'是也。下昃,盖晡时。"

15.13 "辛巳,葬定姒①。"
定姒何以书"葬"②?未逾年之君也③。有子则庙,庙则书"葬"。

· 497 ·

[译文] 对定姒为什么书写其"葬"？因为[哀公]即位虽未逾年但仍是国君。母有子则入庙享祭，入庙享祭就书写其"葬"。

[注释]

①定姒——穀梁作"定弋"。

②何以书"葬"——《解诂》："据不称'小君'。"《疏》："正以夫人书'葬我小君'，此不言'小君'，故难之。"

③未逾年之君也——《解诂》："哀未逾年也，母以子贵，故以子正之。"

15.14 "冬，城漆。"

[注释]

漆——在今山东省邹县，襄公二十一年，邾娄庶其以漆、闾丘来奔鲁（见9.21.2）。

第十二章 鲁哀公

哀公，名蒋，《史记·鲁世家》作"将"，定公之子，母定姒（一说定公夫人，一说定公之妾）。

1. 哀公元年

元年，丁未，公元前494年，周敬王二十六年。

1.1"元年春王正月，公即位。"
1.2"楚子、陈侯①、随侯、许男②围蔡。"
[注释]
①楚子、陈侯——楚昭王、陈闵公。
②许男——《解诂》说名戍。定公六年"郑游遬帅师灭许，以许男斯归"（11.6.1），现许复见，孔《疏》说"以许属楚，故疑盖楚封王"。

1.3"鼷鼠食郊牛①，改卜牛。夏四月辛巳，郊②。"
[注释]
①鼷鼠食郊牛——"郊牛"穀梁作"郊牛角"；"经"书"鼷鼠食郊牛"共四见，本"经"之外，成公一年两见（8.7.1）、定公十五年一见（11.15.2）。
②郊——郊祭，参看5.31.3注①。

1.4"秋，齐侯，卫侯伐晋。"
[注释]
齐侯，卫侯——齐景公，卫灵公。

·499·

1.5"冬，仲孙何忌帅师伐邾娄。"

[注释]

邾娄——左氏、穀梁例作"邾"。

2. 哀公二年

二年，戊申，公元前 493 年，周敬王二十七年。

2.1"二年春王二月，季孙斯、叔孙州仇[①]、仲孙何忌帅师伐邾娄[②]，取漷东[③]田及沂西[④]田。癸巳，叔孙州仇、仲孙何忌及邾娄子盟于句绎[⑤]。"

[注释]

①叔孙州仇——见 11.10.6 注①。

②邾娄——左氏、穀梁例作"邾"。

③漷东——漷水之东；襄公十九年"取邾娄田，自漷水"，盖当时是取邾娄之漷西田，今取其漷东田。

④沂西——沂水之西，流经曲阜之南，即《论语·先进》"浴乎沂"之沂。

⑤句绎——在今山东省邹县。

2.2"夏四月丙子，卫侯元卒。"

[注释]

卫侯元——卫灵公。

2.3"滕子来朝。"

[注释]

杨伯峻《注》引《汇纂》云："滕朝止此，诸侯来朝亦止此。"《春秋》自此以后无书诸侯来朝者。

2.4"晋赵鞅帅师纳卫世子蒯聩[①]于戚[②]。"

"戚"者何？卫之邑也。曷为不言"入于卫"？父有子，子不得有父也[③]。

[译文]"戚"是什么地方？是卫国的一个邑。"经"文为什么不说"入于卫"？是因为君父有废黜儿子之权，儿子被废黜后就不得占有君父

·500·

之国家。

[注释]

①蒯聩——卫灵公嫡子,定公十四年奔宋(11.14.11)。据左氏,《春秋》后哀公十六年由戚入卫,立为庄公,在位两年被逐。

②戚——在今河南省濮阳县。

③父有……父也——《解诂》:"明父得有子而废之,子不得有父之所有,故夺其国。"俞樾《群经平议》:"父有子者,谓灵公已有辄为子也。辄为灵公孙也,非子也,而得为子者,成十五年传曰'为人后者,为子也'。……灵公既不以蒯聩为子,而则以辄为子,则蒯聩亦不得以灵公为父。"

2.5 "秋八月甲戌,晋赵鞅帅师及郑轩达①战于栗②。郑师败绩。"

[注释]

①轩达——左氏、穀梁作"罕达"。

②栗——在今河南省濮阳县,戚之南;左氏,穀梁作"铁",二字古同韵部。

2.6 "冬十月,葬卫灵公。"

2.7 "十有一月,蔡迁于州来①。蔡杀其大夫公子驷②。"

[注释]

①蔡迁于州来——蔡本都上蔡(今河南省上蔡),后迁都新蔡(今河南省新蔡);现又为吴迁州来(今安徽省凤台),亦名下蔡。

②蔡杀其大夫公子驷——《解诂》:"称国以杀者,君杀大夫之辞。"左氏说,公子驷反对迁都,蔡侯将之杀害以悦吴。

3. 哀公三年

三年,己酉,公元前492年,周敬王二十八年。

3.1 "三年春,齐国夏、卫石曼姑帅师围戚①。"

齐国夏曷为与卫石曼姑帅师围戚?伯讨②也。此其为伯讨奈何?曼姑受命乎灵公而立辄,以曼姑之义,为固可以距③之也。辄者,曷为者也?

蒯聩之子也。然则曷为不立蒯聩而立辄④？蒯聩为无道⑤，灵公逐蒯聩而立辄。然则辄之义可以立乎⑥？曰："可。"其可奈何？不以父命辞王父命⑦。以王父命辞父命，是父之行乎子也⑧。不以家事⑨辞王事，以王事⑩辞家事，是上之行乎下也⑪。

[译文] 齐国夏为什么要跟卫石曼姑一道率领军队包围戚邑？是方伯的讨伐。说这是方伯的讨伐为什么？曼姑受卫灵公之命立辄为君，以做臣子的准则，曼姑是原本可以拒绝蒯聩夺位的。辄是干什么的呢？是蒯聩的儿子。那么卫灵公为什么不立蒯聩而立了辄？蒯聩做了无道之事，灵公将他驱逐而立了辄。那么辄［不让位于父］在道义上可以立吗？回答说："可以。"说可以是怎么回事呢？这是不依据父亲之命而拒绝祖父之命。依据祖父之命拒绝父亲之命，这是父命实行于子。不以一家之私事拒绝朝廷之国事，以朝廷之国事拒绝一家之私事，这是在上之令实行于在下。

[注释]

①戚——时蒯聩在戚，见上2.4。

②伯讨——见5.4.4注⑨。

③距——同"拒"。《疏》："曼姑者，乃是灵公之臣也，受命于灵公当立辄，宁得违之乎？故得拒蒯聩矣。"

④然则……立辄——《解诂》："据《春秋》，有父死子继。"

⑤蒯聩为无道——《解诂》："行不中善道。"

⑥辄之义可以立乎——《解诂》："辄之义不可拒父，故但问可立与不。"

⑦不以父命辞王父命——《解诂》："不以蒯聩命辞灵公命。"

⑧是父之行乎子也——《解诂》："是灵公命行乎蒯聩，重本尊统之义。"

⑨家事——《解诂》："以父见废，故辞让不立，是家私事。"

⑩王事——《解诂》："听灵公命立者，是王事公法也。"

⑪是上之行乎下也——《解诂》："是王法行于诸侯。"

3.2 "夏四月甲午，地震。"

3.3 "五月辛卯，桓宫、僖宫灾。"

此皆毁庙[1]**也,其言"灾"何?复立也。曷为不言其复立**[2]**?《春秋》见者不复见也。何以不言"及"**[3]**?敌也**[4]**。何以书?记灾也。**

[译文] 这都是应该毁掉的祖庙,"经"文说发生火灾为什么?因为又被重建过。那为什么"经"文不说重建此事?因为《春秋》之例,对于出现过的事物,就不让它再出现了。经文于"桓宫""僖宫"之间为什么不用"及"字?是因为在哀公来说,两宫亲疏相等。为什么书写此事?是为了记载灾害的。

[注释]

①毁庙——《解诂》:"据礼,亲过高祖,则毁其庙。"8.6.2"立武公"公羊说"立武宫,非礼也",《解诂》说"礼,天子、诸侯立五庙"五代之后,即要将祖庙毁掉。桓、僖距哀公早过五代矣。

②曷为不言其复立——《解诂》"据'立武宫'言'立',见8.6.2。"

③何以不言"及"——《解诂》"据'雉门及两观'",见11.2.2。

④敌也——《解诂》:"亲过高祖,亲疏适等。"

3.4 "季孙斯,叔孙州仇帅师城开阳。"

[注释]

开阳——在今山东省临沂县,左氏、穀梁作"启阳";公羊作"开阳",《经典释文》说"开阳,左氏作启阳;开者,为汉景帝讳也",景帝名启。公羊"经""传"均成书于汉景帝时。

3.5 "宋乐髡帅师伐曹。"

3.6 "秋七月丙子,季孙斯卒。"

[注释]

季孙斯——见11.6.4注①。

3.7 "蔡人放其大夫公孙猎于吴。"

3.8 "冬十月癸卯,秦伯卒。"

[注释]

秦伯——秦惠公;外诸侯卒例书名,杨伯峻《注》:"不书其名,不知何故。"

3.9 "叔孙州仇、仲孙何忌帅师围邾娄。"

[注释]

邾娄——左氏、穀梁例作"邾"。

4. 哀公四年

四年,庚戌,公元前491年,周敬王二十九年。

4.1 "四年春王三月①,庚戌盗杀②蔡侯申。"

弑君贱者穷诸人③,此其称"盗"以弑何④?贱乎贱者也⑤。贱乎贱者孰谓?罪人⑥也。

[译文] "经"文对弑杀国君的卑贱者,最高称之为"人",此处称"盗"弑杀国君为什么?因为比卑贱者还要卑贱。比卑贱者还要卑贱说的是什么人呢?是犯过罪的人。

[注释]

①三月——左氏、穀梁作"二月",杨伯峻《注》:"《公羊》作'三月'误,此年二月庚寅朔,三月不得有庚戌。"

②杀——现本作"杀",《校刊记》"唐石经作'弑'",从"传"看,据"弑"而言。左氏作"杀",现穀梁作"弑";杨伯峻《注》:"'杀''弑'二字,古书混乱者多矣。"

③贱者穷诸人——见6.16.6译、注。

④此其……何——《解诂》:"据'宋人弑其君处臼'。"见6.16.6。

⑤贱乎贱者也——《解诂》:"贱于称人者。"

⑥罪人——《解诂》:"罪人者,未加刑也。"

4.2 "蔡公孙辰出奔吴。"

4.3 "葬秦惠公。"

[注释]

秦惠公——上年十月卒。

4.4"宋人执小邾娄子。"

［注释］

小邾娄——见3.5.3注③。

4.5"夏,蔡杀其大夫公孙归姓、公孙霍。"

［注释］

公孙归姓——左氏、穀梁作"公孙姓"。

4.6"晋人执戎曼子①赤归于楚。"

"赤"者何?戎曼子之名也。其言"归于楚"何②?子北宫子③曰:"辟伯晋④而京师楚⑤也。"

［译文］"赤"是什么人?是戎曼子的名字。"经"文说"归于楚"［又书其名］为什么⑥?先师子北宫子说:"这是避免将晋看为方伯、将楚看为京师啊!"

［注释］

①戎曼子——见10.16.2注②;曼,左氏、穀梁作"蛮"。

②其言"归于楚"何——《解诂》《疏》说明,僖公二十八年"晋侯执曹伯畀宋人"书"畀"不书"归"。

③子北宫子——传公羊学的经师。

④伯晋——以晋为方伯,意动关系;伯,一方诸侯之长,见3.4.4注㉒。

⑤京师楚——以楚都为京师,意动关系。

⑥"经"文……什么——《疏》说明,成公十五年"晋侯执曹伯归于京师",是一未书曹伯名,二书归于京师;此处一书戎曼子名,二书"归于楚",故问。

4.7"城西郛。"

［注释］

城西郛——修筑鲁都西边的外城。杜预《集解》:"备晋也。"

4.8 "六月辛丑,蒲社①灾。"

"蒲社"者何？亡国之社也②。社者,封也③,其言"灾"何④？亡国之社盖揜⑤之,揜其上而柴其下⑥。蒲社灾,何仍书？记灾也⑦。

[译文]"蒲社"是什么？是灭亡了国家的社。社,不过是封土祭祀土神的土坛,"经"文说发生火灾为什么？这是因为灭亡了国家的社,上有建筑物遮盖,下有柴木围着。蒲社发生火灾此事,"经"文为什么书写？是记载火灾的。

[注释]

①蒲社——左氏、穀梁作"亳社",赵坦《春秋异文笺》:"亳社,音同本作薄,薄与蒲音亦相近,故古又假蒲为薄。"

②亡国之社也——《解诂》:"蒲社者,先世之亡国在鲁境。"《疏》:"公羊解以为蒲者,古国之名,天子灭之以封伯禽,取其社以戒诸侯使事上。"

③社者,封也——《解诂》:"封土为社。"

④其言"灾"何——《解诂》:"据封土非火所能烧。"

⑤揜——音掩 yǎn,遮盖。

⑥揜其上而柴其下——《解诂》:"揜柴之者,绝使不得使通天地四方,以为有国者戒。"《礼记·郊特牲》:"天子大社,必受霜露风雨,以达天地之气也；是故丧国之社屋之,不受天阳也。"

⑦记灾也——《解诂》:"戒社者,先王所以威示教戒诸侯使事上也。"

4.9 "秋八月甲寅,滕子结卒。"

4.10 "冬十有二月,葬蔡昭公。"

[注释]

蔡昭公——蔡侯申,三月为盗所杀。

4.11 "葬滕顷公。"

5. 哀公五年

五年,辛亥,公元前490年,周敬王三十年。

第十二章　鲁哀公

5.1　"五年春，城比。"

[注释]

比——左氏、穀梁作"毗"；杨伯峻《注》："音同相通假，其地无考。"

5.2　"夏，齐侯伐宋。"

[注释]

齐侯——齐景公。

5.3　"晋赵鞅帅师伐卫。"

5.4　"秋九月癸酉，齐侯处臼卒。"

[注释]

齐侯——齐景公；处，左氏、穀梁作"杵"。

5.5　"冬，叔还如齐。"

[注释]

叔还——鲁臣；杨伯峻《注》："盖吊齐景公之丧且会葬。"

5.6　"闰月[1]，葬齐景公。"

闰不书，此何以书[2]？丧以闰数也。丧曷为以闰数？丧数略[3]也。

[译文]　闰月"经"文不书写，此处为什么书写？因为服丧时间将闰月计算在内。服丧时间为什么要将闰月计算在内？服丧时间计算是将闰月减掉的。

[注释]

①闰月——《春秋》书"闰月"共两次，另一次在文公六年，均为每年末尾；穀梁于该"传"说"闰月者，附月之余日也，积分而成于月者也"，闰月是积月之余日而成，故知为闰十二月。

②闰……书——《解诂》："据楚子昭卒不书闰"，指襄公二十八年"乙未，楚子昭卒"，何氏认为该年闰月，"经"未书。其实，该年不闰，"乙未"是日误，参看9.28.9注①。

③略——减少；《解诂》："略犹杀也。"

6. 哀公六年

六年，壬子，公元前489年，周敬王三十一年。

6.1 "六年春，城邾娄葭。"

［注释］

邾娄葭——左氏，穀梁作"邾瑕"。邾娄，左氏、穀梁例作"邾"。葭，左、穀作"瑕"，二字从叚得声相通。杨伯峻《注》："邾瑕，据杜《注》在今山东济宁市南十里，则未必为邾邑；疑此说不可信，阙疑可也。"

6.2 "晋赵鞅帅师伐鲜虞。"

［注释］

鲜虞——见10.12.10注释。

6.3 "吴伐陈。"
6.4 "夏，齐国夏及高张来奔。"
6.5 "叔还会吴于柤。"

［注释］

柤——见9.10.1注④；本楚地，此时盖属吴。

6.6 "秋七月庚寅，楚子轸卒。"

［注释］

楚子轸——楚昭王，原名壬。

6.7 "齐阳生入于齐。"

［注释］

阳生——齐悼公，景公庶子；上年因国内政变奔鲁；参看下"经"。

6.8 "齐陈乞弑其君舍①。"

弑而立者不以当国②之辞言之，此其以当国之辞言之何③？为谖④也。此其为谖奈何？景公谓陈乞曰："吾欲立舍，何如？"陈乞曰："所乐乎为君

· 508 ·

者，欲立之则立之，不欲立则不立⑤。君如欲立之，则臣请立之⑥。"阳生谓陈乞曰："吾闻子盖将不欲立我也。"陈乞曰："夫千乘之主，将废正而立不正，必杀正者⑦。吾不立子者，所以生子⑧者也。走矣⑨！"与之玉节⑩而走之⑪。景公死而舍立，陈乞使人迎阳生于诸⑫其家。陈景公之丧，诸大夫皆在朝，陈乞曰："常⑬之母，有鱼菽之祭⑭，愿诸大夫之化我也⑮。"诸大夫皆曰："诺。"于是皆之陈乞之家坐。陈乞曰："吾有所为甲⑯，请以示焉。"诸大夫皆曰："诺。"于是使力士举臣囊而至于中雷⑰。诸大夫见之，皆色然⑱而骇；开之，则闯然⑲，公子阳生也。陈乞曰："此君也已⑳！"诸大夫不得已皆逡巡㉑北面，再拜稽首而君之尔㉒，自是往弑舍㉓。

[译文]弑杀国君而自立的人是不用想篡夺君位的文辞来说的，此处"经"文[不书"齐公子阳生"]而按篡夺君位的文辞[书"齐阳生"]为什么？是其中有欺诈。其中有欺诈是怎么回事呢？齐景公对陈乞说："我打算立舍为君，你看怎么样？"陈乞说："作为一国之君可任自己的喜爱行事，想立谁就立谁，不想立谁就别立谁。君王如果想立舍，那我就请求立舍。"阳生对陈乞说："我闻听您大概是不打算立我为君了吧！"陈乞说："作为一个兵车千乘大国的君主，如果要废掉当立的正位继承人而立不当立的非正位继承人，必定要杀死当立的正位继承人。我所以不主张立您，是想保全您的性命。您赶快逃走吧！"陈乞将玉制的节符给了阳生作为凭证，让他逃走。景公死后，舍立为齐君。陈乞派人将阳生迎回安置在自己家中。在为景公服丧期满的时候，众大夫都在朝，陈乞对他们说："我儿子常对他母亲有微薄祭品鱼豆之类，愿诸位恕我无礼，委屈到我家品尝。"众大夫齐声说："好"。于是都到陈乞家中坐下。陈乞说："我有做好的铠甲，请允许我拿出让诸位看看。"众大夫又说："好。"于是陈乞让大力士抬出一个大袋子放在屋子中央，众大夫看见，都诧异惊骇。袋子打开露出一个人头，却原来是公子阳生。陈乞大喊："这就是真正的齐君啊！"众大夫没有办法，只好后退面北，两次揖拜叩头，认阳生为齐君。陈乞派人从自家出发去弑杀了舍。

[注释]

①舍——左氏、穀梁作"荼"，二字古音同。《史记·齐世家》："景公宠妾生子荼。"

②当国——篡夺君位，参看1.1.3注⑪。

③此其……何——《解诂》《疏》说明,据文公十四年"齐公子商人弑其君舍"而问,这是指上"经"书"齐阳生"不书"齐公子阳生"而言;按公羊说,不书"公子"是当国之辞。

④谖——欺骗。

⑤欲立……不立——《解诂》:"贵自专也。"

⑥君如……立之——《解诂》:"陈乞欲拒言不可,恐景公杀阳生。"

⑦夫千乘……杀正者——《解诂》《疏》说明,指僖公五年,晋侯杀世子申生。

⑧生子——使之生,使动关系。

⑨走矣——《解诂》:"教阳生走。"

⑩玉节——《解诂》:"节,信也;析玉与阳生,留其半为后当迎之,合以为信,防称矫也。"

⑪走之——使之走,使动关系。

⑫于诸——《解诂》:"于诸,置也,齐人语也。"于,动词;诸,介词。

⑬常——《解诂》:"常,陈乞子。"

⑭鱼菽之祭——《解诂》:"齐俗,妇人首祭事。言鱼豆者,示薄陋无所有。"

⑮愿……也——《解诂》:"言欲以薄陋余福共宴饮。"化我,见桓公六年公羊"曷为慢之?化我过"(《解诂》)。

⑯甲——《解诂》:"甲,铠。"

⑰中霤——中室;《解诂》"中央曰中霤",霤音liū。

⑱色然——《解诂》:"色然,惊骇貌。"

⑲阋然——《解诂》:"阋,出头貌。"

⑳已——语气词,表示确定。

㉑逡巡——却退。

㉒诸大夫……君之尔——"时舍未能得众,而阳生今正当立,诸大夫又见力士。知陈乞有备,故不得已遂君之。"君之,意动关系。

㉓自是往弑舍——《解诂》:"阳生先诈致诸大夫立于陈乞家,然后往弑舍,故先书'当国',起其事也。乞为阳生弑舍,不举阳生弑者,谖成于乞也。"

6.9 "冬，仲孙何忌帅师伐邾娄。"

[注释]

邾娄——左氏、穀梁例作"邾"。

6.10 "宋向巢帅师伐曹。"

7. 哀公七年

七年，癸丑，公元前488年，周敬王三十二年。

7.1 "七年春，宋皇瑗帅师侵郑。"
7.2 "晋魏曼多帅师侵卫。"
7.3 "夏，公会吴于鄫。"

[注释]

鄫——左氏同，穀梁作"缯"，在今山东省枣庄市。

7.4 "秋，公伐邾娄①。八月己酉，入邾娄，以邾娄子益来。"

"入"不言"伐"，此其言"伐"何②？内辞③也，若使他人然④。邾娄子益何以名⑤？绝⑥。曷为绝之？获也。曷为不言其获⑦？内大恶，讳也。

[译文]"经"文说"入"不说"伐"，此处说"伐"为什么？这是为鲁国避讳的用词，使得好像哀公伐后而去、他人侵入带回邾娄子益似的。对"对邾娄子益"因何"经"文写出他的名字？表示当废绝其爵位。为什么要废绝其爵位？因为他［不死战］被俘获。"经"文为什么不说"获邾娄子益"？对鲁国的大恶事《春秋》是避讳的。

[注释]

①邾娄——左氏、穀梁例作"邾"。

②"入"……何——《解诂》"据当举入为重"，指庄公十年"传"说："'战'不言'伐'，'围'不言'战'，'入'不言'围'，'灭'不言'入'：书其重者也。"（参见3.10.2）

③内辞——《解诂》："讳获诸侯，故不举重而两书。"参看2.18.1"内辞"注。

④若使他人然——《解诂》："使若鲁公伐而去，他人入之以来者。"

参见6.7.2"使若他人然"译注。

⑤邾娄子益何以名——《解诂》《疏》说明,据僖公二十六年"楚人灭隗,以隗子归"不书名。

⑥绝——见2.6.4注③。

⑦曷为不言其获——《解诂》《疏》说明据僖公十五年"晋侯及秦伯战于韩,获晋侯"。

7.5 "宋人围曹。"

7.6 "冬,郑驷弘帅师救曹。"

8. 哀公八年

八年,甲寅,公元前487年,周敬王三十三年。

8.1 "八年春王正月,宋公①入曹,以曹伯阳归。"

"曹伯阳"何以名②?绝③。曷为绝之?灭也。曷为不言其灭③?讳同姓之灭也④。何讳乎同姓之灭⑤?力能救之,而不救也。

[译文] 对"曹伯阳"因何"经"文写出他的名字?表示当废绝其爵位。为什么要废绝其爵位?因为[他不保社稷]而国被灭亡。"经"文为什么不书"宋公灭曹"?这是避讳与鲁同姓的国家灭亡。为什么要避讳与鲁同姓之国被灭亡?是因为鲁国有能力援救而坐视不救。

[注释]

①宋公——宋景公。

②"曹伯阳"何以名——《解诂》《疏》说明,据僖公二十六年"楚人灭隗,以隗子归"不书名。

③绝——见2.6.4注③。

④讳同姓之灭也——曹、鲁同为姬姓,曹见2.5.9注③。

⑤何讳乎同姓之灭——《解诂》《疏》说明,僖公二十五年"卫侯毁灭邢"不讳;邢,姬姓国,见3.32.7注②。

[评析] "经"书"入曹",未言"灭",公羊认为曹灭是其自家之言。《孟子·告子下》有"曹交问",赵岐注:"曹交,曹君之弟交名也",说明孟子时代曹国犹存(或其祀未绝)。

8.2"吴伐我。"

8.3"夏,齐人取讙及阐①。"

外取邑不书,此何以书?所以赂齐也。曷为赂齐?为以邾娄子益来也②。

[译文] 鲁国以外的国家占取城邑"经"文不书写,此处为什么书写?是用之来贿赂齐国的。为什么要贿赂齐国?因为上年鲁伐邾娄、抓获了邾娄子益来鲁国[畏惧齐报复]。

[注释]
①讙、阐——鲁邑,均在今山东省宁阳县;阐,左氏、穀梁作"阐"。
②为……也——《解诂》:"邾娄,齐与国,畏为齐所怒而赂之。"

[评析] 公羊说不成立。讙、阐皆是鲁邑,非"外取邑";齐取鲁二邑,作为鲁史《春秋》能不记载吗?

8.4"归邾娄子益于邾娄。"

[注释]
邾娄——左氏、穀梁例作"邾"。

8.5"秋七月。"

8.6"冬十有二月癸亥,杞伯过卒。"

[注释]
杞伯过——杞僖公。

8.7"齐人归讙及阐。"

9. 哀公九年

九年,乙卯,公元前486年,周敬王三十四年。

9.1"九年春王二月,葬杞僖公。"

[注释]
杞僖公——杞伯过,上年十二月卒。

9.2 "宋皇瑗帅师取郑师于雍丘①。"

其言"取之"何？易也。其易奈何？诈之也②。

[译文] "经"文说"取郑师"为什么？因为很容易。那容易是怎么回事呢？是以欺诈手段取胜的。

[注释]

①雍丘——宋邑，在今河南省杞县。

②诈之也——《解诂》："诈谓陷阱、奇伏之类。"

[评析] 左氏说，郑师攻取宋之雍丘不下，又为宋师包围，士兵号啕大哭，结果惨败。公羊说"易"，仍有事实根据。

9.3 "夏，楚人伐陈。"

9.4 "秋，宋公伐郑。"

[注释]

宋公——宋景公。

9.5 "冬十月。"

10. 哀公十年

十年，丙辰，公元前485年，周敬王三十五年。

10.1 "十年春王二月，邾娄子益来奔。"

[注释]

邾娄——左氏、穀梁例作"邾"。

10.2 "公会吴伐齐。"

10.3 "三月戊戌，齐侯阳生卒。"

[注释]

齐侯阳生——齐悼公；据左氏，被弑而死。

10.4 "夏，宋人伐郑。"

10.5 "晋赵鞅帅师侵齐。"

10.6 "五月，公至自伐齐。"

10.7 "葬齐悼公。"

10.8 "卫公孟驱自齐归于卫。"

[注释]

公孟驱——卫公子蒯聩之党；定公十四年蒯聩奔宋，公孟驱先奔郑，后奔齐。

10.9 "薛伯寅卒。"

[注释]

寅——左氏、穀梁作"夷"；二字声纽同。

10.10 "秋，葬薛惠公。"

10.11 "冬，楚公子结帅师伐陈，吴救陈。"

11. 哀公十一年

十一年，丁巳，公元前484年，周敬王三十六年。

11.1 "十有一年春，齐国书帅师伐我。"

11.2 "夏，陈袁颇出奔郑。"

11.3 "五月，公会吴伐齐。甲戌，齐国书帅师及吴战于艾陵。齐师败绩，获齐国书。"

[注释]

艾陵——在今山东省莱芜县。

11.4 "秋七月辛酉，滕子虞母卒。"

11.5 "冬十有一月，葬滕隐公。"

11.6 "卫世叔齐出奔宋。"

12. 哀公十二年

十二年，戊午，公元前483年，周敬王三十七年。

12.1 "十有二年春，用田赋。"

何以书？讥。何讥尔？讥始用田赋也。

[译文] 为什么书写？为了谴责。谴责什么？谴责开始采用按田亩征税、服兵役。

[评析]"用田赋"具体内容为何，三《传》无说。宣公十五年"初税亩"，是田亩税制改革；成公元年"作丘甲"，是兵役制度改革。此"用田赋"盖二者兼而有之。公羊此说是站在保守立场反对改革。

12.2 "夏五月甲辰，孟子卒。"

"孟子"者何①？昭公之夫人也。其称"孟子"何②？讳娶同姓，盖吴女也。

[译文]"孟子"是谁？是昭公的夫人。[既然是昭公的夫人]那说"孟子"为什么？是为了避讳昭公娶了同姓人为妻，他的夫人是吴国的女儿。

[注释]

①"孟子"者何——《解诂》"据鲁大夫无孟子"，是说书"卒"当是大夫，而鲁大夫无此人，故问。

②其称"孟子"何——《解诂》"据不称夫人某氏"，如1.2.8"夫人子氏薨"。

12.3 "公会吴于橐皋。"

[注释]

橐皋——吴地，在今安徽省巢县。

12.4 "秋，公会卫侯①、宋皇瑗于运②。"

[注释]

①卫侯——卫出公。

②运——左氏、穀梁作"郧"，一说在今江苏省如皋县。

12.5 "宋向巢帅师伐郑。"

12.6 "冬十有二月，螽。"

何以书？记异过。何异尔？不时也。

[译文] 为什么书写？是记载奇异现象。为什么奇异？因为不合时令。

[注释]

蜮——左氏、榖梁例作"蟊"。

[评析]"经"书"蜮"（蝗虫之灾）共十次，多在八月或九月，至晚为冬十月（文公八年）；唯此次与明年发生在十二月，为当时罕见，故公羊认为"不时"。

13. 哀公十三年

十三年，己未，公元前482年，周敬王三十八年。

13.1 "十有三年春，郑轩达帅师取宋师于岩①。"

其言"取之"何？易也。其易奈何？诈②反也。

[译文]"经"文说"取宋师"为什么？因为很容易，那容易是怎么回事呢？是郑师以欺诈手段报复宋师于九年以欺诈手段取胜郑师。

[注释]

①岩——宋、郑之间荒漠地段，在今河南省杞县一带。

②诈——《解诂》："前宋行诈取郑师，今郑复行诈取之。"指上九年"宋皇瑗帅师取郑师于雍丘"，公羊云"其言'取之'何？易也。其易奈何？诈之也"。

[评析]左氏说，宋军主将向魋误听传言逃跑，郑师大胜，虏宋大夫二人。公羊说"易"，似有事实根据。

13.2 "夏，许男戌卒。"

[注释]

许男戌——许元公；戌，左氏、榖梁作"成"，赵坦《春秋异文笺》："公羊作'戌'，或字形相似而讹。"

13.3 "公会晋侯①及吴子②于黄池③。"

吴何以称"子"④？吴主会也。吴主会，则曷为先言"晋侯"⑤？不与夷狄之主中国也。其言"及吴子"何⑥？会两伯⑦之辞也。不与夷狄之主中国，则曷为以会两伯之辞言之⑧？重吴也。曷为重吴？吴在是，则天下

· 517 ·

诸侯莫敢不至也⑨。

[译文] 对吴国君主为什么称为"吴子"？是因为吴子主持这次盟会。既然是吴子主持这次盟会，那"经"文为什么先说"晋侯"？这是不赞许吴国这样夷狄国家做中原诸国的盟主。"经"文说"及吴子"为什么？是两个方伯相会的用词。既然不赞许夷狄国家做中原诸国的盟主，那为什么用两个方伯相会的文辞来称说此事？这是重视吴子。为什么要重视吴子？因为吴子出席这次盟会，天下诸侯没有敢不来的。

[注释]

①晋侯——晋定公。

②吴子——夫差。

③黄池——在今河南省封丘县。

④吴何以称"子"——《解诂》《疏》说明，上十年"吴救陈"书"吴"。

⑤曷为先言晋侯——《解诂》《疏》说明，昭公四年申之会，楚子主会序上。

⑥其言"及吴子"何——《解诂》《疏》说明，成公十五年"会吴子钟离"不言"及"，僖公五年首戴之会，齐主会，书"公及齐侯"。

⑦伯——方伯，一方诸侯之长，参看3.4.4注㉒。

⑧曷为以会两伯之辞言之——《解诂》"据伯主人"、《疏》"谓为伯者主领会上之人矣"，指主领会者只能是一伯。

⑨吴在……不至也——《解诂》："以晋大国，尚犹汲汲于吴，则知诸侯莫敢不至也。"

[评析] 公羊此"传"，前后矛盾。既说"先晋侯"是不与夷狄之主中国，又说"及吴子"是会两伯之辞，晋侯、吴子地位相等。至于说"吴在是，天下诸侯莫敢不至"，不但不符合实际情况，且与其一贯的"攘夷"思想相径庭。

13.4 "楚公子申帅师伐陈。"

13.5 "于越入吴。"

[注释]

于越——见11.5.3"传"及注释。

第十二章　鲁哀公

13.6"秋，公至自会。"

13.7"晋魏多帅师侵卫。"

此晋魏曼多也，曷为谓之"晋魏多"？讥二名，二名非礼也。

[译文]

这是晋国的魏曼多，"经"文为什么称为"晋魏多"？这是谴责名"曼多"用了两字，名字用两字是不合礼的。

[评析] 左氏、穀梁作"魏曼多"。赵坦《春秋异文笺》说："公羊作魏多，当是脱'曼'字。"据脱字发"传"，故公羊之误同于11.6.7就"仲孙忌"所发之"传"。

13.8"葬许元公。"

13.9"九月，蚧。"

[注释]

蚧——左氏、穀梁例作"螽"。

13.10"冬十有一月，有星孛[1]于东方。"

"孛"者何？彗星也。其言"于东方"何？见于旦[2]也。何以书？记异也。

[译文]"孛"是什么？就是彗星。"经"文说"于东方"为什么？因为是出现在黎明的时候。为什么书写？是记载奇异现象的。

[注释]

①孛——见6.14.5注①。

②旦——《解诂》："旦者，日方出，时宿不复见，故言东方，知为旦。"

[评析] 杨伯峻《注》说："日出于东方，若非阴沉云厚，彗星光芒不易见，公羊之说可疑。"

13.11"盗杀陈夏驱夫。"

[注释]

驱——音抠 kōu；左氏、穀梁作"区"。

13.12 "十有二月,螽。"

14. 哀公十四年

十四年,庚申,公元前481年,周敬王三十九年。
"十有四年春,西狩获麟①。"

何以书?记异也。何异尔?非中国之兽也。然则孰狩之?薪采者②也。薪采者,则微者也,曷为以"狩"言之③?大之也④。曷为大之?为获麟大之也。曷为获麟大之?麟者,仁兽也⑤,有王者则至⑥,无王者则不至⑦。有以告者曰:"有麕⑧而角者。"孔子曰:"孰为来哉!孰为来哉!"⑨反袂拭面,涕沾袍⑩。颜渊死,子曰:"噫!天丧予!"子路死,子曰:"噫!天祝⑪予!"西狩获麟,孔子曰:"吾道穷矣!"《春秋》何以始乎隐⑫?祖之所逮闻也⑬。所见异辞,所闻异辞,所传闻异辞⑭。何以终乎哀十四年⑮?曰:"备矣⑯!"君子⑰曷为为《春秋》?拨⑱乱世,反诸正,莫近诸春秋。则未知其为是与?其诸⑲君子乐道尧舜之道与⑳?末不亦乐乎,尧舜之知君子也㉑?制《春秋》之义,以俟后圣㉒。以君子之为,亦有乐乎此也㉓。

[译文]"经"文为什么书写?是记载奇异现象?为什么奇异?因为此非中原诸国的兽类。那么是谁猎捕到的?是一个打柴的人。如果是个打柴的,那就是地位卑微的人物,[对天子、诸侯才能说"狩"]对他为什么说"狩"?是为重视此事[也使他如同天子、诸侯]。为什么重视此事?因为猎捕到了麒麟而重视此事。为什么为猎捕到麒麟而就重视此事?麒麟是仁兽,国家有圣明君王它出现,没有圣明君王它不出现。有人报告说:"发现一只形似獐子的野兽,头上有角。"孔子说:"它为谁来的啊!它为谁来的啊!"然后转身涕泪交流,用衣袖拭擦,涕泪都沾湿前襟。颜渊死了,孔子哀叹道:"唉!上天要丧我的命啊!"子路死了,孔子哀叹道:"唉!上天要绝我的后代啊!"西方狩猎捕获了麒麟,孔子哀叹道:"我的学说已到尽头、没有出路了!"《春秋》记事为什么从鲁隐公开始?因为是孔子高祖所能赶上听到的事。[孔子修《春秋》]对自己亲眼所见到之事[跟所闻、所传闻之事]不同措辞;对自己亲耳所听到之事[跟所见、所传闻之事]不同措辞;对从传说听到之事[跟所见、所闻之事]不同措辞。《春秋》记事为什么在哀公十四年结束?回答说:

· 520 ·

"因为已经完备了。"孔子为什么要修《春秋》？是为了治理乱世,使之回复到正道上来。[能起到这一作用的]没有能赶得上《春秋》的,那么则不知道是孔子真是为了这个目的呢,还是他乐于称道尧舜之道呢？后世有如尧舜这样圣贤的君主了解到孔子修《春秋》的目的,孔子也许会高兴吧？孔子修《春秋》所订的义理,是用以等待后世圣贤之君作为行动的法范。按孔子的所作所为,也会因后世圣贤之君以《春秋》作为行动的法范而高兴的。

[注释]

①麟——麒麟,《说文》:"麒麟,仁兽也。麋身,牛尾,一角。"《说文》此解本于公羊。

②薪采者——《解诂》:"庶人采樵薪者。"

③曷为以"狩"言之——《解诂》"据天子、诸侯乃言狩",如僖公二十八年"天王狩于河阳"、桓公四年"公狩于郎"。

④大之也——《解诂》:"使若天子、诸侯。"

⑤麟者,仁兽也——《解诂》:"状如麋,一角而戴肉,设武备而不为害,所以为仁也。《诗》云'麟之角,振振公族'是也。"《诗经·周南·麟之趾》说麟有蹄不踢人,有头不撞人,有角不触人。

⑥有王者则至——《解诂》:"上有圣帝明王,天下太平,然后乃至。"

⑦无王者则不至——《解诂》:"辟害远也。当春秋时,天下散乱,不当至而至,故为异。"

⑧麕——《说文》"麕,麇也",麕是麇之省文,麇即獐。

⑨孔子……哉——《解诂》:"是时无圣帝明王,怪为谁来。"

⑩反……袍——《解诂》:"袍,衣前襟也。夫子素按图录,知庶姓刘季当代周,见薪采者获麟,知为其出。"

⑪祝——祝,断也。

⑫《春秋》何以始乎隐——《解诂》:"据得麟乃作。"《疏》:"以《演孔图》云'获麒麟而作《春秋》,九月书成'是也。"

⑬祖之所逮闻也——《解诂》:"托寄高祖以来,事可及问、闻知者,犹曰'我但记先人所闻',辟制作之害。"

⑭所见……闻异辞——三句曾见于隐公元年。

⑮何以终乎哀十四年——《解诂》:"据哀公未终也。"《疏》:"正以

未见'公薨'之文故也,且以左氏言之,即哀二十七年公逊于越而因卒,则知今未终。"

⑯备矣——《解诂》:"人道浃,王道备。"浃,通彻。

⑰君子——《疏》:"君子,谓孔子。"

⑱拨——《解诂》:"拨,犹治也。"

⑲其诸——疑问副词,表示推测。

⑳则未知……之道与——《解诂》:"作传者谦不敢斥夫子所为作意也。"斥,指出。

㉑末不……君子也——《解诂》:"末不亦乐后有圣汉,受命而王,德如尧、舜之知孔子为制作。"末,疑问副词。

㉒以俟后圣——《解诂》:"待圣汉之王以为法。"

㉓以……也——《解诂》:"乐其贯于百王而不灭,名与日月并行而不息。"

[评析]

一 公羊、穀梁"经"均终于本年、本条。左氏"经",本年共17条,终于哀公十六年(以"夏四月己丑,孔丘卒"结束);而"传"终于哀公二十七年。常说《春秋》记242年间事,是据公羊、穀梁"经"而言;如据左氏"经"则是记244年间事。公羊、穀梁终于本"经",遂从而引起千余年来《春秋》起、止何故的争论。一说《春秋》之作起于获麟,如上注⑫何休说"据得麟乃作",徐彦引《演孔图》说"获麟而作《春秋》,九月书成"。一说《春秋》之作止于获麟,如杜预《集解》说:"麟者,仁兽,圣王之嘉瑞也;时无明王。出而遇获。仲尼仿周道之不兴,感嘉瑞之无应;故因《鲁春秋》而修中兴之教,绝笔于'获麟'之一句。所感而作,固所以为终也。"(杜说本于《史记·孔子世家》)其实,《春秋》乃鲁史,载鲁国十二公年间事,岂能是孔子因获麟而始作或因获麟而终止?

二 公羊说麟"有麇而角",形状奇特,认定"非中国(中原诸国)之兽",倒可成立。《春秋》所说麟,究为何兽,前人多有考证,莫衷一是;如果确是麒麟,杨伯峻《注》说:"中国实无此兽,今非洲有名奇拉夫(Giraffa)之长颈鹿,有人疑即古之麒麟。"公羊说获兽者为采薪之庶人则不成立,与鲁哀公一起狩猎之人不可能是平民百姓,左氏说是叔孙氏之御者倒合情理。不过此"传"则是集中表现了公羊家的思想并暴露出公羊学的弊端。庄公七年公羊说有不修《春秋》，"君子修之"（3.7.2）；本"传"则更明确讲君子——孔子与《春秋》的关系。《春秋》始于隐公是孔子"祖之所逮闻"；终于哀公十四年，是孔子之道"备"；据孔子所见、所闻、所传闻而"异辞"；依孔子为拨乱世反诸正而为。如果孔子对不修《春秋》作此修改，那这不是"修"，而是如孟子所说是"作"了（见《孟子·滕文公下》"孔子惧，作《春秋》"）。当然，这些皆是公羊一家之言（杨伯峻《注》"前言"考评说，孔子不但未"作"《春秋》，而且也未"修"《春秋》，仅是"曾经用《鲁春秋》作过教本，传授弟子"）。本"传"也是何休《解诂》、徐彦《疏》穿凿附会、胡乱联系弊端之集中表现。孔子"反袂拭面，涕沾袍"，《解诂》说"夫子素按图录，知庶姓刘季当代周"，又说"西狩获之者，从东方王于西也；东如西，金象也。言获者，兵戈文也，言汉姓卯、金、刀，以兵得天下"（卯、金、刀，繁体"刘"字）。"西狩获麟，孔子曰：'吾道穷矣！'"《疏》说："麟之来也，应于三义：一为周亡之征，即上'传'云'何以书？记异也'是也；二为汉兴之瑞，即上'传'云'孰为来哉！孰为来哉！'虽在指斥，意在于汉也；三则见孔子将没之征，故此孔子曰'吾道穷矣'是也。""制《春秋》之义，以俟后圣"，《解诂》解为"待圣汉之王以为法"。西狩获麟在哀公十四年即公元前481年，刘汉之立在公元前206年，前后相距二百多年，而何休、徐彦竟将二者联系在一起，说获麟预兆刘汉之兴。如果说，《公羊传》说明《春秋》，是为大一统政权服务的话，那《解诂》《疏》更说明《春秋》是为刘汉天下服务的，其牵强附会已到荒唐地步了。

附　录

(引自王宁主编《评析本白话十三经》，北京广播学院出版社1992年版)

一　《左传》介绍

(一)《春秋》和《左传》

《汉书·艺文志》："《春秋古经》十二篇。《经》十一卷。"班固于"《经》十鲁国十二公一卷"下自注："《公羊》、《穀梁》二家。"那么，《春秋古经》就是《左氏传》的《经》，因为它原来是古代文字写的，所以称它为"古经"。可能它以鲁国一公为一篇，所以它为十二篇。

《左传》直接解释《经文》的话比较少，但基本上是必要的。如隐公"公元年春王正月"，《左传》不像《公羊传》，把"元年""春""王""正月"，先截成几段，加以无谓的解释，又综合起来，从词的顺序加以臆测。《左传》仅说："不书即位，摄也。"所以司马迁作《史记》，在《鲁世家》中，用《左传》而不用《公羊》和《穀梁》，没有必要。《左传》不但对经文不加任何解释，而且连《春秋经》本书都不写。所以《左传》有不少的无《传》之《经》。杜预很懂得《左传》体例，假若《经》文和《传》文相类，如文公元年《传》"夏四月丁巳，葬僖公"，和《春秋》"夏四月丁巳葬我君僖公"，好像无所增加和说明，而杜预却注云："《传》皆不虚载《经》文。"那么，为什么这里"虚载《经》文"呢？杜预认为后文"穆伯如齐始聘为……"这条传文应在"葬僖公"下，就是孔颖达《疏》所说的"既葬除丧，即成君之吉位也"。笔者则认为这是表示下一传文"王使毛伯卫来锡公命。叔孙得臣如周拜"。若不写僖公已葬，周王既不能使人锡命，文公也不得接受，并且使人答谢。正如宣十年《经》"公孙归父帅师伐邾，取绎"。《传》仅云："师伐郑，取绎。"实际为下文"冬，子家如齐，伐邾故也"作伏笔。因为最初《春秋》自《春秋》，《左传》自《左传》，各自为书，古人叫"别本单行"。把《春秋经》文和《左传》分年合并，杜预《春秋序》自认是他自己"分《经》之年与《传》之年相附，比其义类，各随而解之"。若在《经》《传》未合并以前，作《传》者于与其他传文有关之《经》，不能不也写一笔。这不叫"虚载"。

《左传》有时还把几条相关的经文，合并写成一《传》，如僖公三十二年"冬十有二月己卯晋侯重耳卒"，三十三年"春王二月秦人入滑""夏四月辛巳，晋人及姜戎败秦师于殽""癸巳，葬晋文公"，一共四条经文，《左传》写成一传，不过今本《左传》因三十二年和三十三年之间，插入经文，因而隔断，文气实际是相连的。这是《左传》一种条例。

《左传》有更多的无《经》之《传》，因此鲁史官虽然未必记载那些事入《春秋》，而《左传》作者却认为不能不写出来。读者随时可以发现，不再举例。这又是《左传》一种条例。

《左传》有和《经》矛盾的，一般是《左传》对《经》的纠正。如昭公八年《左传》说"夏四月辛亥，哀公（陈哀公）缢"，辛亥为四月二十日，而《经》文作"辛丑"，则为初十日，两者相差十天。孔《疏》说："《经》、《传》异者，多是《传》实《经》虚。"就是《传》文实在，《经》文虚假。又如一般日食，《传》文不述。可是襄公二十七年《经》"十二月乙亥朔，日有食之"，《传》文却作"十一月乙亥朔，日有食之"。按今法推算，这是当时公历十月十三日之日全食，丁亥朔日应在十一月，日食也应在十一月。《经》写成"十二月"是错误的。作《左传》者大概掌握了更可靠的史料，才写这一条《传》文，以纠正《经》文。但他自己并不懂历法，说什么"辰在申"等等外行话。但他所掌握的日食日期的资料是比《春秋》可靠的。

最后引日本学者岛田翰《古文旧书考》《春秋经传集解》（卷子本）一段，补充说明《春秋古经》和《左氏传》的来由：

  据《汉志》，"《春秋古经》十二篇"，"《左氏传》三十卷"。案：《古经》十二篇者，《左氏》之单经，盖因十二公为十二篇也。（自注云：《史记·吴世家》"余读《春秋古经》"。《周官·小宗伯注》云:"《古文春秋经》'公即位'为'公即立'……")而其三十卷者,《左氏》之单卷。(……以《左氏传》名者,北平侯张苍献《春秋左氏传》是也。)顾所谓《春秋左氏传》者,当分别《春秋》与《左氏传》而观之。盖张苍所献,有《经》有《传》,而孔壁所得,有《传》无《经》也。……夫始除挟书之律,在惠帝四年;则苍之献书,当在此际。而恭王坏孔子壁,则景、武之间也。乃知《春秋经》之出,必在恭王坏孔壁前矣。张苍生于先秦,曾为秦御史,主柱下方书。则其所藏《左氏传》,即先秦旧书,当与孔壁所得无异矣。见后《魏书·江式传》所言、北平侯张苍献《春秋左氏传》,书体与孔子相类,即前代之古文矣,而可征也。

(二)《左传》的作者

《史记·十二诸侯年表序》说:

鲁君子左丘明惧弟子人人异端,各安其意,失其真,故因孔子史记(即《春秋》)具论其语,成《左氏春秋》。

《春秋左氏经传集解序》孔颖达《疏》引沈氏说:

《严氏春秋》引《观周篇》(西汉本《孔子家语》中的一篇。今本《孔子家语》是曹魏王肃伪作)云:"孔子将修《春秋》,与左丘明乘,如周,观书于周史,归而修《春秋》之《经》,丘明为之《传》,共为表里。"

严彭祖要早于司马迁,而两说有同有异。同者,孔子修《春秋》,左丘明作《传》。不同者,孔子作《春秋》在前,左丘明恐怕孔门学生各执己见,走失孔丘原意,因而作《传》,是作《传》在后。严彭祖却说孔子和左丘明同车到周太史那里看书,一个作《经》,一个作《传》,是《经》《传》写作同时,左丘明这个人,《论语·公冶长》曾经提到:

子曰:"巧言、令色、足恭,左丘明耻之,丘亦耻之。匿怨而友其人，左丘明耻之，丘亦耻之。"

孔丘说话，引左丘明以自重，可见左丘明不是孔丘学生，所以司马迁称他为"鲁君子"，《仲尼弟子列传》也没有他的名字。那么，他至少是孔丘同时人，年岁也不至小于孔丘。唐人陆淳《春秋集传纂例·赵氏损益例》甚至说：

> 夫子（孔丘）自比，皆引往人，故曰"窃比于我老彭"。又说伯夷等六人云："我则异于是。"并非同时人也。丘明者，盖夫子以前贤人，如史佚、迟任之流，见称于当时尔。

这样，把左丘明的生存年代提到孔子以前若干年，便是否定左丘明作过《左氏传》。

后人还有对左丘明的姓表示疑问的。司马迁既说左丘明，又说"左丘失明"（《报任安书》，见《汉书·司马迁传》，也见于《史记·司马迁自序》），而他的著作又叫《左氏传》。究竟他姓左名丘明呢？还是复姓左丘名明呢？还有其他说法吗？

朱彝尊《经义考》卷一六九便主张左丘为复姓之说。他说："司马迁《报任少卿书》'左丘失明，厥有《国语》'。应劭《风俗通》：'丘姓，鲁左丘明之后。'然则左丘为复姓甚明。孔子作《春秋》，明为作《传》。《春秋》止获麟，《传》乃详书孔子卒。周人以讳事神，名，终将讳之。为弟子者自当讳师之名，此第称《左氏传》，而不书左丘也。

这种说法有两不通。第一，左丘明不是孔丘学生。《史记》证据显然，朱彝尊受杜预等影响，因为杜预在《春秋左氏经传集解序》中说："左丘明受《经》于仲尼。"《晋书·荀崧传》引荀崧上疏也说："孔子惧而作《春秋》……时左丘明、子夏造膝亲受。"这样，硬把左丘明变成孔门弟子，却和《史记》不相合。这是一不通。第二，周人以讳事神，却"临文不讳"。周文王名昌，武王名发，可是周初文献，"昌"字"发"字屡次出现。《诗·周颂·雍》"克昌厥后"，又，《周颂·噫嘻》"骏发尔私"，都可以为证。何况左丘为复姓，并不见于姓氏书，这是二不通。

第二种说法是，司马迁既称其书名为《左氏春秋》，班固《汉书·艺文志》又称其名为丘明，那么，此人姓左名丘明。孔颖达在杜预《春秋左氏传序疏》中说：

> 《艺文志》云："左丘明，鲁史也。"是言"丘明为《传》"，以其姓左，故号为《左氏传》也。

但怎样解释司马迁称他为"左丘"呢？有人说，古人本有复名单称之例，如晋文公名重耳，《左传》屡见，而定公四年《左传》所引载书（盟约），省称为晋重。这种例子并不少。何况司马迁是在做文章，并不曾考虑到因此会引起后代争议。杨树达先生《古书疑义举例续补》有《二字之名省称一字例》，而且说："《史记》中此例甚多。"那么，司马迁省左丘明为左丘，便不足为奇。何况若称丘明，便和本句下文"失明"的"明"字重复。司马迁这段文字既都是四字一逗，又要避免重复，其称左丘明省为左丘，竟是文势所不得不然。

至于俞正燮《癸巳类稿·左丘明子孙姓氏论》说：

> 《广韵·十八·尤》"丘"字《注》引《风俗通》云："鲁左丘明之后。"丘明子孙为丘姓，义最古无疑。丘明传《春秋》而曰《左氏传》者，以为左史官言之。

依俞氏之说，左丘明三字，左是官名，丘是姓，明是名。然而左史省称左，自古未见这例子。清乾隆年间便有人奏请立丘姓人为左丘明之后，段玉裁替礼部写了一篇《驳山东巡抚以丘姓人充先贤左丘明后博士议》（文见《经韵楼集》）。俞氏考据之学号称精审，但这种议论实在不高明。

无论左丘明的姓氏如何，无论左丘明是孔丘以前人或同时人，但《左传》作者不可能是《论语》中的左丘明。

《左传》最后记载到鲁哀二十七年，而且还附加一段，说明智伯之被灭，还称赵毋恤为襄子。智伯被灭在公元前四百五十三年，距孔丘之死已二十六年，距赵简子之死已二十三年，左丘明若和孔丘同时，断然不至于孔丘死后二十六年还能著书，于是有种种说法。

吕大圭说："左氏者，意其世为史官，与圣人同时者丘明也。其后为

《春秋》作《传》者，丘明之子孙或其门弟子也。"这种说法很巧，可惜古人未说过，吕氏也举不出任何论证来。"意其"云云，便表明只是臆测。

姚鼐《左传补注序》说："左氏之书非出一人所成。自左丘明作《传》以授曾申，申传吴起，起传其子期，期传楚人铎椒，椒传赵人虞卿，虞卿传荀卿。盖后人屡有附益。其为丘明说《经》之旧及为后人所益者，今不知孰为多寡矣。"这是说《左传》经过后代传习有所增加，但又指不出哪些是增加部分。至于"悼之四年"至"知伯贪而愎，故韩、魏反而丧之"一段是证成陈成子"知伯其能久乎"这句话，自是《左传》作者应有之笔，未必为后人所加。由于《左传》成书于公元前四〇三年以后，自然看到赵襄子的死。

章炳麟《春秋左传读》说："《韩非·外储说右上》曰：'吴起，卫左氏中人也。'左氏者，卫邑名。《内储说上》曰：'卫嗣君之时，有胥靡逃之魏，因为襄王之后治病。卫嗣君闻之，使人请以五十金买之。五反而魏王不予，乃以左氏易之。'《注》：'左氏，都邑名也。'《左氏春秋》者，固以左公名，或亦因吴起传其学，故名曰《左氏春秋》。"钱穆因此及其他类似说法，竟作一结论说："此《左氏传》出吴起，不出左丘明之说也。"（见《先秦诸子系年考辨》卷二，香港大学出版社版）这种结论笔者也不相信。据《史记·吴起传》，吴起治国，用法家，善用兵，几乎战无不胜。大凡古代的真法家和大军事家，极少有迷信思想的。如果迷信，便会不知敌我，不讲形势。而《左传》一书讲"怪、力、乱、神"的地方很多，其不是吴起所著可知。但不能因此而否定他传授过它。一则它是一部当时基本可信的近代史。二则《左传》描写的战争，不但生动，而且每一战争，着重点各有不同，各有特色。许多军事观点，在现代仍值得军事家学习。

笔者认为，《左传》作者不是左丘明，不但不是《论语》的左丘明，也没有另一位左丘明（有一说如此），因为《汉书·古今人表》以及其他任何史料都没有提到第二位左丘明。吴起虽然传授过《左传》，《左氏传》之称绝不是因为吴起是左氏人。《左传》采取很多原始资料，如成公十三年《传》载《晋侯使吕相绝秦书》，这是一篇强词夺理的文字，可是艺术性很高。秦国后来竟模仿这篇受辱的文章，写了一篇《诅楚文》（见严可均辑《全上古三代秦汉三国六朝文》卷十四）。由《诅楚文》足以知道

·529·

《吕相绝秦》一定是原始记录，或者原始文献。《左传》作者安排改写这些史料，有始有终，从惠公生隐公和桓公至墒之灭，首尾毕具，风格一致。其人可能受孔丘影响，但是原始文献。《左传》作者安排改写这些史料，有始有终，从惠公生隐公和桓公至智伯之灭，首尾毕具，风格一致。其人可能受孔丘影响，但是儒家别派。《韩非子·显学篇》说："故孔墨之后，儒分为八，墨离为三。"孔丘不讲"怪、力、乱、神"，《左传》作者至少没有排斥"怪、力、乱、神"，所以笔者认为是儒家别派。他的改编史料，正和司马光写《资治通鉴》一样。《资治通鉴》编一千三百六十二年之史，虽然有当时著名史学家刘恕、刘攽、范祖禹等人为助，但据司马光的《进书表》"臣既无他事，得以研精极虑，穷竭所有，日力不足，继之以夜"云云，司马光实曾对全书作了统一工作，所以现在读《资治通鉴》，真像一个人写的。据宋陈振孙《直斋书录解题》，司马光恐怕《资治通鉴》卷帙太多，内容太富，晚年又节缩著《通鉴举要历》八十卷（此书已不存）。由此足见司马光于《资治通鉴》实曾通读并加工。《左传》作者虽然取材也多，但仅二百五十五年，全书除《春秋经》外，不过十八万字左右。纵使当时写作条件艰难，也不如司马光有皇帝支持，公家供给，而未始不可以一人成书。从《注》中可以知道，后人所谓刘歆等增益者（如南宋林栗说："《左传》凡言'君子曰'，是刘歆之辞"），都不可信。我们应该重视的，是《左传》的成书年代。

（三）《左传》成书年代

研究《左传》成书年代，前人也用过力量，获得一定的成绩。可惜每每只用一种方法，没有从内及外，更没有搜集正反两方面资料来解决矛盾，作出比较符合客观实际的结论。笔者的这篇考证，对于前人研究成果有所取，也有所不取。但不是由于不合己意而不取，仅仅由于它缺乏科学性和逻辑推理不足而不取，就是符合己意的，也因此而不用。因为用了它，反而不能取信读者。

论断《左传》成书年代，首先要引崔述《洙泗考信余录》：

> 战国之文恣横，而《左传》文平易简直，颇近《论语》及《戴记》之《曲礼》、《檀弓》诸篇，绝不类战国时文，何况于秦？襄、昭之际，文辞繁芜，远过文、宣以前；而定、哀间反略，率多有事

无词，哀公之末事亦不备，此必定、哀之时，记载之书行于世者尚少故尔。然则作书之时，上距定、哀未远，亦不得以为战国后人也。

崔述这些话，有对有不对，现在不加讨论。但他推定《左传》作书之时，上距定公、哀公不远，下也不会在战国后。虽然此段时间相距很长，但作为第一位认真探讨《左传》成书年代的学者，其结论还是值得重视。《史记·十二诸侯年表序》说：

铎椒为楚威王傅，为王不能尽观《春秋》，采取成败，卒四十章，为《铎氏微》。赵孝成王时，其相虞卿上采《春秋》，下观近世，亦著八篇，为《虞氏春秋》。

司马迁上文所谓《春秋》，实指《左传》，前人已有定论，现在不再重复。读者参考近人金德建《司马迁所见书考》《司马迁所称春秋系指左传考》也足以了如指掌。不然，《春秋》在当时最多不过一万八千字，为什么"为王不能尽观"？《春秋》和《左传》近二十万字，才"为王不能尽观"。孔颖达在《春秋左氏经传集解序疏》中引刘向《别录》也说：

铎椒作《抄撮》八卷，授虞卿。虞卿作《抄撮》九卷，授荀卿。

《别录》的两种《抄撮》，就是司马迁的《铎氏微》和《虞氏春秋》。《汉书·艺文志》有《铎氏微》和《虞氏春秋》。《汉书·艺文志》有《铎氏微》三篇，班固自注说："楚太傅铎椒也。"又有《虞氏微传》两篇，班固自注说："赵相虞卿。"那么，铎椒、虞卿节录《左传》成书，不但武帝时司马迁看过，刘向、刘歆整理西汉末皇家藏书时，并整理过，这是十分可信的。而且，《战国策·楚策四》有下列一段文字：

虞卿谓春申君曰："臣闻之《春秋》，'于安思危，危则虑安'。"

"于安思危"二语，实际就是对《左传·襄公十一年》"居安思危，有备无患"的引意。古人引书，一般不拘泥于文字，只是大意相同便够。

铎椒为楚威王太傅，因作这书。楚威王元年为公元前三百三十九年，末年为公元前三百二十九年，铎椒作《铎氏微》或《抄撮》，不出这十一年之间，足见战国时代的上层人物都喜爱《左传》。虞卿的年代大概在公元前三百零五年至前二百三十五年。从这以后征引《左传》的更多。刘师培《群经大义相通论》中有《左传荀子相通考》，其中虽不免有附会之处，但荀子征引《左传》，实无可疑。现在仅举二条为例。《荀子·大略》篇：

送死不及柩尸，吊生不及悲哀，非礼也。

这和隐元年《传》"赠死不及尸，吊生不及哀，豫凶事，非礼也"基本相同。而且荀卿还怕后人误会尸体为未经入棺之尸，又加以"柩"字表明，足见这是荀卿引《左传》，不是《左传》用《荀子》。又，《致仕》篇说：

赏不欲僭，刑不欲滥。赏僭则利及小人，刑滥则害及君子。若不幸而过，宁僭无滥。与其害善，不若利淫。

襄公二十六年《传》也有此文：

善为国者，赏不僭而刑不滥。赏僭则惧及淫人，刑滥则惧及善人。若不幸而过，宁僭无滥。与其失善，宁其利淫。

两者只有几个字的差别，所以卢文弨说《荀子·致仕》篇"此数语全本《左传》"。

其后《战国策》（如《魏策三》用僖公二年和五年《左传》）、《春秋》、《吕氏春秋》、《韩非子》无不征引《左传》文字。《吕氏春秋》《韩非子》二书征引尤多。刘师培有详细考证，见《读左札记》。至于西汉，从汉高祖《赐韩王信书》用《左传》哀十六年语以至《淮南子》《贾谊新书》，文帝作诏书（见《史记·文帝纪》二年），武帝制令（见《史记·三王世家》并《索隐》），司马迁作《史记》，征引《左传》更多。其后哀帝封册（见《汉书·王嘉传》）以至刘向作《说苑》《新序》《列女传》，都用《左传》故事。《左传》从成书一直到今天，流行于世，未曾断绝。

附　录

晋武帝咸宁五年（公元二七九年）汲郡人不准（音 fǒu biāo）盗掘魏国古墓，发现不少竹简古书。其中有一种叫《师春》的，据《晋书·束晳传》和杜预的《春秋左氏经传集解后序》说，完全抄录《左传》的卜筮事，连上下次第及其文义都和《左传》相同。杜预和束晳都认为师春是抄集者人名。师春不知何年代人，但汲郡魏墓很多人说是魏襄王（就是《孟子·梁惠王上》的梁襄王）墓。墓中另一种书叫《竹书纪年》，记载魏史只到今王二十年。今王就是魏襄王，当时还活着，在王位，所以称为"今王"。魏襄王在位二十三年死去，那么，师春的抄集《左传》卜筮事至迟在魏昭王元年以前，即公元前二九五年以前。《左传》在战国的流行更获得实物证明。虽然《师春》其书已不存在，而杜预、束晳二人是亲自看到那批竹简才记述下来的。

以上只是证明《左传》在战国时即已流行，还不能肯定《左传》成书于何年。自然，成书在流行以前。

顾炎武《日知录》卷四有《左氏不必尽信》条，说：

> 昔人所言兴亡祸福之故不必尽验。《左氏》但记其信而有征者尔，而亦不尽信也。三良殉死，君子是以知秦之不复东征。至于孝公，而天子致伯，诸侯毕贺，其后始皇遂并天下。季札闻《齐风》以为国未可量，乃不久而篡于陈氏；闻《郑风》以为其先亡乎，而郑至三家分晋之后始灭于韩。浑罕言姬在列者，蔡及曹、滕其先亡乎？而滕灭于宋王偃，在诸姬为最后；僖三十一年狄围卫，卫迁于帝丘，卜曰三百年，而卫至秦二世元年始废，历四百二十一年。是《左氏》所记之言亦不尽信也。

后人因此认为《左传》作者每每借他人之口作预言。预言被证实的，是作者所亲见的；预言不灵验的，是作者所未及闻见的。由此可以测定《左传》成书年代。预言不灵验的，主要有下列诸项。

一　文公六年《传》说："秦伯任好卒，以子车氏之三子——奄息、仲行、鍼虎——为殉，皆秦之良也。国人哀之，为之赋《黄鸟》。……君子是以知秦子不复东征也。"《史记·秦本纪》说："周室微，诸侯力政，争相并。秦僻在雍州，不与中国诸侯之会盟，夷狄遇之。"这是秦孝公以前的情况，也是《左传》作者所见到的"不复东征"的情况。然而自秦孝公即位，"于是乃出兵，东围陕城，西斩戎之獂王。二年天子致胙。"这是《左传》作者所不及见的。这时已是公元前三六〇年。

二　庄公二十二年《传》说："初，懿氏卜妻敬仲，其妻占之，曰：'吉。是谓凤凰于飞，和鸣锵锵。有妫之后，将育于姜。五世其昌，并于正卿。八世之后，莫之与京。'"末又说："及陈之初亡也，陈桓子始大于齐；其后亡也，成子得政。"陈成子专姜齐之政，正是《左传》筮者之言"此其代陈有国乎"。当时晏婴也私下对晋国叔向说："此季世也。吾弗知齐其为陈氏矣"（昭公三年《传》）。然而不能肯定陈成子之曾孙太公和竟托人向周王请求，立他为齐侯。所以卜辞只说"八世之后，莫之与京"；不言十世之后，为侯代姜。昭公八年《传》史赵的话也仅说陈之"继守将在齐，其兆存矣"。就是当时人多看到陈氏有代齐的苗头，是否果真代齐为侯为王，谁都未敢作此预言。田和为齐侯在公元前三百八十六年，这是《左传》作者所未及知道的。

哀公十五年还有一段记载：

秋，齐陈瓘如楚，过卫。仲由见之，曰："天或者以陈氏为斧斤，既斩丧公室，而他人有之，不可知也。其使终飨之，亦不可知也。"（下略）

子路对齐国前途的推测，还不及晏婴的肯定。他肯定姜齐被陈氏斩丧，这是当时人所共见的，却是否终为陈氏所享有，或者另外出现第三者（他人）攫取果实，都在"不可知"之列。由此表明，《左传》作者未及见到陈氏篡齐。

三　宣公三年《传》说："成王定鼎于郏鄏，卜世三十，卜年七百。"这里有个问题：周的世数和年数，应从文王计算起，还是从武王灭纣后算起，还是根据这段文字从成王定鼎算起。笔者认为，"成王定鼎于郏鄏，只是说明卜世卜年的时间和背景，而卜世卜年应该包括周王朝所传之世、所得之年，至迟应该从武王计算起"。《晋书·裴楷传》说："武帝初登阼，探策以卜世数多少。"也是从西晋初开国计算起，正和成王卜世相类。《汉书·律历志》说："周凡三十六王，八百六十七岁。"西周自武王至幽王共十二王，但年数多少则各说不同。《史记·匈奴传》说：自武王伐纣至犬戎杀幽王凡四百余年。这说得最长。《史记·周本纪集解》引《汲冢纪年》说："自武王灭殷以至幽王，凡二百五十七年也。"《通鉴外纪》三引《汲冢纪年》也说："西周二百五十七年。"这说得最短。介于两者之间的，有《汉书·律历志》引刘歆《世纪》说自伯禽至春秋凡三百八十六年。刘恕《通鉴外纪》载西周凡三百五十二年。郑玄《诗谱序》说，"夷、厉以上，岁数不明；太史《年表》，自共和始"，则无怪乎前人对西周年数无定论。东周自平王至赧王，不计哀王和思王，共二十二王。西、东周总共三十四王。《律历志》说"三十六王"，可能是把哀王、思王计算在内。若说"卜世三十"，到安王便已三十王。平王元年为公元前七七〇年，安王末年（二十六年）为公元前三百七十六年，近四百年。加上西周约三百年，《左传》成书年代很难到周安王时代。

四　闵公元年《传》说："赐毕万魏。……卜偃曰：'毕万之后必大。万，盈数也；魏，大名也。以是始赏，天启之矣。天子曰兆民，诸侯曰万民。今名之大，以从盈数，其必有众。'"又说："初，毕万筮仕于晋，……公侯之卦也。公侯之子孙，必复其始。""复其始"就是恢复为公侯。这样，《左传》作者一定看到魏斯为侯。那时是周威烈王二十三年，公元前四〇三年。但看不到魏文侯后代称王。昭公二十八年《传》说："魏子之举义，其命也忠，其长有后于晋国乎！"晋国就是魏国，作者行文避免"魏"字重复出现，因改"魏国"为"晋国"。晋国本是魏国又一称号，犹如《孟子·梁惠王上》，梁惠王（即魏惠王）自称其国为晋国。他曾对孟轲说："晋国，天下莫强焉。"由此足见《左传》作者只见到魏文侯为侯，见不到魏䓨称王，更看不到它的日益衰弱，"东败于齐，西丧地于秦七百里"。

综上所论，足以推测《左传》成书在公元前四〇三年魏斯为侯之后，周安王十三年（公元前三百八十九年）以前。离鲁哀公末年约六十多年到八十年。和崔述的论断相较，相距不远，只是具体得多。

（四）《左传》在西汉的流传

《左传》的成书年代在《公羊》《穀梁》之前，而在西汉却没有"立学官"。虽然没有"立学官"，但有两种传本。一种是孔壁藏本，一种是民间私传本。先说孔壁藏本，事见《汉书·楚元王交传》刘歆《移让太常博士书》。这封信,对学术史说,是重要文献,可是不少人误解了,因为刘歆在信中加了些插句。我们若用破折号把插句标出,这封信的原意便显露出来了。现在笔者先把《移让太常博士书》有关文字抄录重新标点于下:

> 及鲁恭王坏孔子宅,欲以为宫,而得古文于坏壁之中,《逸礼》有三十九,《书》十六篇——天汉之后,孔安国献之,遭巫蛊仓卒之难,未及施行——及《春秋左氏》——丘明所修——,皆古文旧书,多者二十余通,藏于秘府,伏而未发。……或怀妒嫉,不考情实,雷同相从,随声是非,抑此三学:以《尚书》为备,谓《左氏》不传《春秋》,岂不哀哉!

张心澂《伪书通考》把这段文字读懂了。他说:

> 所云"得古文于坏壁之中",即《逸礼》、《书》及《春秋左氏》。下文云"皆古文旧说,多者二十余通,藏于秘府,伏而未发",皆指此三书。故下文云"得此三事"也。因"《书》十六篇"之下加"天汉之后,孔安国献之,遭巫蛊仓卒之难,未及施行"数语,以说《逸礼》及《书》(或专指《书》——原注)之经,与下文"丘明所修"一语为"《春秋左氏》"之说相同。但"天汉……"数语较长,读者不察,以为文气已断,下文乃另一事,与孔壁无关。然下文"及《春秋左氏》"之"及"字,即表示上之《逸礼》、《书》及此《春秋》共三书。此犹可谓与上文"及鲁恭王"之"及"字用法同,为另一段之证。但下文"皆古文"之"皆",明指三书。若专言《春秋左氏》何来一"皆"字乎?……惟其辞颇闪烁,读者易误会。故班固《汉书·艺文志》不言《春秋左氏传》出孔壁,而王充《论衡》言之,许慎《说文叙》则言《春秋》出孔壁,皆对歆移书读法不同之故也。

这段话说得很明白。王充《论衡·案书》篇说:

· 536 ·

>《春秋左氏传》者，盖出孔子壁中。孝武皇帝时，鲁共王坏孔子教授堂以为宫，得《佚春秋》二十篇，《左氏传》也。

这里要说明一点，古人用对古书"佚"和"亡"有分别。"佚"就是刘歆《让博士书》"《逸礼》"的"逸"，正和《论语·微子》篇的"逸民"，而许慎《说文》作"佚民"一样。《逸礼》和《佚春秋》意即未立于学官的《礼》和《春秋》，西汉时只是《公羊》《穀梁》得立学官，《左传》未得立，所以王充称《左氏传》为《佚春秋》。亡是亡失，书已无存。这是汉人用"佚"或"逸"和"亡"的区别。后人则把"佚"或"逸"和"亡"混同起来，不能用以解释两汉之书。孔子壁中所发现的《左传》，司马迁曾摘以作《史记》，《吴世家》说："余读《春秋》古文，乃知中国之虞与荆蛮、句吴兄弟也。"司马迁所说"《春秋》古文"，就是这壁中书。王国维《观堂集林》卷七也曾论及此事。到刘向、刘歆整理古书时，在中秘书（意即皇家图书馆）发现这书，更加重视。刘向作《说苑》、《新序》和《列女传》，采用很多《左传》故事和文字，足为坚强的证据。刘歆尤其爱好《左传》，在《移让太常博士书》中可以看出。刘向父子和一家喜爱《左传》（见于马总《意林》所引桓谭《新论》）：

>刘子政、子骏、子骏兄弟子伯玉，俱是通人，尤珍重《左氏》，教授子孙，下至妇女，无不读诵。

王充《论衡·案书》篇也说：

>刘子政玩弄《左氏》，童仆妻子皆呻吟之。

子政是刘向之字，子骏是刘歆之字。足见父子和其全家都熟读《左传》。自然，孔壁中《左传》是用作者当时文字，所谓"古文"写的。刘氏全家要诵读它，不能不改写为汉代通行的隶书。这是《左传》孔壁本的下落。

《左传》还有民间传读本，上文已经说过。就是在战国末年，不但《韩非子》采用了不少《左传》文字，就是陷害韩非的李斯，也用《左传》。

他在《上韩王书》中说："且臣闻之，'唇亡则齿寒'。"（附见《韩非子·存韩》篇）这明明是用《左传·僖公五年》文。至于西汉，引用《左传》者不胜数，刘师培《左庵集》有《左氏学行于西汉考》，可惜引用并不完备。吴承仕《经典释文序录疏证》说："盖当高帝之时，故汉廷谟诰，皆引其（《左传》）文。"可见《左传》自成书后一直有诵读引用者。至于其传授、训诂，陆德明《经典释文序录》曾经采择两汉有关记载，加以叙述。吴承仕为之疏证。下文所引括号内的是吴承仕《疏证》文字。

> 左丘明作《传》以授曾申，申传卫人吴起（魏文侯相），起传其子期，期传楚人铎椒（楚太傅），椒传赵人虞卿（赵相），卿传同郡荀卿名况，况传武威张苍（汉丞相、北平侯），苍传洛阳贾谊（长沙王、梁王、太傅），谊传至其孙嘉，嘉传赵人贯公（《汉书》云，贾谊授贯公，为河间献王博士），贯公传其少子长卿（荡阴令），长卿传京兆尹张敞（字子高，河东平阳人，徙杜陵）及侍御史张禹（字长子、清河人）。禹数为御史大夫萧望之言《左氏》，望之善之，荐禹，征待诏。未及问，会病死。禹传尹更始，更始传其子咸及翟方进、胡常。常授黎阳贾护（字季君，哀帝时待诏为郎），护授苍梧陈钦（字子佚，以《左氏》授王莽，至将军。）《汉书·儒林传》云："汉兴，北平侯张苍及梁太傅贾谊、京兆尹张敞、太中大夫刘公子皆修《春秋左氏传》。"始刘歆（字子骏，向之子，王莽国师）从尹咸及翟方进受《左氏》（哀帝时，歆与房凤、王龚欲立《左氏》，为师丹所奏，不果。平帝时始得立），由是言《左氏》者，本之贾护、刘歆。（下略）

《左传》作者不是左丘明，但它的作者传给曾申，再传给吴起，未尝没有可能。曾申是曾参的次子（见《礼记·檀弓》上），曾参和他父亲曾点（也叫曾晳）先后作孔丘学生，《史记·仲尼弟子列传》说曾参"少孔子四十六岁"，那么，孔丘死时，曾参年二十七。假若曾申为曾参晚年所生儿子，《孟子·公孙丑》下说鲁缪公尊礼贤人，其中有子思，子思为孔丘孙，曾申为曾点孙。鲁缪公立于公元前四○七年，死于公元前三百七十六年，当时《左传》已经写成，曾申得到作者传授，是完全可能的。《韩非子·和氏》篇说："悼王行之期年而薨矣，吴起枝解于楚。"楚悼王

· 538 ·

死于公元前三百八十一年,吴起即死于此年,接受《左传》的传授也是可能的。而且《说苑·建本》篇曾载"魏武侯问元年于吴子",吴子自是吴起,不久便由魏至楚,魏武侯即位于公元前三百九十五年,死于公元前三百七十年,那么,吴起接受《左传》的传授,《汉书》有更多的证据。刘歆一方面得到孔壁本《左传》,又从尹咸和翟方进学习民间私传本《左传》,甚至两本并没有什么歧异,于是两种本子合为一了。

二 《穀梁传》介绍

《穀梁传》是《春秋》三传之一。本不见诸文字,只是师徒口耳相传,到后来后才写录成书。和《左传》《公羊传》一样,《穀梁传》起初是和《春秋》经文分行,后人以传附经,合为一编,所以《左传》《公羊传》《穀梁传》就作为解释《春秋》的三部不同的书,分别列入儒家经典《十三经》之中。

(一)《穀梁传》的作者和成书时间

《汉书·艺文志》"春秋"类有"《穀梁传》十一卷"。班固自注曰:"穀梁子,鲁人。"穀梁的含义,一直众说纷纭,有人认为穀梁复姓,以地为氏,《水经注》博陵有穀梁城;一说,鲁有穀梁氏(梁当作粱),望出西河。又有人怀疑"公羊""穀梁"都是"卜商"的转音。近人蔡元培、顾颉刚等认为"公"和"穀"双声,"羊"和"梁"叠韵,因而怀疑《公羊传》和《穀梁传》的作者是同一人。至于穀梁子的名,有以下几种说法:王充《论衡·案书》篇认为名"寅",桓谭《新论》、应劭《风俗通义》认为名赤,阮孝绪《七录》认为名俶字元始,《汉书·艺文志》颜师古注认为名喜,钱大昭《汉书辨疑》认为喜字作"嘉",杨士勋《春秋穀梁传序·疏》则说:"名淑(当作俶),字元始,一名赤。"穀梁子其人的生活年代,桓谭认为是在《左传》传世后百余年,糜信认为和秦孝公同时,应劭说他是子夏的弟子,可见他们把穀梁子的生活时间大致断为战国时期。对此,《四库全书总目提要·春秋穀梁传注疏》提出了辩驳:"《公羊传》'定公即位'一条引'子沈子曰',何休《解诂》认为后师,此传'定公即位'一条亦称'沈子曰'。《公羊》、《穀梁》既同师子夏,不应及见后师。'初献六羽'一条,称'穀梁子曰'。传既穀梁自作,不应自引己说,且此条又引'尸子曰',尸佼为商鞅之师,鞅既诛，佼逃于蜀。其人亦在穀梁后，不应预为引据。"综上所述，穀梁子究竟有无其人，已难确考，说他生活在战国时期，也就只能存疑。现代学者杨伯峻先生在《经书浅谈》中指出，《穀梁传》的作者托名子夏所传，只是借以自重罢了。

《穀梁传》的成书时间，可以从两点来推断。一是《穀梁传》如果成于战国时期，那就应该用古文写录，而它是用今文（即汉代流行的隶书）写成，可见它成书于汉代。二是《穀梁传》写在《公羊传》之后，因为《穀梁传》有多处引用《公羊传》。宋人刘敞《春秋权衡》提出庄公二年"公子庆父帅师"一条、隐公二年"无骇帅师"一条、隐公八年"无骇卒"一条，《穀梁传》皆存二说，似系见《公羊》之说，采而附益之。清人陈澧《东塾读书记》又引文公十二年"子叔姬"一条，《穀梁传》所云"其一传曰……"明是引《公羊传》；宣公十五年"初税亩，冬，蝝生"一条，《穀梁传》曰："蝝，非灾也。其曰蝝，非税亩之灾也。"乃引《公羊传》而驳之。可以断定，《穀梁传》是作者看到《公羊传》之后才写定的。《公羊传》大致成书于汉景帝时，那么，《穀梁传》写定的时间，当在汉景帝之后。

（二）《穀梁传》的流传过程

据《汉书·儒林传》记载，最早治《穀梁传》是治《鲁诗》的申公。申公传瑕丘江公。汉武帝曾让江公和《公羊传》大师董仲舒辩论，董仲舒能文善辩，江公的口才不好，因而《公羊传》占了上风。太子受诏学《公羊》，又私下学《穀梁》，并很喜爱它。后荣广和皓星公受学《穀梁传》，荣广才思敏捷，和《公羊传》大师眭固辩论，几次把他驳倒，所以又有很多人接受《穀梁传》。荣广传蔡千秋、周庆和丁姓，蔡千秋又事皓星公，到汉宣帝，他赞同《穀梁》之说，征蔡千秋为郎中，选郎十人从学。蔡千秋传尹更始，尹更始著《穀梁章句》。蔡千秋病死，又征瑕丘江公之孙为博士。这段时间宣帝召集经师评论《公羊传》《穀梁传》的异同，韦贤、夏侯胜、萧望之、刘向等人都倾向于《穀梁传》，因而《穀梁传》之学逐渐兴盛起来。东汉以后，《穀梁传》的影响逐渐衰落，东汉、魏仍置《穀梁》博士，到晋代，荀崧曾上表请求置《穀梁》博士，但晋元帝下诏认为："《穀梁》肤浅，不足置博士"。南朝时，也未能立为学官。唐代把《穀梁传》列为"九经"之一，并以"九经"取士。这

"九经"当中,根据经文字数的多少,分为三等:《礼记》《左传》为大经,《毛诗》《周礼》《仪礼》为中经,《周易》《尚书》《公羊传》《穀梁传》为小经。在小经当中,《公羊》《穀梁》难于《周易》《尚书》,所以当时人多习《易》《书》,不习《公羊》《穀梁》。到了宋元时期,《穀梁传》就很少有人问津了。清代儒学复兴,又有一些人开始研究《穀梁传》,较著名的有柳兴恩的《穀梁春秋大义述》、许桂林的《穀梁释例》、钟文烝的《穀梁补注》。

为《穀梁传》作注解的,汉、魏以来有尹更始、唐固、糜信、孔衍、江熙、徐邈、徐乾、刘兆、胡讷之等人,今皆不传。现存最早的《穀梁传》注解,是东晋人范宁的《春秋穀梁传集解》。范宁(339—401年)字武子,任过余杭令、临淮太守、豫章太守。推崇儒学,反对王弼、何晏的玄学,在任时设立学馆,课读五经。他认为"释《穀梁传》者虽近十家,皆肤浅末学,不经师匠,辞理典据,既无可观,又引《左氏》、《公羊》以解此传,文义违反,斯害也已""于是乃商略名例,敷陈疑滞,博示诸儒同异之说"(《春秋穀梁传·序》),撰出这部《穀梁传》的注解。由于范宁兼载门生故吏子弟之说,各记其姓名,故用"集解"命名。《集解》共十二卷。《晋书》本传说"其义精审,为世所重"。所以此书一出,其他注《穀梁传》各家皆废,后人也评价范宁的注解"矜慎",比何休的《公羊传解诂》严密。为《春秋穀梁传集解》作疏的是杨士勋,他的生平事迹已不可考。孔颖达《春秋左传正义序》称"与故四门博士杨士勋参定",那么杨士勋也是唐代贞观年间的人。《春秋穀梁传注疏》共二十卷。杨士勋以一人之力创为此疏,条分缕析,删削繁言曲说,清人周中孚说它"较各经疏家,亦为文清义约,为《穀梁》者,未有能过之者也"(《郑堂读书记》)。清代又有钟文烝作《穀梁补注》。钟文烝(1818—1877年)字子勤,一字殿才。道光二十六年举人,候选知县,治学重汉学,兼及宋学。书成于咸丰九年(1859),后又有增益修饰,同治七年(1868)刊定。《补注》在传文下列出《左传》《公羊传》异文,注释中采用范宁的全部注解,又对杨士勋的疏文加以增删改易,并广引历代的注释和其他材料,起例发凡,条贯前后,多有新见,是清人较为完备的一部《穀梁传》注解著作。

《穀梁传》的版本可分集解本和注疏本两类。集解本又有十二卷及二十卷两种。十二卷的有金陵书局本、四部丛刊本和古逸丛书本,古逸丛书本附有清人杨守敬撰《考异》一卷,后收入《丛书集成初编》。二十卷的有四部备要本。注疏本分二十卷,有四库全书本、武英殿本,后面附有考证;四部备要本,后面有清人阮元撰的校勘记。这些本子,当以附有阮元校勘记的注疏本为最精,也是最通行的本子。

(三)《穀梁传》的特点和主要内容

首先,《穀梁传》和《左传》《公羊传》都是为《春秋》作传,而《左传》详于记事,《公羊传》《穀梁传》重在释经。《春秋》经文中没有记载的事情,《左传》也加以叙述,即所谓"无经之传",《公羊传》《穀梁传》则围绕着经文加以阐释。《左传》并不是为经而发,可以自成一体,《公羊传》《穀梁传》则不可脱离经文。所以有人说《左传》是记载之传,属于史学;《公羊传》《穀梁传》是训诂之传,属于经学。其次,《穀梁传》从隐公元年(前722年)"春王正月"始,至哀公十四年(前481年)"春,西狩获麟"一段止,这和《公羊传》相同,《左传》的经文到哀公十六年止,多了两年,传文到哀公二十七年止,多了十三年,也就是说,《穀梁传》没有《左传》那样的续经和续传。再次,《穀梁传》和《公羊传》相似,体裁采用的是问答式的解释体,由经文而发,层层设问,又逐一解释。

下面试从隐公元年开头一条,来看《穀梁传》释经特点。

《春秋》:"元年春,王正月。"《穀梁传》:"虽无事,必举正月,谨始也。公何以不言即位?成公志也。焉成之?言君之不取为公也。君之不取为公,何也?将以让桓也。让桓正乎?曰:不正。《春秋》成人之美,不成人之恶。隐不正而成之,何也?将以恶桓也。其恶桓何也?隐将让而桓弑,则桓恶矣。桓弑而隐让,则隐善矣,善则其不正焉,何也?《春秋》贵义而不贵惠,信道而不信邪。孝子扬父之美,不扬父之恶。先君之欲与桓,非正也,邪也。虽然,既胜其邪心以与隐矣,已探先君之邪志,而遂以与桓,则是成父之恶也。兄弟,天伦也。为子,受之父;为诸侯,受之君。已废天伦,而忘君父,以行小惠,曰,小道也。若隐者,可谓轻千乘之国;蹈道,则未也。"

这条经文只有"元年春王正月"六个字,《穀梁传》此处有二百二十二个字,先解释《春秋》即使无事可记,仍要写上"正月",为的是

"谨始"。然后根据《春秋》的书法条例，解释为什么这里没有记载鲁隐公"即位"。一连列出七个设问，详细阐发指出隐公要让位给桓公为"不正"。虽然传义所论未必合乎经文原旨，但可以看出它是通过一问一答的方式来解释经义的。

从这一条还可看到，《穀梁传》解释《春秋》，很注意从它的书法条例入手，来揭示其褒贬之义。范宁《春秋穀梁传集解·序》提到他的"商略名例"，杨士勋的疏文称范宁"别为略例百余条"，只是《集解》中没有附载，但注中时有"传例曰"的字样，所以《四库提要》怀疑可能是杨士勋"碎裂其文，散入注疏中"。清人许桂林的《穀梁释例》四"传外余例"，列出范宁注中所说的条例三十三类。许桂林认为《穀梁传》与《公羊传》皆谓《春秋》书法，以时月日为例，而《穀梁》尤备。他所作的《穀梁释例》，全名即为《春秋穀梁传时月日书法释例》，书中阐发《穀梁传》解释《春秋》的书法条例，有如下三十类：正月、夏四月、秋七月、冬十月，闰月，朔晦，即位，公如，朝，盟，郊，烝尝，嘉礼，大阅，侵，伐，战，败，溃，入（指军队侵入别国），取，灭，入（指妇人归，恶之称"入"），归，奔，卒，葬，弑，杀用，日食，旱雩不雨，灾异，传疑。

这些对《春秋》书法条例的解释，有的未免显得牵强。但从另一侧面可以看到，体现《春秋》的书法条例，确实是《穀梁传》的一个重要内容。

首先，《穀梁传》在思想上，主要是宣扬儒家的宗法等级观念，突出"礼"的规范作用。它认为君臣之间、父子之间、兄弟之间、夫妇之间，都要遵循礼的有关规定，凡有违反，都属非礼的行为。《春秋·成公元年》："秋，王师败绩于贸戎。"《穀梁传》："不言战，莫之敢敌也。为尊者讳敌不讳败，为亲者讳败不讳敌，尊尊亲亲之义也。""尊尊亲亲"，就是礼的主要内容，即使尊者、亲者有过错，也得为之隐讳，维护其地位和尊严。《穀梁传》认为人有尊卑贵贱之分，提出"《春秋》之义，用贵治贱，用贤治不肖，不以乱治乱也。"身份低下的要接受身份尊贵的统治，不可犯上作乱。就"尊尊"而言，诸侯要忠于天子，大夫要忠于诸侯。僖公五年，僖公同诸侯们一起在首戴和周天子的世子会见，《春秋》先说"及"各诸侯，然后说"会"王世子，《穀梁传》认为世子是周天子的法定继承者，所以不能让世子和各诸侯并列，而"尊王世子于首戴，

· 543 ·

乃所以尊天王之命也"。宣公二年晋灵公被赵穿杀死,但史官记载是赵盾所杀,因为灵公不听他的规劝,逃亡又不远离本国,回来又不讨伐杀死国君的人,所以把弑君的罪过归到赵盾头上。《穀梁传》对此完全赞同,并发挥说:"于盾也见忠臣之至,于许世子止见孝子之至。"就"亲亲"而言,儿子要敬重父亲,弟弟要敬重兄长。隐公元年《穀梁传》指出:"孝子扬父之美,不扬父之恶""已废天伦,而忘君父,以行小惠,曰小道也"。宣公十七年记载宣公的弟弟叔肸不满宣公杀了子赤,"终身不食宣公之食",但又不断绝兄弟间的情义而离去,所以《穀梁传》称赞说:"君子以是为通恩也,以取贵乎《春秋》。"《穀梁传》还强调妇女在社会中的从属地位:"妇人在家制于父,既嫁制于夫,夫死从长子。妇人不专行,必有从也。"(隐公二年)襄公三十年,伯姬因为死守"傅母不在,宵不下堂"的训教,结果被火烧死。《穀梁传》也大加赞扬说:"妇人以贞为行者也,伯姬之妇道尽矣。"《穀梁传》反复宣扬宗法礼仪的规范作用,谴责、讥讽违反礼制的行为,完全是出于维护统治集团内部的等级制度,稳定封建统治正常秩序的需要。

其次,《穀梁传》还宣扬了尊崇仁德,轻视武力的思想。如《春秋·桓公六年》:"秋八月壬午,大阅。"《穀梁传》:"大阅者何?阅兵车也。修教明谕,国道也。平而修戎事,非正也。其日,以为崇武,故谨而日之。"认为治理国家重在兴教化,并非田猎却阅兵整治军队是崇尚武力,不合正道。又如《春秋·昭公八年》:"秋,蒐于红。"《穀梁传》先叙述了打猎的过程,说到捕获的猎物除天子取用三十只外,剩下的放在射宫里给士兵练习射箭,而在打猎中没有捕到猎物的射中了,可以得到猎物,打猎中捕到猎物而这回没有射中的,就不能得到猎物。接着评论道:"是以知古之贵仁义而贱勇力也。"这种观念在《穀梁传》许多地方体现出来。

再次,《穀梁传》还表现出尊夏攘夷的思想。它把华夏族建立的中原各国称为"中国",把边远部族建立的国家称为"夷狄",极力褒扬中原国家,蔑视贬抑夷狄国家。对于夷狄国家如楚国向中原国家进犯、扩张的行动,表现了痛恨。《春秋·宣公十一年》:"丁亥,楚子入陈。"《穀梁传》:"入者,内弗受也。曰入,恶入者也。何用弗受也?不使夷狄为中国也。"《春秋·襄公七年》:"郑伯髡原如会。未见诸侯,丙戌,卒于操。"《穀梁传》："其见以如会卒何也？郑伯将会中国，其臣欲从楚，不胜其臣，弑而死。其不言弑何也？不使夷狄之民加乎中国之君也。"只有楚国学习、效法中原国家，《穀梁传》才说得好听一些，《春秋·宣公十八年》："甲戌，楚子吕卒。"《穀梁传》："夷狄不卒，卒，少进也。卒而不日，日，少进也。"

（四）《穀梁传》的地位和影响

《春秋》是儒家"六经"之一，自从汉武帝"罢黜百家，独尊儒术"之后，《春秋》就越来越受到统治者的重视，把它看作"寓褒贬，别善恶"的经典，当作治理国家、选拔人才的重要依据。《穀梁传》和《公羊传》同是解释《春秋》经义，又同属今文，因而治《公羊》和治《穀梁》的学者也就要互相驳难，企图压倒对方，取得正统地位。统治者也需要对这两部书加以品评取舍，从中确定一部权威的解释《春秋》的范本，来为自己服务。这就产生了历史上"公羊学"和"穀梁学"数次争强斗胜的局面。虽然"穀梁学"总的来说敌不过"公羊学"，但由于它宣扬儒家的宗法伦理思想，重视礼治，提倡礼教，比"公羊学"直截了当地强调拨乱反正，强化大一统的中央集权统治要温和一些，在社会得到稳定，统治集团内部的矛盾得到缓和时，更适应统治者的需要。所以汉宣帝大加青睐，使"穀梁学"大盛，在一段时间内取代了"公羊学"的正统地位。另外，《穀梁传》和《公羊传》都属儒家思想体系的一部分，只有侧重点的不同，没有本质上的差异。它们既互相排斥，又互相补充，互相融合，统治者可以对它们兼而用之。正因如此，汉代将它们并立学官，置博士。唐代把《穀梁传》列为"九经"之一，宋代把它列为"十三经"之一。总之，《穀梁传》作为"春秋学"的重要组成部分，纳入了儒家经学典籍，在中国古代经学史、思想史、教育史上占有一定的地位，它和其他儒家经典一道，构成了中国古代思想文化的主体，给中国古代的社会政治、文化学术和道德观念带来了很大的影响。

具体说来，《穀梁传》对后世的影响主要体现在两个方面。

一是它宣扬的思想观念，成为后人社会生活和道德观念的基本准则之一。如《宋书·礼志四》："至太康九年改建宗庙，而社稷坛与庙俱徙，乃诏曰：'社实一神，其并二社之祀。'于是车骑司马傅咸表曰：'《祭法》二社各有其义，天子尊事郊庙，故冕而躬耕也者，所以重孝享之粢盛，致殷荐于上帝也。'《穀梁传》曰：'天子亲耕以供粢盛。'亲耕，谓自报，自为立社者，为籍而报也。国以人为本，人以谷为命，故又为百姓立社而祈报焉。事异报殊，此社之所以有二也。"这是明引《穀梁传》作为自己立论的根据，还有暗用《穀梁传》之义的。如《晋书·温峤传》："王敦举兵内向，六军败绩，太子将自出战，峤执鞚谏曰：'臣闻善战者不怒，善胜者不武，如何万乘储副而以身轻天下！'太子乃止。"温峤所说"善战者不怒，善胜者不武"二句，当是化用《穀梁传·庄公八年》"善为国者不师，善师者不陈，善陈者不战，善战者不死，善死者不亡"这几句而来。就是汉代把《穀梁传》视为对头的"公羊学"大师董仲舒，他撰著的《春秋繁露》一书，主要是阐述"公羊"之说，但也有多处采用了《穀梁传》之义。如《春秋·庄公三年》："五月，葬桓王。"《穀梁传》："独阴不生，独阳不生，独天不生，三合然后生。故曰：母之子也可，天之子也可，尊者取尊称焉，卑者取卑称焉。"而《春秋繁露·顺命》篇中除改动个别字词外，基本上把这一段照录下来。

二是《穀梁传》对《春秋》的阐释，成为历代注释家注解典籍的训诂材料。如《尚书》、《诗经》、《左传》、《礼记》孔颖达疏、《周礼》、《仪礼》贾公彦疏、《公羊传》徐彦疏、《论语》、《尔雅》邢昺疏、《史记》三家注、《汉书》颜师古注、《后汉书》李贤注、《三国志》裴松之注等，都有多处引用《穀梁传》。

最后需要指出的是，《穀梁传》的解经，后人有"精深"之誉，但也诚如宋人叶梦得所言，是"详于经，而义未必当"。《穀梁传》的缺陷，就在于常常刻意穿凿，妄逞胸臆，对经文乱加发挥，并不能体现《春秋》的原旨。如《春秋·庄公二十四年》："夏，公如齐逆女。"《穀梁传》："亲迎，事也。"但诸侯出境亲迎，并非当时的礼仪制度。诸侯娶妇，派大夫出境迎接是合乎礼的，如桓公三年娶妇，派公子翚到齐国迎女；宣公元年娶妇，派公子遂到齐国迎女；成公十四年娶妇，派叔孙侨如到齐国迎女皆是。《穀梁传》认为诸侯娶妇要出境亲迎，是不符史实的。又如《春秋·僖公十五年》："己卯晦。"《穀梁传》："晦，冥也。"晦，当指一月中的三十日，此处即九月三十日，《穀梁传》说是白天昏暗，自然不合《春秋》本旨。像这样的错误，《穀梁传》还有许多。这是我们在阅读、研究《穀梁传》的过程中，不能不加以注意的。

附　录

本书主要参考材料如下：

（汉）何休解诂，（唐）徐彦疏：《春秋公羊传注疏》，上海古籍出版社1990年版，简称何休《解诂》、徐彦《疏》。

（晋）杜预集解：《春秋左传集解》，上海人民出版社1977年版，简称杜预《集解》。

（晋）杜预注，（唐）孔颖达等正义：《春秋左传正义》，上海古籍出版社1990年版，简称孔颖达《疏》。

（晋）范宁注，（唐）杨士勋疏：《春秋穀梁传注疏》，上海古籍出版社1990年版，简称范宁《集解》、杨士勋《疏》。

（清）陈立：《公羊义疏》，中华书局2017年版，简称陈立《义疏》。

（清）孔广森：《春秋公羊通义》，北京大学出版社2012年版，简称孔广森《通义》。

（清）毛奇龄：《春秋毛氏传》，清道光学海堂精刻本，简称《春秋传》。

（唐）陆淳：《春秋集传辩疑》，商务印书馆1937年版。

（清）王引之：《经义述闻》，江苏古籍出版社1985年版。

（清）俞樾：《群经平议》，台北：河洛图书出版社1975年版。

杨伯峻编著：《春秋左传注》，中华书局1981年版，简称杨伯峻《注》。

傅隶朴：《春秋三传比义》，中国友谊出版公司1984年版。

蒋伯潜：《十三经概论》，上海古籍出版社1983年版。